CB048877

MIL E UMA PALAVRAS DE DIREITO

—

DEONÍSIO DA SILVA

MIL E UMA PALAVRAS DE DIREITO
© Almedina, 2020

Autor: Deonísio da Silva
Editor: Marco Pace
Revisão: Luciana Boni
Diagramação: Almedina
Design de Capa: Arlinda Volpato
ISBN: 9786586618082

Dados Internacionais de Catalogação na Publicação (CIP)
(Câmara Brasileira do Livro, SP, Brasil)

Silva, Deonísio da
Mil e uma palavras de direito / Deonísio da Silva.
São Paulo: Almedina, 2020.
Bibliografia.

ISBN 978-65-86618-08-2

1. Direito – Dicionários I. Título.

20-40219   CDU-34(03)

Índices para catálogo sistemático:

1. Direito: Dicionários 34(03)

Cibele Maria Dias – Bibliotecária – CRB-8/9427

Este livro segue as regras do novo Acordo Ortográfico da Língua Portuguesa (1990).

Todos os direitos reservados. Nenhuma parte deste livro, protegido por copyright, pode ser reproduzida, armazenada ou transmitida de alguma forma ou por algum meio, seja eletrônico ou mecânico, inclusive fotocópia, gravação ou qualquer sistema de armazenagem de informações, sem a permissão expressa e por escrito da editora.

Setembro, 2020

Editora: Almedina Brasil
Rua José Maria Lisboa, 860, Conj. 131 e 132, Jardim Paulista | 01423-001 São Paulo | Brasil
editora@almedina.com.br
www.almedina.com.br

MIL E UMA PALAVRAS DE DIREITO

—

DEONÍSIO DA SILVA

70

Abaixo-assinado: do latim vulgar *bassus*, baixo, de provável origem osca, e *assignare*, assinar, pôr um *signum*, sinal, distintivo, selo, assinatura. Designa documento assinado por vários cidadãos com o fim de prestar solidariedade, protestar, reivindicar direitos daquelas entidades em que eles foram transformados, tais como contribuintes, clientes, mutuários etc.

Abandono: de abandonar, do francês *abandonner*, afrouxar as rédeas do cavalo, deixar que animais ou pessoas sigam por conta própria, sem que sejam dirigidos. Provavelmente as origens remotas chegaram mescladas ao francês, pois o latim *bannum* designava proclamação verbal do suserano ao tomar posse. E o frâncico tinha *bannjan*, banir, e *bandjan*, assinalar. Mesclando sentidos das três palavras, *A ban donner* é uma antiga expressão francesa que resumia o ato de abandonar, podendo significar até o exílio. As principais vítimas de abandono, ontem como hoje são idosos, cônjuges, filhos, inválidos e também animais. Hoje, até o abandono intelectual aparece disfarçado em antônimos no artigo 229 de nossa Constituição: "os pais têm o dever de assistir, criar e educar os filhos menores", cabendo aos filhos maiores "ajudar e amparar".

Abater: do latim tardio *abbattuere*, variante do latim clássico *battuere*, consolidando-se em abater, com o significado de derrubar, tirar a vida, matar, mas também reduzir, diminuir, entristecer-se. Abater é, na verdade, um eufemismo quando se trata de matar animais para sustento do homem ou matar o inimigo em campo de batalha. Algumas culturas, como a árabe, em que predominam as leis islâmicas, prescrevem métodos como o *thabah*, série de regras para minimizar o sofrimento e preservar a dignidade dos bichos abatidos: não podem ser usados métodos cruéis (mas como?), eles não podem ser abatidos na presença de outros animais, as facas não podem ser afiadas perto deles, eles não podem ser atordoados antes de morrer. Além disso, sua execução deve ser feita por muçulmano, em nome de Alá, e de forma rápida e profissional. Alguns desses cuidados são comuns ao *kosher*, o rito judaico.

Abdicar: do latim *abdicare*, recusar, deixar, cujo étimo está também em *dicere* e *dicare*, dizer, radicadas na raiz *deik-/dik*, presentes ainda no osco e no úmbrio, línguas que precederam o latim na Itália. Ainda há diversas monarquias no mundo, regime em que a sucessão só se dá por morte do soberano, que é sucedido por gente da própria família que esteja na linha de sucessão. Entretanto, o Vaticano é governado por monarquia *sui generis*, na qual o sucessor é eleito por maioria de votos no colégio de cardeais, atualmente com 120 eleitores. Foram eles que escolheram o novo Papa, depois do anúncio da renúncia de Bento XVI. A jornalista italiana Giovanna Chirri foi quem primeiro anunciou ao mundo que o Papa avisara aos cardeais que iria abdicar, no dia 28 de fevereiro de 2013, às 20h. Muitos outros jornalistas estavam no recinto quando o Papa falou, mas ela era a única ali presente que sabia latim. *"Publiquei a notícia e comecei a chorar"*, disse ela.

Abecê: da junção das três primeiras letras do alfabeto, tal como são pro-nunciadas. No século XIII, designava a marca que os escrivães utilizavam para autenticar cópias de documentos. Em operações comerciais a prazo, a original, marcada com a letra "A", ficava com o notário, e as outras duas eram divididas entre o comprador e o vendedor. As três eram impressas em pergaminho ou folha de papel. A partir do século XV, ganhou novo significado ao designar a escolaridade mínima, ainda que se entendesse que quem soubesse o abecê sabia, também, as quatro operações: somar, diminuir, dividir e multiplicar. Com o tempo, veio a designar também as primeiras noções de um ofício, arte, técnica, arte, doutrina.

Abecedário: do latim tardio *abecedariu*, abecedário, conjunto de todas as letras que compõem o alfabeto, formado a partir das três primeiras. Um antigo filósofo grego, querendo ausentar-se, pediu permissão ao imperador romano Augusto e este, ao conceder-lhe a licença, solicitou em troca um conselho que valesse para a vida inteira. Recebeu o seguinte: "todas as vezes que vos estimular a ira, correi uma por uma todas as vinte e quatro letras do abecedário grego, antes de falardes a primeira palavra". O imperador mudou de ideia e revogou a licença: "não vos vades, que necessito de vossa pessoa". O episódio está narrado num dos cinco volumes de *Nova Floresta*, do grande clássico português, o padre Manuel Bernardes.

Abelhudo: de abelha, do latim vulgar *apicula*, abelhinha. O sufixo "udo" indicando abundância, excesso, está também em bicudo, cabeçudo, orelhudo, narigudo, rabudo, sortudo etc. O abelhudo tem o hábito de meter o nariz onde não é chamado, semelhante à abelha, que bisbilhota e se intromete em tudo à procura de pólen para fabricar seu mel, com a diferença de que ele busca fofoca para seu fel.

Abigeato: do latim *abigeatus*, abigeato, do verbo *abigere*, abigear, furto de gado, especialmente de rebanhos bovinos e equinos. O sentido primitivo de *abigere* é levar diante de si. É o que ocorre com o roubo das reses tangidas pelo ladrão, que as separou do rebanho.

Abolicionista: adaptação do inglês *abolitionist*, partidário do movimento que defendia a abolição da escravatura. *Abolitionist* chegou à língua inglesa em fins do século XVIII e *abolitionism* em 1808. Frei Domingos Vieira registra abolicionista e abolicionismo no *Grande Diccionario Portuguez ou Thesouro da Lingua Portugueza* (5 vols.), publicado entre 1871 e 1874, na cidade do Porto. Abolição, do latim *abolitione*, declinação de *abolitio*, já estava no português em 1649 e foi acolhida no *Dicionário da Língua Portuguesa,* da Academia das Ciências de Lisboa, publicado em 1793.

Abonar: provavelmente variação de aboar, registrar como bom, do latim *bonus*, bom, e *bona*, boa. Tornar uma coisa boa foi originalmente aboar, processo comum na formação de palavras, em que o adjetivo "boa" recebeu os afixos "a", no início, e "ar", no final. O prefixo "a" e o sufixo "ar" são utilizados para designar, por exemplo, como boa uma falta ao trabalho, desde que justificada. Quer dizer, a falta seria em si uma coisa ruim, transformada em boa nas circunstâncias em que ocorreu: doença, morte, viagem, etc.

Aborígine: do latim *aboriginis*, (plural *aborigines*) palavra com que os romanos designaram o povo primitivo que habitava o Lácio e a Itália, governado pelos reis lendários Fauno, Latino e Saturno. Passou a indicar os primeiros habitantes de um país. No Brasil recém-descoberto, aborígine foi sinônimo de indígena, mas o vocábulo não pegou entre nós. Dado que nossos descobridores pensaram ou fizeram de conta que tinham chegado à Índia, nossos aborígines foram denominados índios. A variante aborígene é menos utilizada. Já a expressão *ab origine*, desde a origem, equivale a *ab initio*, desde o início.

Aborto: do latim *abortus*, pela formação *ab*, antes, a partir de, e *ortus*, nascido. O primeiro registro da palavra aborto na língua portuguesa dá-se em 1594, em texto de Pedro de Mariz. Abortífero aparece em 1532, em livro de João de Barros. Apesar de aplicado em muitos sentidos metafóricos, aborto designa, preferencialmente, a interrupção da gravidez.

Abracadabra: de origem controversa, provavelmente dos criptogramas gregos *abrakádabra* e *abraxas* (pedra preciosa usada como talismã), que entre os gnósticos helênicos simbolizava o curso do Sol durante 365 dias, tendo ainda o significado de "que Deus proteja". No latim tardio já foi grafada como *abracadabra*. A palavra não tem significado autônomo, valendo apenas como expressão. O sentido simbólico e cabalístico nasceu das iniciais das palavras hebraicas *Ab* (Pai), *Ben* (filho), *Ruach Acadsch* (Espírito Santo). Sua representação gráfica tem forma triangular quando escrita em onze linhas: a primeira com a letra A, a segunda com AB, a terceira com ABR e assim por diante até chegar à última, ABRACADABRA. Assim dispostas, elas formam em dois lados a palavra de que se trata, sendo que a letra inicial 'a' aparece escrita onze vezes no terceiro lado. Os sírios atribuíam-lhe poderes especiais na cura de certas doenças. No segundo século da era cristã, já aparecia em poemas latinos que registravam seus poderes mágicos contra a dor de dentes, as febres e outras doenças, desde que a disposição das letras estivesse inscrita em medalha pendurada ao pescoço.

Abraço: de abraçar, latim vulgar *abracciare*, variante do latim culto *abbracchiare*, pois, na língua de Cícero, braço é *brachium*, do grego *brakhíon*, mas no vulgar era *braccium*. Abraçar e abraço estão em várias expressões do português, por exemplo em saudações: abraçar no sentido de manifestar carinho de longe; enviar um abraço. Por vezes, o sentido é pejorativo, como em abraço de urso e abraço de tamanduá: os dois animais abraçam a vítima para matá-la. Abraçar uma doutrina é aceitá-la sem restrições. Morrer abraçado a alguém é apoiá-lo incondicionalmente.

Abstenção: do latim *abstentione,* abstenção. Designa ato de abster-se, deixar de fazer alguma coisa. Seu sentido original é manter-se à distância, que em latim é *abstentia.* Abstenção, abstinência e ausência têm, pois, raízes etimológicas comuns. Enquanto a primeira designa ato de abster-se de votar ou de emitir opinião, a segunda indica situação em que o indivíduo deixou de beber, comer ou praticar atos de prazer; e a terceira, falta de comparecimento.

Absurdo: do latim *absurdu,* contrário ao bom senso, à razão. Mas sua etimologia guarda singular curiosidade. Uma coisa é absurda porque se torna desagradável ao ouvido, em dissonância. Veio daí a designação de absurdo também para o louco e, frequentemente, para rotular uma condenação geral aos discordantes, que proferem juízos desagradáveis, sem contar que certos absurdos de uma época são perfeitamente aceitos em outra. Surdos a absurdos, foram muitos os poderosos que se deram mal com toda a razão.

Abundância: do latim *abundantia,* grande quantidade, fartura. Entre os romanos, havia também uma divindade com este nome. Apesar de não contar com templos ou altares, era representada pela figura de uma bela mulher, tendo na cabeça uma coroa de flores. Na mão direita, trazia um corno em forma de vaso cheio de flores e frutas.

Abusivo: do latim *abusivu,* abusivo, em que houve abuso, isto é, mau uso. Este adjetivo tem sido empregado com frequência para qualificar ações exorbitantes, como no caso daquelas greves que o judiciário considera ilegais. Com a mesma assiduidade, o sistema bancário tem sido acusado de aplicar juros abusivos, mas que ainda não foram oficialmente considerados ilegais, ainda que a Constituição em vigor, de 1988, prescreva a taxa máxima de 12 por cento ao ano.

Acachapante: do espanhol *gazapo,* formou-se em português caçapo, espécie de coelho. Quando esse pequeno animal quer esconder-se dos que o perseguem, põe o corpo de encontro ao chão. Acaçapante veio de acaçapar, presente no português do século XVII. Pronunciado, porém, acachapar, de onde veio acachapante, chegou ao português no século XIX. O adjetivo acaçapante, ou acachapante, é sinônimo de indiscutível, irrefutável, que torna a réplica impossível. Por metáfora, o vencido fica na posição do coelho perseguido.

Academia: do grego *academia*, pelo latim *academia*, é palavra composta de *ékas*, longe, e *démos*, povo, isto é, longe do povo, separado dele. Designou originalmente um terreno perto do cemitério de Atenas onde estava a estátua do herói Academos, guarnecida por cem oliveiras, e onde tinha sido erguido um altar à Atena, a principal deusa da cidade-estado e que por isso lhe dava o nome: Atenas. Como os deuses eram imortais, os acadêmicos passaram a ser considerados assim também, por obras que, como os atos de deuses e de heróis, fariam com que fossem lembrados eternamente.
Era nesse bosque que Platão perambulava ensinando filosofia a seus discípulos. Ele tinha 390 alunos, dois dos quais eram mulheres disfarçadas de homem para poder entrar: Asioteia de Filos (muito bela) e Lastênia de Mantineia (menos bela), professora de Sócrates.
Platão ensinava ali porque as leis não lhe permitiam erguer um prédio no centro de Atenas para este fim. A saída jurídica foi comprar o terreno onde estavam as estátuas de Apolo, de Atena e de outros deuses e heróis, inclusive das musas, aos quais ele e seus discípulos renderiam cultos e isso não era proibido.

Ação: do latim *actione*, ação, do verbo *agere*, fazer, mesma raiz de ato, do latim *actum*, feito, cujo plural é *acta*, ata, coisas feitas, obras. Em dicionários de Direito, os verbetes sobre ação ocupam várias páginas, tal a complexidade de suas acepções, identificadas geralmente por adjetivos que lhe seguem como por exemplo acessória, administrativa, anulatória, cautelar, coletiva, civil, executiva, regressiva, penal, exibitória, rescisória, pública, condenatória, criminal, conexa, contratual ou de despejo, de alimentos, de resgate, de usucapião, sendo a mais comum a faculdade de recorrer ao poder jurisdicional do Estado para fazer valer presumível direito, reclamando à justiça o reconhecimento, a declaração, a atribuição ou efetivação de um direito, ou a punição de um infrator das leis. Em economia, a expressão ação ao portador designa título representativo de capital de sociedade anônima. É ao portador porque pode ser transferido por simples tradição, presumindo-se que o detentor seja o dono daquela quantia. Ação de graças designa conhecida cerimônia anual, feita na última quinta-feira de novembro, com o fim de agradecer a Deus as graças alcançadas no ano que finda. É o chamado Dia Nacional de Ação de Graças, criado pelos primeiros colonos ingleses quando chegaram aos EUA para tentar a vida numa nova terra, livres, uma vez que eram vítimas de perseguição religiosa e política nos países de onde vinham. A primeira festa de Ação de Graças semelhou um piquenique, de que participaram todos os habitantes, incluindo 90 índios, que tinham ensinado aos imigrantes seus conhecimentos sobre o clima, a vegetação e a fauna, o que lhes permitira o sucesso daquela safra, a segunda desde que tinham aportado ali, pois a primeira tinha sido um fracasso, nos começos do século XVII. No Brasil, Dia Nacional de Ação de Graças deve-se a uma ideia de Joaquim Nabuco, concretizada no governo de Eurico Gaspar Dutra e aperfeiçoada no de Humberto de Alencar Castello Branco.

Acatar: do latim *accaptare*, comprar, pela formação a + captare, pegar, ligado a capere, agarrar, obter, recolher, admitir, aceitar. Chegou ao espanhol já com o sentido de olhar, acompanhado das variantes prezar e cumprir. Alguns etimologistas viram aí uma relação peculiar, uma vez que somente se compra uma coisa que seja apreciada. No Judiciário, o verbo acatar designa ações decisivas num processo: o juiz precisa acatar a denúncia para que os indiciados se tornem réus e sejam investigados e julgados. Proferida a sentença, se em grau irrecorrível, ela precisa ser acatada.

Acender: do latim *accendere*, queimar, iluminar. Veja-se que está presente neste verbo o mesmo étimo de candeia, vela, lamparina, e também árvore, cujo pau seco dá uma boa luz, sem fumaça, poupando azeite, querosene ou gasolina, ao servir de archote no sertão. O verbo está presente em numerosas expressões, como em "ânimos acesos", isto é, exaltados, e em "acender uma vela para Deus e outra para o Diabo". A expressão veio da França para Portugal, e daí ao Brasil, mas os personagens foram trocados: na França, diz-se acender uma vela a São Miguel, outra à sua Serpente.

Acento: do latim *accentus*, tom de voz, modo de pronunciar uma palavra, levantando, abaixando, afinando ou engrossando a voz numa determinada sílaba ou palavra. Pode ter havido influência do francês *accent*, acento, entonação, sotaque. O italiano *accento*, com o mesmo sentido, aparece nos versos da ária famosa *La donna è mòbile*, de *Rigoletto*, de Giuseppe Verdi, uma de suas três óperas mais populares. As outras duas são La *Traviata* e *Il Trovatore*. O duque de Mântua proclama nos versos uma suposta inconstância feminina: *"La donna è mobile/ qual piuma al vento/ muta d'accento/ e di pensiero/ Sempre un'amabile/ leggiadro viso/ in pianto e in riso"*. *(A mulher é volúvel/ qual pluma ao vento/ muda o tom de voz/ e o pensamento/ Sempre uma amável/ graciosa face/ no choro e no riso)*. Verdi era de família muito pobre, mas ainda na infância recebeu a proteção de um abastado compatriota que viria a tornar-se seu sogro.

Acervo: do latim *acervu*, originalmente montão, cabedal, passando depois a designar o conjunto de livros de uma biblioteca ou das obras de um museu. A ideia de amontoado, porém, está presente numa passagem do livro *Memórias do cárcere*, de Graciliano Ramos, comentando o tratamento dispensado aos prisioneiros políticos: "formávamos juntos um acervo de trastes, valíamos tanto como as bagagens trazidas lá de baixo e as mercadorias a que nos misturávamos".

Acessar: do latim *accedere*, aproximar-se, habilitar-se para entrar, mas em informática pelo inglês *access*, neologismo acolhido a partir de 1962, segundo o *Houaiss*. Tornou-se vocábulo frequente, com os avanços tecnológicos historicamente recentes, para indicar o ato de entrar num programa de computador, mas seu significado é mais abrangente.

Achincalhe: de achincalhar, verbo formado a partir de chinquilho, do espanhol *cinquillo*, um jogo de cartas entre cinco pessoas, marcado por deboches e vulgarizações. Virou sinônimo de apupo, vaia, e com tal sentido aparece em *Vila Nova de Málaga*, romance do escritor paulista Ariosto Augusto de Oliveira: "e, assim, entre chufas, chistes, chalaças e achincalhes, construiria uma reputação de sardônico e gozador, fazendo a crônica mundana de príncipes e europeus ricos que dominam a imaginação de brasileiros remediados que sonham viver em Nova York, Paris e Roma".

Acidente: do latim *accidente*, declinação de *accidens*, particípio de *accidere*, cair, chegar, acontecer, pela formação *ad* (a, para) *caedere* (cair). A linguagem coloquial, aliás, guarda a conotação antiga na expressão "tal feriado caiu em tal dia da semana". Mas ainda na Roma antiga, *accidens* já tinha o significado de acontecimento desagradável, desgraça imprevista, que não pôde ser adivinhada pelos áugures. O sinônimo desastre, designando trombada no trânsito, remonta a tais origens. O acidente de trânsito seria infortúnio resultante de desvio imprevisto na rota dos astros, do provençal antigo *desastre* e do francês *désastre*, contra os astros. Já o acidente de trabalho, originalmente marcado pela queda do trabalhador em serviço, com a evolução industrial passou a ser tipificado de outros modos: o trabalhador não cai ao acidentar-se, mas perde membros. E entre os digitadores, a tendinite – inflamação de um ou mais tendões, fibras que unem os músculos aos ossos – tornou-se um dos mais recentes acidentes de trabalho.

Açoite: do árabe *as-saut*, chicote, flagelo. No Brasil, o açoite é uma tira de couro presa à ponta de uma vara de madeira ou de couro trançado que lhe serve de cabo. É instrumento muito utilizado para surrar bois, cavalos e outros animais de carga ou tração. Entretanto, sua face mais cruel manifestou-se contra seres humanos, servindo para castigar escravos ou transgressores.

Acolá: do latim *eccu illac,* eis lá. Este advérbio é usado quando se refere a um lugar longe da pessoa que fala e daquela com quem se fala, segundo nos ensina o dicionário Aurélio. Vejamos como o utiliza o escritor português Camilo Castelo Branco em *Agulha no palheiro*: "ali dous velhos; além duas irmãs, uma viúva, outra divorciada; acolá duas criancinhas".

Acórdão: da forma verbal *acordam*, extraída de sentença baseada em que terceiros "acordam", terceira pessoa do plural do presente do indicativo do verbo acordar. Designa decisão final proferida por tribunal superior, que acaba por servir de paradigma para solucionar casos parecidos.

Acordar: do latim *accordare*, concordar. Deu extensão de significado para designar também o ato de despertar. O *Dicionário Antonio de Moraes Silva*, de 1877, já diferenciava que acordar é deixar de dormir naturalmente e que despertar é interromper o sono. Os antigos romanos dividiam o sono em quatro partes: vigília, guarda, atalaia e posto. Nas línguas neolatinas predomina o étimo latino *deexpertigitare*, despertar, ficar esperto, atento, e nas anglo-saxônicas o indo-europeu *weg*, vigor, presente no inglês *wake up*. Os primeiros despertadores da Humanidade foram os elementos da natureza, como o Sol, as trovoadas, as tempestades etc. No sentido metafórico, também as tempestades domiciliares, da vizinhança, das ruas próximas etc. Depois, vindos do Egito no século VI e instalados no alto das torres ou em campanários das igrejas, passaram a ser os sinos, junto aos quais, a partir do século XVI, foram instalados também grandes relógios.

Acordo: do italiano *accordo*, instrumento musical da família das violas graves. Tem de 12 a 15 cordas e foi muito popular na Itália, nos séculos XVII e XVIII. Mas como sinônimo de concordância mútua, obtida através de negociação, é provável que derive das formas latinas *accordare*, acordar, e *concordare*, concordar, pôr-se de acordo com alguém sobre alguma coisa. Vincula-se ao latim *cor,* coração, tido pelos antigos como sede da alma, da inteligência, da sensibilidade. É vocábulo dos mais referidos em tempos de negociações decisivas entre os vários segmentos da sociedade, muitos deles defendendo interesses opostos, donde a dificuldade de acordar. Ainda assim, célebres acordos de cavalheiros, em que se dispensa a palavra escrita, foram substituídos por artigos que passaram a integrar a Constituição.

Açougue: do árabe *as-suq*, mercado, bazar, feira, mercearia e qualquer outro lugar onde são vendidos os produtos do dia a dia. Os portugueses ouviam o som final como se fosse "g" e não "q" e por isso é açougue e não "açouque". Mas açougueiro é *butcher*, no inglês, vindo do francês *boucher*. Aliás, o francês forneceu ao inglês as palavras *charpentier*, carpinteiro, que virou *carpenter*; maçon, redução de *franc-maçon*, franco especializado em construir, transformado em *mason*, pedreiro, depois designando membro de sociedade secreta; *tailleur*, alfaiate, mudado para *tailor*; e *boulanger*, padeiro, que virou *bollinger*, embora seja mais usado *baker* (o que assa o pão).

Acrônimo: dos compostos gregos *akro*, alto, cume, extremidade, e *ónymos*, de *ónoma*, nome, palavra. Este segundo composto está presente em sinônimo e antônimo, designando palavras de significados semelhantes e os seus contrários, respectivamente. O primeiro composto está presente em acrópole, o ponto mais alto das antigas cidades gregas, onde eram construídos os templos e os palácios e em acrofobia, medo de altura. Acrônimo designa palavra formada pela inicial ou por mais de uma letra dos segmentos sucessivos da locução, como em NASA (em inglês, Administração Nacional da Aeronáutica e Espaço), ONU (Organização das Nações Unidas), FGTS (Fundo de Garantia por Tempo de Serviço), CNH (Carteira Nacional de Habilitação), etc.

Acrópole: do grego *akrópolis* pelo latim *acropolis*, cidade alta. As cidades gregas eram compostas de cidade baixa e cidade alta, onde estavam os templos, os palácios, as defesas militares, os arquivos etc. Em Atenas, a acrópole ficava no centro, mas nas outras era junto às muralhas. Quem tomasse a acrópole, tomava o poder, mas depois do estabelecimento das *agorai*, as ágoras, praças principais, onde estava o mercado e por isso eram o lugar preferido para as assembleias e reuniões do *dêmos*, povo, o poder deixou de ser tomado à força, passando a ser arrebatado pelo voto, como nas modernas democracias, ainda que naquele tempo pouca gente votasse: muito velhos, muito jovens, escravos, mulheres e, naturalmente, crianças, não votavam. Quem votava, então? No máximo, cerca de 30% da população.

Acusação: do latim *accusatio,* acusação, ação de acusar, do latim *accusare*, verbo reduzido da expressão *ad causam provocare*, dar causa à demanda, provocá-la, isto é, propriamente *pro vocare*, chamar para, desafiar.

Adaptar: do latim *adaptare*, atar bem, ligar bem, tornar apto, adaptar, dar função diferente do que tinha na origem. Significando, também, acomodar, tem o sentido de transpor texto literário para outros meios de expressão, como o teatro, o cinema e a televisão.

Adendo: do latim *addendum*, do verbo *addere*, juntar, acrescentar. Usa-se também o plural adenda, assim escrito por proceder igualmente do latim *addenda*, plural do neutro *addendum*.

Adiar: da construção a + dia (do latim *dies*) + ar, marcar para outro dia. No Direito, o adiamento dá-se quando os atos processuais não são concluídos até as 20h, exceto se adiar resulte em prejuízo da diligência ou provoque grave dano.

Adido: do latim *additus*, de *addere*, acrescentar, juntar. A figura do servidor público denominado adido, civil ou militar, acrescentado à missão diplomática para exercício de funções especializadas, de natureza militar, econômica, cultural etc., surgiu no século XIX, mas a palavra está na língua desde 1253 na famosa *Leges et Consuetudines* (Documentos Legislativos e de Jurisprudência), uma das três divisões que Alexandre Herculano fez nos documentos recolhidos em *Portugaliae Monumenta Histórica (*Monumentos Históricos de Portugal). As outras duas são *Scriptores* (Documentos Narrativos) e *Diplomata et Chartae* (Diplomas e Cartas).

Aditar: do latim *addere*, que tem *additum* como uma de suas formas verbais, formou-se este verbo que significa acrescentar. Numa de suas famosas *Réplicas*, atacado de modéstia, o grande jurisconsulto brasileiro, o baiano Rui Barbosa, assim se expressou: "meu papel, subalterno e pouco menos de anônimo, limitado a corrigir, suprimir e aditar em obra alheia, não seria susceptível de comparação nenhuma com o do professor". O professor em questão era ninguém menos que outro famoso jurista, o cearense Clóvis Beviláqua, redator do Código Civil Brasileiro e um dos fundadores da Academia Brasileira de Letras.

Adivinha: de adivinhar, do latim *divinare* ou *addivinare*, saber o futuro, predizer, uma qualidade reservada aos deuses, daí seu caráter sagrado, como no caso do Oráculo de Delfos: previu ao pai (Laio) que seu filho (Édipo) o mataria para casar-se com a mãe (Jocasta). Fugindo a seu destino, Édipo encontra a Esfinge, animal estranho, com corpo de leão, patas de boi, asas de águia e rosto humano. O monstro devora a todos que não sabem decifrar a seguinte adivinhação: *"Qual o animal que tem quatro patas de manhã, duas ao meio-dia e três à noite?"*. Ele responde que é o homem: *"Nos primeiros meses de vida (de manhã), engatinha; uma vez crescido, anda sobre os dois pés (meio-dia) e na velhice (entardecer) recorre a uma bengala."* A esfinge se suicida num abismo. Édipo, sem saber, cumpre seu destino: mata o pai e se casa com a mãe, com quem tem quatro filhos (dois gêmeos). Ao descobrirem a verdade, Jocasta se suicida e Édipo fura os próprios olhos. Já adivinho veio do latim *divinus*, aquele que sabe e diz o que apenas os deuses sabem, porque tem convívio e intimidade com eles, podendo, assim, prever o futuro. Tinha originalmente um significado positivo e sacerdotal, mas, com a ascensão do cristianismo à religião oficial do Império Romano, os adivinhos pagãos passaram a ser combatidos, uma vez que a doutrina católica prescreve que os desígnios divinos são ocultos e inescrutáveis à mente humana, restando a supremacia da fé. Prever o futuro veio a ser considerado heresia durante muitos século. e hoje é apenas bobagem, pois as previsões costumam dar errado ou são apenas coincidências, inclusive aquelas baseadas não em supostos dons divinatórios, mas em economia, sobretudo.

Adoção: do latim *adoptione*, declinação de *adoptio*, adoção, radicado em *optare*, escolher. Adotar um filho é escolhê-lo, ao contrário do filho legítimo, quando a escolha recai apenas sobre tê-lo ou não, sem definir-lhe características físicas ou psicológicas. Do latim *adoptione*, declinação de *adoptio*, adoção, radicado em *optare*, escolher. No Direito, desde a Roma antiga, instrumento jurídico pelo qual o filho alheio ingressava na família como se fosse irmão dos legítimos. Poderia ser considerado descendente ainda quando o *pater familias* (pai de família) estava vivo ou depois que este morria, na leitura do testamento. Os romanos não adotavam apenas filhos, mas famílias inteiras, incluindo pai, mãe, avós, todos dali por diante considerados descendentes do adotante. O Direito romano, nascido em contexto de práticas sacerdotais, usava muito a mão nos ritos, dando a ideia de que se punha a mão sobre algo. Na adoção, semelhando bênção, a criança recebia um afago. O próprio casamento podia ser feito *cum manu* ou *sine manu*. No primeiro caso, a mulher era tida como nova filha que ingressava na família do marido. No segundo, continuava ligada à família original.

Adolescente: do latim *adolescens, adolescentis,* designando o que cresce, aumenta, queima. Varrão, que viveu em II a.C., registra que *"adulescentes ab alescendo sic nominatos"* (adolescentes são designados assim de crescer). Aliás, *adultus* era o adolescente crescido; que, aliás, procede do étimo de *alere*, alimentar, que deu *alumnus*, alimentado, conduzido e educado por seu *almus*, benfeitor. O inglês *old*, velho, tem o mesmo remoto étimo. A etapa final era o *defunctus*, pronto. Mas há uma etimologia lendária, entretanto construída em boas bases, segundo a qual o vocábulo radica-se em *adolens*, ardente. Adolenda era o nome de uma deusa romana, a quem eram queimadas plantas ou vítimas em sacrifício. O fogo ia crescendo rapidamente pela presença do óleo (*ad oleum*) derramado sobre o altar, exalando odores agradáveis. Lembre-se de que em diversas culturas as divindades não são vegetarianas, prezam a carne assada e têm olfato apurado, apreciando os bons cheiros. Parte das oferendas era consumida durante a adoração. Adorar tem sua raiz em *ad orem* (em direção à boca). Já a própria palavra perfume vem do latim *perfumum,* através da fumaça, oriunda da queima de folhas secas, madeiras e vítimas oferecidas em sacrifícios. Tais origens mesclaram-se na denominação de adolescência para o período de crescimento algo desordenado do ser humano, compreendido entre os 12 e os 20 anos, quando ocorrem transformações físicas, anatômicas, fisiológicas e psíquicas. É também a época em que mais se beija na vida e em que mais se torra o dinheiro dos pais.

Adornar: do latim *adornare,* adornar, preparar, enfeitar. Formou-se a partir de *ordo*, ordem. Adornar significava, pois, originalmente, pôr em ordem. Talvez as primeiras formas de ornamento estejam ligadas aos modos de pentear os cabelos desalinhados após o sono. No Ocidente, durante muitos séculos, os adornos limitaram-se aos cuidados com o rosto. Assim surgiram os vários tipos de penteados e cortes de cabelos, as cores usadas para realçar a boca, os olhos e a face. Posteriormente, a cosmética evoluiu para tratamento das sobrancelhas e foi descendo para cuidar também do pescoço, das axilas, de onde foram removidos os pelos, no caso das mulheres. Também o rosto dos homens mereceu tratos na barba, ou para raspá-la completamente, ou para dar-lhe desenho simétrico, dispondo-a em duas partes principais, o bigode e a barba propriamente dita. Há sinais de que foram utilizadas substâncias cosméticas há 40.000 anos, semelhantes às tintas que nossos índios ainda hoje usam para enfeitar o corpo. Atualmente, além de adornos sobrepostos à pele, como as tatuagens, é requisitado também o cirurgião plástico. Sua atuação resulta em maquilagem radical, seja acrescentando ou retirando pequenas porções por meio de lipoaspirações e correções não apenas faciais, mas em todo o corpo, como no caso dos implantes de seios.

Adrenalina: de adrenal, do latim científico *ad renalis*, que está sobre os rins, designando o hormônio produzido por glândulas ali localizadas, responsáveis por acelerar o ritmo cardíaco e elevar a pressão arterial. Ao chegar rapidamente à corrente sanguínea, a adrenalina melhora a disposição física, emocional e mental. Há controvérsias sobre a invenção da palavra, cuja autoria é creditada ao químico japonês Jokichi Takamine, formado pela Universidade de Tóquio, que aprendeu inglês em Nagasaki com uma família de holandeses, antes de fazer pós-graduação na Escócia. O médico americano William Horatio Bates (1860-1931), oftalmologista, ao pesquisar a irrigação do olho, acabou por descobrir as glândulas suprarrenais, mas não chamou adrenalina ao líquido por elas derramado. Ele defendia a teoria de que todos poderiam ter uma visão perfeita sem a ajuda de óculos e, tendo sido recusado por várias editoras, publicou por conta própria o livro *Perfect Eyesight without Glasses* (Visão Perfeita sem Óculos).

Adultério: do latim *adulterium*, falsificação, mistura. No substrato etimológico está presente *alter*, outro. Diz-se de ligação carnal ilegítima de pessoas de sexo diferente, sendo uma delas, ou ambas, casadas. O romance do século XIX consagrou o adultério feminino como tema preferencial e são famosas suas heroínas infiéis, como *Ana Karenina*, de Leon Tolstói; *Madame Bovary*, de Gustave Flaubert; Luísa de *O primo Basílio*, de Eça de Queiroz, e Capitu de *Dom Casmurro*, de Machado de Assis, entre outras. Com o avanço da ciência, surgiu a expressão adultério casto, caracterizado quando a mulher recebe, em inseminação artificial, sêmen que não é do marido, sem que ele tenha consentido.

Advérbio: do latim *adverbium*, para modificar o verbo, composto de *ad*, junto, ao lado, e *verbum*, palavra. O latim vulgar conservou separadas as palavras *verbum ad verbum*, utilizada nos primeiros cartórios de Portugal com o significado de "palavra por palavra", modelo a ser seguido nas cópias feitas do original dos documentos, marcadas com as letras A, B e C. A cópia A permanecia em poder do notário ou escrivão, no cartório. A B era do comprador, e a C do vendedor.

Adversário: do latim *adversarium*, adversário, rival, concorrente, inimigo. A raiz remota é o verbo arcaico *vertere*, voltar, virar, desviar, ações ligadas à agricultura primordial, como a ação do arado virar e revolver a terra para o semeador lançar a semente.

Advocacia Geral da União: advocacia, do latim *advocatia*; geral, do latim *generale*, e união, do latim *unione*. Em tal designação, porém, a União é a República, que criou esta instituição para representá-la judicial e extrajudicialmente, atuando também como consultora e assessora jurídica do Executivo.

Advogado: do latim *advocatu*, profissional que, tendo cursado Direito, está legalmente habilitado a prestar assistência jurídica a seus clientes, defendendo-lhes os interesses, atuando também como consultor ou procurador em juízo. São Ivo, padroeiro dos advogados, estudou Direito na Universidade de Paris e notabilizou-se por defender os pobres, que não podiam pagar por um excelente profissional como ele. Sua festa é comemorada em 19 de maio. O sentido original da palavra, que entrou para o português ainda no século XIII, é dado pela etimologia: *ad* (a, para) e *vocare* (chamar). Os primeiros advogados foram defensores chamados a cuidar de interesses de pequenas comunidades religiosas, conventos e abadias.

Afagar: do árabe *khallak*, alisar, pelo espanhol *halagar*, demonstrar afeto, tendo também o sentido de adular, passar a mão na cabeça para com o afago evitar ou substituir a justiça. O sentido primitivo nasceu dos trabalhos em marcenaria, quando a madeira tosca era, mais que falquejada, polida. Na Andaluzia, porém, passou a designar o gesto amorável, que significa acariciar, pela observação do comportamento dos pombos, mas por via de uma coisa insólita. Na região, o árabe *haláq* aplicou-se ao pombo ladrão, especialista em seduzir as fêmeas para levá-las ao seu nicho no columbário. Espanhóis e portugueses sempre foram muito apegados a *palomares* e pombais, respectivamente, atestados até em sobrenomes ou títulos, como é o caso do Marquês de Pombal.

Aférese: do grego *apha*í*resis*, pelo latim *aphaeresis* e dali ao francês *aphérèse*, de onde chegou ao português. Designa em todas estas línguas a ação de tirar, tendo aplicação também na medicina: a aférese ou extração do apêndice, quando inflamado, para resolver a apendicite, e a aférese ou retirada de cálculos renais são duas das intervenções cirúrgicas mais comuns. Na língua portuguesa formal ou informal a aférese é muito praticada: diz--se namorar e namorado, palavras em que houve aférese, isto é, extração, ablação ou supressão do "e" inicial; diz-se também "fessor" e "fessora" em vez de professor ou professora, ou então "profe" para os dois casos.

Afetar: do latim *affectare*, simular, fingir, tendo também o sentido de atingir. Falar ou escrever de modo afetado é afastar-se da simplicidade e da naturalidade, fingir um sentimento que não tem ou ideia que não domina, utilizando-se para isso de movimentos, ornamentos e outros artifícios dispensáveis para a elegância e para a clareza. No primeiro caso, há um exemplo no romance *O mulato*, de Aluísio Azevedo, onde encontramos um comerciante que "afetava delicadezas de um alfaiate de Lisboa".

Affaire: do francês *affaire*, trabalho especial ou caso amoroso, palavra francesa que, ao contrário de outras, como *abat-jour,* que os dicionários já registram como abajur, ainda não foi aportuguesada. No francês, foi provavelmente forma de *faire*, fazer, pois se diz também faire l'amour, fazer amor, No século XII, quando surgiu no francês, era masculino, pela junção do prefixo *à* ao verbo *faire,* fazer, dobrando a letra 'efe'. Designando negócio, transação, fez curiosa troca de gênero e passou a feminino no século XVI. No Brasil, voltou ao masculino. Seu significado mais próximo, entretanto, não é negócio, mas caso, problema, questão.

Afundar: do mesmo étimo do latim *fundus*, fundo, seja de mar, lagoa, rio, buraco, bolsa, bolso, recipiente etc., aplicando-se também a ordenações financeiras, como fundo de investimento, a fundo perdido e a sinônimo de realidade escondida ("no fundo, ele é uma boa pessoa"). Precedido de "a", e com a terminação em "ar", faz este verbo que designa ir para baixo, como acontece no mar em casos de naufrágios. Em 1943, já eram 36 os navios mercantes brasileiros afundados por submarinos alemães perto da costa catarinense durante a Segunda Guerra Mundial. Aliás, um destes submarinos, o U-513, foi recentemente localizado pelo velejador Vilfredo Schurmann. Foi levado a pique por um hidroavião americano no dia 19 de julho de 1943. O almirante Friedrich Guggenberger e diversos outros oficiais foram salvos pelos próprios americanos, mas os corpos de 47 nazistas ainda estão no fundo do mar. Outro submarino alemão, o U-199, está no fundo do mar, nas proximidades da cidade do Rio de Janeiro.

Ágio: do italiano *aggio*, derivado da composição latina *ad iungere*, juntar. Apesar de ser utilizado como sobre preço, que compensaria defasagem, o sentido mais comum é a cobrança de juro excessivo, donde o vocábulo agiota. Os juros eram tão baixos nas sociedades antigas, que um dos sinônimos de agiota era onzenário, isto é, aquele que cobrava juros de 11 por cento ao ano! De origem controversa.

Aglomeração: de aglomerar, do latim *agglomerare*, juntar glomus, novelos, bolas, magotes, de coisas, animais ou mesmo pessoas, como se dá hoje nas grandes cidades, especialmente em eventos religiosos ou esportivos. Para ali chegar, o pessoal já veio aglomerado como sardinha em lata, expressão nascida da comparação com o modo em que esse tipo de peixe da Sardenha, na Itália, era vendido: em latas, nas quais as sardinhas ficavam grudadas umas nas outras pelo azeite ou por molhos.

Agosto: do latim *Augustus*, nome do imperador romano, Caio Júlio César Otaviano Augusto. Até então o nome do mês era *sextilis*, em latim, indicando que era o sexto mês do antigo calendário romano, que começava em março. Com a reforma do calendário juliano, no ano 46 a.C., agosto passou a ser o oitavo mês e foi escolhido para homenagear Augusto porque, ao contrário da fama de azar que passou a rondar agosto, vitórias e outros feitos importantes na biografia do imperador tinham ocorrido neste mês. E *quintilis*, o quinto mês, mudou para *Julius*, julho, em homenagem ao todo-poderoso político Caio Júlio César.

Agouro: do latim *augurium*, agouro, presságio, adivinhação. Na Roma antiga, as predições eram feitas por sacerdotes que para isso auscultavam o canto e o voo das aves. Atualmente, ninguém exerce o dom da profecia destripando frangos, mas na antiga Roma isso era feito com muita solenidade quando as sondagens do canto e do voo dos pássaros não eram suficientes.

Ágrafo: do grego *graphein*, escrever. O 'a' inicial significa negação. Ágrafo é aquele que não sabe escrever. No Brasil, há duas espécies de ágrafos: os que não sabem escrever porque jamais foram à escola e aqueles que nunca mais leram ou escreveram depois de terem deixado a escola. O poeta Mário Quintana chamou estes últimos de "analfabetos autodidatas", pois deixaram de ler e escrever por conta própria.

Agrolandense: de Agrolândia, palavra formada dos compostos grego *agrós*, campo, e alemão *land*, terra. Por que este verbete num livro de Palavras de Direito? Porque não raro o leitor encontra o que precisa onde não procurou. E porque este pospositivo, "lândia", indicando "terra, país, região etc.", é frequente em topônimos, como países – *Groenlândia, Finlândia, Islândia, Tailândia* etc. – às vezes, porém, não traduzidos do original, de que são exemplos Inglaterra e Alemanha, originalmente England e Deutschland. A Cinelândia, no Rio, é exemplo de aplicação deste pospositivo de modo todo particular, já que outrora havia ali muitos cinemas. É frequente também em nome de municípios, como Cafelândia, Clevelândia, Turilândia e Agrolândia, entre muitos outros lugares. Neste último, pequeno município de Santa Catarina, de pouco mais de 9 mil habitantes, está enterrado o fundador da revista *Newsweek*, o americano Thomas John Cardell Martyn. Em viagem ao Brasil, na década de 1940, conheceu a enfermeira catarinense Mary Imagaard Martyn. Casaram e, depois de morarem alguns anos no Balneário de Camboriú (SC), foram morar em Agrolândia. O marido, 24 anos mais velho do que a esposa, temia morrer antes dela e por isso foram morar perto dos pais dela. Mas ela teve um câncer fulminante e morreu antes dele. Martyn pediu que no seu túmulo fosse identificado como "founder of Newsweek". E assim foi feito. A revista chegou a ser editada em 193 países, e em suas redações espalhas pelo mundo trabalhavam cerca de 300 jornalistas.

Água: do latim *aqua*, palavra de raiz indo-europeia, alternando, de acordo com o contexto, o que designava, parecendo em variações semelhantes nas neolatinas, como o italiano *acqua*, o espanhol *agua*, o francês *eau*, esta uma variação do francês antigo *aive*. É certo, porém, que no latim designava a água corrente, potável, cujo étimo está presente em aqueduto, aquário, aquático. O latim *unda*, onda, do étimo indo-europeu *wed*, deu *water*, no inglês, *Wasser*, no alemão; *vatten*, no sueco; *vand* no dinamarquês; *uisce*, no irlandês antigo; *vodá* no russo. No grego, água é *hýdor*, presente em hidráulica e hidrografia. Em muitos países, como ocorre no Brasil, desde a segunda metade do século passado, quando se está com sede, não é água que se pede, é Coca-Cola. A primeira garrafa foi vendida no dia 7 de maio de 1886, em Atlanta, nos EUA. Tinha sido criada pelo farmacêutico John Pemberton como um xarope capaz de "curar todos os males da alma e do corpo", e custava apenas cinco centavos de dólar.

Aiatolá: do árabe *ayat' Allah*, pela formação *ayat*, sinal, exemplo, manifestação, e *Allah*, Deus. No Irã, é título honorífico atribuído a especialistas ou exegetas (intérpretes) xiitas da lei islâmica, conferido a autoridade superior. Um dos mais célebres aiatolás da era moderna foi Ruhollah Khomeiny, líder espiritual e político da Revolução Iraniana. Em 1979, ele depôs o xá Mohammad Reza Pahlavi, que governara o Irã, então conhecido por Pérsia, de 1941 a 1979. A força de seu poder provinha do Reino Unido da Grã-Bretanha e da União Soviética, que invadiram a Pérsia para tomar seu petróleo.

Ainda: provavelmente do latim *ab inde* ou *ad inde*, ainda. Mas a origem deste vocábulo ainda não foi fixada com segurança. Não são estranhas em nossa língua a junção de partículas e o acréscimo de afixos à raiz dos vocábulos para formação de novas palavras. Presente em muitas locuções, vai modificando seu sentido, tal como aparece neste trecho do escritor romântico Joaquim Manuel de Macedo, autor do clássico *A moreninha* e um dos primeiros romancistas brasileiros: "um estudante é poeta, ainda que não faça versos".

Aio: provavelmente de *aio*, variante encontrada na poesia latina com o significado de sim. Aio seria aquele que diz sempre sim. O gótico tinha *hagja*, guarda. Chegou ao espanhol como *ayo*, com escala no vasconço *ayoa*, guardião. É possível que as formas latinas *avia*, avó, e *adiuvare*, ajudar, tenham influenciado sua formação por causa de intensos intercâmbios entre a península ibérica e o mediterrâneo ainda na primeira metade do segundo milênio, de que é indício o italiano *aiuto,* auxílio, socorro. Já o latim *avia,* avó, vincula-se ao trabalho de guardiã de netos que a avó exerceu e ainda exerce em nossa cultura. Aios e aias consolidaram mais tarde a função de preceptores de crianças nobres, sem deixar o papel de camareiros e damas de companhia.

Ajudar: do latim *adjutare,* ajudar. A solidariedade que se manifesta na ajuda espontânea a quem precisa foi sistematizada e está presente em vários ideários, civis e religiosos. Em 1824, uma sociedade criada para instrumento de defesa da classe média diante do governo adotou por lema a moral de uma das fábulas de Jean de la Fontaine alterando-a de "ajuda-te que o céu te ajudará" para "Deus ajuda a quem se ajuda". Surgiram depois outras expressões semelhantes, como "Deus ajuda a quem trabalha" ou "Deus ajuda a quem cedo madruga", esta um evidente pleonasmo, já que madrugar significa acordar cedo. Há autores que atribuem a Deus o conselho de acordar cedo, mas a Bíblia não registra a recomendação. Provavelmente a citação foi confundida com a advertência do filósofo, físico, político, jornalista e autor de inventos como a lâmpada elétrica e o para-raios, o norte-americano Benjamin Franklin: "Deus ajuda aqueles que se ajudam". Há um provérbio hebraico de significado semelhante: *im eyn ani li mi li* (se eu não lutar por mim, quem o fará?).

Ajuste: de ajustar, de justo, do latim *justus,* que está de acordo com o *jus, juris,* o Direito, do mesmo étimo de jurídico, justiça, jurar, injúria, júri, conjuração e perjúrio, entre outras. Com o significado de acerto de contas e equilíbrio econômico e financeiro entre o que se arrecada e o que se gasta, foi muito reiterado pelos economistas Joaquim Levy e Nelson Barbosa quando ministros. Joaquim é nome vindo do Hebraico *Jehoiakim,* aquele que o Senhor eleva, e *Levi* quer dizer ligado, que aderiu. Nelson é de origem irlandesa: quer dizer filho de *Neil,* derivado do gaélico *Niall,* de significado controverso, havendo registros de campeão, negro e nuvem. Barbosa procede do latim *barba,* lanugem, pelo no rosto, palavra provavelmente trazida do sânscrito pelo étimo *bhar,* com o significado de portar, carregar, designando o que homem traz no rosto. Em Portugal, foram chamados Barbosa aqueles que moravam em terras onde eram abundantes plantas conhecidas como barba-de-bode, barba-de-pau, barba-de-velho etc. Um fio de barba era garantia do famoso *pacta sunt servanda* (os contratos são cumpridos), na celebração dos negócios. Nasceu deste costume a expressão "no fio do bigode", em que a garantia do compromisso era um fio de barba, em geral do bigode, arrancado à vista do freguês e ali entregue.

Alamoa: de alemoa, feminino arrevesado de alemão – o correto é alemã –, do latim *alamani*, como eram chamados os alemães pelos antigos romanos, com a variante *teutiscus*, no latim medieval, radicado em *thiudisk*, este vindo do gótico *thiusa*, que deu tedesco, e servia para designar o *germanicus*, povo que habitava a região denominada *Germania*. A Alamoa é uma assombração da Ilha de Fernando de Noronha. Manifesta-se na forma de uma mulher muito branca, loura e alta, de rara beleza, que encanta os homens. Logo que os seduz, transforma-se numa caveira, carregando-os por fendas nos rochedos, que se abrem apenas para que ela passe com suas presas. A ideia do mito parece ser uma advertência para os perigos do sexo feminino. Em Cananeia, no litoral paulista, a variante da Alamoa é a Dama Branca, mas esta não vaga nua pela praia, perambula vestida de seda branca à beira do mar.

Alarme: do italiano *alle arme*, às armas. Grito das sentinelas que, com essa interjeição militar, anunciavam a aproximação do inimigo. Passou depois a designar outros tipos de inquietação e de sinais de atenção. Assim, as águas de um rio que começam a subir são motivo de alarme, como também a presença de casos, ainda que isolados, de doenças endêmicas e epidêmicas, ainda que a chamada seja a outras armas, entre as quais estão as seringas ou conta-gotas empregados em vacinas.

Alazão: do árabe *al'az'ar*, pelo espanhol *alazán*, cavalo de pelagem da cor de canela, entre o vermelho e o castanho. Na célebre *Asa Branca*, do cantor e compositor pernambucano Luiz Gonzaga, sobre a seca nordestina, o cavalo que morre de sede é alazão: *"Que braseiro, que fornaia/ Nem um pé de prantação/ Por falta d'água perdi meu gado/ Morreu de sede meu alazão"*.

Albafar: do árabe *al-bakhar*, incenso, nome de um perfume antigo, extraído da raiz da junça. Os mouros trouxeram o vocábulo para a língua portuguesa. Pode ter influenciado o sentido de abafar, com os significados de sufocar, asfixiar e correlatos. É uma das palavras mais invocadas para designar o ato de impedir a divulgação de alguma notícia que resulte em escândalo. Na gíria, abafar tem o sentido de ocultar, esconder, furtar, roubar.

Alça: do latim *altia* (diz-se "álcia"), do mesmo étimo de *altius,* (diz-se "álcius") e de *altiare* (diz-se "alciáre"), levantar. Mala sem alça, antes do Acordo escrita com dois hifens, passou a identificar uma pessoa chata, porque a mala sem alça é de difícil transporte. Molhada, de papelão, na chuva, então! A expressão francesa *pot sans anse* (recipiente ou pote sem asa) é equivalente.

Alcaguete: do árabe *al-qawwād*, espião, dedo-duro. Apesar de estar na língua espanhola desde o século XIII, chegou à portuguesa apenas no século XIX. Designava originalmente o alcoviteiro, o cáften, o gigolô. Provavelmente, sendo a prostituição apenas tolerada, e não legalizada, nas ruas e em bordéis, tais personagens começaram trocando pequenos favores com a polícia, que fazia vistas grossas às atividades ilícitas e recebia em troca um bem precioso: informações sobre a vida clandestina de pessoas investigadas. O mais famoso alcaguete do Brasil foi Joaquim Silvério dos Reis, o grande vilão da Inconfidência Mineira. Sua denúncia levou à execução de Joaquim José da Silva Xavier, o Tiradentes, enforcado e depois esquartejado, e à prisão e à morte de Cláudio Manuel da Costa.

Alcance: de alcançar, do latim vulgar *incalciare*, pegar no *calx*, calcanhar, influenciado pelo espanhol *alcanzar*. Alcance teve inicialmente o sentido de chegar perto, a ponto de atingir com coices, mas surgiram outros significados, como o de pôr as mãos sobre, abranger. Aparece na expressão "rede de alcance mundial", tradução adaptada do inglês *world wide web,* mais conhecida pela sigla *www*.

Alcoólatra: de álcool, do espanhol *alcohol*, por sua vez radicado no árabe *al-kuhul*, e do radical grego *latreýo*, adoração. Viciado em bebidas alcoólicas. No Brasil, as mais populares são a cachaça e a cerveja. O Ministério da Saúde, à semelhança do que faz com o fumo, conclama as pessoas à moderação no consumo, porque o álcool e o tabaco estão na origem de muitos de nossos males, incluindo desordens familiares e sociais no primeiro caso, e o câncer, no segundo. Os próprios fabricantes ostentam, por obrigação legal, advertências nas embalagens dos produtos. Desafetos das ditas recomendações alegam, entretanto, que fumantes célebres muito fizeram pela Humanidade, como o Prêmio Nobel de Literatura em 1953, Winston Churchill. O charuto não o impediu de ser um dos maiores líderes na Segunda Guerra Mundial. Sem contar que Adolph Hitler não fumava e estava sóbrio quando decidiu praticar toda sorte de loucuras contra a Humanidade.

Alcorão: do árabe *al-qur'an,* a leitura, isto é, a melhor leitura que se pode fazer. Segundo os muçulmanos, o Alcorão, cuja variante é Corão, foi ditado pelo anjo Gabriel ao profeta Maomé, entre os anos de 612 e 632, em Meca e em Medina. À semelhança da Bíblia, é dividido em capítulos, chamados suratas, e versículos. É utilizado como compêndio de costumes e normas nas sociedades em que o sacerdotal se mistura com o político, como no islamismo.

Alcouce: do árabe *al-qos,* cabana de eremita, de provável vínculo com o mesmo étimo de al-*qúbba,* abóboda, teto arredondado, mas que deu alcova no português, quarto de dormir cuja porta não dava para o exterior e sim para uma sala. Nas antigas casas-grandes, alcova era o dormitório da filha solteira, que alguns pais trancavam por fora quando elas se recolhiam, abrindo apenas ao amanhecer. Mas alcouce tomou sentido licencioso, tornando-se sinônimo de prostíbulo.

Alcova: do espanhol *alcoba,* radicado no árabe *al-qúbba,* cúpula. No espanhol como no português passou a designar pequeno quarto de dormir, junto a uma sala ou a outro quarto maior. Terá contribuído para tal denominação o teto arredondado dos recintos e a tenda dos acampamentos, que também recebeu no árabe a designação de *alcoba.* No Brasil consolidou-se o significado de quarto de dormir sem abertura para o exterior, utilizado tanto para que os pais ali pudessem melhor controlar a vida das filhas casadoiras quanto para encontros amorosos ilícitos, derivando daí alcoviteira, pessoa que leva outros à alcova.

Alcunha: do árabe *al-kúnya,* sobrenome. Joaquim José da Silva Xavier é mais conhecido por sua alcunha, *Tiradentes.* Às vezes, a alcunha se confunde com o apelido. A semelhança entre Tônico e Tonico, apelido de Carlos Gomes, ensejou uma brincadeira com uma propaganda de um tônico para os cabelos no Brasil do século XIX. Como o famoso maestro usasse cabelos compridos, como então era moda, jovens alteraram o cartaz, mudando a propaganda: de *"tônico para os cabelos"* para *"Tonico, apara os cabelos".*

Alfa: do hebraico *alef,* pelo grego *álpha* e pelo latim *alpha,* designando a primeira letra do alfabeto. Primitivamente seu hieróglifo correspondente representava um boi, figuração que o nosso 'a' maiúsculo ainda mantém. Em sentido conotativo indica início, começo, princípio. Opõe-se a ômega, a última letra do alfabeto grego.

Alfabeto: do grego *alphábetos* pelo latim *alphabetum.* Essas denominações derivam das duas primeiras letras do alfabeto grego, alfa e beta. No português, a designação refere três e às vezes quatro letras, como se comprova em abecê e abecedário. Entre os primeiros alfabetos do mundo estão o ugarítico (séc. XV a.C.), o fenício (séc. XIII a.C.), o etrusco (séc. VIII a.C.) e o hebraico (séc. XIII a.C.). Os fenícios, hábeis navegadores e comerciantes, deram origem aos alfabetos grego (séc. X a.C.), latino (séc. VII a.C.) e árabe (séc. IV a.C.). O alfabeto cirílico é um dos mais tardios, tendo surgido no século IX d.C. As letras do alfabeto não saíram do nada. Nosso abecedê, por exemplo, procede das letras alfa, beta, gama e delta, vindas de hieróglifos que representavam o boi, a casa, o bumerangue e a porta. E prossegue com alusões ao ato de contemplar (E, do HE fenício), a um gancho ou suporte (o F), a uma cerca ou corda trançada (o H), à mão (o I ou J), à palma da mão (o K), ao cajado (o L), à água (o M, originalmente representando as ondas do mar), à serpente (o N), ao olho (o O), à boca (o P), ao nó (o Q), à cabeça (o R; RECH em fenício), ao dente (o S, vindo do CHIN fenício), à marca (o T), ao peixe (o X) , e à foice (o Z). O alfabeto grego acrescentou outras letras, como o Teta, vindo do hieróglifo que representava o Sol, cujo correspondente na escrita semítica era TETH, e o Ômega, representado por um "U" em forma de ferradura.

Alface: do árabe *al-hassa,* daí ter sido grafada "alfaça" no português antigo. Em latim, o nome científico desta erva de folhas grandes e em geral verdes é *Lactuca sativa,* cujo étimo está no italiano *lattuga,* no francês *laitue,* no espanhol *lechuga,* no inglês *lettuce.* No alemão é *Kopfsalat,* aludindo a salada e à cabeça da verdura. No português, por força da presença moura em Portugal por sete séculos predominou a denominação árabe, dado o alto consumo deste alimento entre os novos conquistadores. A Humanidade come alface desde 500 a.C., e é certo que esta verdura está presente no cardápio de muitas modelos, às vezes de forma quase solitária, como se tornou emblemático registrar, pela presença do ferro, do cálcio e do fósforo, e por facilitar a digestão, além de suas propriedades medicinais.

O poeta, compositor e diplomata Vinicius de Moraes desdenhou as verduras como alimento em célebre soneto: *"Não comerei da alface a verde pétala/ Nem da cenoura as hóstias desbotadas/ Deixarei as pastagens às manadas/ E a quem maior aprouver fazer dieta".* Dieta que ele teve de cumprir religiosamente quando em tratamento médico.

Alfaiate: do árabe *al-hayat*, costureiro que faz roupas masculinas ou trajes de homem para as mulheres, como paletós e assemelhados. A padronização das roupas abandonou o corte individual e por isso a profissão entrou em declínio, mas há ainda resquícios de seu apogeu, mesmo em pequenas cidades, com os tradicionais clubes dos alfaiates. Os homens que querem ou precisam vestir-se bem, tendem a encomendar seus ternos num alfaiate, que os faz com perfeito ajuste no corpo. Terno tem este nome porque veio do latim *ternus*, conjunto de três: paletó, colete e calça. No dia 6 de setembro é celebrado o Dia do Alfaiate.

Alfândega: do árabe, pela junção de *al*, artigo, com *funduk*, armazém, hospedaria. Provavelmente o vocábulo chegou ao árabe vindo do grego *pandochos*, de significado semelhante. Originalmente designou apenas hospedaria de viajantes e mercadores, que naturalmente traziam e levavam produtos. Instalados na Península Ibérica por mais de sete séculos, os mouros moldaram várias das palavras do espanhol e do português, principalmente as vinculadas à atividade comercial. Alfândega passou a denominar a repartição pública por onde entram e saem as mercadorias, sobre as quais incidem os impostos pagos por todos os cidadãos.

Algarismo: do árabe *alkharizm,* do nome do célebre matemático e astrônomo Abu Jafar Muhammad Ibn Musa Al-Khwarizm, natural da localidade de Kharizm, designando cada um dos caracteres que representam os números de zero a nove. Ele foi para Bagdá, no atual Iraque, a convite do califa Abû al-'Abbâs al-Ma'mûn 'Abd Allah ben Hârûn ar-Rachîd, mais conhecido por Al-Mamum, que em árabe quer dizer *"aquele em quem se tem confiança, que é leal".* Esse califa queria reunir os sábios do mundo inteiro na capital de seu império, com vistas a fazer de seu reino um centro que contemplasse todos os saberes.

Algema: do árabe *al-djama*, pulseira. O sinistro adereço não tem o fim de embelezar quem é conduzido como prisioneiro, mas impossibilitar-lhe reação. Integra também o arsenal de práticas sadomasoquistas. Juízes, promotores e advogados têm manifestado sua discordância em tratar de presos algemados dentro do fórum por entenderem que contraria o art. 50, inciso XLIX da Constituição: "é assegurado aos presos o respeito à integridade física e moral".

Algoz: do árabe *algozz*, vindo do turco *Gozz*, nome de uma tribo que fornecia aos almoades do Marrocos e da Espanha mão de obra especializada em execuções. Em Portugal e no Brasil colonial e imperial, como a sinistra mão de obra especializada fosse difícil de encontrar, eram recrutados prisioneiros que tinham a pena ou parte dela comutada em troca do serviço, que podia ser a morte da vítima ou a aplicação de castigos corporais, como açoites, afogamentos, tortura e diversos outros flagelos. Entrou para o português no século XIV. José Pedro Machado abona o verbete com a *Crónica de D. Pedro I*, de Fernão Lopes: "chamando-lhe treedor, fe perjuro, algoz e carneçeiro de homeens...". A frase é dirigida ao rei português Dom Pedro I, o célebre amante de Inês de Castro, "aquela que depois de morta foi rainha", executada por algoz a serviço do sogro.

Alho: do latim *allium*, designando também a cebola, do latim *caepulla*, cebolinha, diminutivo de *caepa*. Os romanos já conheciam o alho silvestre em várias regiões da Ásia Central, quando venceram os gregos e por isso não adotaram o grego *skórdon* para designar a planta cujo bulbo é usado como alimento, tempero e remédio. No hebraico, a palavra equivalente é *shumim*, aplicando-se também à cebola. Os trabalhadores que ergueram as pirâmides do Egito eram alimentados com alho, cebola e rabanete. Alho e cebola eram tão importantes que réstias desses produtos eram postas juntos aos sarcófagos para que no outro mundo os mortos tivessem o que comer. Sempre presente na culinária lusitana, cinquenta arrobas de alho ficaram na ucharia real quando Dom João VI, enganando Napoleão, fugiu das tropas do general Junot rumo ao Brasil. Tendo acabado o alho e todas as outras poucas comidas, os nobres que tinham ficado compraram passaportes do general francês e os mais pobres fugiram para a Inglaterra como puderam. Mas de 13 de janeiro de 1808 em diante, nove dias antes de atracar em Salvador, as bocas da realeza das naus puderam melhorar o hálito. O governador de Pernambuco enviou um brigue carregado de caju, pitanga, outras frutas tropicais e muitos mantimentos para a realeza em fuga melhorar sua dieta em alto mar até aportar em Salvador, no dia 22.

Alhures: é mais provável que tenha vindo do provençal *alhurs*, em outro lugar, ainda que haja hipóteses de outras origens. No próprio provençal existem as variantes *alhors* e *aliors*. Estar alhures é estar em outra parte, ou, como simplificou a gíria, "estar em outra", "não estar nem aí".

Aliança: do francês *alliance*, aliança, acordo, tendo também o significado de anel de noivado ou de casamento. A origem remota do vocábulo é o latim *ligare*, ligar.

Aliás: do latim *alias*, aliás, de outro modo. Houve deslocamento do acento tônico. Em geral, é utilizado na conversação para alterar o significado da frase anteriormente proferida, visando no mais das vezes a corrigir um engano. Apesar de pequena, esta partícula tem merecido estudos relevantes, como o livro inteiramente dedicado ao tema, de autoria da professora universitária e pesquisadora Soeli Maria Schreiber da Silva, *Argumentação e polifonia na linguagem*.

Alimento: do latim *alimentum*, alimento, comida. Designou inicialmente a pensão dada aos pais já velhos, o sustento de quem não poderia mais obtê-lo às próprias custas, tratados como crianças, segundo a conhecida expressão que alude às duas pontas da vida. Mas até reis já passaram fome na vida. Na *Crônica de D. João I*, Fernão Lopes relata que, após a célebre batalha de Aljubarrota, em agosto de 1385, o rei português, derrotado e faminto, chegou a Santarém, onde pediu que lhe torrassem uma sopa para comer. Sopa, no português antigo, não era o alimento que hoje conhecemos. Designava o pão molhado num caldo de carne e verduras. A expressão "sopa no mel" denotando excelência remonta a esse tipo de alimento. Já umedecido em líquido repleto de nutrientes, o tal pedaço de pão recebia ainda um bocado de mel. Os famintos, uma vez satisfeitos com a iguaria, criaram a expressão de que nada era melhor do que "sopa no mel".

Alinhado: do latim *linea*, linha. Os afixos que foram acrescentados no começo e no fim do vocábulo original indicam quem está na linha ou a segue. Até o final da década de 1980, quando o mundo estava dividido em dois grandes blocos, o dos Estados Unidos e o da União Soviética, alguns países formaram um terceiro, o dos não alinhados.

Alinhamento: de linha, do latim *linea*, tendo também o sentido de corda, cordão, cordel. O vocábulo, naturalmente, pode designar linha imaginária, como a do Equador, que divide a Terra em duas metades, Norte e Sul. Alinhamento, formado com os acréscimos do prefixo "a" e sufixo "mento" indica ação de pôr-se em fileira, em ordem, de modo a alcançar algum tipo de unidade.

Alíquota: do latim *alíquota*, alguns. No direito tributário passou a designar o percentual calculado sobre o valor das transações comerciais, das rendas auferidas ou de outros tributos. As alíquotas podem ser reduzidas, mas ainda que cheguem a zero, não se pode confundi-las com isenção. Esta deve ser conferida por lei. Por enquanto, as alíquotas só têm aumentado.

Almanaque: do árabe *almanakh*, designando primitivamente o lugar onde os nômades mandam ajoelhar os camelos. Enquanto homens e animais descansavam, os primeiros tratavam de trocar notícias, informações, em geral sobre o tempo, os caminhos, as safras, feitos de personagens famosos ou apenas curiosidades. Os almanaques têm mantido a estrutura original daquelas antigas narrativas, como se pode constatar no *Almanach Perdurável*, do século XIV, e no *Almanach Perpetuum*, organizado em Leiria, Portugal, pelo astrônomo e historiador judeu Abraham Ben Samuel Zacuto. Sua obra foi consultada por célebres navegadores, entre os quais Cristóvão Colombo e Vasco da Gama.

Alma-penada: de alma, do latim *anima*, e de penada, de pena, do latim *poena*, punição. Designa uma das principais assombrações brasileiras, a alma que deixa o corpo no cemitério, mas não vai para o outro mundo porque tem que resolver algumas pendências aqui. A crença é que o Diabo só a receberá depois que ela vagar mais algum tempo sobre a terra. Em geral, as almas perdidas assustam porque, se ficaram aqui, é porque praticaram ações muito más. Todavia há almas penadas boas, ainda que raras, designando pessoas que foram caluniadas ou condenadas injustamente. Neste caso, elas permanecem para denunciar as terríveis injustiças de que foram vítimas.

Almeida: do árabe *al maida*, mesa, depois aplicado, por comparação, a planaltos e outeiros. É sobrenome lusófono, mas como substantivo designa o lixeiro ou o gari em Portugal, desde que um empresário com este sobrenome assumiu a coleta do lixo em Lisboa. No Brasil, deu-se algo semelhante na formação da palavra gari, do nome do empresário francês Aleixo Gary, contratado no Segundo Reinado para remover para a ilha de Sapucaia o lixo acumulado nas ruas do Rio de Janeiro. Ficou no cargo de 1876 a 1891, sendo substituído pelo primo, Luciano Gary. Em 1892, com o fim do contrato, a República instituiu a Superintendência de Limpeza Pública e Particular da Cidade. Também o francês *poubelle*, lata de lixo, procede do nome de Eugène René Poubelle, prefeito de Paris que decretou o uso obrigatório de latas de lixo, em 1884

Alostase: dos compostos do grego *állos*, outro, e *stásis*, estabilidade, por analogia com homeostase, cujo primeiro elemento de composição, *homeo*, procede do grego *hómoios*, semelhante, da mesma natureza. Apesar de estar em circulação em textos médicos, em bulas de remédios e, em sentido metafórico, em abordagens filosóficas e sociológicas, a alostase não é tão conhecida quanto a homeostase. Os primeiros conceitos de homeostase são encontrados no médico grego Hipócrates, o pai da medicina. Segundo ele, o ser vivo é uma organização complexa na qual cada influência perturbadora, como a doença, produz uma atividade compensadora para neutralizar o distúrbio. Na alostase, os parâmetros, mudando continuamente, requerem demandas como exercício, repouso, nutrição. Nos processos sociais, dá-se alostase quando há falta de sintonia entre as expectativas sociais e as decisões tomadas para resolver os problemas.

Alótropo: dos compostos gregos *alo*, outro, e *tropo*, lugar. Diz-se de coisas divergentes, que tomaram outros caminhos, como por exemplo, na botânica, o pólen e o néctar descobertos, ao alcance de qualquer inseto que resolva visitar uma flor, ou de um elemento físico ou químico, que, partindo de uma essência, chegou a outra, bem diversa. E ainda de vocábulos de formas e significados divergentes, mas de étimo comum, como mácula (mancha), mágoa (dor) e malha (tecido), cuja origem comum é o latim macula.

Alquimia: de origem controversa, provavelmente do grego *chymeía*, ou *chymós*, seiva, cujo sentido esotérico, remonta à Alexandria helenística, com influências hindus e chinesas; ou do árabe *alkimiya*, pedra filosofal, arte de decompor a química. De *kimi*, negro, vocábulo que indicava o Egito. Ocultar, em árabe, é *kama*. De modo que o termo já nasceu ocultista, desde o século III d.C., quando surgiu. Alguns alquimistas afirmaram ser possível criar o homem em pequena escala, o *homunculus*, injetando sêmen num ovo e tapando o orifício com sangue de menstruação. Mas outros trabalharam seriamente, chegaram a descobrir o zinco, o alvaiade e o mínio (importante para as miniaturas) e ensejaram a lenda de que buscavam produzir ouro a partir de seus experimentos.

Altura: do latim tardio *altura*, derivado de *altum*, do verbo *alere*, crescer, aumentar, nutrir, sustentar, educar, a mesma raiz de *alumnus*, criança a quem se dá o leite do peito e a educação. A dimensão de altura, em oposição à de profundidade, é aplicada em sentidos denotativos – a altura de um monte, de uma pessoa, de um edifício – e também em sentido conotativo, onde é ainda mais frequente, em geral por meio de palavras assemelhadas radicadas em *alt,* de que é exemplo Alteza, título honorífico de elevação moral, surgido no português do século XII e aplicado, a partir do século XV, a reis, ficando depois exclusivo para príncipes. De resto, em sentido figurado ou conotativo, o Bem foi posto no alto, e o Mal nas profundezas.

Aluguel: de origem controversa. Pode ter vindo do latim *locare*, pôr num lugar, dando origem a alugar e aluguel, também grafado aluguer, tal como aparece num clássico da literatura brasileira, *Os corumbas*, do escritor sergipano Amando Fontes, o primeiro dos regionalistas nordestinos a ocupar-se da vida urbana: "estou comprando fiado na bodega. E pra inteirar o aluguer da casa, tive de tomar emprestado ali à Do Carmo". A outra hipótese é ter vindo do árabe *al-kira*, inicialmente aluguel de cavalgaduras e de coisas móveis, mudando de sentido ao ser aplicado ao arrendamento de terrenos, prédios e residências.

Alunissagem: do francês *alunissage*, pouso na Lua, palavra que já tinha sido registrada em 1923, muito antes do primeiro pouso de uma nave tripulada por homens ocorrer na Lua no dia 21 de julho de 1969, às 23h56min15s na região conhecida por Mar da Tranquilidade, um mar sem água nenhuma. O feito coube a Neil Alden Armstrong, comandante da missão Apolo 11. Apenas dez pessoas pisaram na superfície da Lua até hoje. O termo alunagem, do verbo alunar, embora correto, é menos usado.

Aluno: do latim *alumnu*, declinação de *alumnus,* primitivamente designando criança dada para criar; aluno, pupilo, discípulo. Com o nascimento das escolas, passou a indicar quem lá era entregue para ser educado. *Alumnus* era mais aplicado à criança de peito, ao escravo nascido na casa e à criança recolhida nas ruas, tornada cativa pelos que a alimentavam e educavam. Na escola romana, o aluno era designado *discipulus*, radicado no verbo *discere*, aprender, em oposição a *docere*, ensinar, conduzir, de onde derivaram no português discente e docente, o primeiro aplicado aos alunos, o segundo aos professores. Na escola média, predominou professor ou professora, reservando-se mestre e doutor para os cursos superiores. Tal denominação tem raízes cristãs. Os professores das primeiras escolas, nascidas como extensão das sacristias, professavam, isto é, declaravam publicamente, os três famosos votos: pobreza, obediência e castidade.

Alvará: do árabe *albar'at,* quitação, recibo, carta, tendo também o significado de licença oficial para exercício de alguma atividade. Foi com este último sentido que se consolidou em nossa língua. A empresa ostenta o alvará, mostrando que pagou todos os impostos devidos para estabelecer-se. O preso, cumprida a pena, recebe alvará de soltura. Em 12 de outubro de 1808, dom João VI baixava alvará criando o Banco do Brasil. Poucos meses depois de sua chegada, fugindo das tropas francesas que tinham invadido Portugal, o príncipe regente abolira outro alvará, de 1785, que proibia a instalação de indústrias no Brasil.

Ama: de origem controversa, ama pode ter vindo do hebraico *(a)êm,* mãe, do aramaico *amã,* serva, ou do latim *amma,* mulher que substitui a *mater,* mãe, nos cuidados de alimentação e educação dos filhos, atuando também como dona-de-casa. Na formação brasileira, segundo nos dá a entender Gilberto Freyre, a escrava cumpriu muitas vezes o papel de mãe substituta, a ama-de-leite, vindo daí a maciez da língua portuguesa falada no Brasil. A escrava precisou aprender, juntamente com as crianças por cujos cuidados era responsável, um idioma que desconhecia, modificando os sons guturais da língua dos senhores.

Amálgama: do árabe *al-madjma,* fusão, pelo latim *algamala, algamana, almagala,* consolidando-se no português amálgama. Nossos primeiros dicionários acentuaram de forma diferente. O padre Raphael Bluteau não pôs acento algum, e Antonio Morais da Silva pôs o acento no penúltimo "a", pois deve ter ouvido "amalgáma". Originalmente quem trouxe a palavra do árabe para o latim foram os alquimistas, com o fim de designar um dos processos de suas pesquisas para produzir ouro. Atualmente, amálgama é a designação genérica das ligas que contêm mercúrio, aplicada também a outros metais. *Amálgama* é livro de contos de Rubem Fonseca (1925-2020), sem que uma só das narrativas tenha este título, dando um recado, entretanto, ao leitor, de que algo une todas as histórias. Por coincidência, no conto *Borboletas* ele diz: *"Não sei se já disse que tenho muitas enciclopédias e dicionários. Tenho dicionários antigos e modernos, tenho o Moraes, o de 1789, tenho até um Bluteau, de 1728, vocês acreditam? Na verdade, baixei o Moraes e o Bluteau na internet, eu não teria dinheiro para comprá-los. Vão me perguntar por que, tendo acesso à internet, eu consulto enciclopédias. Muito simples: gosto de ler palavras impressas no papel."*

Amante: do latim *amante*, aquele ou aquela que ama. (Ou do latim vulgar *himante*, no sentido de corda ou rédea). Em geral, trata-se de amor ilícito ou herético. A família patriarcal brasileira teve sempre na figura da amante um de seus pilares. Amante aplica-se em geral ao sexo feminino, embora seja adjetivo de dois gêneros. Designa pessoa que tem com outra relações sexuais mais ou menos estáveis, mas não formalizadas pelo casamento. Os sinônimos mais comuns são amásia e concubina, de forte tom pejorativo.

Amásia: do latim *amasia,* namorada, amada, concubina. Com tal sentido aparece no livro do escritor português José Régio, *História de mulheres:* "alguns até conservaram uma espécie de velha amásia oficial, que chegara a conquistar a quase honorabilidade duma segunda esposa".

Amazônia Legal: designa região integrada pelos seguintes estados: Amazonas, Acre, Rondônia, Roraima, Pará, Amapá, Tocantins e parte do Maranhão, mas predomina a referência ao Amazonas na designação, do grego *amázon*, pelo latim *amazon*, lendárias mulheres guerreiras da Capadócia, que queimavam, cortavam ou comprimiam o seio direito para mais facilmente manejarem o arco. Em grego, seio é *mazós* e o 'a' inicial tem a função de supressão. As inexistentes mulheres guerreiras sem o seio direito tiveram origem na semelhança entre a palavra iraniana *ha-mazan*), cavaleiros, e a palavra grega *amázon*), sem o seio, modificação de *mázos,* seio, antecedido do "a", indicando negação. O militar e explorador espanhol Francisco Orellana, descobridor do rio Amazonas, enfrentou guerreiros índios nus e de cabelos longos, tendo confundido seus mamilos escuros com seios queimados das mulheres lendárias das quais ouvira falar nas cortes ou nas viagens.

MIL E UMA PALAVRAS DE DIREITO

Ambiguidade: do latim *ambiguitas*, que conduz a dois lados. Às vezes, mais do que dois, como no caso a seguir, em que, de acordo com a pontuação, o sentido muda radicalmente. As vírgulas devem ser postas de acordo com os interesses dos herdeiros de um milionário que tinha sérias dificuldades com vírgulas e pontos, e deixou o seguinte bilhete: "deixo a minha fortuna para o meu irmão não para o meu sobrinho jamais para o meu advogado nada para os pobres". O texto deve ser pontuado de quatro maneiras diferentes, para atender aos interesses do irmão (1), do sobrinho (2), do advogado (3) e do defensor dos pobres (4). O irmão, por exemplo, pontuaria assim: "deixo a minha fortuna para o meu irmão, não para o meu sobrinho, jamais para o meu advogado, nada para os pobres".

Ameaça: do latim vulgar *minacia*, ameaça, prenúncio de acontecimento desagradável, promessa de castigo. O francês *ménace* e o italiano *minaccia* estão mais próximos da antiga origem. Já o espanhol *amenaza* lembra a forma portuguesa. Às vezes é empregado em sentido irônico, como quando dizemos que um escritor medíocre nos ameaça com um novo livro.

Amigo: do latim *amicu*, amigo, confidente, querido, favorável. O primeiro registro da palavra amigo em português foi feito pelo rei e poeta dom Dinis, o Lavrador, fundador da primeira universidade portuguesa, em poema do século XIII: *"Ay! Flores, ay! Flores do verde Pyno,/ se sabedes novas do meu amigo."* Está numa das *Cantigas de Amigo* e expressa o lamento da mulher que, longe do amado, pergunta às flores do pinho pelo ausente, então denominado amigo, sentido que depois não mais se aplicou a relações amorosas, restringindo-se a sentimentos que excluíam a sexualidade. Essas cantigas, lado das *Cantigas de Amor*, são os mais antigos documentos a expressar o amor em português. Eram escritas num estilo bem próximo à fala popular do galego-português, ao contrário das *Cantigas de Escárnio* e das *Cantigas de Mal-dizer*, elaboradas no português de cortes, palácios e igrejas. A escritora paulista Betty Milan recuperou o conceito, em prosa, no livro *O Amante Brasileiro* (Editora A Girafa), em que a mulher e o homem trocam mensagens amorosas por meio de *e-mails*.

Amolar: do espanhol *amolar*, afiar, tornar cortante, amparado originalmente no latim *mola*, rebolo, pedra de afiar instrumentos cortantes. O sentido de aborrecer proveio do costume dos amoladores oferecerem seus serviços de porta em porta, gritando pelas ruas, às vezes acordando os mal dormidos muito cedo, o que era motivo de chateação. No Rio de Janeiro, notabilizou-se no caceteamento da população pelo anúncio de tais serviços um italiano cujo nome ainda não foi resgatado. Mas seu costume foi registrado por Luiz A. P. Victoria em *Dicionário da origem e da vida das palavras,* publicado originalmente em 1958, no Rio, pela Livraria Império.

Amor: do latim *amore*, declinação de *amor*. O primeiro registro da palavra aparece ainda no português medieval, em 1275. Mas o sentimento ainda é descrito como amizade, já que a paixão tinha formas de expressão ainda tímidas nas cantigas de amor, em oposição à ousadia da literatura árabe, que comparava a mulher amada com vários tipos de animais, como a gazela, a corça, a potranca, e pássaros como a pomba e a rolinha. Pouco a pouco, o amor passou a frequentar outras expressões, como "amor à primeira vista" e "amor platônico" (que se refere ao filósofo grego Platão). Também para o amor há normas, e por isso o Direito, que deu as bases para os contratos de casamento, estabelecendo regras que os cônjuges devem observar.

Amostra: do mesmo étimo de monstro, do latim *monstrum*. Em latim, mostrar é *monstrare*, como em demonstrar. Amostra é variante de mostra. O IBGE usa esta palavra em *Pesquisa Nacional por Amostra de Domicílio*, em que os dados mostram e demonstram nossa desigualdade social: os 10% mais ricos ficam com 45,8% da renda, e os 10% mais pobres ficam com apenas 0,8%. Os 20% mais ricos estudam três vezes mais que os 20% mais pobres e ficam 10,2 anos na escola; os pobres ficam 3,9 anos. Os mais atingidos são as crianças e os velhos, como sempre alertava a freira catarinense Zilda Arns, falecida em Porto Príncipe, capital do Haiti, tornando-se uma das 200 mil vítimas que ela tentava ajudar, quando do terremoto devastador que atingiu aquele país.

Anábase: do grego *anábasis*, pelo latim *anabasis*, expedição ao interior, progresso de um mal, declínio do Sol e também etapa em que uma doença se intensifica, piorando a vida do paciente. *Anábase* é o título de célebre obra do historiador grego Xenofonte, em que narra a expedição de Ciro, o Moço, contra seu irmão Artaxerxes II ambos filhos do rei Dario III. A batalha em que Ciro morreu foi travada em Cunaxas, à beira do rio Eufrates. A derrota produziu uma das maiores retiradas militares de todos os tempos: dez mil soldados, sob o comando de Xenofonte, voltaram em ordem para seus lugares de origem. Anábase é também nome de planta.

Analfabetismo: de analfabeto, do grego *analphábetos,* passando pelo latim *analphabetu,* mais o sufixo *ismo,* tão comum em termos pejorativos. A palavra foi formada pelo prefixo de negação juntado a *alfa* e *beta*, as duas primeiras letras do alfabeto grego, para designar o estado de quem não sabia ler, nem escrever, já que não passava das duas primeiras etapas.

Analogia: do latim *analogia*, analogia, ponto de semelhança entre coisas diferentes. Às vezes lembra a metáfora, como nessa passagem do *Tratado da natureza humana*, do filósofo escocês David Humes: "o que a velhice é para a vida, a noite é para o dia. Por isso dizemos que a noite é a velhice do dia e a velhice é a noite da vida".

Anarquismo: do grego *anarchía*, negação ou falta de autoridade, formaram-se anarquia e anarquismo. Várias têm sido as tentativas de estabelecer uma sociedade anarquista, isto é, regulada pelos próprios indivíduos em grupos livremente formados, sem as forças coercitivas que constituem o Estado. Originalmente concebido como movimento de defesa das liberdades individuais, o anarquismo encontrou expressão também no socialismo, tal como foi formulado pelo filho de aristocrata russo e grande proprietário de terras, Mikhail Bakunin.

Anatomia: do latim *anatomia*, por sua vez radicado no grego *anatomía*, designando a ciência que trata da forma e da estrutura dos seres organizados. O prefixo "an" indica negação. O grego *tomos*, o latim *tomus* e o português tomo indicam pedaço, parte, divisão, como se pode verificar em coleções de livros. A anatomia examina o conjunto e para tanto disseca os corpos.

Ancestral: do francês *ancestral*, radicado no latim *antecessor* (diz-se "antecéssor", mas é pronunciado "antecessôr" no português). No latim substituiu *maior*, pois os antepassados eram designados também por "maiores". Ancestral designa a pessoa da qual descendem outras e aparece neste trecho de *Todas as coisas visíveis e invisíveis*, crônicas da jornalista e escritora Márcia Peltier, narradora que sabe conciliar clareza e profundidade: *"Precisamos reverenciar nossos ancestrais", me disse uma terapeuta que lida com esse aspecto às vezes desconhecido em nossa vida. Quem fica* *lembrando de sua ancestralidade? (...) Muitas vezes nem sabemos bem quem foram nossos avós ou bisavós".* O título do volume foi retirado de célebre abertura do *Credo,* oração conhecida também como "símbolo dos apóstolos", baixada no Concílio de Nicéia, em 325: " *Credo in unum Deum, Patrem omnipotentem, Factorem cæli et terræ, Visibilium omnium et invisibilium" (Creio em um só Deus, Pai onipotente, criador do céu e da terra, de todas as coisas visíveis e invisíveis)".*

Andrógino: do grego *andrós,* homem, no sentido de macho, e *gyné,* mulher, fêmea. Em diversas filosofias, teogonias e teologias antigas deuses e homens foram concebidos andróginos, pois a junção de masculino e feminino num só ente ou corpo era indicativo de perfeição. A etimologia vincula *andrós* a quem fecunda e *gyné* a quem é fecundado, sendo tal designação anterior às habituais macho e fêmea, homem e mulher. Tratando-se de suposições, foram notáveis e às vezes risíveis as teorias engendradas. Uma das mais divertidas, verdadeira página de ficção, encontra-se no *Banquete,* de Platão, onde originalmente está radicada a ideia de terceiro sexo, que tanto sucesso fez a partir dos anos 60 do século passado, a década que mudou tudo. Diz o filósofo grego pela boca de Aristófanes: "a princípio havia três espécies de sexo e não duas, como agora: o masculino e o feminino e, além desses, um terceiro, composto pelos outros dois, que veio a extinguir-se. Era a espécie andrógina, que desapareceu e hoje não existe mais". As descrições que faz a seguir parecem dignas, não de um livro de filosofia, mas do *Livro dos Seres Imaginários,* de Jorge Luis Borges: "cada homem, no seu todo era de forma arredondada, tinha dorso e flancos arredondados, quatro mãos, outras tantas pernas, duas faces exatamente iguais sobre um pescoço redondo e, nestes, duas faces opostas, uma só cabeça, quatro orelhas, dois órgãos sexuais e todo o resto na mesma proporção. Quando corria, fazia como os saltimbancos que dão voltas no ar. Lançando as pernas para cima e apoiando-se nos membros, em número de oito, rodava rapidamente sobre si mesmo". Nas suas divagações, o filósofo explica os motivos de tais características para os três sexos: *"o masculino tinha origem no Sol, o feminino na Terra e a espécie mista provinha da Lua".* Escrevendo assim, quem parecia estar no mundo da Lua era o filósofo. Reunidos os deuses, que já tinham destruído os Titãs a golpes de raios, deliberam sobre que providências tomar face à ousadia dos tais seres, que de tão atrevidos estavam subindo aos céus para guerrear com eles. Depois de muitas discussões, Zeus resolver partir os seres em metades iguais, para enfraquecê-los. Cada metade, porém, passou a buscar a outra metade. E quando se encontravam, agarravam-se uma a outra até uma delas morrer. A sobrevivente – estava instaurado o processo da viuvez humana – saía em busca de outra metade com quem se abraçar. Conclui Platão: "desse modo a raça ia se extinguindo". Para evitar seu desaparecimento, Zeus, misericordioso como todo criador, tomou outra providência: "transpôs os órgãos sexuais para a frente, pois antes disso estavam atrás e os homens geravam, não uns nos outros, mas sobre a terra, como as cigarras". E assim Platão descreve o surgimento do macho e da fêmea, separados, na raça humana: *"Zeus colocou esses órgãos a frente e fez com que os homens procriassem uns nos outros, isto é, o macho e a fêmea".*

Anedota: do grego *anékdota*, substantivo neutro, plural de *anékdotos*, inédito, que não tinha sido ainda publicado, sendo sinônimo de inédito. *Ékdotos* é o que deveria ser publicado. Há dois prefixos na palavra grega. O prefixo *"an"* indica negação. E o prefixo "ek" tem o sentido de para fora, tendo sido escrito "ex" em latim. *Dotos*, grego, é forma do verbo *didomi*, oferecer. Publicar é, pois, botar para fora, tirar de dentro, oferecer ao público. Ecdótica, por exemplo, é a ciência que tem por objetivo descobrir as origens de um texto para fixar uma edição definitiva. A partir do século XIX, ganhou o significado de narração jocosa, divertida, cujo fim era gracejar com o que se contava, não apenas contar. Para tanto, se baseada em relato histórico, a anedota recebia acréscimos imaginosos.

Ângulo: do latim *angulus*, canto, ponta, do mesmo étimo de angústia, cujo significado é apertar, comprimir. Os algarismos de um a nove foram designados pelo número de ângulos de cada um deles. Atualmente, nós os escrevemos com formas arredondadas, mas originalmente *um* tinha um ângulo; *dois*, dois ângulos; e assim por diante. Quem os grafou assim, substituindo o modo romano, foi o árabe Abu Jafar Moahmed Ibn Musa el-Kharizm (século XIX), isto é, natural de Kharizm. Mil designa também grande quantidade e imprecisa: mil coisas, mil e uma noites, mil e uma utilidades, nada a ver com um ou dois a mais do que 999.

Anistia: do grego *amnéstia*, esquecimento, de *amnéstos*, esquecido, radicado no verbo *mnáomai*, lembrar, pensar, antecedido da partícula "a", que indica negação. No latim, passou de proparoxítona a paroxítona, deslocando o acento para a penúltima sílaba, mas no francês, como é usual naquela língua, é oxítona, tendo o acento, embora não gráfico, na última sílaba: *amnistie*. O português de Portugal conservou o "m" e os lusos escrevem amnistia. No português do Brasil foi simplificado para anistia. Desde os tempos antigos, mas principalmente a partir do século XVI, designa perdão coletivo concedido pelo soberano a súditos autores de delitos, sobretudo políticos. Mas a anistia é, há algum tempo, considerada perdão mútuo, ficando implícito que os punidos, depois anistiados, podem ter sido execrados injustamente e, para a paz social, também seus algozes deveriam ser beneficiários.

Ano: do latim *annu*, denominação que os romanos davam ao tempo que a Terra leva para dar uma volta em torno do Sol, com influências de étimos como *ak*, do osco e do úmbrio, e *at*, do sânscrito, designando o tempo que passa. Nosso calendário ainda é o gregoriano, instituído em 1582 pelo papa Gregório XIII. Diz-se que há muita correria em fim de ano, para concluir trabalhos e preparar as devidas comemorações. São, porém, metáforas, já que correm de verdade apenas aqueles que disputam a corrida de são Silvestre, assim chamada por ser este o santo do dia em que é realizada, 31 de dezembro. Um dos primeiros santos não mártires, são Silvestre foi papa de 314 até 335, ano de seu falecimento. Marcamos o tempo pela era cristã, tomando o ano do nascimento de Jesus Cristo como referência. Um ano tem 365 dias e o dia, 24 horas em todo o mundo e em todo o Brasil, mas não começa à mesma hora para todos. No Brasil, há quatro fusos horários. Quando a Voz do Brasil anuncia "em Brasília, 19h", no Acre e na parte ocidental da Amazônia são apenas 17h. E a expressão hora 'agá' foi emprestada da forma de identificar operações militares. Anuidade tem o mesmo étimo.

Anônimo: do baixo latim *anonymus*, do qual não se sabe o nome, não que não o tenha. Há pessoas que buscam, quase desesperadamente, o anonimato. Outros, com igual desespero, querem de todos os modos sair do anonimato. Tornou-se ironia o dito indicador da decadência: "Fulano está despertando para o anonimato". A palavra veio originalmente do grego *anônumos,* inominado, sem nome. Na passagem do grego para o latim, houve perda de uma sutil diferenciação, vez que em Atenas designava aquele que não recebera nome ou que tivesse denominação que não se devesse pronunciar, como nos tabus. Tal conceito permaneceu na denominação do Demônio, chamado Coiso ou outro sinônimo que evite a evocação do nome, cuja simples menção invocaria desgraça. No português, anônimo consolidou-se como desconhecido, aquele cujo nome e demais qualificações são ignorados. Na mitologia greco-romana evitava-se pronunciar o nome das três Fúrias – Aleto, Tisífone e Megera, entidades loucas que vingam crimes e delitos. Fama era também uma deusa latina. Mensageira de Júpiter, era dotada de cem bocas e cem ouvidos, e tinha muitos olhos espalhados sobre suas longas asas. Ser famoso num lugar não significa ser famoso em outro. E às vezes a fama exige antes o atestado de óbito. Tornar-se famoso é o jogo da vida no século XXI. A celebridade, hoje, para muita gente, é tão necessária quanto a respiração. Atingir a fama, não importa como. Descobrir a fórmula, abrir a brecha, imprimir o rosto na mente das pessoas, não ser anônimo de jeito nenhum. Mas a celebridade exagerada, se não diversifica muito as estratégias para sua obtenção, varia sem cessar os modos de matar.

Anticorrupção: do grego *antí*, contra, e do latim *corruptione*, apodrecimento, decomposição, aqui com o sentido de rompido, quebrado, uma vez que a corrupção representa série de crimes reunidos: furto, roubo, peculato etc. No Brasil, a corrupção é tanta e há tantos séculos, mas jamais tão forte como atualmente, que foi necessária uma Lei Anticorrupção, *"auto aplicativa"*, segundo o advogado, jurista e professor Modesto Carvalhosa, autor do livro *Considerações sobre a Lei Anticorrupção das Pessoas Jurídicas*. A lei em questão é a de número 12.846/2013. O autor defende que deve ser um *"ente público de corregedoria, ligado ao Estado, e não ao governo"*, que deva investigar e julgar as empreiteiras. Por quê? *"Esse é um princípio universal da administração pública: nenhuma pessoa política pode fazer processo administrativo. Para isso existe a Controladoria Geral da União (CGU)."*

Antonomásia: do latim *antonomasia*, substituição de nome próprio por perífrase ou nome comum. Assim, um homem apaixonado é um romeu e um ditador brutal é um nero. Na mesma acepção, o famoso jurisconsulto, escritor e político baiano Rui Barbosa é a águia de Haia. Nessa cidade holandesa, sede da Corte de Justiça Internacional, teve destacada participação como orador, na segunda Conferência de Paz, em 1907. Águia de Haia é, porém, uma tautologia. Em holandês, Haia já significa águia, *den Haag*.

Antropofagia: do grego *anthropophagía*, palavra composta de *ánthropos*, homem, e *phagêin*, comer, pelo latim *anthropophagia*, designando o costume de comer carne humana, por necessidade ou por rito. Os índios caetés devoraram o primeiro bispo brasileiro, Dom Pero Fernandes Sardinha.

Foram feitas referências jocosas ao fato de ser sexagenário e ter sobrenome de peixe. Ele viajava de volta do Brasil a Portugal, depois de renunciar ao posto de bispo de Salvador. Foram devorados também noventa passageiros que o acompanhavam numa nau chamada Nossa Senhora da Ajuda, que desta vez não os ajudou. Salvaram-se dois dos índios escravizados e um português, por falarem a língua dos Caetés. Quem fez o relato foram estes sobreviventes. O bispo é citado pela figura solar do Modernismo, o escritor Oswald de Andrade (1890-1954), em seu famoso *Manifesto Antropofágico*.

Antropófago: do grego *anthropopághos*, pelo latim *anthropophagus*, e daí ao francês *anthropophage*, cujo primeiro registro é de 1265, de onde chegou ao português, designando o adepto do canibalismo, aquele que come carne humana, seja por motivos rituais, seja por necessidade alimentar. Esta palavra está presente em célebre documento do Modernismo, o *Manifesto Antropofágico*, do escritor paulista Oswald de Andrade, falecido num 22 de outubro, aos 64 anos, cujo prenome em vida foi pronunciado "oswáld" por todos e por ele mesmo, mas que em escolas e universidades mudou para "óswald", deslocando-se a tonicidade para a primeira sílaba. Publicado em 1928, trata com ironia o calendário gregoriano, datando o documento com o *Ano 374 da deglutição do bispo Sardinha*. A referência é ao primeiro prelado do Brasil, o português Dom Pedro Fernandes Sardinha, devorado pelos índios Caetés, apenas duas semanas depois de renunciar ao episcopado em Salvador (BA), quando naufragou a nau que o levava de volta a Portugal.

Antropologia: palavra formada do grego *anthropos*, homem, e *logos*, estudo, designando ramo das ciências humanas que se ocupa em descrever o ser humano. Dá atenção às suas especificidades biológicas e socioculturais, detendo-se principalmente nas diferenças e variações presentes nas várias formações sociais. Nas últimas décadas, a antropologia socorreu-se de disciplinas de domínio conexo, como a arqueologia, a etnologia e a linguística, estudando costumes, crenças, comportamentos e formas de organização das sociedades examinadas. Os maiores antropólogos estão radicados nos EUA e na Europa, especialmente na França e na Grã-Bretanha.

Antropônimo: dos compostos do grego *ánthropos* e *onimia*, designando características próprias do homem. No grego, usa-se *ánthropos* em oposição aos deuses; em oposição a *gynaikos*, mulher, é *ándros,* donde ginecologia e andrologia. Nomes de homens vieram para os dicionários como substantivos ou adjetivos, de que são exemplos crasso, como em "erro crasso", vinculado ao general Marco Licínio Crasso (115 a 53 a.C.), que fez um erro estratégico de consequências devastadoras em ataque aos partos, originando a expressão, e sardanápalo e sardanapalesco, designando homem rico, devasso, glutão, por influência dos conhecimentos históricos sobre o rei assírio Sardanápalo (séc. VII a.C.). Às vezes, figuras de linguagem como a sinédoque e a metonímia aparecem em frases com antropônimos. A palavra antropônimo foi criada pelo filólogo português José Leite de Vasconcelos.

Ântumo: do prefixo latino *ante*, antes, e de póstumo, do latim *postumus*, depois da morte, qualificando, por conseguinte o que se dá antes de vir a morte. Ântumo é palavra de uso tão raro que o cronista Rubem Braga, em crônica intitulada *Nascer no Cairo, ser fêmea de cupim,* a incluiu entre vocábulos que quase todos ignoram: *"Conhece o vocábulo escardinchar? Qual o feminino de cupim? Qual o antônimo de póstumo? Como se chama o natural do Cairo? O leitor que responder "não sei" a todas estas perguntas não passará provavelmente em nenhuma prova de português de nenhum concurso oficial".*

Anuidade: do francês *annuité*, anuidade, por sua vez formado a partir do latim *annuu*, anual, para designar quantia que, a princípio, era paga uma vez por ano, fosse para constituir um determinado capital, fosse para amortizar uma dívida.

Anúncio: do latim *annuntium*, anúncio, sinal feito com a cabeça, manifestando vontade, desejo, ordem. Passou, depois da invenção da imprensa, a designar a oferta de produtos e serviços impressos no verso das notícias. Sem anúncios, revistas e jornais seriam muito caros para os leitores.

Apalpar: do latim *palpare*, tocar levemente, cujo étimo está presente também, ainda que por vias transversas, na formação de piscar, uma vez que é o mesmo de pálpebra que, quando não pisca, dá ideia de que a pessoa está vidrada, isto é, olhando fixamente, sem piscar, para uma pessoa, objeto, paisagem etc. Os oftalmologistas recomendam que, no caso das telas de celulares e computadores, não fiquemos vidrados nelas, pois elas piscam num ritmo mais veloz do que o das pálpebras, prejudicando nossos olhos.

Apanhar: de origem incerta, provavelmente do espanhol *apañar*, pegar o pano, do latim *pannus,* segurá-lo para fazer algo, a partir do qual teria surgido, no latim vulgar, o verbo *appanniare.* Seus significados vão de ter boa aparência ou vestir-se com elegância (ser bem apanhado) a colher (apanhar laranjas no pé); ser castigado (apanhou mais do que boi ladrão); embarcar (apanhou ou pegou o ônibus, o metrô); surpreender ou flagrar (apanhou o conferencista nem contradição). O significado de apanhar como ser castigado pode ter vindo de uma mãe corrigir o filho com o pano com que limpava a casa.

Apartamento: do italiano *appartamento*, do verbo *appartare*, separar, por sua vez radicado no latim *ad* (para, à) e *partem*, declinação de *pars*, parte. Recebeu este nome como variante do provençal antigo *Baranda*, varanda em português, por influência do latim *varare*, cercar com varas. O cercado ou puxadinho, inicialmente emendado à casa, era denominado também alpendre, do latim *appendere*, do verbo *pendere*, pendurar, mas com influência do árabe *albándar*, lugar onde os mercadores estendiam seus produtos. Alpendre era também o pórtico sobre pilares à porta de algum edifício onde era recolhido o trigo quando chovia. Outra variante de alpendre era sacada, do gótico *sakar*, lutar, furtar, mas que, ao migrar para os textos legais, fixou-se como sinônimo de tirar licitamente. Nas lides náuticas "*é a distância, em milhas marítimas, entre os meridianos de dois pontos da superfície terrestre, medida sobre o paralelo comum quando ambos estão na mesma latitude, e sobre o paralelo médio quando estão em latitudes diferentes*". Designando residência, o francês *appartement* foi sua última escala antes de chegar ao português.

Apelação: do latim *appelatione*, de *appelatio*, do verbo *appelare*, chamar. Na fala coloquial, tem o sentido de rebaixar a conversação e designa expediente utilizado para explorar a boa-fé e obter alguma vantagem do interlocutor. No Direito, é o meio idôneo a ensejar o reexame da decisão, dentro do mesmo processo em que foi proferida, antes da formação da coisa julgada. Ato processual que põe termo, julgando ou não o mérito, ao processo de conhecimento de primeira instância. Traduz a lei aplicável a cada caso concreto

Apelido: de apelidar, do latim *appelitare*, apelidar, radicado em *appellare*, chamar, de antiga raiz indo-europeia *pel*, agitar, sacudir, provavelmente porque, nas origens, chamar a atenção de alguém implicou tocar nele antes ou concomitantemente à pronúncia do nome pelo qual era conhecido. O apelido às vezes é tão forte que o nome verdadeiro, constante dos documentos, passa a ser ignorado a vida inteira, chegando a substituí-lo, como é o caso de célebres personagens históricos, como Lênin, apelido de Vladimir Ilich Ulyanov, que teve, além deste apelido ou pseudônimo, outros 150 cognomes. O mesmo ocorreu com Stalin, apelido de Joseph Vissarionovich Djugashvili. O célebre galã dos anos 20, Rodolfo Valentino, ganhou fama com a redução do seu: Rodolpho Alfonso Rafaelo Pierre Filibert Guglielmi do Valentina d'Antonguolla.

Aperceber: variante de perceber, antecedido de "a", processo comum na formação de palavras no português, ensejando sinônimo com leves variações de significado, como utilizado por Luís de Camões, em *Os Lusíadas*, em que o verbo aperceber revela vários outros sentidos: *"no céu tanta tormenta e tanto dano/ tantas vezes a morte apercebida"* (vista, divisada); *"quando o Gama com os seus determinara/ de vir por terra e água apercebidos"* (armados). Também Jacinto Freire, em *D. João de Castro*, diz: *"apercebeu- -se logo para fazer e esperar a guerra"*. Mas Luís Augusto Rebelo da Silva (1836-1915), em *Vida de Cristo,* usa aperceber como sinônimo de notar: *"os soldados romanos que não se tinham apercebido da ressurreição de Jesus, sentindo o terremoto ao pé de si e vendo o anjo, caíram no chão trespassados de terror". "Os verbos aperceber, perceber, desperceber e desaperceber e seus derivados são sinônimos, salvo se expungirem os documentos e tradições da língua e lhe mudarem a sua natureza",* diz Heráclito Graça em *Fatos da Linguagem* (Rio, Academia Brasileira de Letras), notável estudioso da língua portuguesa, cujas colunas, publicadas originalmente no *Correio da Manhã,* foram reunidas neste livro.

Aperreio: do espanhol *aperreo* e este de *aperrear,* cujo étimo é *perro,* cão, ato de incitar cachorros sobre alguém para que o matem ou despedacem, prática que, ao lado da forca, foi uma das antigas formas de suplício. O cineasta americano Quentin Jerome Tarantino escreveu e filmou uma cena dessas no filme *Django Unchained*, no Brasil traduzido por *Django Livre,* mas não foi isso que o cineasta quis dizer, do contrário teria usado o adjetivo *free*. O étimo do inglês *unchained* é *chain*, corrente, do francês antigo *chaiene*, e *chaîne* atualmente, do latim *cadena*, corrente. No português, passou a designar situação de cansaço, desconforto, semelhando as dificuldades da vítima que se sente como que atacada por cachorros ou como um cachorro a sofrer maus-tratos.

Apertar: do latim *appectorare*, encostar bem no peito, *pectus* em latim. A palavra surgiu ainda no século XIII, quando mães apertavam os filhos contra o peito, fugindo de alguma invasão: Portugal tornou-se independente e consolidou-se como nação, travando várias guerras, muitas delas em seu próprio território. Braços e pescoços também foram apertados ao longo da história da língua portuguesa, tanto por amor quanto por ódio. No segundo caso, estão os apertos em quem pensava diferente dos poderosos epocais, dados pela Inquisição e o Santo Ofício, a primeira atuando a serviço do Estado, o segundo a serviço da Igreja. O resultado era o mesmo: apertavam o pescoço do condenado até a morte, em suplício denominado "submeter ao garrote vil", antes de jogá-lo na fogueira.

Apitar: de apito, do castelhano *pito*, onomatopeia do assovio ou assobio, de assoviar ou assobiar, do latim *sibilare*, também *adsibilare* e *assibilare*. Designa instrumento que se faz soar por meio de sopro, como o que vemos à boca de juízes de futebol, de basquete, vôlei etc. Antes, porém, serviu na navegação para que o contramestre transmitisse ordens, ordenando os comportamentos esperados. A marinha britânica tem quatro toques principais: antes de uma ordem; para chamar a atenção de todos; para encerrar a prontidão; e um apito especial para homenagear Sua Majestade, a Rainha, e membros da Família Real (mas só se estiverem uniformizados), oficiais visitantes estrangeiros e oficiais com patente acima de capitão. No futebol, o apito é privativo do juiz titular; os auxiliares da arbitragem fazem sinais com a bandeirinha, daí ser chamados bandeirinhas.

Aplicar: do latim *applicare*, pôr uma coisa sobre outra, encostar. Como em aplicar uma etiqueta num produto para identificá-lo; um creme ou pomada na pele, uma injeção. São ações que demandam duas coisas, vinculadas ao étimo *plicare*, que em latim, significa dobrar. São variadas as aplicações deste verbo: aplicar uma compressa, aplicar multas, aplicar-se ao estudo, aplicar investimentos. São do mesmo étimo os verbos complicar (colocar dobras), implicar (pôr alguém nas dobras, isto é, em situação difícil, complicada) e explicar (tirar as dobras, tirar as dificuldades, explanar uma situação ou um assunto, estendendo-o, desdobrando-o). Como também o são replicar (dobrar a resposta) e multiplicar (fazer muitas dobras) Num crime, o cúmplice, do latim *complice*, declinação de *complex*, complexo, que não é simples, está implicado e complicado. Fica perplexo quem está perdido entre muitas dobras, muitas direções, muitos assuntos. Mas *plicare* ganhou, no latim vulgar, o sentido de aproximar-se, gerando o verbo chegar, pela troca das consoantes iniciais. O mesmo processo que fez com que o latim *pluvia* se tornasse chuva no português, resultou em chegar como variante de *plicare*, surgindo aconchegante, aconchego, emprego, empregado (e seus antônimos desemprego e desempregado).

Aplicativo: de aplicar, do latim *applicare*, aproximar, abordar, ligado ao étimo de *plectere*, entrelaçar, unir. Designa programa de computador ou de telefone celular capaz de reduzir ou simplificar determinada tarefa do usuário. São exemplos de aplicativos a busca de passagens de todas as empresas, reunidas num *site* e a leitura de muitas revistas, jornais e periódicos a partir de um único endereço eletrônico. O *Colab* é brasileiro e foi eleito o melhor aplicativo urbano do mundo. Seu objetivo é melhorar os serviços públicos.

Apocalipse: do grego *apokálypsis*, descoberta, revelação, pelo latim *apocalypsis*. Designa escrito judaico ou cristão recorrente em vários períodos de crise, mas especialmente o último livro do Novo Testamento, na Bíblia, da autoria de São João Evangelista em que as revelações são apresentadas em forma de visões proféticas. João, o mais jovem dos doze discípulos, escreveu este na ilha de Patmos, no mar Egeu, poucos anos antes de morrer. O estilo é semelhante aos apocalipses escritos pelos judeus entre os séculos II a.C. e 4 d.C. No sentido profano, ganhou o sentido de catástrofe de grandes dimensões. Em *Apocalipse: do Espírito da Verdade ao espírito da Profecia*, Pedro Paulo Alves dos Santos diz que *"a Revelação como Verdade coincide com o exato conhecimento da realidade"*.

Apócrifo: do grego *apokryphos* pelo latim *apocryphus*, secreto, oculto, escondido, herético. Aplica-se também a textos sem autoria responsável, mas seu significado dominante é outro: diz-se de livro sagrado que não é reconhecido por autoridade religiosa, sendo sua leitura proibida em sinagogas e igrejas. Às vezes, os apócrifos sobre determinado tema são em número maior do que os canônicos, como é o caso dos evangelhos: canônicos são apenas quatro – Lucas, Mateus, Marcos, João – dos 315 evangelhos que existiram nos primeiros séculos. Todos os outros são apócrifos, como é o caso do *Evangelho de Felipe* e do *Evangelho de Judas*.

Apologia: do latim *apologia*, defesa, louvor, elogio. A palavra foi muito utilizada nos embates travados entre os que lutavam pelas privatizações de empresas estatais e os que faziam a apologia do Estado-empresário.

Aposentado: de aposentar, fazer uma pausa para descanso, hospedar-se, instalar-se em aposento, o recinto designado para tal. A raiz latina presente no vocábulo é *pausa*, pausa, suspensão. Significou primitivamente aquele que recebia hospedagem, passando depois a designar o trabalhador dispensado do serviço. Aposentado é, então, aquele que se recolheu aos aposentos ou quartos de sua casa para descansar. Mas não foi somente a semântica que mudou e, especialmente no Brasil, aposentadoria indica, no mais das vezes, apenas o início de um novo trabalho que complemente o salário, insuficiente para o descanso merecido.

Aposta: do latim *appositu*, posto sobre, adjunto, formou-se aposto, de onde derivou o feminino, com o significado de desafio. A aposta tem caráter adivinhatório e lúdico. Aposta-se sobre o resultado de um jogo e quem não adivinha deve pagar por seu erro.

Apóstata: do grego *apostates*, que se afasta, pelo latim *apostata*, com igual significado. Passou, porém, a ser vocábulo utilizado especialmente para designar aquele que abandona a fé religiosa, embora seja aplicado também a quem troca de partido ou se desliga de uma instituição. Obrigado pelo rei inglês Henrique VIII a passar para a igreja anglicana, tornando-se assim apóstata por ordem real, o humanista Tomás Morus recusou-se a obedecer ao monarca e por isso foi decapitado. O rei tinha especial predileção por este tipo de castigo e, por ter perdido a cabeça, mandou decapitar muitas pessoas inocentes, entre as quais duas de suas seis esposas.

Apostila: do latim *post illa*, cuja expressão completa no latim escolástico é *post illa verba auctoris*, significando "depois daquelas palavras do autor". As apostilas são, hoje, uma das dez pragas do sistema escolar, ao lado das cópias em xerox de capítulos de livros. Em vez das bibliografias pertinentes, os alunos são levados a ler apenas resumos, esquemas, sinopses, não raro com erros graves, até mesmo de transcrição. Inverteu-se, pois, a função primordial da apostila. De anotações feitas depois das aulas, passou a substituir as próprias palavras do professor, sendo distribuídas no começo dos cursos, antes ainda da primeira aula.

Apupar: do latim *upupare*, soltar gritos como a upupa, poupa, uma ave. Passou a sinônimo de vaiar porque o alarido da multidão, xingando alguém, semelha ao dessas aves.

Apuração: palavra formada pelo prefixo "a", o radical "pur" e o sufixo "ação", significando o que se faz para que algo emerja puro, uma vez extraídos os elementos estranhos. Nas votações, apuram-se os votos, um trabalho que vai muito além de quantificá-los, posto que há muitos outros cuidados que os mesários tomam com o fim de garantir a pureza dos resultados.

Aquiescência: do latim *acquiescentia*, aquiescência, consentimento. É curiosa a origem deste vocábulo, uma vez que se formou a partir do verbo latino *acquiescere*, repousar. A aquiescência significou, pois, originalmente, ato de não fazer nada, omitir-se, evoluindo para o sentido de concordar, anuir.

Arabesco: do italiano *arabésco*, designando estilo de decoração das manifestações artísticas árabes, marcadas pelo entrecruzamento de linhas, ramagens e flores, sejam entalhados em pedra ou madeira, pintados, desenhados ou impressos, sem a figura humana, porque a arte islâmica não admite sua representação. Tornou-se também sinônimo de rascunho e rabisco.

Árbitro: do latim *arbitrum,* declinação de *arbiter*, testemunha, pessoa escolhida pelas partes em conflito para dizer qual delas e em que medida tinha razão, de onde veio o sentido de julgar que tal ação acarretava, pelo verbo *arbitrare*, arbitrar. Conquanto árbitro, arbitrar, juiz, infração etc. sejam palavras de Direito, com a popularização do futebol, a partir de fins do século XIX, na Inglaterra e a seguir no Brasil, essas palavras migraram dos tribunais para campos de futebol e quadras esportivas. E surgiu a figura do bandeirinha, assim chamado porque sua ferramenta de trabalho é uma pequena bandeira. Sua função, inexistente no Judiciário, é ajudar o juiz ou árbitro a marcar faltas, bolas para fora e impedimentos.

Arca: do latim *arca*, arca, armário, caixão, lugar para guardar algo. Há duas arcas emblemáticas na cultura do Ocidente: a da aliança e a de Noé. Na primeira, feita de madeira e revestida de couro, foram guardadas as duas tábuas dos dez mandamentos, protegidas por dois querubins de ouro, um masculino e outro feminino, ambos de pé. As tábuas eram de pedra e tinham a segunda versão dos mandamentos. As primeiras, Moisés, enfurecido, quebrou-as ao descer do monte Sinai e ver que o povo estava adorando os ídolos. Sempre que Israel era fiel a Deus, os querubins se abraçavam com o fim de simbolizar o amor entre o Senhor e o povo escolhido, assim como a fecundidade nascida de uma sadia união sexual humana. Os visitantes do templo podiam contemplá-los, pois a cortina do tabernáculo era afastada nessas ocasiões. Assim, os peregrinos podiam contemplar o sinal amoroso do casal de anjos entrelaçados. Quando, porém, Israel desobedecia, os querubins viravam as costas e assim eram vistos pelos peregrinos.

Arcada: do italiano *arcata*, provável forma dialetal do Piemonte e da Lombardia, vinda do modo de pronunciar o francês *arcade*, designando arcos de alvenaria alinhados em sequência, forma de construção muito presente em galerias, passagens, igrejas, conventos e em outras construções. Os étimos remotos vieram do latim *arcum*, arco, e *arcere*, conter, manter, tendo havido fusão entre o morfema e o semantema, isto é, entre a forma e o significado. O latim trouxe do grego *arkéo*, proteger, guardar, ser suficiente, de cujo étimo formou-se também arca, baú, caixa, armário, tesouro público e, em especial, a designação do imenso barco que salvou a Humanidade do Dilúvio, conhecido por Arca de Noé. "Arcadas" designa no consuetudinário, isto é, por costume, a Faculdade de Direito no Largo São Francisco, em São Paulo, cuja sede foi desde sua criação um mosteiro dos frades da Ordem de São Francisco. Quando idealizava a fundação dos primeiros cursos de Direito, Dom Pedro I negou o pedido de Luís José Carvalho de Melo, o Visconde de Cachoeira, que queria créditos do Tesouro para construir prédios que abrigassem as duas primeiras faculdades em São Paulo e no Recife. O imperador determinou que elas fossem alocadas, respectivamente, junto ao Mosteiros de São Francisco e de São Bento: "*Ali, os jovens alunos, além de estarem junto às bibliotecas dessas Ordens que são fartas de obras edificantes do pensamento, conviverão com o exemplo daqueles que fazem da espiritualidade profissão de fé. Isso ajudará a firmar nos jovens os conceitos éticos que constituirão a base de sua atividade profissional*". Arcaico: do grego *arkhaikós*, antigo, fora de uso, como se dá com o português utilizado no testamento de Dom Afonso II, datado de 27 de junho de 1214, com palavras que para ser entendidas devem ser explicadas entre parênteses, como segue: "*Eu rei don (dom) Afonso pela gracia (graça) de Deus rei de Portugal, seendo (estando) sano (são) e saluo (salvo), temēte (temendo) o dia de mia (minha) morte, a saude (salvação) de mia (minha) alma e a proe (proveito) de mia (minha) molier (mulher) raina (rainha) dona*

MIL E UMA PALAVRAS DE DIREITO

Orraca e de me filios (meus filhos) e de me uassalos (meus vassalos) e de toido (todo o) meu reino fiz mia mãda (meu testamento) p q depos mia morte (para que depois de minha morte) mia molier e me filios (minha mulher e meus filhos) e meu reino e me uassalos (meus vassalos) e todas aq(ue)las cousa q(eu) De(us) mi deu en poder (e todas aquelas coisas que Deus me deu em poder) sten en paz e en folgãcia (estejam em paz e em tranquilidade)".

Arcanjo: do grego *arkhággelos* pelo latim *archangelus*, anjo de ordem superior, o primeiro dentre os anjos, como é o caso de Miguel, que expulsa Adão e Eva do Paraíso; Gabriel, o que anunciou a gravidez de Maria; e de Rafael, que, muito tempo depois de assassinar os primogênitos dos egípcios, assim se apresenta a Tobias: "Eu sou Rafael, um dos sete anjos que estão na presença do Senhor e têm acesso à sua majestade". A casta superior inclui outros quatro arcanjos, cujos nomes terminam em "el", a partícula de Deus. Eles aparecem sob nomes como Uriel, Sariel, Raguel e Remiel, mas esses nomes também têm variantes. Antropólogos modernos contemporâneos, apoiados em pesquisas arqueológicas recentes, afirmam que o reino de Israel foi originalmente politeísta, seguindo o exemplo dos cananeus, e que tiveram outros deuses, além de Jeová, que inclusive tivera como esposa Asherath. Místico e religioso, o poeta Fernando Pessoa diz em *Mensagem*, quando fala de Felipa de Alencastro: *"Que enigma havia em teu seio/ Que só gênios concebia?/ Que arcanjo teus sonhos veio/ Velar, maternos, um dia?".*

Ar-condicionado: do latim *aer*, ar, e de condicionado, cujo étimo é condição, do latim *conditione*, designando aparelho que faz o ar circular sob determinada condição: mais frio ou mais quente. Na Antiga Roma, a água circulava por canos, entre as paredes da casa, para refrigerar o ambiente. Na antiga China, foram inventados os ventiladores. Foi um longo caminho até o americano Willis Carter inventar e comercializar o primeiro ar-condicionado, resultado de pesquisas financiadas por bolsa de estudo obtida na Universidade de Cornell, nos EUA, quando estudante de engenharia.

Argúcia: do latim *argutia*, percepção clara das coisas, do mesmo étimo de Argos, personagem da mitologia grega, dotado de cem olhos, depois transferidos para a cauda do pavão, após Hermes adormecê-lo com uma história enfadonha e cortar-lhe a cabeça, uma vez que não tinha conseguido fazê-lo dormir com a flauta mágica. O mesmo étimo está em argonauta, tripulante da lendária nau Argo, que deu nome a brilhante constelação austral. Argúcia aparece neste trecho de Sebastião Salésio Herdt (62), reitor da Unisul, ao prefaciar o livro *História da Literatura Brasileira*, de Carlos Nejar: *"O gigantesco levantamento empreendido com a argúcia do ensaísta e a sensibilidade do narrador e do poeta que é Carlos Nejar, da Academia Brasileira de Letras, foi escolhido pela Unisul para marcar a sua retomada editorial em outros parâmetros, justamente quando nossa universidade completa meio século de existência e é preciso adequar-se às novas realidades.".*

Arma: do latim *arma*, designando muitas espécies e tipos de armas, incluindo a espada, o escudo, o arnês, a lança, o punhal, o arco, a seta, o dardo, o elmo, o capacete. Quando vieram as armas de fogo, surgiu a expressão "arma branca", que não utilizava pólvora, para diferenciá-la do arcabuz, da espingarda e da pistola, surgidas entre os séculos XV e XVI. A palavra "branca" remete à cor das lâminas, feitas com aço branco ou prateado. O primeiro a registrar em verbete "arma branca" com tal significado foi o padre Rafael Bluteau (1638-1734), em seu *Diccionario da Lingua Portugueza*. A denominação pode ter sido influenciada pelo alemão "blanck", reluzente, polido, branco.

Armação: de armar, do latim *armare*, mais o sufixo *ação*. Ato de organizar. No futebol, os dois jogadores de meio de campo estão encarregados da armação do jogo, abastecendo o ataque e ajudando a defesa. Ultimamente o vocábulo, cuja origem remota imbrica-se nas lides militares, tem sido utilizado como sinônimo de cilada, sobretudo em política.

Armadilha: do espanhol *armadilla*, laço, alçapão. Os caçadores nem sempre matam os animais que querem pegar. Às vezes preparam-lhes alimentos em meio a laços ou à entrada de caixas, adrede preparadas. Os pobres bichos caem direitinho. O vocábulo significa também enganos de outros tipos, aplicados a seres humanos, e integra o cabedal de certas astúcias da conversação.

Arquivo: do grego *archeîon*, que passou ao latim como *archium* e *archivum*, com o significado de palácio, sede de governo, tribunal e, posteriormente, de local destinado à guarda de documentos importantes. A gíria brasileira criou a expressão "arquivo vivo" para identificar pessoas detentoras de segredos importantes. É uma oposição a "arquivo morto", onde são guardados documentos cuja consulta não é mais necessária no dia-a-dia das instituições. Às vezes, é preciso exumar os arquivos mortos, sejam eles papéis ou pessoas.

Arraial: do português antigo *reial*, real, tenda do rei, depois estendido a todo o acampamento onde, sobretudo nas campanhas militares, ficavam as comitivas reais. Passou depois a denominar povoados temporários. Um dos mais célebres arraiais brasileiros é o de Canudos, às margens do rio Vaza-Barris, no nordeste baiano, onde no final do século XIX explodiu o maior conflito messiânico, sob a liderança de Antonio Conselheiro, cuja luta foi registrada pelo escritor Euclides da Cunha em sua obra mais famosa, *Os sertões*.

Arrecadar: do modo de dizer no português arcaico o latim vulgar *recaptare,* duplicando *captare*, pegar, recolher. Nas origens teve o sentido de guardar, proteger, prover segurança ao que é guardado, como no caso de pedras e metais preciosos. Ganhou depois o significado com o qual se consolidou, de recolher, cobrar, receber. No Brasil, deve ser o verbo mais conjugado pelos governos atuais, por arrecadar mais do que prover os serviços e bens para os quais foi feita a arrecadação, vinda de impostos, contribuições, taxas, pedágios etc. O governo sabe, entretanto, quanto arrecadou exatamente de quem, mas houve uma insólita forma de arrecadar depois que os mensaleiros foram presos: as multas aplicadas pelas autoridades judiciárias foram cobertas por arrecadações anônimas que, pelas altas quantias, despertaram muita desconfiança sobre a fonte desses recursos. Algumas ONGs (organizações não-governamentais), instaladas no país há mais de uma década, jamais receberam durante todo esse tempo o que os mensaleiros receberam em poucos dias.

Arrepender: do latim *repoenitere,* sofrer por erros cometidos. É verbo muito presente em textos bíblicos que pregam o arrependimento dos pecados. Dificilmente é conjugado no intransitivo. O arrependimento é frequente em todas as culturas, mas na civilização ocidental o sentimento prende-se aos textos sagrados e a suas figuras emblemáticas, como Maria Madalena, Pedro e Judas. A primeira arrepende-se de seus pecados e se torna seguidora e amiga de Jesus. O segundo negou três vezes que conhecesse O mestre na noite de quinta-feira santa e, arrependido, chorou amargamente.

O terceiro, porém, não teve um final feliz ao arrepender-se, pois o remorso levou-o a enforcar-se, depois de devolver os trinta siclos de prata, equivalentes a trinta dinheiros romanos, mais ou menos o preço de um escravo. Na tradução grega dos Evangelhos, o epíteto *prodótes*, traidor, aparece sempre que Judas é citado. Os Evangelhos dizem que ele morreu na forca, mas os *Atos dos Apóstolos* dão outro final: tendo-se quebrado o galho em que se dependurou, caiu sobre o terreno pedregoso, adquirido com o dinheiro da traição. Na queda, sua barriga abriu-se e muito sangue foi ali derramado. Por isso, aquela terra foi denominada Acéldama, que em hebraico significa campo de sangue, depois transformado em cemitério de peregrinos.

Arriscar: de risco, do latim medieval *risicum*, depois *riscum*; associado ao grego bizantino *rhízikon*, soldo ganho por sorte por um soldado. Como possibilidade de azar, está presente no provérbio "de cá lobos, de lá cães", vindo do latim "hac lupi, hac canes", variante de antigo provérbio grego que dizia "adiante o precipício, atrás os lobos", designando o perigo que pode haver num caminho sem saída. Seu berço seria a lide náutica, pela fenda causada pelo recife sob a água ou à flor d'água. Mas outro provérbio assegura que é preciso arriscar, pois "quem não arrisca, não petisca", cuja variante é "quem arrisca não petisca", admitindo-se que para ganhar mais, é preciso arriscar, do contrário só se petisca, se ganha pouco.

Arroba: do árabe *ar-ruba'a,* medida de peso, correspondente a 32 arráteis. Um arrátel tinha 459 gramas, o que dava um total de 14 quilos e 688 gramas. A arroba foi, porém, arredondada para 15 quilos. Depois dizem que a Matemática é uma ciência exata e que os números não mentem jamais. Nesse arredondamento, lá se foram 312 gramas. Hoje a arroba é a medida mais usada no comércio da carne *in natura*. Por isso, frequentemente ouvimos e lemos que o boi gordo está a não-sei-quantos reais a arroba. Alguns são abatidos antes de marcados, tangidos ou ferrados, mas nunca antes de engordados. Na linguagem da Internet, a abreviatura @, feita por copistas medievais para *ad,* foi retomada, em 1971, pelo engenheiro norte-americano Ray Tomlinson, criador do *e-mail* (endereço eletrônico), para designar a preposição *at*, para, indicando o usuário, emissor ou destinatário, à esquerda do símbolo, e o endereço, à direita.

Artífice: do latim *artifex*, mestre numa arte, de que é exemplo *artifex carpentarius*, mestre de carpintaria. Há um vento chamado carpinteiro do sul, cuja denominação, segundo o filólogo e professor do Colégio Pedro II, Antenor de Veras Nascentes, deve-se a restos de madeira e tábuas que o mar lançava na costa depois de naufrágios, abundantes em certos trechos da costa do Rio Grande do Sul. Carpinteiro era também a profissão de São José, provável erro de tradução, pois o original grego fala em *tékton*, trabalhador da construção civil, que poderia ser canteiro, pedreiro, ajudante etc.

Artigo: do latim *articulu*, originariamente objeto de negócio, item. Depois passou a designar partes constitutivas de um contrato comercial. Daí veio a integrar os grandes contratos sociais que são as constituições, com seus artigos e parágrafos. De acordo com o contexto, no latim é diminutivo de *ars*, arte, ou *artus*, patinha, membro pequeno de um corpo.

Artimanha: do catalão *artimaña*, amparado originalmente no latim *arte magna*, grande arte, que para os antigos romanos era a de escrever. Passou depois a designar procedimento ardiloso, modo de enganar os outros, provavelmente porque quem sabia escrever, sobretudo escrivães, utilizava-se de embustes em escrituras e documentos públicos, ludibriando gente simples, analfabeta, que assinava com o polegar, pondo impressão digital em papéis cujo teor lhes era lido de um modo, mas que na verdade significavam outra coisa.

Ascender: do latim *ascendere*, subir ao lugar mais alto de onde se está. Daí veio ascensão, do latim *ascensio*. Ascender tem o sentido de subir, ser elevado, como acontece nas promoções A Ascensão do Senhor é uma festa católica, que comemora a subida de Jesus ao céu.

Asno: do latim *asinus*, redução de *equus asinus*, cavalo burro, isto é, do gênero *equus*, que deu égua no português, e da família dos equídeos. É filho de um *equus* ou *caballus* com a fêmea do *jumentus*, a jumenta, ou do jumento com a égua. Lucius Apuleius, escritor da antiga Roma, nascido na hoje Argélia e falecido em Cartago, autor do único romance ainda preservado em latim, *O Asno de Ouro*, em que o animal é o principal personagem. Um rapaz chamado Lúcio é transformado acidentalmente em asno, daí a obra chamar-se também *Transformações* ou *Metamorfoses*. O burro vaga pelo mundo observando como as pessoas são tolas e cruéis. Mais tarde, a deusa egípcia Ísis transforma-o em homem de novo. O autor foi o primeiro a contar numa das 11 narrativas do romance a história de amor entre Cupido e Psiquê.

Áspide: do latim *aspide*, áspide, cobra venenosíssima. Segundo relatos históricos misturados a lendas, Cleópatra VII, rainha do Egito, cometeu suicídio deixando-se picar por uma dessas serpentes, que levou para seus aposentos escondida numa cesta de figos. A mesma cobra teria matado também duas de suas criadas mais fiéis, mas é pouco provável que isso seja verdade, uma vez que o veneno teria se esgotado antes, a não ser que a rainha tivesse levado três serpentes. Mas como poderia tê-las escondido numa cesta de figos, se cada uma mede mais de dois metros? Além disso, a rainha ordenou à víbora que lhe mordesse o seio. E como ninguém ousava contrariá-la, fossem serpentes africanas ou imperadores romanos, o peçonhento réptil obedeceu. Essas cobras não têm canal lacrimal e por isso, ao contrário dos crocodilos, não choram por suas vítimas.

Aspone: da redução de assessor de porra nenhuma, expressão criada por Ronald Russel Wallace de Chevalier, mais conhecido como Roniquito, lendário boêmio da vida carioca entre as décadas de 1960 e 1980, de acordo com a biografia que dele fez sua irmã, a jornalista e atriz Scarlet Moon, que leva o título de *Dr. Roni e Mr. Quito*. A expressão, reduzida a um acróstico, assim abreviada entrou para a língua portuguesa na década de 1970, quando proliferavam assessores de todo tipo. Nem todos os dicionários a acolheram e um dos poucos a fazê-lo foi o *Houaiss*. O *Aurélio* e o *Michaelis*, muito consultados, não registram aspone.

Assalto: do latim *ad,* a, *saltus*, salto, formando inicialmente *adsaltus*, assalto, indicando que, num assalto, o agressor salta sobre o agredido. Mas provavelmente fez escala no italiano *assalto*, no século XIII, chegando ao português na primeira metade do século XVI. Cenas de assalto estão presentes em vários romances, teatro e filmes. Um dos mais famosos no Brasil é *O assalto ao trem pagador*, dirigido por Roberto Farias e produzido pela Herbert Richers. O filme, baseado em fatos reais, ganhou vários prêmios no Brasil, tendo sido premiado também no Senegal, em Portugal e na Itália

Assar: do latim *assare*, preparar a comida no calor do fogo, seja apenas expondo-a ao calor às labaredas ou a uma temperatura muito quente, como se faz com a carne, ou colocando-a dentro do forno: assar o churrasco, assar vivos os condenados, como fazia a Inquisição. O fogo e a linguagem são tidos como os dois maiores inventos humanos. A fogueira e a comida partilhadas por várias pessoas levou a Humanidade a ser mais tolerante, mais solidária e mais compassiva.

Assassinato: provavelmente do francês *assassinat*, derivado de assassino, do árabe *hassas* ou *haxxixin,* fumador de *háxix*, haxixe, cânhamo, como era conhecido o indivíduo pertencente a uma seita oriental que, drogado, obedecia cegamente às ordens de matar viajantes das Cruzadas, dadas pelo Velho da Montanha (século XIII), praticando homicídios com fins rituais religiosos. O chefe também foi assassinado por Gêngis Khan. Homicídio (matar um homem) e suicídio (matar a si mesmo) são formas de assassinato. Já matar reis, rainhas, príncipes ou assemelhados é regicídio. Famosos soberanos foram assassinados ao longo da História, dentre os quais Felipe II, rei da Macedônia, pai de Alexandre, o Grande, e o imperador chinês Cao Mao. Em tempos mais recentes foram mortos o rei do Nepal, Birendra, ex-aluno de Harvard , assassinado durante um banquete por um dos filhos, que também morreu; Faisal, rei da Arábia Saudita, morto por um sobrinho, e Faiçal II, último rei do Iraque, executado por fuzilamento.

Assassino: do árabe *ashohashin*, consumidor de haxixe. Foi Marco Polo quem trouxe o vocábulo para a Europa nos finais do século XIII, designando membro de seita muçulmana integrada por bandoleiros fanáticos e religiosos, que cometiam diversas atrocidades a mando de um chefe feudal sírio, conhecido como o Velho da Montanha. O significado de guardião de tesouros e de segredos advém de que os produtos dos saques praticados contra os viajantes ficavam sob a guarda dos mesmos tomadores de haxixe que, depois de fumar, inalar ou beber a substância, contavam coisas das quais somente eles teriam tomado conhecimento em suas alucinações. O último chefe dos assassinos foi aprisionado pelos mongóis e por eles executado durante o domínio do temível Gengis Khan.

Assaz: do provençal *assatz*, muito, por sua vez vindo do latim *ad satis*, com saciedade, bastante. Derivou do verbo latino *satiare*, saciar, que resultou em outras formações vocabulares em nossa língua, como insaciável e saciedade.

Assédio: de origem controversa, provavelmente do latim *absedius*, radicado em *sedes*, assento, lugar, ou do latim *obsidium*, cerco, cilada, consolidado no latim vulgar *adsedium*, usado em vez de *obsidium*, do verbo *obsidere*, pôr-se à frente, cercar, não se afastar da pessoa, inclusive para conquistá-la amorosamente, como fazem, entre outras, a maria-gasolina, a maria-chuteira, a maria-apostila e a maria-lattes, que assediam, respectivamente, o dono de automóvel luxuoso, o jogador de futebol e os professores. Essas marias, às vezes mais mal vestidas do que as marias-mijonas, são tão atrevidas, que deixariam sem graça até mesmo a maria-vai-com-as-outras e a maria-sem-vergonha. Maria-vai-com-as outras designa pessoa sem vontade própria, cujo nome se deve à mãe de Dom João VI, a rainha Maria I, a Louca, que não podia mais sair de casa por vontade própria, sozinha, e saía sempre com outras marias, que a amparavam, guiavam e cuidavam, pois tinha enlouquecido.

Assembleia: do francês *assemblée*, juntar. Reunião de pessoas por motivos políticos, religiosos, trabalhistas etc. Assim, diz-se assembleia legislativa, religiosa, popular etc. Às vezes, tais reuniões decidem pela decapitação de alguém, caso da Assembleia Popular que votou a execução do rei Luís XVI, na Revolução Francesa.

Assento: do latim *sedentare*, evolução de *sedere*, sentar, formou-se este vocábulo para designar o lugar em que se senta. Polissêmico, isto é, com muitos significados, pode indicar o banco do carro, onde o passageiro, por razões de segurança, é preso a um cinto, e também o lugar onde as autoridades sentam-se para decidir sobre nossas vidas. Sem contar que tão logo nascemos, sem que ainda pudéssemos sentar, tivemos nossos nomes assentados em livros próprios, cujos registros tornam possível nosso primeiro documento de identificação, a certidão de nascimento, primeiro tijolinho na torre de papel em que se transformará a nossa vida.

Assinante: do latim *assignante*, de *assignas,* aquele que assina, aceita, distribui, reparte. Na segunda metade do século XIX, veio a substituir *subscriptor,* que designava os contribuintes de alguma publicação, especialmente livros.

Assistir: do latim *adsistere*, assistir, estar presente. É tradição da língua culta dizer de um filme que se viu "fulano assistiu ao filme tal". Mas a tendência do português do Brasil é a consolidação deste verbo como transitivo direto. Assim, os brasileiros expressam o mesmo significado dizendo "fulano assistiu o filme tal". Estão caindo certas diferenças como aquelas que davam conta das peculiaridades dos gestos do médico assistindo um doente, do padre assistindo um moribundo e da galera assistindo a um alegre Fla-Flu. O médico, o padre e a galera assistem o doente, o moribundo e o jogo. O que define as ações é o contexto.

Associação: de associar e ação, do latim *associare* e *actione*. As democracias caracterizam-se por múltiplas associações para defender ideias, projetos ou seus associados, pura e simplesmente. No verão, aumentam os casos de lesões vertebrais por mergulhos, que às vezes resultam em sérios acidentes. Na Itália, onde as campanhas de prevenção são de responsabilidade dos próprios portadores de deficiência, a entidade deles lançou uma frase bem-humorada: "a única associação que não o quer como membro".

Assunção: do latim *assumptione*, ato de assumir, tomar, significando também passagem para categoria superior. Festa da Igreja que lembra o dia em que a mãe de Jesus foi levada ao céu. Diferentemente do Filho, que subiu sozinho, por meio de ascensão, segundo narram os Evangelhos, o corpo de Maria foi levada de onde estava, em Éfeso, sendo, pois, sua festa designada por assunção e não ascensão.

Asterisco: do grego *asterískos*, pequena estrela, pelo latim *asteriscus*. Em manuscritos antigos, os copistas desenhavam uma estrelinha para indicar que ali faltava uma letra, sílaba ou pequeno trecho, em decorrência do estado precário do original, que impedia a clareza. Não se sabe qual terá sido a inspiração de quem o inventou, mas a mancha na córnea também é denominada asterisco. Com o tempo os asteriscos passaram a ter outras funções, como a de acrescentar algo, ao pé da página, ao que foi escrito no corpo do texto, postos em renque ou em triângulo, quase enfeitando certas passagens.

Ata: do latim *acta*, plural de *actum*, ato, feito. No latim, seu sentido original era o de coisas feitas, mas em nossa língua passou a indicar o registro escrito de reuniões, sessões, convenções, simpósios, congressos etc., além de denominar outras ações em que se tornou indispensável registrar obrigações contraídas pelas partes, como em operações de compra e venda. Herdeiro da burocracia ibérica que tudo registrava, para o bem ou para o mal, o Brasil encheu-se de atas desde os primeiros tempos. Mas tais relatos não procedem da ateira, o outro nome da fruta-do-conde. Além do registro em papel e da fruta, ata designa também o gênero de formigas a que pertence a saúva, inseto de nome chique: himenóptero.

Atacar: provavelmente do italiano *attaccare*, a partir de *staccare*, remover, tirar algo do lugar, como um botão da farda ou uma orelha do inimigo, com troca de prefixo para o étimo *tacca*, do gótico *taikn*, sinal feito em forma de "v", com dois talhos convergentes sobre objeto de madeira ou de pedra, e mais tarde provavelmente sobre a própria pessoa, marcada como inimiga. Por isso, passou a designar ação ofensiva, passando depois, por comparação, a indicar injúrias que causassem danos semelhantes àqueles dos ataques físicos. O verbo ganhou com o tempo muitos outros significados: atacar a ração a ser devorada, atacar o prato de comida, atacar a pessoa ou objeto a ser agredidos (atacou o turista, atacou o carro, atacou o ônibus). É curioso que esteja perdendo o "a" inicial e voltando ao antigo étimo, às vezes com o significado de tocar: taca-lhe pau, tacou tomate no orador, tacou fogo no prédio e, por metáfora, tacou fogo no debate.

Atiçar: do latim *attitiare*, atiçar, avivar, instigar. Com o sentido de juntar tições para aumentar o fogo, aparece em *Vidas secas*, de Graciliano Ramos: "abaixou-se, atiçou o fogo, apanhou uma brasa com a colher". Já Lygia Fagundes Telles confere-lhe o sentido de estimular em *O jardim selvagem:* "não atice a coitada com essas ilusões, quando mais ela se instruir, mais infeliz será". O juízo é de uma personagem, não da autora, que é defensora ardorosa da educação pública.

Ativista: do francês *activiste*, cujo étimo comum para as neolatinas é o latim *activus*, presente também em ação e em agir, este do latim *agere*, fazer. Nos primórdios, aplicou-se ao que caracterização mais pela ação do que pelo pensamento ou pela contemplação. De umas décadas para cá passou a designar o militante de diversas causas que, em manifestações públicas, vai às ruas bradar por seus ideais. Recentemente, porém, alguns ativistas passaram a recorrer a depredações de veículos e prédios, soltando rojões e bombas que têm resultado em morte e em ferimentos de participantes pacíficos de passeatas e marchas de protesto.

Atlântico: do grego *atlantikós*, pelo latim *atlanticus*, designando como substantivo o oceano que recebeu este nome porque Atlas o mantinha erguido sobre os ombros, impedindo que ele derramasse suas águas, e como adjetivo tudo o que a ele se refere, como correntes atlânticas, mata atlântica, nações ou regiões atlânticas. Atlas designa ainda o mapa-múndi, do latim medieval *mappa mundi*, mapa do mundo, porque o autor do primeiro livro de mapas trazendo a representação geográfica da Terra, o flamengo Gerhard Kramer, mais conhecido como Gerardus Mercator, ilustrou o frontispício com a figura de Atlas segurando o mundo. O étimo está presente ainda que de modo sutil, em palavras como traslado e trasladar, por conter o sentido de transportar, assim como no inglês "translate" e "translator", traduzir e tradutor, e ainda em Atlândida, a lendária ilha de que fala Platão, que afundou no Oceano Atlântico, "*num único dia e noite de infortúnio*", após tentativa fracassada de seus habitantes de invadir Atenas, no ano 9.600 a.C.

Ato: do latim *actus*, ato, feito, medida, radicado em *agere*, fazer. *Age quod agis* (faze o que fazes) reza célebre provérbio latino, recomendando que o que é feito deve ser realizado com toda a concentração, para que a empreitada tenha êxito. Para o bem ou para o mal, o ato de mais interferência na vida é o político, pois afeta a vida de todos, interferindo na organização da sociedade.

Atochar: do árabe *aut-taucha*, encher de esparto, passando pelo espanhol *atochar*, fazer entrar com esforço, empurrar. No português, passou a designar ação de forçar para que o recipiente venha a receber mais do que deve ou pode. Às vezes, o recipiente é a vítima de algum chato. O esparto ou atocha é uma planta medicinal cujas folhas eram utilizadas no fabrico de esteiras, cordas, cestas. Primitivamente significava encher de esparto alguma coisa, apertando. E atochador era apenas aquele que levava o esparto ou atocha a seus pontos de consumo.

Atônito: do latim *attonitu*, espantado pelo barulho do trovão. Seu sentido evoluiu para designar estado de admiração e assombro, tal como ocorre nesta passagem do livro de Rachel de Queiroz, *A donzela e a moura torta*: "o goiano olhava atônito aquele xadrez de divisas, e perguntava: – Tanta cerca, guardando o quê?".

Atrabiliário: do latim *atra bilis*, bílis negra. Em latim, *atramentum* indica tinta ou líquido de cor preta. Os antigos supunham que nas pessoas melancólicas e mal-humoradas o baço substituía o fígado, segregando não a bílis esverdeada, amarga e viscosa, que ajuda na digestão, mas uma bílis preta, causa de irritação, morbidez e hipocondria. Passou depois a designar o indivíduo atrapalhado, que faz tudo errado, justamente por estar com o organismo em desordem.

Atribular: do latim *tribulare*, bater com o *tribulus*, mangual para debulhar o cereal, composto de pequenos pedaços de madeira ou de couro, atados à ponta de um pau maior. Por comparação, passou a designar o sofrimento, especialmente apertos e cólicas, em que a dor fazia o papel daquele mangual, pressionando o organismo. Depois disso, a metáfora ampliou-se para sofrimentos morais, contratempos, dificuldades e perigos.

Aturdir: do espanhol *aturdir*, por sua vez baseado em *tordo,* nome de pássaro na Espanha, vindo do latim *turdu,* espécie de peixe. No folclore espanhol, diz-se que o tordo cai desfalecido ao chão em dias de muito calor. Os romanos já diziam que o tordo ao nadar dava a impressão de estar descoordenado, confuso, perturbado. "O escravo devia, forçosamente, ingerir, todos os dias, doses de aguardente, para esquecer, aturdir-se, esquecer", escreve o folclorista Luís da Câmara Cascudo em *Prelúdio da cachaça.* Os espanhóis têm o provérbio *"tener cabeza de tordo".* E tordilho é a cor do cavalo cujos pelos lembram a aparência do tordo.

Audácia: do latim *audacia*, audácia, atrevimento. A etimologia latina remota alude a ato de mostrar o rosto, empinar o nariz, enfrentar o inimigo, ainda que o adversário seja insolente e petulante. Foi o que fez a juíza mineira, radicada no Rio, Denise Frossard, em 1993, ao mandar para a cadeia a cúpula do jogo do bicho. No julgamento, antes de ouvir a sentença, os hierarcas da contravenção apresentavam-se sorridentes e bem humorados, afinal nenhum juiz tivera ainda o peito de determinar a prisão deles, imagine uma juíza! Pois Madame Frossard surpreendeu a todos, fazendo o dever de casa de quem julga. Sua sentença, baseada na lei e no que estava comprovado nos autos, mandava os culpados para a cadeia, pois a pena era a perda da liberdade, no Brasil aplicada sem nenhuma vacilação a pobres e fracos, mas quase incapaz de alcançar ricos ou poderosos. A juíza ganhou fama instantânea no Brasil e no exterior.

Audiência: do latim *auditentia*. É palavra ligada ao verbo *audire*, ouvir. A origem remota é o substantivo latino *aus*, de onde veio *auricula*, o diminutivo latino que resultou no português *orelha*. A raiz "audi" está presente em auditar, ouvir tudo em detalhes, e em auditor, aquele que é encarregado de fazer isso. Indica também procedimento judiciário muito comum, que consiste em ato do juiz ouvir as partes em conflito para que, diante dele, exponham suas razões oralmente, ele as possa ouvir e tais entendimentos sejam acrescidos aos autos, que são escritos.

Augúrio: do latim *augurium*, augúrio, presságio, adivinhação. Desde os tempos de Rômulo, na velha Roma, havia gente encarregada de prever se os acontecimentos vindouros trariam boas ou más notícias. Essas pessoas, inicialmente em número de três, depois quatro e finalmente nove, formavam um colegiado e eram chamadas de áugures. Eles começaram seu ofício observando o canto e o voo dos pássaros. Paulatinamente foram aumentando esses indicadores. Assim, passaram a ser critérios de adivinhação das cousas futuras também o modo como as aves se alimentavam, o tráfego dos corpos celestes, o trovão, o raio, os ventos. Entre as aves, as mais observadas eram a águia, o corvo, a gralha, o abutre e o milhafre. Os áugures mais qualificados encarregavam-se de examinar os presságios que envolviam cerimônias religiosas e negócios de Estado.

Augusto: do latim *augustus,* augusto, reverente, elevado, majestoso, do verbo *augere*, crescer, aumentar. Quem mais encarnou as excelências da denominação foi o imperador romano Augusto, a quem a rainha Cleópatra inutilmente tentou seduzir, depois de ter envolvido com sua sensualidade a outros dois imperadores romanos. Ele deu nome ao oitavo mês, agosto, porque no latim vulgar *Augustus* foi pronunciado *Agustu* e *Agostu*, chegando ao português como Agosto, preservando-se, entretanto, a forma Augusto para o nome de pessoas, em razão da prevalência do cuidado do escrivão em registrar o nome corretamente, distinguindo-o do mês e acolhendo a homenagem ao antigo soberano.

Áulico: do grego *aulikós*, cortesão, que vive na *aulé*, palácio em grego, pelo latim *aulicus*, de *aula*, palácio, pátio e também espaço – *skholé*, em grego; *schola*, em latim – onde era feita a escolha, *lectio*, lição em latim, do mesmo étimo de *electio*, eleição. Estes locais serviam também para ler, aprender, permutar e ensinar, verbo que veio do latim *insignare*, dar um símbolo, *sýnbolon* em grego e *symbolus em latim,* que unia os participantes. Seu contrário era *diábolos,* em grego, *diabolus,* em latim. Os áulicos chegavam ao cúmulo de manipular os soberanos. Na antiga Roma, os libelos (reclamações) eram recebidos primeiramente pelo *libellensis,* que às vezes respondia aos reclamantes sem sequer mostrar ao superior, que poderia ser o imperador, o papa, o cardeal, o bispo. Com o advento da imprensa no século XV, hoje designada mídia, por incluir também o rádio, a televisão e a internet, os áulicos perderam este poder de veto, pois às vezes os poderosos aos quais servem acabam sabendo pela mídia o que eles lhes surrupiaram ou esconderam.

Áurea: do latim *aureo,* feito de ouro, dourado. Temos uma Lei Áurea, a que aboliu a escravidão negra no Brasil, assinada com caneta de ouro a 13 de maio de 1888 pela princesa Isabel. O poeta latino Horácio cunhou a expressão *aurea mediocritas,* mediocridade áurea, para designar as conveniências de se viver num ponto médio, longe da riqueza exagerada e da pobreza insuportável.

Ausente: do latim *absente,* afastado, distante, ausente. No Brasil meridional, em estradas que cortam as serras, são frequentes pequenas grutas e capelas construídas para homenagear os ausentes. A memória popular reverencia deste modo aqueles que, tendo ajudado a construir os caminhos, não podem mais percorrê-los, porque morreram ou tiveram que mudar-se para longe dali.

Autarquia: do grego *autarkía,* que faz por si mesmo, que tem autossuficiência para gerir a si mesma. Designou originalmente o poder absoluto, mas seu sentido mais comum hoje é o de entidade estatal autônoma, com patrimônio e receitas próprios, com vistas a melhor desempenho. No mês em que circulavam os primeiros exemplares da revista *Caras,* o presidente Itamar Franco e Murilo de Avellar Hingel, seu ministro de Educação, sancionavam a Lei do Congresso Nacional que tornava autárquicas as Escolas Agrotécnicas Federais, concedendo-lhes autonomia didática e disciplinar. Nesses vinte anos o desempenho delas mostrou o quão acertada foi a medida.

Autêntico: do grego *authentikós,* autêntico, principal, primordial. Em grego, *authéntés* designava o senhor absoluto. O vocábulo passou ao latim *authentìcu,* designando o que tem autoridade, válido, aprovado. Não é aplicado apenas a pessoas, mas também a documentos, que precisam ter sua validade reconhecida por meio de autenticação, principalmente em cartórios. Autêntico está na língua portuguesa desde 1344, mas era grafado *outentigo* ainda no século XIII. O filósofo alemão Martin Heidegger descreve a existência autêntica como aquela que assume plenamente sua inarredável condição mortal, aceitando, em decorrência, a angústia que só poderia ser dissimulada na banalidade cotidiana.

Auto: do latim *actus*, ato, de *agere*, fazer, mas terá mudado para auto no português para designar ato público ou solenidade para cumprir ordem de autoridades civis, religiosas, militares etc. Especificamente no Direito, passou a designar termo ou narração circunstanciada de determinada diligência judicial ou administrativa, escrita e autenticada por tabelião ou escrivão, passando a constituir prova, registro ou evidência de um registro escrito das declarações feitas pelas partes e testemunhas do processo, em resposta a perguntas formuladas em interrogatório.

Autodidata: do grego *autodídaktos*, o que ensina a si mesmo e aprende sem auxílio de professores. Muitos foram os que aprenderam diversas profissões sem frequentar a escola. São João Batista de La Salle, cuja festa é comemorada a 7 de abril, era muito rico e investiu sua fortuna pessoal na educação dos jovens, montando os primeiros cursos profissionalizantes para professores. O rei inglês Jorge II convidou-o a educar também os filhos da nobreza.

Autógrafo: do grego *autógraphos*, passando pelo latim *autographu*, escrito pela própria pessoa. Em 2600 a.C. já era costume dos escribas autografarem seus nomes em placas cuneiformes de argila. Também foram encontrados autógrafos em papiro. Modernamente, o autógrafo é tido como um *plus* num livro. O conhecido empresário paulista e um dos maiores bibliófilos brasileiros, José Mindlin, tem preciosas coleções de livros autografados, até mesmo do maior escritor brasileiro de todos os tempos Machado de Assis. Um dos maiores poetas brasileiros, Carlos Drummond de Andrade, pagou a primeira edição de seu livro de estreia, *Alguma poesia*, em 1930. Um exemplar deste livro, autografado, hoje cobre os custos de uma edição inteira. Por isso, ir às sessões de autógrafos pode ter uma motivação adicional: no futuro o autógrafo poderá valer uma fortuna.

Automação: do inglês *automation*, automação, palavra formada para denominar um sistema automático que dispensa a intervenção humana no controle do funcionamento de certos mecanismos. Com a crescente informatização do processo industrial, muitos trabalhos humanos foram substituídos pelas máquinas. Os pessimistas viram nisso uma ameaça ao emprego e à valorização social do trabalho, mas a experiência está mostrando que novas máquinas criam outros tipos de emprego, levando não a uma substituição da mão de obra pela automação, mas a uma diversificação na qualificação dos trabalhadores. O próprio Karl Marx viu na automação a possibilidade de os indivíduos dedicarem mais tempo ao desenvolvimento artístico e científico, por meio da redução da jornada de trabalho.

Autópsia: do grego *autopsia*, olhar para si mesmo. Trata-se de neologismo criado pelos primeiros legistas, que entendiam ser a autópsia uma forma de observar a si mesmo de dentro de um cadáver. A forma necropsia, utilizada a princípio como variante, não se popularizou. No livro *Autópsia do Medo*, o jornalista Percival de Souza documenta antigo rumor dando conta do namoro entre o famigerado delegado Fleury e a jornalista Eleonora Rodrigues Pereira. Num dos bilhetes que trocou com ela, em 17 de julho de 1978, diz o torturador: "estou com muitas saudades de você e de tudo o que costuma fazer comigo. Acho que o que eu quero você já sabe". A loucura de ambos pode ser vista também nos desenhos incluídos no bilhete em que aparece uma figura dizendo à outra: "desde que conheço você tenho sentido coisas que nunca senti antes". Entre suas vítimas mais ilustres, muitas das quais morreram sob suas ordens, estão o deputado federal e depois guerrilheiro Carlos Marighella e o frade dominicano frei Tito de Alencar Lima, que jamais se livrou do fantasma do delegado que o torturou, tendo se suicidado na França, onde vivia exilado.

Autor: do latim *auctore*, escritor de obra literária, artística ou científica. O costume de creditar a autoria e remunerar os que escrevem livros e textos esparsos é historicamente recente. Foi a partir do século XV que essa prática se consolidou. Antes, eram muitas as obras anônimas, o que, no caso das censuras, funcionava como proteção aos criadores.

Aval: de origem controversa, provavelmente do francês *aval*, garantia que se dá a um direito comercial assumido por outro. Esta palavra foi criada a partir da expressão francesa *à valoir*, a valer, para vale, do latim *valere*, cuja raiz indo-europeia remota é "wal-", ser forte. Mas a garantia, antes estritamente comercial, ganhou outros campos, entre, surgindo expressões "aval em branco", em que a pessoa garantida não é nomeada; é indicado apenas o garantidor; "aval em preto", designando a pessoa favorecida. No árabe temos *hawala* ou *hawla*, que pode ter influenciado a forma francesa. Na rede bancária, a garantia pessoal da assinatura de um avalista foi abolida para empréstimos pessoais de pequenas quantias.

Avareza: do latim *avaritia*, avareza, derivado de *avere*, ter demais, desejar ter demais. É um dos sete pecados capitais. Na verdade, predominou na classificação a magia do número sete, mas listas anteriores e posteriores à consolidação do número de pecados capitais traziam seis pecados e mesmo quando concordavam no número, discordavam na identificação. A lista tal como a conhecemos foi fixada pelo papa Gregório Magno, mas os grandes responsáveis por inseri-la na liderança de todos os pecados foram os escolásticos, preocupados com as relações entre a fé e a razão, especialmente Santo Anselmo, Santo Tomás de Aquino e o filósofo inglês Guilherme de Occam. Foram chamados capitais porque encabeçam todos os outros. Grandes escritores trataram da avareza, personificando suas devastações nas pessoas. Os três avarentos mais famosos da literatura são Shylock, de *O Mercador de Veneza,* de William Shakespeare; Harpagon, de *O Avarento,* de Jean-Baptiste Poquelin Molière, e Ebenezer Scrooge, de *Um Conto de Natal,* de Charles Dickens. O empréstimo que Shylock faz a um rapaz que quer desposar uma rica herdeira é avalizado por um rico mercador de Veneza, mas tem ainda uma cláusula cruel: se não for pago no prazo, o credor poderá cortar uma libra de carne, não do devedor, mas do avalista. Por isso, na língua inglesa Shylock é sinônimo de avarento e uma libra de carne é expressão que denota pagamento feito com grandes sofrimentos. Harpagon empresta dinheiro a juros de 26% ao ano. No Brasil, os bancos já fizeram de Harpagon um filantropo. Muitas empresas e pessoas físicas gostariam de encontrar juros tão baratos como os de Harpagon, pois os juros de cheque especial estão ao redor de 10% ao mês. Scrooge, dono de uma casa comercial que trata de hipotecas, duplicatas e faz operações na Bolsa, diz: "não tenho tempo a perder com a miséria alheia; quem não tiver o que comer, nem fogo para se aquecer, fazem um grande benefício à sociedade, morrendo". A lista completa dos pecados capitais é a seguinte: avareza, gula, inveja, ira, luxúria, orgulho e preguiça. Elaborada na Idade Média, a relação pegou de tal forma que ainda hoje é brandida contra os pecadores.

Ave: como saudação, procede do latim *ave*, redução do antigo *avete*, imperativo do verbo *avere*, saudar. Designando animal vertebrado que põe ovos e têm os membros anteriores modificados em asas e o corpo coberto de penas, procede do latim *ave*, declinação de *aves*, classe dividida em oito ordens: palmípedes, rapaces, galináceos, pombos, pernaltas, trepadores, pássaros e corredores. Todo pássaro é ave, mas nem toda ave é pássaro. É uma definição complexa. Por exemplo, o pombo tem ordem própria, e o peru, o papagaio e o pica-pau não são pássaros. O peru é ave, os outros dois são trepadores.

Aviador: do francês *aviateur*, aviador, a partir do latim *avis*, ave. *Aviateur*, *avion* e *aviation* estavam no francês ainda na segunda metade do século XIX, muitas décadas antes da invenção do avião propriamente dito, em 1906, por Alberto Santos Dumont – autoria, entretanto, contestada em favor dos americanos Orville Wright e Wilbur Wright, os Irmãos Wright, e do francês Clément Ader. *Avion*, aumentativo do francês *oiseau*, pássaro, com base no étimo latino de *avis*, ave, designou o invento. *Oiseau* é resultado do latim vulgar *aucellus*, palavra formada de *avicellus*, diminutivo de *avis*. A aviação brasileira está marcada por tragédias nos seus primórdios. O famoso inventor brasileiro suicidou-se. O dia da aviação e o dia do aviador são celebrados em 23 de outubro.

Avô: do latim *avus*, antepassado, de que se formaram no latim vulgar *aviolus,* avozinho, e *aviola*, avozinha, onde o espanhol radicou *abuelo* e *abuela.* O diminutivo já se consolidava como forma de tratamento carinhoso, mas o português manteve a origem no grau normal, enriquecendo-se com variantes como vovô, em que reduplica a sílaba final, e vô, em que é suprimido o 'a' inicial. O médico e escritor Pedro Bloch recolheu, porém, comovente definição feita por uma criança em seu consultório: "avô é pai com açúcar". Os avós são homenageados em 26 de julho, dia dedicado a são Joaquim e a santa Ana desde o século II, quando a Igreja passou a aceitar a versão de um dos evangelhos apócrifos, o de Tiago Maior, decapitado no ano 44 de nossa era, de que esses eram os nomes dos avós de Jesus. A versão foi aceita porque o apóstolo, ao lado de são Pedro e são João, tinha certa precedência entre os doze.

Azar: do árabe vulgar *az-zahr*, flor, porque uma flor era pintada numa das faces do dado. "Chuque", "carru", "taba" e "azar" eram as quatro faces:

"*Lançados os dados, quem lhe saiu o azar, perdeu*". Para os antigos romanos, o azar dos dados era designado *canis*, cão. Talvez resida aí uma das mais fundas metáforas dos nomes do demônio, o cão. Também indica azar e surpresa a expressão "cair de costas", mas o azar virá também se cair de frente e "quebrar o nariz".

Ázimo: do grego *ázimos* pelo latim *azymon*, pão sem fermento, muito ligado à Páscoa, festa dos pastores nômades quando chegava a Primavera, mas que no hebraico *Pessach* tomou o significado de passagem, conservado no grego *páskha* e no latim *pascha*. A *Pessach* hebraica é chamada também *Hag ha-matzot*, festa dos pães ázimos, isto porque na noite da fuga do Egito não houve tempo de fermentar o pão, devido à pressa em sair dali rumo à Terra Prometida, na região onde hoje se situam Israel e Palestina.

B

Bacharel: de origem controversa, provavelmente do latim vulgar *baccalaris*, variante do latim medieval *baccalarius*, pelo francês *bachaler*, designando o jovem herdeiro de terras ou possessões, que ainda não é cavaleiro, e o noviço de ordem religiosa, ambos estudantes. Há indícios de que na formação da palavra tenha entrado o latim *bacca lauri*, baga de louro. Pode ainda ter havido relação entre a palavra beca, do judeu-espanhol *beca*, pensão, pagamento do estudante, com origem no hebraico *bécah*, moeda utilizada em Israel. Na formatura, recebendo a beca, laureado com o diploma, estava pronto o *baccalaris*, o bacharel. Embora sem comprovação, é preciso atentar para a possível influência de títulos da nobreza territorial sobre as denominações universitárias, de que são exemplos *campus*, propriedade rural cedida para instalar ali prédios universitários, e *magnificus*, título dado ao reitor, então proprietário das terras onde foram instalados os ditos prédios. Nessa linha, bacharel seria apenas o aluno que se forma nesses *campi*, em qualquer curso, mas como predominava o Direito, bacharel vinculou-se mais a este.

Bambambã: do quimbundo *mbamba-mbamba*, exímio, mestre. Nas tribos africanas, o chefe, *mbamba-mbamba*, batia com o cetro sobre outra peça de madeira para, com o barulho, chamar atenção e impor respeito à sua fala, já que, dadas as crenças vigentes em sociedades primitivas, sabia mais quem estava em contato com os deuses e outras entidades sobrenaturais. O bambambã chegou ao Brasil por influência africana: os negros chamavam seus chefes brancos, que agora mandavam neles, de bambambãs. E ainda no navio, em vez de apenas bater na madeira os paus que tinham em mãos, batiam também sobre os escravos, fazendo-os estalarem no lombo dos cativos.

Bancarrota: do italiano *bancarrotta*, banco (banca), *rotta* (quebrado). No italiano, é feminino. Designa falência, quebra, insolvência, decadência, ruína, incapacidade de cumprir compromissos comerciais. As primeiras trocas de moedas foram feitas num banco da praça, daí o nome, onde os comerciantes procediam às trocas. Quase sempre abrigada sob uma tenda, a banca passou a receber depósitos e a emprestar o dinheiro enquanto não era sacado. O banco quebrava no sentido metafórico quando não podia restituir as quantias postas à sua guarda. O verbo quebrar indicando insucesso comercial advém do que faziam credores enfurecidos que literalmente quebravam o banco e afugentavam, quando não matavam, seu proprietário.

Barafunda: de origem obscura, mas provavelmente do quimbundo *mbala*, aldeia, associado ao nome de uma delas, em Angola, chamada Funda, de acordo com Nei Lopes em *Dicionário Banto do Brasil* (edição da Prefeitura Municipal do Rio de Janeiro). Mbala virou bara no português e, composto com o topônimo da localidade, resultou em barafunda. Passou a sinônimo de balbúrdia porque em Funda, dos tempos coloniais ao século XIX, havia um intenso e confuso comércio, por ser a aldeia ponto de passagem de funantes, que traziam seus produtos em comboios e canoas. Funantes eram negociantes angolanos que se caracterizavam por enganar o fisco português.

Barganhar: do italiano *bargagnare*, vender com fraude, trocar. Seu sentido evoluiu para designar atos de negociação política que implicam concessões mútuas.

Barraco: alteração do espanhol *barraca*, palavra trazida pelos fenícios para as Ilhas Baleares, na costa da Espanha. Provavelmente o "r" foi dobrado na Península Ibérica – no português, temos barraca e barraco – por influência de barro, elemento utilizado na construção de habitações toscas, com o adobe, palavra de origem árabe que significa tijolo cru. A argila, misturada à palha, tornava as paredes mais resistentes, melhorando a sustentação. Os fenícios trouxeram a palavra e o modo de construção da Mesopotâmia, atual Iraque, onde tinha o nome de *parakku,* numa língua da Acádia. Os sírios empregavam a variante *parakka*. Na catalão e no espanhol, virou barraca, ainda no século XIII. E este "b" inicial, que substituiu o "p", manteve-se no francês "baraque", no inglês "barrack", no alemão "Baracke".

Quanto ao gênero, no português, o feminino barraca pode designar abrigo muito chique, mas o masculino barraco, não. Armar um barraco passou a designar, por preconceito, modo pouco elegante de resolver conflitos, onde a falta de educação e de cultura levaria a gritos, empurrões ou até rudezas mais graves.

Barril: provavelmente do baixo latim *barriclu*, derivado do latim culto *barrica*, barrica, tonel. Recipiente para armazenar água em casa ou nas viagens marítimas, ao lado de ânforas, foi também medida de vinho e de outras bebidas, e hoje é mais conhecido mundialmente para designar medida no comércio internacional do petróleo. O barril original tinha quarenta galões, mas como os primeiros eram de madeira, os atacadistas acrescentavam dois galões para compensar a perda com a evaporação, levando a um total de 159 litros. Segundo nos informa o jornalista Roldão Simas, o barril de petróleo tem a abreviatura "bbl" porque no início da década de 1860, quando começou a produção de petróleo nos EUA, não havia vasilhame padronizado para o novo combustível. Seus derivados eram então comercializados em barris de formas e tamanhos de todo o tipo (barris de cerveja, barris de peixes, barris de melado, barris de aguarrás etc). O segundo "b" da abreviatura deve-se à cor azul dos barris fabricados pela *Standard Oil*, especialmente para o transporte de derivados de petróleo. Um barril azul (*blue barrel*, em inglês) era garantia de que o vendedor armazenara ali 42 galões. Não havia marmelada no petróleo.

Bastardo: do grego *bassara*, meretriz, passando pelo francês *bâtard*, com o sentido de filho ilegítimo, como no português. Mas já foi nome de moeda, cunhada na Índia, por Afonso de Albuquerque, de tradicional família de conquistadores portugueses. Este vice-rei teve um filho bastardo, que tomou o nome do próprio pai, por ordem do rei Dom Manuel I, o Venturoso.

Bater: do latim vulgar *battere* (no latim culto é *battuere*), bater, brigar. O jornalista Cláudio Humberto Rosa e Silva, adotando a bordoada verbal como instrumento de resposta a críticas ao governo do então presidente Fernando Affonso Collor de Melo, de quem era o porta-voz, adotou o bordão "*bateu, levou*" para resumir sua filosofia de trabalho no cargo que mais parecia de porta-pancada. O *impeachment* afastou titular e assessores.

DEONÍSIO DA SILVA

Baú: do português antigo *baul*, que no francês antigo era *bahur* e também *baiul*, *bahut* no atual, designando arca, peça de madeira para guardar pertences. Como nos baús eram guardados também segredos, surgiu a expressão "não ser baú", isto é, não ser obrigado a manter confidências.

Beca: do judeu-espanhol *beca*, pensão, pagamento do estudante, com origem no hebraico *bécah*, pensão, remuneração de estudante. *Bécah*, no hebraico, é a medida correspondente à metade de 1 siclo, *siclus* em latim, antiga moeda dos hebreus que valia 6 gramas de prata e deu também na moeda israelense de hoje, *shekel*. Na formatura, ao receber a beca e laureado com o diploma, estava pronto o *baccalaris,* o bacharel. Pode ter havido influência dos italianos *beca*, bolsa de estudos, e *bicco*, ponta, por força dos bicos do chapéu de formatura e das pontas do traje do formando. Antigos jesuítas denominam beca um copo de vinho dado a noviços convalescentes. No quicongo *mbéka*, derivado de *békama*, designa saia de tecido preto, machetada, que negras baianas envergavam em dias de festa. O quimbundo tem *dibeka*, veste que de tão longa cobre os pés e é arrastada pelo chão enquanto a mulher caminha, segundo nos informa Nei Lopes no *Dicionário Banto do Brasil* (Rio de Janeiro, edição da Secretaria Municipal de Cultura).

Benesse: do latim *bene*, bem, *esse*, estar, ser. As primeiras benesses foram presentes, dádivas, oferendas a divindades em altares, que poderiam ser de duas espécies: alimentos ou animais oferecidos em sacrifícios. Os deuses, ainda que não sejam vampiros, parecem gostar de sangue desde tempos muito antigos. As benesses originais compensavam pecados cometidos pela comunidade, representada pelos sacerdotes que as lideravam. Modernamente, algumas benesses foram criadas como políticas compensatórias, de que é exemplo a reserva de vagas nas universidades para negros e índios. A Constituição proíbe tal discriminação, ao garantir, no inciso IV do artigo 3º, igualdade de tratamento, independentemente "de origem, raça, sexo, cor, idade". Por isso, tais benesses universitárias têm causado controvérsia na sociedade.

Birra: do espanhol e leonês *birria*, radicado no latim vulgar *verrea,* de *verres*, porco antes de ser capado, cachaço, reprodutor. Tornou-se sinônimo de teimosia, obstinação, por analogia com as características do animal, mais difícil de ser conduzido na vara de porcos capados. Uma vez imobilizado,

MIL E UMA PALAVRAS DE DIREITO

passa a grunhir estridentemente, comportamento ao qual foi comparado o das crianças que choram ao recusar cumprir ordens familiares.

Bis: do latim *bis*, provavelmente formado a partir de *duis*, de *duo, duos,* indicando dois, dupla, duas vezes, repetição. No português, à semelhança do latim, tem significado autônomo como advérbio, mas é muito utilizado como prefixo na formação de palavras como bisneto, bisavô, biscoito etc. Às vezes, perde o "s", como em bimensal e bienal, este último variante de bisanual, havendo, porém, diferença no significado: bimensal é evento realizado duas vezes por mês, mas bienal e bisanual indica ocorrência de dois em dois anos, dando-se o mesmo com bimestral. Entre as desejadas repetições, excluídas as de parentesco, está a repetição das sobremesas e dos números artísticos.

Bispo: do grego *epískopos*, originalmente vigia, guardião, e mais tarde designando o magistrado que, na Grécia antiga, era responsável pela aplicação da justiça na *dioíkesis*, uma divisão administrativa. Os romanos trouxeram os dois vocábulos para o latim, adaptando-os para *episcopus*, inspetor, intendente, e *dioecesis*, departamento político maior do que o *municipium*, município e menor do que a *província*, província, região conquistada. Em latim, *provincere* é um dos sinônimos de *vincere*, vencer. Ao tornar-se religião tolerada pelo império romano sob Constantino (27?-337), em 313, e declarada oficial por Teodósio I (347-395), o cristianismo, até então uma heresia combatida e repleta de mártires, adota o arcabouço político e administrativo do império, assimilando suas instituições. Na Idade Média, existiu o bispo portátil, sem ligação com diocese alguma, sempre à disposição do Papa para missões especiais. Já o bispo dos doidos era assim chamado o menino mais novo do coro que por vinte e quatro horas mandava no clero.

Bissexto: do latim *bissextum*, bissexto, por repetir (bis) o número seis (*sextum*), redução da frase latina *bis sextum ante diem calendas martii* (repetir o sexto dia antes das calendas de março). Em Roma, o ano bissexto foi introduzido por Júlio César, que trouxe de Alexandria o astrônomo Sosígenes para alterar o calendário, que passou a denominar-se juliano, em homenagem ao imperador. Como os cálculos não eram exatos, no século XVI já tinha sido acumulado um acréscimo indevido de 10 dias, que foram suprimidos por novo ajuste no calendário, determinado em 1582 pelo papa Gregório XIII. O dicionário Houaiss explica que 29 de fevereiro é "acrescentado à contagem do ano solar (365 dias), em intervalos regulares de quatro anos (exceto nos de número múltiplo de 100 que não seja também múltiplo de 400)" e que esta é "uma forma de corrigir a discrepância entre o calendário convencional e o tempo de translação da Terra em torno do Sol".

Bitributação: de tributação, do latim *tributu,* radical presente também em tribuna, tribunal, tribuno, atribuir e distribuir, entre outras. No caso, com acréscimo de "bi" e "ação" (do latim *bis*, duas vezes, e *actione,* ação). Com a elevada carga de impostos que pesa sobre os brasileiros, é frequente a queixa de que tem havido bitributação, que consiste em aplicar o mesmo imposto duas vezes sobre o mesmo produto. Diversos tributaristas afirmam que em sua voracidade, ainda que não explicitamente, o Estado brasileiro tem feito incidir vários impostos sobre o mesmo produto ou sobre o mesmo contribuinte. Não há registro de bitributação na língua portuguesa antes da segunda metade do século passado, sinal de que não era praticada, a menos que o fosse com outro nome.

Blindagem: do francês *blindage*, proteção contra o inimigo, blindagem, radicado no verbo *blinder*, ocultar, sinônimo de *aveugler*, verbo formado na época merovíngia (cerca de 500-750), a partir da expressão latina *ab oculis*, sem olhos. Houve influência do verbo alemão *blenden*, cegar, e do substantivo *Blinden*, instalação militar, que esconde e protege seus ocupantes, predecessora do *Bunker*, abrigo antiaéreo. É termo de artilharia. No francês, o primeiro veículo blindado foi um navio. No português, a designação migrou do campo militar ao civil, submetido a contextos de guerra nas metrópoles. Cidadãos mais abastados blindam seus automóveis, tornando-os semelhantes a veículos militares. Mudou também o perfil dos motoristas, transformados em seguranças ou por eles acompanhados em carros de escolta. No sentido metafórico, o vocábulo vem sendo aplicado a proteções diversas, que incluem ministros, prefeitos, governadores, chefes de Estado e seus assessores qualificados.

Boda: do latim *vota*, plural de *votum*, voto, promessa. Ao contrário de outras línguas neolatinas, como o francês e o italiano, que conservaram a tradição dos romanos de dar às práticas rituais e profanas do casamento o nome de núpcias, o português e o espanhol preferiram denominá-las bodas, tendo em vista os votos feitos pelos noivos. A palavra boda resulta de variação do latim *vota*, plural de *votum*, promessa. Tal semântica persiste em sinônimos da palavra noivo e noiva, indicando prometidos, de que é exemplo o título do famoso romance do romancista italiano Alessandro Manzoni, *I promessi sposi*. Os rituais profanos, realizados antes de o casamento ser transformado em sacramento pela Igreja, eram simples endossos comunitários que atestavam em tais cerimônias que o *nubilis*, vale dizer o jovem ou a jovem casadoiros tinham idade para viverem juntos, em *conubium*, casamento, em latim. O beijo na boca, juntando os lábios, as línguas e as salivas, nasceu de práticas que substituíram o ato violento de misturar gotas de sangue resultantes de cortes nos braços dos noivos, o que muitas vezes significava infecções que podiam levar à morte. A origem remota de bula, bola, boleto e boletim é o latim *bulla*, bolinha de metal que na antiga Roma os patrícios e os ingênuos (nascidos livres) usavam ao pescoço até os 17 anos.

Boicote: do antropônimo inglês *Boycott*. Charles Cunningham Boycott administrava as propriedades do conde de Erne, na Irlanda, quando se recusou a seguir a recomendação do nacionalista e estadista irlandês Charles Stewart Parnell, interessado na promoção dos sem-terra irlandeses. O segundo Charles queria que os camponeses não mais trabalhassem para os proprietários ingleses até que fosse modificada a Liga Agrária, promulgada pelo Parlamento Britânico. O primeiro Charles foi, então, alvo de represálias silenciosas: ninguém lhe dirigia mais a palavra, o comércio lhe fechava as portas, suas cartas eram interceptadas e ninguém aceitava trabalhar sob suas ordens. Pressionado, Boycott voltou à Inglaterra e trocou de lado, integrando-se à luta dos irlandeses. A estratégia usada contra ele recebeu seu nome e boicote passou a significar represália. Parnell, acusado de adultério e de ter sido o autor intelectual de algumas mortes, casou-se com a mulher com quem pecava, Katherine O'Shea, mas negou ter alguma coisa a ver com as mortes. Seu acusador, o jornalista Richard Pigott, reconheceu que havia forjado a denúncia e suicidou-se em Madri.

Boletim: do italiano *bolletino*, publicação periódica. Tomou também o sentido de registro de ocorrências policiais e por isso é conhecido pela sigla BO. Há ainda o boletim meteorológico, indicando as tendências do tempo, e o boletim escolar, este último informando sobre as tempestades havidas com o estudante no processo ensino/aprendizagem. Com exceção dos informes sobre o clima, os outros boletins envolvem laços familiares de várias ramificações.

Bombástico: ao contrário do que pode parecer, bombástico não vem de bomba, mas do grego *bombyx,* passando pelo latim *bombyx mori,* nome científico do bicho-da-seda. O vocábulo serviu de origem ao italiano *bombicina* e ao francês *bombasine,* designando um tecido de seda e algodão, que serve de enchimento a roupas, fazendo-as parecer infladas. Frase bombástica, por analogia, é vazia de conteúdo. O famoso alquimista e médico do alvorecer da Idade Moderna, o suíço Paracelso, chamava-se Theophrastus Bombastus von Hohenheim e evitou ser conhecido por seu verdadeiro nome já que não ignorava a conotação pejorativa de Bombastus.

Bonde: do inglês, *bond,* vale, cautela de títulos a receber. Mas passou a designar o meio de transporte que todos conhecemos em outubro de 1868, dois meses depois de um ministro da Fazenda do Império do Brasil ter emitido empréstimo nacional cujos rendimentos eram pagáveis em ouro. A operação financeira foi um sucesso. Para facilitar o troco, a companhia inglesa que abriu o novo serviço de transportes coletivos imprimiu bilhetes com o valor das passagens e o povo associou as duas coisas. A palavra passou a designar, algum tempo depois, também o veículo, porque nos bilhetes estava estampada a sua figura.

Bônus: do latim *bonus,* bom, com as variantes *bona,* feminino, e *bonum,* neutro. O adjetivo qualifica o substantivo (*bonus amicus,* bom amigo; *bonum sentimentum,* bom sentimento; *bona fides,* boa fé). Nos finais do século XVIII, o inglês, já então com muitas palavras latinas, adotou *bonus* como substantivo para designar vantagem ou prêmio de empresas aos acionistas. Em português, bônus e bonificação. Estava na antiga BTN, Bônus do Tesouro Nacional, criada em 1989 e extinta em 1991 – título de dívida pública que atualizava débitos fiscais e contratos privados. Em 1964, o governo dera outro nome para título de igual função, Obrigação Reajustável do Tesouro Nacional, renomeada sem o adjetivo *"reajustável"* em 1986, quando, sob o Plano Cruzado, se acreditara na estabilidade econômica, sem a inflação galopante que inflacionara também a língua portuguesa com excesso de adjetivos na economia.

Bordão: Procede do francês antigo *tringle,* cabide, tomado do holandês *tingel,* calço, apoio. Está presente no verbo *trinquer,* brindar tocando os copos, ocasiões em que as pessoas estariam bem-vestidas. O verbo francês teria recebido influência do alemão *trinken,* beber, que forneceu o étimo para o inglês *drink*, beber. Beber socialmente e estar bem-vestido teriam influenciado o significado da expressão estar nos trinques, muito elegante; e, no Rio Grande do Sul, estar bêbado. O poeta mineiro Murillo Monteiro Mendes (1901-1975), no poema *Quinze de Novembro*, escreveu: "*Deodoro todo nos trinques/ bate na porta de Dão Pedro Segundo./ Seu imperadô, dê o fora/ que nós queremos tomar conta desta bugiganga.*"

Brado: de bradar, do latim *blaterare*, gritar, que no latim vulgar se tornou *deblaterare* e no português *blatar*, com a variante bradar, tendo havido metátese, isto é, troca de fonemas no interior do vocábulo: *blatar* para bradar. Aparece na última estrofe do *Hino à Proclamação da República*, letra de Medeiros e Albuquerque (1867-1934), antes da última vez em que o estribilho é cantado: "*Do Ipiranga é preciso que o brado/ Seja um grito soberbo de fé!/ O Brasil já surgiu libertado,/ Sobre as púrpuras régias de pé*". Na estrofe anterior, num ufanismo que falsifica a História, proclama: "*Nós nem cremos que escravos outrora/ Tenha havido em tão nobre país.../ Hoje o rubro lampejo da autora/ Acha irmãos, não tiranos hostis./ Somos todos iguais! Ao futuro/ Saberemos, unidos, levar/ Nosso augusto estandarte que, puro,/ Brilha, avante, da Pátria no altar!*".

Breca: Provavelmente do inglês *to break*, quebrar, interromper, designando freada de carro, quebra de acordo, intervalo de programação. A origem remota é a raiz indo-europeia *bhreg*, quebrar. Breca e urucubaca estão presentes na marchinha *Ó Filomena*, sucesso do carnaval de 1915, gravada em 1914, quatro anos antes da gripe espanhola: "*A minha sogra morreu em Caxambu/ Foi pela urucubaca/ Que lhe deu o seu Dudu./ Ai Filomena/ Se eu fosse como tu/ Tirava a urucubaca/ Da careca do Dudu.*" Dudu era o apelido do presidente Hermes da Fonseca (1855-1923). Em 1913, aos 58 anos, desposou a cartunista brasileira Nair de Tefé (1886-1981), então com 27, que só retomaria a carreira aos 73 anos. Cantada na melodia de *Marcha, Soldado, Cabeça de Papel*, foi sucesso no carnaval e fracasso na política. "*Dudu quando casou/ Quase que levou a breca/ Por causa da urucubaca/ Que ele tinha na careca*". Recentemente, o presidente Lula (60) usou a palavra para condenar quem torcia contra o seu governo.

Brecha: do antigo alto-alemão *brecha*, fratura, do verbo *brechen*, quebrar, tendo também o sentido de romper, incluindo o de romper amizades e também o de vomitar, pelo francês *breche*, fenda. Passou a designar rachadura, não apenas no sentido denotativo, de que é exemplo a greta numa rocha ou num edifício, mas também a lacuna num texto legal, ensejando interpretação diversa daquela que quis o legislador. A origem remota é a raiz indo-europeia *bhreg*, base de *brake*, na língua germânica dos francos, alterada para *breke*, no holandês medieval, com o mesmo significado. Manteve-se no inglês *break*, quebrar, do qual originaram-se também *breakfast*, primeira refeição do dia ou café-da-manhã, e *broken*, quebrado, no sentido de falido, insolvente. No português e no espanhol, os primeiros registros de brecha designam pequena abertura nas muralhas, equivalente ao postigo das casas, do latim *posticum*, formado a partir de *post*, depois, na parte posterior, e *ostium*, porta.

Brocardo: do latim *brocardu,* alteração do nome latino do bispo de Worms, na Alemanha, Georg Burckard, também conhecido como Georg Spalatin, por ser originário de Spalt, na Alemanha. Era costume dos humanistas identificarem-se pelo nome da cidade onde nasciam. Foi o primeiro a escrever brocardos no atacado, reunindo em 20 volumes um vasto repertório de regras eclesiásticas, muitas delas resumidas em frases. Desde então, brocardo passou a sinônimo de sentença, máxima, axioma, provérbio. O poeta neoparnasiano Hermes Fontes comentou nos versos *Ciclo da perfeição* um dos mais célebres brocardos: "Tens uma árvore e um livro: falta um filho/ clama a exigência do brocardo". E depois dele tornou-se voz corrente dizer que a vida do homem pode ser resumida a três projetos: ter um filho, escrever um livro e plantar uma árvore. Exceto para os censores, que seria fazer um aborto, proibir um livro e derrubar uma árvore.

Bruxo: do latim tardio *bruxu*, designando gafanhoto sem asas. Mais tarde o vocábulo passou a ser aplicado também ao herege e ao demônio, pois a imaginação medieval atribuía poderes mágicos a Satanás e seus asseclas. Nem sempre, porém, é sinônimo de pessoa ou entidade ruim. Machado de Assis recebeu a alcunha de 'o bruxo do Cosme Velho', em alusão a seus poderes de demiurgo literário e ao bairro em que morou. No caso da bruxa, a tradição brasileira diz que é a sétima filha do casal que não foi batizada pela irmã mais velha. À noite, disfarçada de coruja ou de morcega, vem chupar o sangue das crianças. Entre os séculos XV e XVII, milhares de mulheres, tidas como bruxas, foram jogadas às fogueiras na Europa, sobretudo na Inglaterra, na França e na Alemanha. Em sua maioria eram artistas, intelectuais, pesquisadoras e hereges, reunidas sob este nome.

Bufão: do latim tardio *bruxu*, designando gafanhoto sem asas. Mais tarde o vocábulo passou a ser aplicado também ao herege e ao demônio, pois a imaginação medieval atribuía poderes mágicos a Satanás e seus asseclas.

Bufunfa: provavelmente do francês *bouffant*, bufante, um tipo de papel. É vocábulo formado na gíria, mas que depois se fixou na linguagem coloquial e atualmente é de uso franco na língua escrita, sempre com o significado de dinheiro, tal como aparece neste trecho da cronista Barbara Gancia: "depois de perder toda a bufunfa, se viu sem poder mais andar de concorde, ir a Londres só para um *vernissage* ou vestir alta-costura".

Bula: do latim *bulla*, bola. Mas passou a ter também o significado de bolha, pela forma da água ou de outro líquido ao cair, como os pingos da chuva. Designando documento, pontifício, remonta aos antigos selos, que tinham a forma de bolhas ou bolas nos lacres, feitos com tinta vermelha. E em alguns casos, com sangue.

Burgo: do germânico *burgs*, pequena cidade, pelo latim *burgu*, lugar fortificado. Na Idade Média, passou a designar vilas, castelos e mosteiros, protegidos por muralhas. Várias dessas localidades transformaram-se depois em pequenas cidades. O vocábulo serviu à formação de burguesia, denominando a nova classe social, nascida do desenvolvimento econômico que começa a ocorrer em fins da Idade Média. Os habitantes dos burgos transformam-se em burgueses e pouco a pouco vão se infiltrando entre a nobreza, derrotando-a na Revolução Francesa. Ao consolidar-se como classe hegemônica, entretanto, subdivide-se em grande, média e pequena burguesia, nos moldes de uma sociedade piramidal, em que os donos dos meios de produção estão na ponta, e os trabalhadores, na base e nos estamentos intermediários. Em *Tempo dos flamengos*, José Antônio Gonsalves de Mello utiliza o vocábulo para caracterizar o Recife do século XVII, ao tempo das invasões holandesas: "burgo triste e abandonado, que os nobres deveriam atravessar pisando em ponta de pé, receando os alagados e os mangues".

Burlar: derivado de burla, do latim *burrica*, derivado de *burra*, arca para guardar tesouros, dinheiro. Guardar tem também o sentido de esconder, proteger. Veio daí o significado de engano. No espanhol, burla e seus derivados são aplicados a quem engana por motivos amorosos, de que é exemplo famoso o personagem Don Juan, o burlador de Sevilha.

Burocracia: do francês *bureaucratie*, palavra criada por Jean-Claude Marie Vincent, Seigneur de Gournay, no século XVIII, a partir do francês *bureau*, escrivaninha, local de trabalho, e do grego *kratía*, poder. *Bureau* veio do latim popular *bura*, do latim culto *burra*, lã grosseira, a mesma origem de burel, hábito de frade. Provavelmente, esse tipo de pano, estendido sobre a mesa, levou os franceses a denominarem *bureau* a escrivaninha. No século XVIII, a burocracia agilizava a coisa pública, pela organização hierárquica mínima indispensável. No século seguinte, num ritmo que jamais parou, tornou excessivos os controles, complicando tudo, provavelmente a fim de "vender" facilidades, abrindo mais espaço para a corrupção e o empreguismo.

Busca: de buscar, de origem controversa, provavelmente do pré-românico *bosco* ou do latim vulgar *boscum,* que o teria trazido do germânico *bosk*, mata, floresta, bosque. O verbo teria o sentido primitivo de ajuntar lenha para o fogo doméstico.

Busílis: tudo indica que esse vocábulo tenha vindo de um engano cometido por um estudante de latim, que, ao traduzir a frase latina *in diebus illis* (naqueles dias), teria separado o vocábulo *diebus* em *die* e *bus*, depois não teria conseguido explicar o resto que lhe seguia, *illis*. Como traduzira *in die* como índias (*indiae*), encontrou grande dificuldade em prosseguir, empacando no *bus illis*. Outros creditam o mesmo erro a um clérigo que, lendo o breviário, encontrou ao final da última linha de uma página *in die* e no começo da seguinte a continuação *bus illis*. Busilis virou, então, em português, sinônimo de grande dificuldade. "Aí é que está o busílis da questão" tornou-se frase frequente entre nós.

C

Cabala: do hebraico rabínico *qabbalah*, cabala, conjunto de ensinamentos filosóficos e religiosos cultivados na tradição judaica, segundo os quais há uma ordem oculta dirigindo o mundo, cuja decifração pode ser obtida com a leitura da Bíblia, já que suas letras e números teriam um simbolismo próprio. A partir de 1670, designou também um ministério inglês, porque as iniciais dos sobrenomes dos ministros – Clifford, Aschley, Buckingham, Arlington, Landerdale – formavam *cabal,* conspiração, cabala, em inglês.

Cabeçada: de cabeça, do latim vulgar *capitia* (pronunciado capícia), e sufixo *ada*. Mas *capitia* no latim designava tanto a cabeça como o plural de *capitium*, capuz ou parte do manto que cobria a cabeça. Dar cabeçada é errar, fazer mau negócio, dizer asneiras.

Cachê: do francês *cachet*, lacre, marca, mas também tem o sentido de estilo, originalidade. Passou a significar o pagamento a atores de teatro, cinema, televisão etc. e a qualquer pessoa cujo trabalho resulte em espetáculo público. O sentido etimológico primitivo prende-se a ocultar. Assim, cachê é uma remuneração para a pessoa mostrar publicamente o que traz oculto, que às vezes é seu próprio corpo, como no caso das mulheres que recebem cachê para posarem nuas. Passou a designar a quantia paga a um artista, exatamente para recompensar sua originalidade, difícil de ser avaliada segundo critérios normais de trabalho, em geral medidos por tempo. Assim, certos artistas recebem por seus shows muito mais do que todos os que trabalham para a realização dos espetáculos. Embora no Brasil o vocábulo seja sempre empregado no sentido de remuneração, na língua de onde veio, entretanto, permanecem outras significações. O escritor francês Émile Zola, comentando um casal, distingue o talento da esposa com esta frase: "o marido não é propriamente uma besta, mas a mulher, ela tem um *cachê*, como nós, artistas, dizemos".

Caco: do grego *kakós*, de má qualidade, disforme, irregular, ruim. Com o tempo passou a designar pedaço de alguma coisa. No grego antigo já indicava incapacidade, trazendo também a ideia de doença, destino, morte. O defunto é aquele que acabou de se transformar num caco perfeito. Que nos sirva de consolo saber que nossos ancestrais helênicos, quando estavam doentes, cansados ou apenas desanimados, se sentiam também uns cacos, à semelhança do que ocorre conosco hoje em dia em situações adversas. Alguns filósofos pré-socráticos, quase todos poetas, exprimiram com sensibilidade refinada o sentimento de se sentir um caco no mundo. O próprio Homero, o maior poeta grego de todos os tempos, às vezes se sentiu um caco. Ou utilizou a palavra para desqualificar o berço de outras gentes. E muito antes de seu nome ser associado a porres, surras ou fracassos memoráveis. Caco era também o nome do filho de Vulcano, de tamanho descomunal, que roubou de Hércules quatro juntas de bois, conduzindo-as de ré para seu antro com o fim de despistar a má ação. O gado roubado, porém, mugiu dentro da caverna, permitindo a Hércules descobrir o ladrão e puni-lo.

Cacoete: do grego *kakoethes,* maldoso, enganador, pelo latim *cacoethe,* cacoete, tique, contração involuntária de músculos. A etimologia grega pode estar vinculada à mímica do agressor. Designa também mania de adicionar palavra ou expressão desnecessária em frases ou saudações. Resenhistas incorrem em cacoetes ao recomendarem que seus leitores "confiram" um espetáculo. O significado de conferir é bem outro. Conferem-se contas, E apresentadores de telejornais acham que é mais elegante desejar "ótima noite" em vez do tradicional "boa noite", que é um cumprimento cuja forma fixa está consolidada há séculos e não pode ser submetida a flexões. Esses cacoetes equivalem a piscares involuntários de olhos e a agressões à arte de falar direito.

Cacófato: do latim *cacophaton*, cacófato, som desagradável, indevido ou obsceno, proveniente da junção da última sílaba de uma palavra com a primeira da que lhe segue. Formou-se do grego *kakós*, feio, mau, designando também do deficiente físico e o estrangeiro, e *phaton*, neutro. Aparece originalmente no português como *cacofeton* no capítulo 6 da *Arte de Trovar*, no C.B.N., sigla de *Cancioneiro da Biblioteca Nacional*, publicado e comentado por José Pedro Machado e Elza Paxeco Machado, sua esposa, em edição de oito volumes, publicados em Lisboa entre 1949 e 1964. O *Hino Nacional* tem horrível cacófato logo nos primeiros versos: *"Ouviram do Ipiranga as margens plácidas,/ de um povo heroico o brado retumbante". "Heroico o brado"* soa "herói cobrado". A música foi feita em 1822 por Francisco Manuel da Silva, mas a letra definitiva somente surgiu em 1909, por Joaquim Osório Duque Estrada.

Cadastro: do francês *cadastre*, alteração do italiano *catastico*, do grego bizantino *katastikhon*, lista, inventário. Designou originalmente livro de registros comerciais, como relação de impostos, notícias econômicas e listas afins. O provençal *cadastre*, do baixo latim *catastrum*, provável alteração de *catasta*, estrado em que os escravos eram postos à venda.

Cadáver: do latim, mas em etimologia controversa. Seria sigla da expressão *caro data vermibus* – carne dada aos vermes – segundo nos informa Varrão. O mais provável é que tenha sido formada a partir do verbo *caedere*, cair no combate, perecer.

Cadeia: do latim *cadena*, corrente. Passou a significar lugar de reclusão porque transmite a ideia de prender alguém a algum lugar. Mas também pode significar um tipo de ligação aparentemente menos perigosa: cadeia de rádio e televisão.

Cadela: do latim *catella*, cachorrinha, filhote do cão. No português, o diminutivo latino passou a designar a cachorra, sem indicação de tamanho ou idade. Na linguagem vulgar é metáfora para mulher de maus costumes, em geral a prostituta. Mas Nelson Rodrigues deu o nome de Cadelão a um de seus personagens de *Bonitinha, mas ordinária*, texto para teatro levado ao cinema com a atriz Lucélia Santos no papel da moça bonitinha e ordinária do título, com direção de Braz Chediak.

Cafetão: do lunfardo *cáften*, gigolô, rufião, aquele que vive de rendimentos de meretrizes. O lunfardo é uma forma dialetal do espanhol falado nos arredores de Buenos Aires. Pode estar aí a origem de cafajeste, vocábulo de significado semelhante. No filme *Os cafajestes*, a atriz Norma Bengell aparece nua em famosa sequência. O nu frontal era uma ousadia para a época. O filme estreou em 1962. O cafajeste que a fotografava queria fazer chantagem com as fotos eróticas. Cafajeste, no Brasil contemporâneo, designa o homem que trata a mulher como objeto. Originalmente, o termo tinha outra conotação. Veio de Coimbra para Olinda, trazido por estudantes de Direito. Designava penetras de festas universitárias das quais participavam sem serem estudantes. Nos anos 50, o termo tornou-se popular pela criação do clube dos cafajestes, no Rio, cujo primeiro presidente foi o milionário e industrial paulista Baby Pignatari.

Cáfila: do árabe *káfila*, companhia de viagem. Passou a designar o coletivo de camelo por ser este o animal-símbolo dos povos árabes, usado no transporte de pessoas e de mercadorias. Entretanto, indica, em sentido pejorativo, bando, súcia, tal como aparece neste trecho do contista e crítico português José Valentim Fialho de Almeida: *"vejam a cáfila dos vates sem miolo e sem cultura, sonâmbulos e pálidos"*.

Caixa dois: da junção de dois, do latim *duo*, pronunciado originalmente "dous" em português, e depois "dois", fenômeno ocorrido também em "cousa" e "coisa", "lousa" e "loisa", e caixa, do latim *capsa*, caixa, arca, recipiente para guardar frutas, papéis, dinheiro ou todos os dons, como no mito "a caixa de Pandora", onde estavam guardados todos os males para que não se espalhassem pelo mundo. Zeus enviou a virgem Pandora com caixinha e tudo à Terra. A mulher, que não era deusa, nem semideusa, mas sintética, pois criada artificialmente na célebre oficina de Vulcano, cupincha-mor do líder divino, ofereceu o regalo primeiramente a Prometeu, cujo significado é prudente, que a recusou e saiu em disparada, temendo a estonteante tentação. Se demorasse mais, achou que sucumbiria. Mas o segundo a quem procurou, Epimeteu, irmão do primeiro, a aceitou. Epimeteu, em grego, significa imprevidente, desmemoriado, aquele que lembra depois, e assim esqueceu que o irmão o advertira para que não aceitasse presentes do chefão dos deuses. Pandora em grego significa "todos os dons". As deusas do Olimpo, Minerva, Vênus e Persuasão ensinaram à criatura, a Eva grega, todos os encantos do sexo feminino. E Mercúrio ainda acrescentou-lhe a arte da palavra insinuante. Nenhum dos deuses, porém, deu-lhe o dom da sabedoria, temerosos de que tomasse iniciativas que contrariassem os fins para os quais tinha sido criada. Foi a primeira caixa dois. O *Aurélio* define caixa dois como *"controle de recursos desviados da escrituração legal, com o objetivo de sonegá-los à tributação fiscal"* e manda conferir *"economia invisível e contabilidade paralela"*.

Calar: provavelmente do grego *khaláo*, calar, pelo latim *callare*, baixar a voz, recolher a vela do barco, afrouxar a corda de um arco. Calar tem também, no sentido militar, ajustar a baioneta na ponta do fuzil, quando o soldado se prepara para o combate.

Calendário: do latim *calendarium*, radicado em *calare*, convocar, e *calenda*, o primeiro dia de cada mês. Um escravo anunciava nesse dia os acontecimentos fastos (felizes) e nefastos (infelizes) do período. Os gregos não tinham calendas. Sabedor disso, Suetônio criou a expressão "pagar nas calendas gregas", isto é, nunca. As divisões do calendário baseiam-se, desde as mais antigas culturas, nos movimentos da Terra e da Lua. O ano é o tempo que a Terra demora para dar uma volta ao redor do Sol. O mês, o tempo que a Lua leva para dar volta ao redor da Terra. A semana equivale a cada uma das quatro fases da Lua: minguante, crescente, nova e cheia. O dia equivale ao período que nosso planeta leva para dar uma volta sobre seu próprio eixo.

Calendas: da expressão latina *ad calendas graecas*, para as calendas gregas, em que "calendas" aparece escrita também "kalendas". *Calendae*, que no provérbio aparece no acusativo por causa da preposição "ad", designava em latim o primeiro dia de cada mês, data em que os antigos romanos faziam seus pagamentos. A expressão ganhou o mundo, em várias línguas, como equivalente ao *Dia de São Nunca* (mas este chega no Dia de Todos os Santos, primeiro de novembro) e *Quando as galinhas criarem dentes*, porque calendário grego não tinha calendas. Além das *calendae*, o primeiro dia de cada mês, os romanos tinham os *ides* e as *nones*. Os *ides* (idos) designavam a metade do mês. Era chamada *nones* a fase quarto crescente da Lua, que ocorre no oitavo dia depois do primeiro da Lua Nova, que os romanos consideram "dia sem lua".

Calhamaço: da troca de cânhamo, acrescida do sufixo *aço*, indicador de tamanho, com elipse do *a* final. Terá contribuído com a permuta o fato de ser, o cânhamo, planta herbácea da mesma família da maconha, a célebre *cannabis sativa*, amplamente cultivada em muitas partes do mundo. As folhas são finamente recortadas em segmentos lineares. Suas flores são unissexuais e têm pelos granulosos que, nas femininas, segregam uma resina. Seu caule possui fibras industrialmente importantes, conhecidas como cânhamo. Também sua resina tem propriedades estupefacientes.

O calhamaço parece ser a forma final dos inquéritos no Brasil, onde toda torre de papel transforma-se em Torre de Babel em que ninguém mais se entende.

Caligrafia: composto grego formado de *kallós*, bonito, formoso, e *graphein*, escrever. Literalmente, escrita bonita. Mas virou sinônimo de escrita manual. A caligrafia de algumas pessoas têm sido examinada em profundidade, não para apreciar-lhes a formosura, mas para verificar sua autenticidade, como é o caso dos chamados exames grafotécnicos, aplicados sobre a letra dos suspeitos de falsificação de documentos. Um escritor português lembrou que quem usa a pena dos falsários contra os outros, usará também o punhal ou o bacamarte. E também dossiês e bombas, atualmente.

Calote: do francês *culotte* ou do próprio português *calo*. De todo modo, significa a mesma coisa: não pagar uma dívida. Se a expressão veio do francês é porque, no dominó, *culotte* designa as pedras que os parceiros não puderem colocar em jogo. O mais provável é que tenha vindo de calo, fatia de queijo ou de melão que o vendedor ofertava nas feiras ao comprador, para que este experimentasse o sabor. Se um aproveitador, zombando do vendedor, comia e não pagava, dava o calote. *Sans-culotte*, sem calção, foi deboche aristocrático lançado contra burgueses e trabalhadores na Revolução Francesa. Os aristocratas usavam calções até o joelho, e os outros usavam calças compridas, camisa, casaco curto, sapato de madeira e o tradicional barrete frígio, de cor vermelha.

Calouro: do grego, *kalógeros*, monge grego da ordem de São Basílio ou estudante. Antigamente, os estudantes, como os monges, viviam em congregações. Antes de entrarem para a ordem, tinham a cabeça raspada para exterminar piolhos e lêndeas. Atualmente, calouro é aquele que passou no vestibular. Literalmente, no grego, designava o bom (*kalós*) velho (*geros*, mesmo étimo de *geron*). Mas por que bom ancião? Provavelmente, por ser um jovem monge que entrava para o convívio com as qualidades do ancião já na ordem, isto é, de caráter, mas sem as limitações comuns à velhice.

Câmara: do latim *camara*, que o trouxe do grego *kamára,* ambos os vocábulos com o significado de abóbada. Serve igualmente para designar recintos especiais e certos tipos de serviço: Câmara dos Vereadores, dos Deputados, Câmara Alta, Câmara dos Lordes, Câmara dos Comuns, Câmara de Comércio e muitos outros recintos deliberativos. Designa também as partes do olho situadas entre a córnea e a íris – câmara anterior – e entre a íris e o cristalino – câmara posterior. Por isso, os inventos para captação de imagens paradas ou em movimento são chamados de câmara fotográfica e cinematográfica, respectivamente, com a variação, já comum, de câmera.

Camarilha: do espanhol *camarilla*, elite da câmara de Castela, que constituía um seleto grupo de conselheiros do rei. Esses palacianos viviam o tempo todo nas proximidades da corte, influindo nos negócios do Estado. Cuidando, entretanto, muito mais de seus interesses pessoais, quase sempre escusos, do que dos benefícios públicos pelos quais, por obrigação e ofício, deveriam zelar, acabaram por conferir ao vocábulo um sentido pejorativo. Hoje, camarilha é uma quadrilha elegante. No Brasil, há algum tempo pessoas são indiciadas por formação de quadrilha, ainda que não por formação de camarilha.

Câmbio: das formas latinas *cambiare*, trocar, e de *cambium*, troca. No comércio internacional, são operações pelas quais são feitas permutas entre as diversas moedas. O normal é que as nações mais ricas tenham moedas mais fortes. Os antigos romanos trouxeram essa ideia de troca dos celtas, estendendo as palavras *cambiare* e *cambium* a muitos outros contextos desde que Apuleio as registrou pela primeira vez. A raiz remota é indo-europeia: o étimo *(s)kamb*, que deu escambo.

Camelô: provavelmente de *camelot,* palavra originária da Normandia, derivada do francês *chamelot,* designando tecido de pele de camelo, *chameau* em francês. Vendedores das ruas anunciavam aos berros o tecido, que nem sempre era de pele de camelo, mas de cabra, enganando o público. Há registros de *camelot* na língua francesa em 1248. E em 1539 temos o verbo *cameloter,* vender quinquilharias, objetos ordinários, proceder sem polidez. Em 1596 encontra-se o registro da gíria *coesmelot*, diminutivo de *coesme,* designando o vendedor sem estabelecimento, o ambulante que escolhe determinado lugar na rua para oferecer suas mercadorias. Em 1751 aparece *camelote,* mercadoria grosseira, de acabamento insuficiente. Terá havido influência do árabe *khamlat*, designando o tecido rústico, apregoado aos gritos nas antigas feiras livres, e do espanhol *camello,* que além de indicar o animal aplicava-se também ao traficante de drogas.

Camerlengo: do germânico *kamerling* ou *kamerling*, pelo italiano *camerlingo*, depois *camerlengo*, subentendo-se adido à câmara, cuidando do soberano e dos tesouros. Apenas um cardeal tem o título de camerlengo na Igreja. Ele preside o Sacro Colégio e administra os bens da instituição no período compreendido entre a morte de um papa e a eleição e posse do seguinte.

Campanha: do latim *campania*, planície. O radical da palavra é *campus*, campo, superfície plana, livre de quebradas, embora no Rio Grande do Sul a região de campanha apresente ondulações no terreno, conhecidas como coxilhas. Campanha ganhou o sentido de luta, inclusive contra a ignorância, como deve ocorrer no *campus* universitário. A provável origem de tal significado talvez se deva a que os soldados romanos faziam exercícios militares no *campus Martius*, onde estava a estátua de Marte, deus da guerra. Até o alemão manteve tal significado em *Kampf*, luta, palavra com ligações latinas. Também campeão e campeonato têm origens em *campus*, assim como campear, que tem o significado de andar, procurar, alardear. Campanha tomou o sentido de ação militar porque as batalhas davam-se preferencialmente no campo, em zonas de planície.

Canalha: do italiano *canaglia*, da raça dos cães, radicado em *cane*, cão, mais sufixo depreciativo, designando o que é infame, vil, abjeto. O conjunto é também denominado canalhada, cáfila, cambada, corja, malta, quadrilha, récova, récua e súcia, entre outras. Aparece no título da peça, atualmente em cartaz no Rio, *Meus Prezados Canalhas*, de João Uchoa Cavalcanti Netto, com Roberto Frota no elenco como ator convidado, dirigido por Sebastião Lemos. Foi originalmente montada em 1993 e contava no elenco com Chico Tenreiro, Débora Duarte, Ângela Vieira, Edwin Luisi e Othon Bastos, entre outros, dirigidos por Gracindo Júnior. Na trama, um banqueiro é sequestrado por grupo subversivo e levado a julgamento clandestino, sendo sequestrados também os membros do júri para declarar se ele é inocente ou culpado. Na peça, os espectadores fazem as vezes do júri. Nas primeiras sessões o banqueiro tem sido condenado por pequena margem.

Candidato: do latim *candidatus*, vestido de branco. Na Roma antiga, aqueles que postulavam cargos vestiam-se de branco para vincular suas figuras à ideia de pureza e honradez que a cor branca sempre teve. Nas democracias, marcadas por escolhas periódicas de representantes do povo, os candidatos passaram a vestir-se de muitas outras cores, mas permaneceu a etimologia do vocábulo. Entretanto, dado o que aprontam vários deles, inclusive depois de eleitos, a pureza foi sacrificada em nome de pragmatismos diversos, que incluem alianças dos supostamente puros com os comprovadamente corruptos.

Cânone: do grego *kánon*, que no latim foi grafado *canon*, tendo o significado de regra geral, catálogo. Assim, foram chamados de canônicos os livros da Bíblia cuja redação é atribuída, por israelitas, católicos e protestantes, a inspirações divinas, contrapondo-se aos apócrifos, isto é, aqueles que não foram incluídos no cânone. Para serem canonizadas, certas personalidades católicas são postumamente submetidas a ritos e processos específicos que têm, entre outros, o objetivo de comprovar os milagres que operaram. O professor universitário e crítico norte-americano Harold Bloom publicou um livro intitulado *O cânone ocidental*, aplicando critério semelhante à literatura do Ocidente. No caso, os milagres são as obras que escreveram. Apenas Carlos Drummond de Andrade representa o Brasil na lista. Bloom desconhece nossas letras.

Cantada: provavelmente do italiano *cantata*, composição poética para ser cantada. Isso explica o refinamento quase florentino das primeiras cantadas amorosas, que raramente dispensavam a escrita. O analfabeto, ou o desprovido de imaginação para escrever, tinha o recurso do verso, acompanhado de música, tal como aparece nas serenatas executadas sob a janela onde dormia a amada. O costume de fazer propostas amorosas cantando remonta aos trovadores medievais. Raramente iam sozinhos, os amigos acompanhavam os cantantes e com eles aprendiam a dar melhores cantadas, certos de que havia palavras mágicas a proferir em tais ocasiões para amolecer o coração das mulheres. O mercantilismo dos descobrimentos modificou tais hábitos sentimentais, substituindo a poesia dos trovadores por pedras, perfumes, unguentos e óleos trazidos do Oriente. E o amor tornou-se mais técnico do que artístico. Paradoxalmente, houve avanços consideráveis, já que as tabernas de onde saíam os cantantes eram ambientes imundos. A moça, asseada e bem cuidada em seu quarto, estava a uma distância segura que a impedia de sentir o mau cheiro que seu pretendente exalava.

Capeta: de origem controversa, este vocábulo vem provavelmente do diminutivo de *capa*, do latim tardio *cappa*. Como o diabo aparece vestindo pequena capa na iconografia cristã, capeta passou a ser mais um de seus muitos nomes, já que no Brasil é tradição evitar pronunciar seu nome verdadeiro. Teólogos e filósofos abandonaram o diabo, dedicando-lhe apenas poucas linhas em meio a outros temas, mas artistas e escritores sempre deram atenção às suas representações populares, fazendo dele personagem principal de suas obras. De acordo com o escritor italiano Giovanni Papini, autor do clássico *O diabo*, um dia também o inimigo número um de Deus será redimido, pois no fim dos tempos a misericórdia terá superado a justiça.

Capital: do latim *capitale*, referente à cabeça, em latim *capita*. Por ser a parte superior e importantíssima do corpo, sede de quase todos os sentidos, a designação passou a ser usada em sentido conotativo em muitas outras expressões, chegando à economia. Capitais de países e estados, penas capitais e conjunto de riquezas são alguns exemplos. *O capital* é igualmente o título da obra capital do filósofo judeu-alemão Karl Marx, cujo amor paternal estava acima da ideologia da qual tinha sido um dos fundadores, pois exigiu do futuro genro algum capital para poder casar-se com sua filha. Defensor pertinaz do proletariado, aliou-se também a uma de suas empregadas, tendo um filho com ela.

Capitão: do italiano *capitano*, vindo de *caput*, cabeça em latim. Há famosíssimos capitães militares, porém os mais conhecidos no Brasil vieram do futebol, ainda que estejam igualmente avivados na memória os capitães América, Marvel, Marvel Júnior e Mar-Vell, das histórias em quadrinhos, todos de origem humilde.

Capivara: do tupi *ka'pii*, capim, e *gwara,* comedor, designando roedor que habita as margens de rios, lagoas e brejos. Mas um outro tipo de capivara passou a ser criado na linguagem policial para designar as fichas de indivíduos com prisão decretada permutadas entre delegacia, formadas da redução de captura e vara. Provavelmente a denominação tenha a ver com a abreviação informal de palavras correlatas em papéis timbrados das Delegacias de Vigilância e Capturas, acrescidas da vara do juiz que ordenou a prisão.

Capricho: do italiano *capriccio*, de *capra*, cabra. A cabra tem o andar caprichoso, irreverente, dando pulos aqui e ali. É também nome de uma revista feminina, destinada preferencialmente às leitoras adolescentes, frequentemente chamadas pela revista de gatas e gatinhas, termos mais brasileiros do que *teen*, neologismo do inglês para designar a mesma faixa etária.

Cara: do latim *cara*, rosto; em grego, *kará*. Daí veio acareação – colocar cara a cara, procedimento jurídico. Sófocles (496–406 a.C.) parece ter sido o primeiro a registrar o vocábulo grego como semblante, num trecho, e como cabeça, em outro, falando de *kara* alegre e de *kara* partida a pau.

Caradura: da junção de cara, do grego *kára,* cabeça, pelo latim *cara,* rosto, e dura, feminino de duro, do latim *durum,* duro, áspero, grosseiro. Com o sentido de inculto, já aparece no latim antigo, de que é exemplo a expressão *durae choreae*, danças grosseiras, bailados rudes, movimentos toscos. Com efeito, a coreia vem do grego *choreía*, pelo latim *chorea,* designando dança acompanhada de cantos, semelhando os movimentos dos torcedores que semelham um bailado. Caradura, tem o significado de cara-de-pau, pessoa cínica, sem-vergonha, impudente. Castro Alves, em vez de caradura, utiliza o sinônimo impudente para qualificar a bandeira nacional que identificava os navios negreiros brasileiros: "meu Deus, que bandeira é essa que impudente na gávea tripudia?".

Caramínguá: do guarani *karamengwa*, pela formação *karame*, redondo, e *gwa*, cesto. Tomou o significado de dinheiro porque os índios guardam seus pertences pessoais num balaio redondo, mas antes de indicar recurso monetário, designava o mobiliário das casas pobres. Outros nomes para dinheiro, já recolhidos nos dicionários: algum, arame, bagaço, boró, cacau, capim, cascalho, changa, cobres, erva, gaita, grana, mufunfa, níquel, pataca, pila, tostão, tubos, tutu, e vintém. Mas algumas designações são efêmeras por aludirem a figuras que, estampadas nas cédulas, talvez venham a perder a referência com a desvalorização da moeda, de que são exemplos: "arara" (efígie da ave na antiga nota de dez reais), "mico" (um macaco na de cem reais), "onça" (um felino, a onça-pintada na de cinquenta reais), "beija-flor" (a ave está na de um real). Já não são mais referência o "barão" (Barão do Rio Branco, na nota de mil cruzeiros), "Tiradentes", "Santos Dumont", e "Cabral", entre outras.

Carapuça: do latim tardio *cappa*, capa com capuz, do latim medieval *caputium*, escrito também *capucium* porque assim pronunciado, com escala no espanhol antigo *caperuça*, depois *caperuza*. Por influência do latim bárbaro *caparo*, o castelhano antigo teve *caparaçón*. É provável que o português e o espanhol, onde a palavra era conhecida desde o século XV, tenham influenciado o francês *carapace*, de fins do século XVII. O italiano antigo tinha *carapuzza*. Houve metátese das duas sílabas mediais. Ocorre metátese quando fonemas são transpostos, um processo comum em nossa língua: *semper*, em latim, virou *sempre* em português; *merulu* tornou-se melro. Vestir ou enfiar a carapuça equivale a tomar para si uma crítica dirigida a outrem.

Carestia: do italiano *carestia,* onde aparece desde o século XIV, designando escassez, penúria, pobreza. Antenor Nascentes, porém, afirma que a origem mais remota é o baixo latim *acharistia*, de *acharistus,* ingrato, triste, com influência de *carus,* caro, querido, mas também com o significado de pessoa ou coisa de alto preço ou valor. Com a influência crescente do jargão dos economistas, a partir dos anos pós-64, a carestia cedeu terreno a vocábulos preferidos dos tecnocratas como custo de vida, poder aquisitivo e expressões assemelhadas, medidas por índices matemáticos. Até então, a carestia era mais sentida do que percebida em índices. O povo registrava a escassez e os altos preços sintetizando o diagnóstico da penúria numa palavra só, carestia.

Carimbo: do quimbundo, *quirimbu*, significando marca. Ironia das sociedades burocráticas ocidentais, que tomaram o vocábulo de um povo ágrafo para atestar veracidade a suas papeladas. Carimbo designou originalmente a marca do proprietário impressa por ferro em brasa no couro da rês.

Caronte: do grego *Kharontes*, o que brilha. *Kharon* em grego é brilho intenso, étimo vinculado também a Aqueronte, o rio dos mortos, coberto pela névoa onde brilhavam os olhos de Caronte. Designa o celebérrimo barqueiro, figura da mitologia grega, encarregado de levar as almas dos mortos de uma a outra margem do rio Estige. Mas Caronte não trabalhava de graça. Os mortos deveriam pagar-lhe a travessia, do contrário ficariam vagando durante cem anos pela margem do rio. Quem se banhasse no Estige, que contornava sete vezes os infernos, ficaria invulnerável. Por isso, Tétis, mãe de Aquiles, mergulhou o menino naquelas águas, segurando-o pelo calcanhar, único lugar de seu corpo onde mais tarde pôde ser ferido. Por isso se diz, também, de algum ponto fraco de alguém, que é o seu calcanhar de Aquiles.

Carrasco: do nome de um algoz que ficou célebre em Lisboa: Belchior Nunes Carrasco, palavra cuja origem é o pré-romano *Karr*, carvalho. Depois dele, o nome próprio passou a comum. No Brasil colonial e imperial, não havia a profissão de carrasco. Nas execuções era frequente indultar ou amenizar a reclusão de um presidiário que fosse recrutado para ser algoz. Na execução de Frei Caneca, condenado à forca, este tipo de algoz, provavelmente por falta de profissionalismo, não conseguiu enforcar o frade, depois de várias tentativas. Ajoelhou-se ao lado do condenado e, em prantos, pediu perdão ao reverendo. O frade, condenado a padecer a morte pela forca, foi então fuzilado por soldados profissionais.

Carta Magna: do latim *Magna Carta*, literalmente Grande Carta. Foi em 1215 que o rei inglês João Sem Terra outorgou a primeira, fazendo várias concessões aos barões rebelados por causa de seus planos de guerra contra os franceses. Passou a denominar as constituições. Nossa primeira Carta Magna data de 1824. A mais recente foi aprovada pela constituinte a 22 de setembro de 1988, por 454 votos, com 6 abstenções e 15 votos contra. Nossos constituintes não souberam manter a concisão do rei inglês e, por nossa delegação, escreveram uma Carta prolixa, que está sendo reformada desde a inauguração, enquanto a de João Sem Terra continua em vigor com o texto original.

Carta: do grego *chártes*, folha de papiro preparada para escrever, do mesmo étimo de *kharassein*, fazer incisões, gravar. Já papel veio do latim *papyrus* pelo catalão *paper*. O francês e o italiano mantiveram a ligação com o latim *littera*, formando *lettre* e *lettera*, respectivamente. Mas o português recebeu carta branca, sem resquício de letra.

Cartão: do grego *chártes*, folha de papiro preparada para escrever, do mesmo étimo de *kharassein*, fazer incisões, gravar. Já papel veio do latim *papyrus*, pelo catalão pape, ambos significando folha para escrever, papiro, papel, formou-se carta. Houve deslocamento do aumentativo: em vez de vincular-se ao tamanho, apoiou-se na espessura. Com efeito, o papel do cartão é menor do que o da carta, mas mais espesso. Pode ter havido ainda influência do italiano *cartone,* cujo significado é um papel mais grosso. Entre a carta e o cartão, estaria a cartolina. A partir da década de 1970, os cartões de crédito transformaram-se também em cartões de banco, ao receberem uma tarja magnética onde foram armazenadas informações capazes de serem processadas eletronicamente. Tornaram-se tão populares que hoje um correntista de banco pode não ter talão de cheques, mas tem cartão eletrônico para movimentar sua conta.

Cartel: do italiano *cartello,* diminutivo de carta, com fim de desafiar alguém; e do provençal *cartel,* com significado semelhante. Hoje é mais utilizado para designar ações nefastas de grupos empresariais que combinam preços de produtos, repartindo entre si os mercados por área de atuação, tudo em forma de sindicato informal, pois continua autônoma sua organização interna. Assim procedendo, eliminam um dos pilares do capitalismo, pois suprimem a livre concorrência. Este é um livro sobre palavras, por isso convém dar nome correto para ações econômicas desse tipo: crime organizado.

Casamento: do latim medieval *casamentu,* ato solene de união de duas pessoas de sexos diferentes, com o fim de legitimar, entre outros quesitos, o ato sexual, visando garantir a procriação e a estrutura familiar. No Brasil, como em tantos países, o casamento é oficialmente monogâmico. Os árabes são mais sinceros e vão logo formando um harém. Nenhum deles, porém, superou até hoje o recorde do rei Salomão, homem justo e de grande sabedoria, que teve 700 esposas e 300 concubinas e ainda encontrou tempo para escrever três livros bíblicos: *Provérbios, Eclesiastes* e *Cântico dos cânticos.* Quando morreu, várias adolescentes aguardavam a vez de serem suas esposas ou concubinas. O lendário rei dos israelitas não teve um final feliz porque em sua velhice, para agradar a algumas de suas consortes, praticou a idolatria, adorando os deuses de suas amadas. O casamento é putativo quando um dos cônjuges ou os dois foram enganados por causa de sua boa-fé, e neste caso deve ser anulado. É nuncupativo, quando são dispensados os papéis, e a cerimônia é feita apenas em voz alta com a presença de seis testemunhas, como, aliás, sempre foi feito antes da escrita. Em latim, *nuncupare* é falar em voz alta. De todo modo, ainda hoje, nos casamentos civis e religiosos, antes que noivo e noiva assinem os papéis correspondentes, são convocados a responder em voz alta se aceitam um ao outro como marido e mulher. Nas cerimônias de casamento é comum a execução da

Marcha nupcial, de Felix Mendelssohn-Bartholdy, compositor alemão de ascendência judaica.

Casar: Quem casa, quer casa, diz o provérbio. Casa veio do latim *casa*, choupana, barraca, tenda. Às vezes o sufixo apenas não basta. Sentindo-se asfixiado pela presença do outro, um dos cônjuges ou os dois, alegando incompatibilidade para respirar um outro ar, que não é este sufixo, preferem a separação. Nas cerimônias de casamento, porém, prometem amar-se na tristeza e na alegria, na saúde e na doença. Ainda no século XIX, os romancistas brasileiros, espelhando a sociedade epocal, mostravam que o casamento já não era mais o lugar exclusivo da felicidade amorosa, indicando que vigoravam outras formas de amor, como o concubinato, a mancebia ou o ajuntamento dos namorados pura e simplesmente. Ou o rolo, lide amorosa que existe no Brasil seu alvorecer.

Cassar: do latim *cassare*, anular, destruir. O verbo está na língua portuguesa desde a segunda metade do século XIII. Não confundir com caçar, também do latim *captare*, captar, pegar, agarrar, vindo ao português com escala no latim vulgar *captiare*, caçar. Neste caso, o "t" tem som de "s" em latim, por isso deu caçar e não catar, este um verbo radicado em *captare*. Os deputados corruptos, flagrados com a boca na botija ou com a mão na massa, recebendo contribuições mensais para votar a favor do governo, vão ser cassados por seus pares. O deputado José Thomaz Nonô já avisou: *"a mim não interessa se era mensal, semanal, semestral ou episódico. O que importa é que o sujeito recebeu dinheiro para mudar seu voto, mudar de partido, apoiar o governo, e isso é motivo mais que suficiente para cassar"*.

Castelo: do latim *castellu*, residência imponente e fortificada, destinada a ser residência da aristocracia e de autoridades políticas e eclesiásticas. A provável origem é o latim *castrum*, o mesmo de casa, lugar de refúgio, mas com sentido especializado. De todo modo, a ligação entre castelo e casa é controversa, assim como o étimo indo-europeu remoto, o verbo *kes*, cortar.

Catástrofe: do latim *catastrophe*, por sua vez tirado do grego *katastrophé*, ambos com o significado de reviravolta. Entre os gregos designava o momento em que na tragédia clássica um acontecimento decisivo esclarecia as ações e restabelecia o equilíbrio. Foi também a primeira designação para terremoto. Depois o sentido generalizou-se para outras desgraças igualmente extraordinárias, de efeitos devastadores.

Caução: do latim *cautione*, declinação de *cautio*, caução, cuidado, cautela, da mesma raiz do verbo *cavere*, tomar cuidado, precaver-se. Provavelmente a raiz remota é o latim *cotis*, genitivo de *cos*, ponta de rochedo, designando também pedra de amolar, em ambos os casos as primitivas origens dos cuidados a tomar contra invasores e inimigos. Passou a designar garantia, penhor, depósito prévio em dinheiro ou outra modalidade definida em lei para garantir que determinada obrigação seja cumprida. Precaução, do latim *precautione*, antônimo de descuido, tem sentido semelhante, embora metafórico, consistindo em pensamento, palavra ou ato preventivos, visando evitar prejuízos ou malefícios.

Caudilho: do espanhol *caudillo*, chefe militar, que depois passou também a chefe político. Vencedores dos conflitos em campos de batalha, os caudilhos tomavam depois também o poder político. Chefes militares, tendo arrebatado o poder Executivo, por vezes acumulando como ditadores o Legislativo e o Judiciário, foram designados caudilhos a partir do Brasil meridional, por influência dos países hispano-americanos, principalmente Argentina, Paraguai e Uruguai. A origem remota é o latim *caput*, cabeça, cujo diminutivo é *capitellum*, que no espanhol se tornou *cabecilla*, cabecinha. Os caudilhos foram varridos da cena política com a modernização, principalmente pelas novas conquistas tecnológicas que impossibilitaram antigas práticas de exercício do poder, de que são exemplos o rádio, os jornais e a televisão.

Cédula: do latim *schedula*, folhinha de papel, diminutivo de *scheda*, folha de papiro. Foi o tamanho do papel utilizado que resultou na adoção do vocábulo. Assim chamamos o papel com os nomes dos candidatos nas eleições, mas o vocábulo serve como variação de carteira (de identidade), título (hipotecário, pignoratício, testamentário), aplicando-se também ao dinheiro, como sinônimo de nota. Entretanto, uma cédula preta não tem os mesmos eflúvios de uma nota preta.

Ceita: de Ceuta, do latim *septem*, da expressão *septem fratres* para designar as sete colinas que cercam esta cidade da África. Quando da famosa batalha que resultou em sua tomada, em 1415, o rei português Dom João

I mandou cunhar moeda comemorativa. A cidade fora antigamente denominada Ceita. Um ceita valia dez réis e era este o tributo pago para quem não quisesse servir na África. Posteriormente o vocábulo evoluiu para ceitil.

Celebridade: do latim *celebritate*, declinação de *celebritas*, multidão, grande número. Na antiga Roma designou originalmente as honras fúnebres e os cultos, ocasiões de afluência de grande público. Modernamente aplica-se a pessoas famosas por seus feitos, em geral artísticos e esportivos, quando são tratadas como ídolos por multidões de admiradores em todo o mundo. As primeiras grandes celebridades do cinema foram construídas por judeus europeus que fugiram para os Estados Unidos na primeira metade dos 1900. Muitos deles transformaram-se em competentes empresários culturais, consolidando o chamado *show business*. Mas nem todos gostam de ser célebres.

Celeuma: do grego *kéleuma*, pelo latim *celeuma*, comando, ordem, grito. No grego designava o canto cadenciado do chefe dos remeiros para sincronizar o movimento dos remos. No latim conservou tal significado e agregou canto semelhante dos trabalhadores das vindimas. Das lides náuticas e da agricultura passou a designar qualquer tipo de vozerio, vindo depois a indicar discussão acalorada, constituindo-se em sinônimo de polêmica. Aparece em *Luís de Camões*, de Aquilino Ribeiro: *"No meio do rebuliço, celeuma e insensatez geral, ninguém fazia caso do poeta"*. O cantor Djavan tem uma música com o título de *Celeuma*: *"encrencado, acusado/ por uma falta que não condiz,/ eu prefiro morrer/ a dar ouvido a celeuma/ e lhe perder"*.

Censura: do latim *censura*, censura, condenação. Originalmente, a censura consistia em atividade do censor romano, encarregado de realizar o censo da população, policiando também seus usos e costumes. Consolidou-se, porém, em nossa língua como sinônimo de repreensão, proibição. São Paulo manifestou-se contra a censura numa de suas catorze epístolas: "não extinguais o espírito, não desprezeis as profecias, mas examinai tudo, retendo o que é bom" (I Tess 5, 19-21).

Centenário: do latim *centenariu*, centenário, século, centúria, espaço de cem anos, subdividido em dez décadas ou vinte lustros. Curiosamente, o latim *centuria*, que designou originalmente um agrupamento de cem soldados, continuou a mesma quando o contingente foi reduzido para trinta apenas, no caso da cavalaria. Outra provável origem é a quantia necessária de víveres para manter cem soldados, o que pode ter influenciado a designação de centenário e de centúria.

Centúria: no caso de centúria, veio do latim *centum viria*, conjunto de cem varões, tomados como referência para cem soldados. Consolidou-se, porém, como sinônimo de século. *Centúrias* é o título da obra do visionário Miguel Nostradamus, a quem são atribuídas diversas profecias que deram certo. Ele morreu inédito, mas a partir do século XVII, depois de concretizadas duas de suas previsões – a decapitação de um rei inglês e o incêndio de Londres –, o autor tornou-se campeão de vendas em toda a Europa. Apesar de suas visões aterradoras, que ainda hoje inspiram intérpretes a ver na mais grave delas o fim do mundo num grande incêndio universal, Nostradamus era um gozador. Previu, porém, sua própria morte. Escreveu em francês arcaico, pleno de citações em grego e latim, e além disso identificou personagens por meio de anagramas. Prevendo a expansão nazista, escreveu: "um capitão da grande Germânia age como se quisesse levar ajuda ao Rei dos Reis. Recebe apoio das margens do Danúbio. Quantos rios de sangue fará correr com seu movimento".

Certame: do latim *certamen*, certame, concurso. A variante certâmen está sendo usada cada vez menos. Os certames mais famosos no Brasil são políticos, esportivos ou de entretenimento, mas há outro que todos os anos causa verdadeiros alvoroços: é o vestibular.

Certidão: do latim *certitudo,* certeza, pelo genitivo *certitudinis.* Designa desde o século XIV documento de fé pública, passado por escrivão ou tabelião, para comprovar determinado evento, sendo a mais comum a certidão de batismo, que durante vários séculos substituiu documento civil equivalente. O Estado desconhecia quantos súditos ou cidadãos havia no reino ou na República. Mas a Igreja sabia exatamente o número de almas, porque nenhum pároco deixava de registrar nascimentos e óbitos. A primeira certidão de batismo no Brasil foi a de Katherine du Brézil, nome civil da índia Moema Paraguaçu, mulher do português Diogo Álvares Correia, o Caramuru. É a primeira certidão de um brasileiro nato, do sexo feminino, uma balzaquiana *avant la lettre,* batizada no dia 30 de julho de 1528, depois de cerca de 18 anos de casamento, já que o naufrágio do português ocorrera em 1510 e naquele mesmo ano o cacique lhe deu a filha como esposa. A certidão foi feita em francês pelo vigário Lancelot Ruffier. Os compadres chamavam-se Guyon Granges e Françoise Le Gonien. A filha do casal, Madalena, primeira brasileira a ser alfabetizada, foi homenageada por meio de um selo que os Correios lançaram no ano de 2001.

Cesariana: do latim *caesarea,* de *caedare,* cortar. Vem do francês *césarienne*, derivado do latim *caesares* e *caesones* (de *caedere*, cortar), palavras com que os romanos chamavam as crianças que nasciam através deste tipo de intervenção cirúrgica, que substitui o parto natural. Júlio César, estadista e general romano, segundo Plínio, o Velho, também teria nascido através de cesariana, daí atribuir-se erroneamente outro tipo de origem a este vocábulo. O estudioso provavelmente enganou-se a respeito do nascimento de César, vez que nas cesáreas ou cesarianas antigas a mãe morria, salvando-se apenas a criança. E a mãe de César, Júlia, faleceu vários anos depois do assassinato do filho.

Chacina: do latim *siccina*, seca, elipse de *caro* (carne) *siccina* (seca), abate e esquartejamento de animais, principalmente de porco ou gado vacum. No português medieval, o porco, doméstico ou do mato, era chamado chacim. Passou depois a designar massacres de soldados e mais tarde também de civis. Uma das mais lendárias chacinas da História, entretanto, misturou-se com aspectos lendários. Foi a dos inocentes, as crianças executadas a mando do rei Herodes Antipas, enganado pelos magos, que lhe tinham prometido contar o lugar exato onde tinha nascido Jesus a cuja localidade, Belém, chegaram seguindo uma estrela. O tetrarca – governava quatro províncias – pedira-lhes ardilosamente que, depois de encontrarem o menino, anunciado como o rei dos judeus, voltassem a Jerusalém e lhe contassem para que ele fosse também adorá-lo. Descobrindo suas malévolas intenções, os magos tomaram outro caminho na volta. E o rei crudelíssimo, impedido de identificar o predestinado, mandou matar todas as crianças com menos de dois anos de idade, o que teria resultado na morte de 2.000 crianças, segundo cálculos de historiadores de cristãos. Sobre o tema, há um quadro muito bonito do pintor Daniele da Volterra, amigo de Michelangelo Buanarroti.

Chantagista: de chantag(em), acrescido do sufixo *ista*. Chantagem vem do francês *chantage,* com origens mais remotas no latim *plantare*, plantar, colocar estacas. O chantagista coloca suas estacas, não em terra firme, mas em terreno movediço, trabalhando na clandestinidade. Raramente age sozinho. Seu ofício requer parcerias indispensáveis. Por isso, frequentemente forma quadrilhas. O melhor antídoto para o veneno que destila é o esclarecimento do que ele ameaça divulgar ou fazer. Quem não deve, não teme, diz o provérbio. Mas na prática a teoria que vale é a do prócer nazista Joseph Paul Goebbels: "caluniai, caluniai; alguma coisa restará". Para ele restou matar toda a família e suicidar-se.

Chapa: provavelmente misturaram-se a origem incerta *klappa* e o francês *chape*. É vocábulo de muitos significados, como se pode verificar nas expressões chapa eleitoral, chapa de aço, chapa de carro etc. Na expressão *meu chapa*, entretanto, sua origem é o inglês *my chap,* meu camarada, trazida ao Brasil nos tempos da Segunda Guerra Mundial pelos soldados que integravam as bases norte-americanas no Nordeste. Quem primeiramente adotou a expressão foram os taxistas. Do Nordeste espalhou-se por todo o Brasil.

Chefe: do francês chef, chefe, cabeça. Com origem remota no latim *caput*, cabeça. Já *chef* é galicismo que entrou para o português para indicar o cozinheiro-chefe de um restaurante. Já o latim *caput*, cabeça, veio a designar enunciado de lei, regimento ou regulamento.

Cheque: do inglês *check*, cheque, do verbo *to check,* conferir, fiscalizar. Nos EUA e no inglês internacional é *check*, mas na Inglaterra é *cheque,* para designar, como em português, ordem de pagamento à vista, substituindo o dinheiro. Pode ser cruzado, visado, de viagem etc.

Chiar: provavelmente da alteração de *pliar,* piar, à semelhança do que ocorre em chorar, do latim *plorare*. Designa vozes de pássaros – o gavião, a andorinha e o pardal chiam – e ruídos de insetos, como o grilo, além de indicar também o som de dobradiças pouco lubrificadas e o canto do carro de bois, pela fricção da madeira do eixo. Mas também as pessoas chiam e, quando o ruído não se deve a problemas pulmonares, tem o significado de reclamação. Em Lisboa havia a rua do Chiado, hoje Garrett, cujo nome poderia estar ligado ao chiado dos carros de bois que ensejou o apelido de Chiado a um taberneiro que ali morava e também ao poeta e frade franciscano António Ribeiro, que dá nome a um bairro da mesma Lisboa.

Chibata: são pelo menos três as origens prováveis deste vocábulo: o alemão *Zibbe*, cordeiro; o árabe *djoubb*, cabrito; ou o turco *chibuk*, varinha.

Seus significados mais comuns entre nós são chicote e um golpe de capoeira, assim realizado: dada a rasteira, o capoeirista apoia-se no chão com uma das mãos, usando uma das pernas para atingir o adversário e mantendo a outra estendida no ar para impedir sua aproximação. No século passado, em 1910, tivemos a Revolta da Chibata, quando marinheiros rebelados contra a pena de aplicar chibatadas ameaçaram bombardear Copacabana. Seu líder, o marinheiro gaúcho João Cândido Felisberto, foi expulso da Marinha e morreu em 1969, no Rio, aos 89 anos.

Chinoca: do espanhol *china*, coisa de pouca importância, quinquilharia. No espanhol *platense*, por influência do quíchua *tchina*, fêmea de animal, ganhou o significado de concubina que, no pampa gaúcho, geralmente é morena, descendente de índios. Seus significados não escondem certos preconceitos machistas vigentes nas zonas de fronteira do Brasil meridional, mas o vocábulo aparece em alusões amorosas à mulher. Não é exclusividade gaúcha arrulhar conotações deste tipo. No conto "Palavras de amor", do livro *Os sedutores e a arte de amar*, de Guy de Maupassant, Sofia trata o namorado, René, de galo, e a si mesma de franguinha.

Chufa: derivado de chufar, do latim vulgar *sufilare*, baseado no latim clássico *sibilare*, assoviar, chiar, daí este último verbo ter o sentido de reclamar, já que em latim o verbo para designar reação do ferro em brasa metido na água fria é fazê-lo sibilar, *sibilare*. Chufa virou sinônimo de apupo, vaia, dado o ruído característico e com tal sentido aparece em *Vila Nova de Málaga*, romance do escritor paulista Ariosto Augusto de Oliveira: "e, assim, entre chufas, chistes, chalaças e achincalhes, construiria uma reputação de sardônico e gozador, fazendo a crônica mundana de príncipes e europeus ricos que dominam a imaginação de brasileiros remediados que sonham viver em Nova York, Paris e Roma".

Chusma: do latim *celeusma*, vindo do grego *kéleusma*, ambos designando originalmente a tripulação remadora de um navio. Seu sentido evoluiu para outros significados, designando também o canto de remadores e vindimadores e passando a identificar coletivos diversos, como neste trecho de *As amargas, não...*, do poeta e cronista gaúcho, membro da Academia Brasileira de Letras, Álvaro Moreyra: "decerto, para quem já viveu bastante, há uma chusma de tristezas neste mundo".

Cibernética: do inglês *cybernetics,* designando ciência que estudo os sistemas de controle de organismos vivos e de máquinas, em conceito introduzido em 1848 pelo matemático norte-americano Norbert Wiener. A palavra francesa *cybernetique,* indicando meios de governo, já existia, entretanto, um século antes, com significado mais próximo do grego *kubernetikós,* arte de pilotar, de governar um navio. Foi esta a razão etimológica para o vocábulo francês. À semelhança do contexto que deve ser observado pelo timoneiro num barco ou navio, também na política e na informática é indispensável a consideração de vários fatores simultâneos antes de tomar qualquer decisão.

Cicerone: do italiano *cicerone,* radicado no nome do grande orador latino Marco Túlio Cícero, célebre por várias obras, entre as quais as *Catilinárias,* conjunto de discursos que pronunciou no senado contra o colega Lúcio Sérgio Catilina, a quem denunciou como conspirador, levando à execução de seus cúmplices. Político medíocre, mas não ladrão, jamais foi preso pela Polícia Federal, não apenas porque essa ainda não existia em Roma, mas porque o senador não roubou nada a ninguém, nem foi cassado. Mas vivia virando a casaca e morreu assassinado. Foi sua fama de bom orador que serviu para denominar os guias turísticos, sempre bem falantes. Modernas catilinárias estão resultando no Brasil na cassação de parlamentares por falta de decoro parlamentar, expressão que abriga desde corrupção até assassinatos. A diferença é que as atuais catilinárias são proferidas mais pela Imprensa do que pelo Congresso.

Cidadão: do francês *citoyen,* radicado no latim *civis,* para designar quem pertence à "civitas", com direitos e deveres civis, diferenciando-se do *peregrinus,* peregrino, homem livre, nem servo nem escravo, mas que não era cidadão, caso dos estrangeiros que moravam em Roma ou por ali passavam. Cidadão entrou para o português no século XIII, todavia ainda designando o morador de cidades e vilas, sem os direitos que marcavam o francês *citoyen,* utilizado pelo escritor francês Pierre Augustin Carons de Beaumarchais, autor de O Barbeiro de Sevilha, O Casamento de Figaro e Mãe Culpada, entre outros, críticas atrevidas e cheias de verve à sociedade francesa. Processado por um conselheiro de Paris, advogou pessoalmente em defesa de sua causa diante do Parlamento e fez um apelo à opinião pública: *"eu sou um cidadão, não sou nem banqueiro, nem abade, nem cortesão, nem favorito, nada daquilo que se chama uma potência; eu sou um cidadão, isto* *é, alguma coisa de novo, alguma coisa de imprevisto e de desconhecido na França; eu sou um cidadão, quer dizer, aquilo que já devíeis ser há duzentos anos e que sereis dentro de vinte talvez!"*. O discurso de Beaumarchais, feito nos primeiros dias de outubro de 1774, teve grande repercussão. O título de cidadão passou a ser atribuído a todas as pessoas que não pertenciam à nobreza, enfim vencida pela burguesia na Revolução Francesa de 1789.

Circulação: do latim *circulatione*, circular, andar de um lado para outro. Deriva de *circum*, em volta de. Também por isso o circo recebe tal denominação: as pessoas reuniam-se em volta de quem estivesse apresentando espetáculos, primitivamente jogos ou lutas. Nos afazeres da imprensa passou a designar a quantidade de exemplares que é impressa de um determinado jornal ou revista, com o fim de ser avaliado seu alcance.

Citação: do latim *citatione*, declinação de *citatio*, ação de citar, chamamento, intimação. Na linguagem jurídica designa o ato mais importante do processo judicial, sem o que não pode prosseguir nenhuma ação, pois todas dependem desse requisito: de que sejam citadas as partes em conflito. A sentença será nula se não tiver sido feita adequadamente a citação. Seu primeiro registro escrito ocorre ainda na Idade Média, em 1322. Ao fazer a citação, a autoridade determina o prazo para que o citado atenda à intimação. Quando própria citação é feita de modo incorreto, a metáfora para sua nulidade é um rito: diz-se tratar-se de citação circundada.

Civilidade: do latim *civilitate*, declinação de *civilitas,* civilidade, série de gestos e formalidades observadas em sinal de respeito por aqueles com os quais convivemos. A partir das influências francesas na vida brasileira, a civilidade passou a ser mais conhecida como etiqueta, indicando a polidez e a cortesia que devem presidir aos tratamentos interpessoais. Nos tempos coloniais, o Brasil exagerava nos dois extremos: na escrita, uma polidez exagerada. Na vida cotidiana, comportamentos que hoje escandalizariam até os incultos. Eis um exemplo de saudação em carta de amor: "minha mui querida santa do meu coração, deusa do meu amor desvelado, meu amor e meu tudo". E a despedida: "um carmanchel de beijos de vosso fiel, submisso, reverente escravo até a morte, que há de ser teu por toda a eternidade". No dia a dia as instruções davam ideia do que se passava: "não se deve roer as unhas com os dentes ou servir das mesmas como palito; se for possível, não

DEONÍSIO DA SILVA

se suspire ou arrote que se ouça". Incrível é a inserção de "se for possível" na recomendação.

Civilização: do latim *civile,* civil, designando o cidadão, sem intermediações eclesiásticas ou militares, formou-se civilizar, ação de polir incultos com o fim de adaptá-los à vida em sociedade, quando são derrogados diversos artigos de uma suposta lei das selvas. Quase sempre se fez o contrário, de que são exemplos os numerosos extermínios de povos indígenas. O famoso médico brasileiro Noel Nutels, que integrou a expedição Roncador- -Xingu, disse ao voltar: "é um erro pensar que o índio prefere a civilização. Para morar numa favela? Ele está feliz tal como é, adaptado à região em que vive".

Cláusula: do latim *clausula*, de *claudere*, fechar. Designa cada uma das condições em que é celebrado um contrato, testamento, documento, público ou privado. A ideia de fechar está presente em clausura, recinto dos conventos onde só entram os membros da comunidade religiosa. A cláusula veta a entrada de interpretações estranhas.

Cliente: do latim *cliente*, declinação de *cliens*, significando inicialmente vassalo, aquele que está sob a proteção de alguém. Passou depois a designar aquele que procura os serviços de profissionais especializados, como advogados e médicos. A clientela é formada por fregueses, também palavra de origem latina, como revelam as expressões *filiu gregis*, filho da grei ou rebanho, e *filiu ecclesiae*, filho da igreja. Tudo porque os primeiros comerciantes e também médicos e advogados estabeleceram-se nas cercanias das igrejas.

Cobrar: do espanhol *recobrar,* com origem remota no latim *recuperare,* recuperar, adquirir outra vez. Pode ter havido influência da denominação do metal com que impostos e contas eram pagos, o cobre, do latim *cuprum,* grafia adotada pelos romanos para o grego *Kypros,* nome próprio da Ilha de Chipre, onde o metal era abundante. Na complexa coleta de impostos da Coroa, contas e impostos eram sujeitos a variações de uma localidade para outra. Assim, o rei dom Manuel determinava tributos diferenciados para seus súditos, estipulados de acordo com a região onde vivessem. Para a aldeia de Pesqueira, por exemplo, o rei altera o imposto nestes termos: "pelos dois pães, que segundo o Foral antigo se pagavam, se paguem agora quinze alqueires ou quatro réis por eles". Espertos, provavelmente os contribuintes haviam diminuído o tamanho dos pães. Um alqueire, derivado do verbo árabe *cála*, medir, equivalia em Lisboa a 13,8 litros de cereais, mas tal medida variava muito. Tais tributos variavam de acordo com as necessidades de caixa da Coroa, que nas crises procedia a derramas. Em documento de 1 120, lê-se um registro de pagamento de jantar a um senhor: "*de anno em annum quando venerit noster Senior ad nostram villam, demus in sua Parada una Octava de cevada, et dous panes de tritico et unum denarium*". Em tal dialeto latino, que depois resultaria no português, significava o seguinte: "de ano em ano, quando nosso Senhor vem à nossa vila, pagamos por sua parada uma oitava de cevada, dois pães de trigo e um dinheiro". Também o valor de tal dinheiro era vago, porque dinheiro designava moeda que poderia ser de prata ou de cobre, daí a presença das expressões real branco e real preto. Por isso dom Manuel, sistematizando as cobranças da Coroa, fixou o dinheiro ou denário em um ceitil. Um real valia seis ceitis. Um soldo valia onze ceitis, donde se conclui que o soldo era muito baixo, representando apenas cerca de dois reais ou réis, o plural de real que finalmente se consolidou.

Cobrir: do latim *cooperire*, cobrir, ocultar. Está presente no ditado "não adianta cobrir um santo para descobrir outro". Provavelmente é simplificação de provérbio francês semelhante, com a eliminação dos nomes dos santos, tanto o coberto, como o descoberto: "*découvrir Saint Pierre pour couvrir Saint Paul*" (descobrir são Pedro para cobrir são Paulo). Os anglo--americanos, porém, mudaram o verbo para roubar e descanonizaram os personagens, indicando que de nada adianta "*to rob Peter to pay Paul*" (roubar de Pedro para pagar Paulo). Indica também o ato sexual.

Cocainômano: de cocaína, do quíchua *kuka*, arbusto cujas folhas e cascas estão repletas de alcaloides, sendo o principal deles a cocaína, cristalina e incolor. Sua fórmula química é $C17H12O4N$. Cocainômano é o viciado no consumo de cocaína, também conhecido por toxicômano.

Código: do grego *kódikos*, caso genitivo de *Kódiks*, escrito, coleção de leis, mais tarde designando texto cifrado ou conjunto de sinais, de que é exemplo o código Morse. No Brasil, entre tantos outros códigos – civil, de processo penal etc. – um dos mais conhecidos é o código de barras, sequência alfanumérica impressa nas embalagens, capaz de ser lida por dispositivo eletrônico de leitura óptica. Por benesses da informática, esses leitores dispensam alfabetização. A palavra código chegou até nós com escala em Bizâncio, por influência do poder do Império Romano do Oriente ao tempo de Justiniano I, o primeiro a compilar o *Digesto*, as *Institutas* e os *Códigos*, o que fez enquanto combatia vândalos e persas. Para bons administradores, nem a guerra é desculpa para descuidarem da cultura. O *Digesto* constitui-se da reunião de decisões de jurisconsultos romanos. As *Institutas* coligem leis presentes no primeiro Manual de Direito Romano, elaborado pelos jurisconsultos Triboniano, Teófilo e Doroteu.

Cofres públicos: de cofre, do francês *coffre,* por sua vez vindo do grego *kóphinos,* designando caixa de madeira para guardar dinheiro, joias, documentos e outros objetos de valor. Mais tarde o cofre passou a ser feito de ferro, aço, concreto e, em vez de chave, passou a ter sistema de trancamento baseado em segredo, vale dizer em senha obtida por combinações em sua fechadura. Cofres públicos é expressão sinônima de erário, pois o dinheiro ali depositado não é privado, é público.

Coibir: do latim *cohibere,* formado a partir de *co habere,* partilhar, controlar, ter por perto. Mais tarde predominou o sentido de censura. É do mesmo étimo de proibir, exibir e inibir, este último provavelmente surgido entre remadores para sustar o movimento da nau.

Coitado: provavelmente da mistura de três origens: o latim *coitus,* união, encontro, ajuntamento, casamento, fecundação, cópula, que no latim vulgar misturou-se a *coactus,* particípio de *cogere,* juntar, raiz do espanhol *coger,* pegar, agarrar, que no espanhol platino indica também o ato sexual; o marata *koytã,* designando a maior faca da cozinha e também o facão de mato (o marata é língua indo-europeia do ramo indo-ariano, uma das línguas oficiais da Índia, falado no estado de Maharashtra, no sul); o português antigo *coitar,* vigente no século XIII, ainda nos albores da língua, derivado do latim *coctare,* picar, ferir, afligir, como se depreende dos versos do rei poeta Afonso X, o Sábio: *"en que semelhan as a boys de aferradas/ / quando as moscas les veen coitar".* São vários, não apenas os indícios, mas as evidências de que o ato sexual, em suas numerosas designações, tenha servido a metáforas de desgraças e aflições, atribuídas a quem recebe o falo, e indicativo de sucesso quanto o praticante é o elemento ativo. O coito que provavelmente serviu de contexto ao significado de coitado como sofredor pode ter sido forma de castigo imposta a prisioneiros em tempos de guerra, caracterizado pelo estupro como uma das ignomínias às quais foram sujeitos os vencidos desde priscas eras, culminando com o exemplo recente da guerra dos Bálcãs, quando os soldados liderados pelo genocida iugoslavo Slobodan Milosevic violaram milhares de pessoas, tendo engravidado várias mulheres muçulmanas.

Coleira: do latim *collaria*, plural de *collarium*, golinha, coleira, assim chamada porque cobre o *collum*, pescoço. Aparece no poema "A musa em férias", do atormentado poeta baiano Junqueira Freire, autor de *Inspirações do claustro* e *Contradições poéticas*, versos cheios de dúvidas religiosas: "era um cão ordinário, um pobre cão vadio/ que não tinha coleira e não pagava imposto".

Cólera: do grego *choléra* e do latim *cholera*, bílis, para designar a ira que ataca o fígado, donde a expressão *inimigo figadal*. A doença propriamente dita, os latinos a denominavam *cholera morbus*. Em português, a enfermidade tomou o gênero masculino porque inicialmente aludia-se ao vibrião que a causava. Conhecido romance do Prêmio Nobel de Literatura de 1982, o colombiano Gabriel García Márquez, tem em português o título de *O amor nos tempos do cólera*, e foi traduzido por Antonio Callado.

Colisão: do latim *collisione*, colisão, choque, embate, palavra ligada a *laesione*, lesão, da mesma família de *laesiare*, ferir, aleijar, cuja variante é *laesare*, lesar, que deu também o francês *léser*, presente nas expressões *léser la majesté* e *lèse-majesté*, como tipificado no crime de lesa-majestade. Conquanto utilizada preferencialmente para designar acidente de trânsito, colisão indica também conflito, indecisão, contrariedade e luta entre partidos ou facções. O *Aurélio* a exemplifica como colisão de pontos de vista.

Colônia: do latim *colonia*, grupo de imigrantes que se estabelecem em terra estranha, tanto no próprio país como fora dele. Designa também o estado político de um país que depende de outro, como foi o caso do Brasil no período que vai de 1500 a 1822, e dos Estados Unidos, que entre os séculos XVII e XVIII formaram um conjunto de 13 colônias dependentes do Reino Unido.

Colusão: do latim *collusione*, colusão, da mesma família de conluio, do latim *colludium*, cujo verbo é *colludere*, pela formação *colludere*, jogar, zombar, fazer arranjo entre partes para prejudicar terceiros. Em direito, aplica-se a partes que simulam litigar com o fim de, em conluio, enganar o juiz.

Comadre: do latim *comatrem*, mulher que serve de madrinha para o afilhado no dia do batismo. Torna-se, por tal ato, comadre dos pais da criança. Designa também uma pessoa fofoqueira. Mas seu sentido original é atuar em conjunto com a madre, mãe, para alimentar e cuidar da criança numa cultura de tantos órfãos de pai por força das guerras e das navegações.

Comarca: do latim *cum*, com, e do latim tardio *marca*, marca, do germânico *marka*, limite, fronteira. Designa circunscrição judiciária regional, sob a jurisdição de um ou mais juízes. Os romanos aproveitaram o sentido germânico, adaptando-o no latim medieval com o fim de limitar o mando dos juízes de uma mesma região.

Combater: do latim tardio *combattere*, combater, lutar contra, opor-se a, pelejar. Os revolucionários cubanos que se opunham à ditadura de Fulgencio Batista ainda hoje preferem ser chamados de combatentes. Embora não tivessem servido nos quartéis, usavam sempre trajes militares, tal como aparece em numerosos pôsteres espalhados pelo mundo inteiro o médico argentino Che Guevara, um dos líderes da Revolução Cubana e de guerrilhas ocorridas na América do Sul nos anos 1960.

Comborço: de origem controversa, este vocábulo pode ter vindo do espanhol *combruezo*, que, segundo a Academia Espanhola teve origem remota nas palavras latinas *cum*, com, e *pellex*, enganador – sentido atribuído a prostituta. Em português, seu sentido é o de amante da esposa ou do esposo, ou de filho espúrio. Machado de Assis, num de seus últimos esforços estilísticos para dirimir as dúvidas que espalhou nos 144 capítulos anteriores sobre o adultério de Capitu, em *Dom Casmurro*, faz com que o marido, Bentinho, diga do filho que não é seu: "era o próprio, o exato, o verdadeiro Escobar. Era o meu comborço; era o filho de seu pai".

Comédia: do grego *komedia*, desfile, pelo latim *comoedia*, peça teatral para divertir, com canções, danças e risos. A comédia era uma festa de Roma antiga, em honra de Baco, deus do vinho, durante as vindimas. Depois de beber bastante, grupos de pessoas, mais alegres do que de costume, vinham para as ruas para se divertir e divertir os outros, dizendo e fazendo brincadeiras. A representação teatral dos comediantes foi a formalização artística desse costume. Veio originalmente do grego *komedia*, pela formação *komos*, desfile, e *odé*, canção: canção do desfile.

Comércio: do latim *commercium*, pela formação com e *mercis*, declinação de *merx*, mercadoria, designando troca, a princípio praticada mediante escambo, palavra cuja origem é o latim medieval *cambiare*, trocar. Óbvias dificuldades na permuta de bens levaram à invenção da moeda, um símbolo que se tornaria um dos mais importantes de todos, indicador das posses e da importância de quem tivesse moedas de valor em grande quantidade. O deus romano Mercúrio presidia ao comércio. Seu nome foi formado a partir das palavras *merx, mercis* e *curare*, cuidar, proteger.

Comigo: do latim *mecum*, com escala no português arcaico 'com mego', depois dito e grafado na forma atual, comigo. No latim, a preposição está posposta ao pronome, mas no português, anteposta. O poeta português Francisco Sá de Miranda fez estes curiosos versos utilizando o pronome: "comigo me desavim, vejo-me em grande perigo: não posso viver comigo, nem posso viver sem mim".

Comitiva: do latim medieval *comitiva*, derivado de *comitis*, genitivo de *comes*, acompanhante, companheiro, pelo italiano *comitiva*, designando conjunto de pessoas que acompanham personagem importante, como ocorre modernamente com os chefes de estado em visitas ao exterior, que se fazem acompanhar de ministros, secretários, assessores e convidados especiais. A maior comitiva da História do Brasil foi a que acompanhou o rei Dom João VI em 1807, quando fugia das tropas de Napoleão Bonaparte, que tinham invadido Portugal. Ele e sua comitiva, integrada por cerca de 10.000 pessoas, chegaram ao Rio no dia sete de março de 1808. A esquadra encantou a população de 50.000 habitantes, tão logo apontou no horizonte. Era composta de 21 navios, oito naus, três fragatas, dois brigues, uma escuna e uma charrua. O rei veio desembarcou de roupa nova, um tecido inglês, ostentando na mão direita uma bengala de castão de ouro. A rainha veio de vestido rodado, enfeitado por trepa-moleque de safiras.

Comparar: do latim *comparatione*, ação de *comparare*, comparar, reunir o par ou os pares e decidir-se entre dois ou mais. Originalmente, no latim, designou colocar duas coisas lado a lado para ver as diferenças e as semelhanças.

Compensação: do latim *compensatione*, compensação, ato de pesar várias coisas simultaneamente. O sistema bancário brasileiro tem suas câmaras de compensação de cheques centralizadas exclusivamente em agências do Banco do Brasil, realizando diariamente a liquidação de cheques depositados. Em tais operações, não entra dinheiro, já que créditos e débitos são transferidos entre os diversos bancos. Este procedimento bancário surgiu em Londres, em 1775, com o nome de *clearing house*.

Complexidade: de complexo, do latim *complexus*, complexo, que pode ser dobrado, cercado ou envolto muitas vezes, de vários modos, acrescido do sufixo "dade" e a vogal de ligação "i". Para melhor entendimento, lembre-se que amplexo, da mesma raiz, significa abraço. E completo, que apresenta o mesmo radical, supõe a ideia de muitas coisas reunidas numa só. Enquanto simplicidade tem seu primeiro registro escrito em língua portuguesa ainda no século XIII, complexidade somente veio a aparecer em 1836, depois que complexo tinha sido registrado pelo *Dicionário Morais* em 1813. Complexo, substantivo e adjetivo, serviu de base à formação de simplicidade, e aparece, como substantivo, em expressões como complexo de inferioridade, complexo vitamínico e por influência de Joseph Breuer, Carl Jung e Sigmund Freud, em complexo de Édipo, designando suposta inclinação erótica da criança pelo progenitor de sexo oposto, ao mesmo tempo amado, temido e odiado.

Compungir: do latim *compungere*, ferir, ofender, picar em vários pontos, que no português adquiriu também o significado de arrepender-se. Provavelmente por resquícios dos castigos a si mesmos impostos em penitência por monges e monjas nos conventos, picando a pele com um chicote chamado cilício, couro incrustado de preguinhos.

Comuna: de comunista, do francês *communiste*, de *commune*, comunidade, onde as coisas são em comum. No Brasil, depois do levante de 1935, denominado Intentona Comunista, comuna, redução de comunista, passou a ser utilizada como variante para designar o adepto do movimento político que tinha na sublevação das massas e na luta armada os dois modos clássicos de conquista do poder. Comuna, entretanto, desde a Idade Média designava território autônomo e, na França, é subdivisão territorial e município. A comuna mais célebre, contudo, foi a de Paris, e surgiu de um levante popular vitorioso por dois meses, em 1871. Dirigida por trabalhadores, logo após a derrota da França para a Alemanha, contou com muitos gestos heroicos, mas foi destruída com crueldade inaudita. Historiadores calculam que, para a coluna ser debelada, foram executadas cerca de 30 mil pessoas.

Comutar: do latim *commutare*, comutar, com o sentido de mudar, designando transferência ou troca, como ocorre na substituição de uma pena por outra, de que é exemplo este texto sobre o inconfidente Tomás Antônio Gonzaga: "Condenado ao degredo perpétuo na África, teve a pena comutada para 10 anos. Partiu para Moçambique em 1792 e exerceu o cargo de Juiz de Alfândega. Casou-se em 1793 com a filha de um rico negreiro Alexandre Roberto Mascarenhas. No final de sua vida perdeu a razão. Deixou as obras literárias *Marília de Dirceu*, versos, e *Cartas Chilenas*, crítica mordaz ao governo de Minas Gerais". A pena original foi mudada para outra, como os EUA fazem quando comutam a execução na cadeira elétrica para prisão perpétua. China, em primeiro lugar, e EUA, em segundo, são os países que mais aplicam pena de morte e menos a comutam para outras penas.

Conchavo: do latim *conclave,* designando qualquer das dependências da casa que se fecham com uma só chave, como o quarto, a alcova, a sala. Passou a denominar acordos porque estes são feitos em recintos fechados, ainda que depois sejam discutidos também em lugares públicos, como acontece com as combinações políticas.

Concordância: de concordar, do latim *concordare,* pôr os corações em sintonia (*cum corde, com o coração)*. A palavra aparece neste trecho do volume II, de *Os Maias*, de Eça de Queiroz: "ela acreditava candidamente que pudesse haver entre uma mulher e um homem uma amizade pura, imaterial, feita da concordância amável de dois espíritos delicados".

Concorrer: do latim *concurrere*, correr com alguém, concorrer, disputar. Com o tempo, tomou várias acepções, de que são exemplos: concorrer a vaga para curso, emprego; somar presença: "os escravos faziam seu batuque, ao qual concorriam outros negros das vizinhanças", registra Franklin Távora em *O Cabeleira*.

Concubina: do latim *concubina*, concubina, aquela que se deita com um homem regularmente, ainda que com menos periodicidade do que a esposa. Em latim, *concubitu*, concúbito é o ato de deitar-se com alguém, por motivos amorosos. O concubinato tem sido, ao longo da História, uma das formas mais expressivas das sexualidades heréticas ou tidas por ilegítimas. A Constituição de 1988 disciplinou as relações de concubinato, garantindo direitos até então inexistentes às amantes, amásias, casos e outras relações amorosas. Tornou-se rapidamente conhecida a expressão "união estável", que alguns entendem ser de 24 horas; outros, de meses; e outros, de anos.

Concussão: do latim concussione, declinação de *concussio*, de *concussum*, supino de *concutere*, abalar, agitar, bater. O supino é forma nominal do verbo latino, inexistente no português. Concussão designa choque violento causado por detonação de carga explosiva e batida sobre o corpo em caso de agressão física. No sentido figurado indica extorsão ou peculato cometido por funcionário público. Peculato tem este nome por derivar de pecúnia, do radicar latino *pecu*, gado, forma de patrimônio nas sociedades agropecuárias.

Condenar: do latim *condemnare*, pela formação *con+damnare*, impor dano, prejuízo, castigo. Afora os juízes honestos, que exaram sentenças absolutórias ou condenatórias isentas de passionalismos, porque baseadas no que está provado nos autos, a opinião pública costuma agir motivada não por desejos de justiça, mas de vingança. Ou ainda, quando manipulada por forças cuja dimensão e objetivos desconhece, por catarse que visa a purgar outros males, às vezes infligidos pelos próprios manipuladores. Antigo caso de condenação já decidida, mas que resultou em absolvição da acusada, é relatado no capítulo 8 do Evangelho de São João. Uma adúltera tinha sido flagrada com a boca na botija. Fariseus e escribas, de grande prestígio naquela sociedade em que autoridades sacerdotais gozavam de imenso poder político e judiciário, trouxeram-na a Jesus e disseram que de acordo com a lei ela deveria ser condenada à morte por apedrejamento. Jesus começou a escrever na areia. Foi a única vez, aliás, em que escreveu algo. Enquanto escrevia, disse, diante de tanta insistência na condenação: "aquele que estiver sem pecado atire a primeira pedra!". A começar pelos mais velhos, todos foram-se retirando um por um. Ficando a sós com a acusada, deu-se o seguinte diálogo: "mulher, ninguém te condenou?" "Ninguém,

Senhor!" "Nem eu te condeno. Vai e não tornes a pecar". O episódio é citado para indicar a hipocrisia de quem acusa os outros sem se dar conta de que comete os mesmos erros que aponta no próximo. O episódio da adúltera foi acrescentado ao texto original do evangelho.

Condomínio: do latim medieval *condominium*, por influência do inglês *condominium*, naturalmente pela formação *cum*, com, *dominium*, domínio, posse, formou-se esta palavra para designar propriedades administradas por mais de um dono. Depois evoluiu para indicar despesas comuns a todos os moradores de um determinado edifício ou conjunto de residências, rateadas entre cada um deles.

Conferência: do latim medieval *conferentia*, ato de conferir, do verbo *conferre,* conferir, que resultou na variante *conferire*, com igual significado. A raiz *fer* está presente também em auferir, deferir, indeferir, preferir. A entrada do vocábulo deu-se na primeira metade do século XVI para designar trabalho feito nas alfândegas e portos, no embarque e desembarque de mercadorias. Deu-se principalmente durante o ciclo das navegações, que incrementou o comércio internacional, tornando indispensável a relação precisa de itens transportados, a conferência da tripulação e dos passageiros. Sendo necessárias certas explicações do comandante à hora do embarque e desembarque, conferência veio a significar também a fala de autoridades, como o capitão e altos funcionários portuários. Foi dali que migrou para indicar exposição oral ou palestra sobre determinado tema. Algumas dessas peças oratórias tornaram-se célebres, como aquelas enunciadas por Rui Barbosa, de que é exemplo *A Imprensa e o Dever da Verdade* (Editora Papagaio, 126 páginas), proferida em 1920 e depois transformada em livro, com direitos autorais doados ao Abrigo dos Filhos do Povo, entidade de assistência a crianças pobres de Salvador.

Confirmar: do latim *confirmare*, confirmar, demonstrar, afirmar de modo absoluto. Com esse sentido o verbo apareceu em várias manchetes de nossos jornais para assegurar ao público que houvera homicídio, seguido de suicídio, nos eventos trágicos ocorridos em Alagoas na manhã de 23 de junho de 1996, que resultaram nas mortes da comerciante Suzana Marcolino e do empresário PC Farias, personagem de ações decisivas nos eventos que levaram ao *impeachment* do ex-presidente Fernando Collor, em 29 de dezembro de 1992, apesar de ter renunciado momentos antes.

Confissão: do latim *confessione,* declinação de *confessio,* confissão, testemunho, reconhecimento. A confissão demanda a presença de duas pessoas, no mínimo, ainda que às vezes o destinatário esteja oculto e impreciso, como nos diários, não raro escritos para o próprio autor ler, antes de qualquer outra pessoa. Na formação desta palavra pode ter havido influência de outras, nascidas de lides em terra e mar, como nas expressões *fessae naves* (navios ameaçados, por tempestades e vagas), *fessus caede* (cansado de matar), *fessus aetate* (cansado de viver). O confidente estaria cansado de ocultar e resolveria abrir-se para ser melhor entendido. Ou seria forçado a isso, quando a revelação é obtida por pressões externas, das quais a tortura tornou-se a mais nauseabunda de todas. O filósofo francês Michel Foucault escreveu no volume I de *História da Sexualidade: A Vontade de Saber*: "tanto a ternura mais desarmada quanto os mais sangrentos poderes têm necessidade de confissões". Muito antes da fissão do átomo, que parecia impossível, foram fendidas as nossas almas, já que a literatura chegou ao inconsciente bem antes de Sigmund Freud. Mas para tanto foi necessário que a psique mordesse certas iscas.

Conflito: do latim *conflictu,* conflito, choque, luta, bater uma coisa em outra. Sua formação alude também ao particípio *conflectum*, do verbo *conflere,* chorar junto. Conflitos por demarcação de terras começam e terminam com choros em coro, divididos, como as terras, entre as partes em luta. Quando não há demarcações legais, vence o mais forte e os desfechos costumam ser trágicos. Nem sempre a ambição tem limites. Vejamos este exemplo: cabem duas nações do tamanho de Portugal dentro de Roraima e ainda sobra terra. Vivem em Portugal mais de 10 milhões de pessoas. Em Roraima, menos de 500 mil, das quais 280 mil na capital, Boa Vista. Ainda assim, tem sido difícil garantir a demarcação das terras pertencentes aos índios macuxis e uapixanas. Segundos os fazendeiros locais, os índios querem 44,85 por cento do território estadual para eles. Na verdade, as duas partes estão de olho em 1,7 milhão de hectares onde viceja o lavrado, pastagem natural da região, propícia à criação de gado leiteiro. Ninguém pode negar, entretanto, que os índios vivem ali há mais tempo. Índios? Este foi o primeiro erro da demarcação geográfica, linguística e cultural.

Confusão: do latim *confusione,* mistura indevida, realizada sem método nem ordem. No português antigo, havia confusão na forma de

MIL E UMA PALAVRAS DE DIREITO

escrever a própria palavra, como atestam as variantes documentadas: *cõfusam, cõfussom, confujon*.

Conhecer: latim *cognoscere*. O ato sexual é elevada forma de conhecimento desde os tempos bíblicos. Os versos do Gênesis – em nossas traduções são denominados versículos – utilizam o verbo 'conhecer' como sinônimo de amor que não exclui o sexo: "E Adão conheceu Eva, e tiveram filhos". Mas no sentido de sabedoria e pesquisa, o conhecimento é indicado como portador da morte, de acordo com a recomendação divina: "podeis comer de todas as árvores do jardim, menos da árvore do conhecimento do bem e do mal porque no dia em que dela comerdes, morrereis". Paradoxalmente, o conhecimento traz a vida e a morte embutidas em porções semelhantes.

Conhecimento: de conhecer, mais sufixo *mento*. Na formação do vocábulo, houve, naturalmente, elisão de *er*, substituído por 'i'. São complexos os conceitos de conhecimento. Paracelso, um dos pais da medicina, escreveu: "meus acusadores sustentam que eu não entrei no templo do conhecimento pela porta certa. Mas qual é a porta certa? Entrei pela porta da Natureza, pois foi a luz da Natureza, não a lâmpada do boticário, que iluminou meu caminho". O Dia do Médico é comemorado a 18 de outubro.

Conivente: do latim *connivens, conniventis*, conivente, do verbo *connivere*, piscar, fechar os olhos. Foi a partir daí que adquiriu o sentido de dissimular, fazer que não percebe as evidências, sobretudo quando cobertas de ilicitude. Aparece neste trecho do bispo anglicano Robinson Cavalcanti, autor de *Cristianismo e Política: teoria bíblica e prática histórica*: "A cristandade, no geral, foi conivente com o escravismo, justificando-o, legitimando-o. Se, na História, cristãos foram escravos, mais ainda o foram senhores de escravos. Teólogos chegaram a duvidar se os negros tinham alma ou não (como o haviam feito anteriormente a respeito das mulheres). Com a libertação dos escravos, o pecado social seguinte foi o racismo e a segregação, marcadamente em regiões ditas 'cristãs', como o sul dos Estados Unidos da América e a África do Sul".

Conselho: do latim *consiliu*, declinação de *consilium*, conselho, advertência, parecer. Provavelmente porque os conselhos passaram a ser dados não mais apenas por uma pessoa só, mas por grupos, corporações, assembleias, o vocábulo passou a designar também os colegiados incumbidos de julgamentos, pareceres, admoestações, nos mais diversos campos da atividade humana, de que são exemplos os conselhos de guerra. No Brasil, a principal agência de fomento à pesquisa científica denomina-se Conselho Nacional de Desenvolvimento Científico e Tecnológico, mais conhecido pela sigla CNPq.

Consenso: de com, do latim *cum*, e de senso, do latim *sensum*, sentido, do verbo *sentire*, sentir, perceber, designando opinião conjunto de opiniões semelhantes, unidade de percepção ou uniformidade de pensamentos, sentimentos ou crenças sobre determinados temas, em que a maioria ou a totalidade de membros de uma coletividade declara concordar ou discordar sobre determinados assuntos. É um dos modos mais comuns de deliberar em assembleias e conselhos. Frequentemente na imprensa é invocado o consenso.

Conservador: do latim *conservatore*, declinação de *conservator*, conservador, aquele ou aquilo que conserva, isto é, que mantém as propriedades originais. A raiz é o verbo latino *servare*, preservar, guardar, cuidar, não tirar os olhos de cima, observar. Não confundir com *servire*, servir, ser escravo, ser servo, obedecer. Em política, conservador é aquele que se opõe às mudanças radicais e luta pela manutenção das coisas do jeito como elas estão. No Brasil Império, os dois grandes partidos políticos eram o Liberal e o Conservador. O governo mais conservador de que se notícia na História é o de Esparta, cuja sociedade era governada por um regime aristocrático, militarista e despótico. Seu grande legislador foi Licurgo (séc. IX a.C.). Houve um Licurgo, homônimo deste, também em Atenas. Amigo de Demóstenes, foi igualmente orador e político, e dirigiu as finanças. Licurgo de Esparta restabeleceu os costumes e a moralidade pública, procurando dar estabilidade às leis. Os órgãos do governo conservador de Esparta eram: a realeza, exercida por dois reis, um cuidando da religião, outro do comando militar; o senado, com 28 membros; e o tribunal de Éforos, com cinco magistrados encarregados de aplicar as leis.

Consignação: do latim *consignatio,* formado de *actione*, ação, do verbo *consignare*, sendo *cum*, com, e *signum*, sinal. Diz-se, por exemplo, de desconto consignado em folha de pagamento. Literalmente, dívida com sinal dado no contrato em que o assalariado autorizou que tal quantia fosse subtraída de seus proventos. No comércio, a consignação é trato entre dois

MIL E UMA PALAVRAS DE DIREITO

empresários pelo qual um deles, o consignador, envia mercadorias a outro, o consignatário, para que este, depois de efetuada a venda, do todo ou de parte, lhe preste contas. A relação é de confiança. Nas livrarias, esse tipo de venda resulta em distorções: tendo vendido em janeiro, por exemplo, os livros recebidos em consignação, alguns livreiros não repõem o estoque, pois antes teriam de pagar a primeira remessa e deixam para fazer isso no fim do ano. Perdem editores, autores e leitores, porém, sobretudo em tempos inflacionários, o procedimento é comum. Consignação é também um tipo de pagamento judicial que extingue a obrigação.

Consistório: do latim *consistorium*. Originalmente designava o lugar onde o imperador se reunia com seus conselheiros. A partir do século IV, quando o cristianismo se torna a religião oficial do Império Romano, o papado consolida-se como instituição religiosa e secular das mais importantes, tendo influência política decisiva no mundo. O papa sagra reis, negocia tratados, empreende guerras. Com a decadência de Roma, muitos de seus símbolos e estruturas de funcionamento são absorvidos pela Igreja. O consistório, antes presidido pelo imperador, compõe-se de assembleia de cardeais presidida pelo papa.

Consolação: do latim *consolatione*, consolação, lenitivo. Designa conhecida rua da cidade de São Paulo, assim chamada em honra de Nossa Senhora da Consolação, que dava nome a uma igreja e um cemitério, mandado construir em 1854, depois que foi abolido o costume de os mortos serem enterrados nas igrejas, onde os mais bem postos em vida tinham as tumbas mais próximas do altar, segundo nos informa Antônio Rodrigues Porto em *História da cidade de São Paulo através de suas ruas*. Pode parecer óbvio que fossem conduzidos apenas os mortos para serem ali sepultados, mas o regulamento dos cemitérios previa em seu artigo 35: "quando acontecer que na sala de observações volte à vida algum indivíduo levado ao cemitério como morto para ser enterrado, não sendo indigente será obrigado a pagar ao administrador e coveiros a gratificação de cem mil réis". Além do susto de quase morrer, a multa ao voltar a si. Ali certa noite um estudante de direito do largo São Francisco deparou com um túmulo recente onde estava escrito apenas: "Judite, 20 anos". Era o de sua formosa namorada judia, a quem o pai obrigara a casar com um caixeiro, também judeu. Os judeus são enterrados nus. O moço desenterrou a amada e a beijou à luz da lua. Quando ainda se chamava Caminho de Pinheiros, a Consolação teve entre seus habitantes o famoso bandeirante Fernão Dias Pais Leme, que está enterrado no mosteiro de São Bento, em São Paulo.

Consórcio: do latim *consortiu*, associação, ligação. Pode designar também uma forma de união como o casamento. Nesse sentido, consorte é sinônimo de cônjuge. Porém, o vocábulo tem servido mais para indicar associações de empresas ou indivíduos, com o fim de realizar projetos econômicos ou adquirir bens. No Brasil, há consórcios de pessoas físicas para comprar quase de tudo, desde eletrodomésticos até residências, passando, naturalmente, por motos, automóveis e caminhões.

Conspirar: do latim *conspirare*, soprar em uníssono, inicialmente. Depois o vocábulo evoluiu para o sentido conotativo, significando no mais das vezes ações políticas que visam alterações de poder, quando não a derrubada pura e simples de governos instituídos.

Consultar: do latim *consultare*, ato de pedir conselho ou parecer a alguém, em geral um profissional, como ocorre com as consultas médicas. É errada a regência reflexiva. Você não "se consulta com o médico", consulta o médico, muito embora, tanto na linguagem coloquial como na língua escrita, este tropeço seja frequente. É vocábulo de muitos outros significados. Em *A cartomante*, história de amor de final infeliz, Machado de Assis utiliza o verbo: "Rita, desconfiada e medrosa, correu à cartomante para consultá-la sobre a verdadeira causa do procedimento de Camilo".

Consultor: do latim *consultore*, consultor, aquele que dá e pede conselhos. Modernamente designa o profissional que emite pareceres acerca de assuntos de sua especialidade. Santa Catarina de Siena, cuja festa é celebrada a 29 de abril, era filha de um tintureiro e prestou consultorias a dois papas. Morreu analfabeta, mas a sabedoria do livro que ditou, *Diálogo*, foi uma das razões para ser declarada doutora da Igreja, em 1970, por Paulo VI, o papa que mais valorizou a mulher, cujo dia nacional é 30 de abril.

Consumir: do latim *consumere*, destruir, aniquilar. Evoluiu para um significado que antes não tinha, que é o de gastar, posto que primitivamente designava a atividade de comer. Talvez por isso passou a aplicar-se, com seus derivados, às ações da população urbana, como massa consumidora de alimentos e outros produtos manufaturados. Nas democracias mais

MIL E UMA PALAVRAS DE DIREITO

avançadas, o consumidor é tratado como um rei, que sempre tem razão. Nos países onde os direitos do cidadão ainda não estão plenamente reconhecidos pelos que vendem, o consumidor é visto quase sempre como um servo a quem se faz o favor de deixá-lo entrar em lojas e supermercados. No Brasil, há um serviço de proteção ao consumidor chamado Procon, que acolhe reclamações de compradores que se sentiram prejudicados no cotidiano dos pequenos negócios havidos no comércio varejista.

Contaminar: do latim *contaminare*, pela formação *cum* (com), *tag-sminare* (de tanger, tocar), contaminar, manchar, sujar, infectar por contato. O radical latino indica contato impuro. A contaminação é o principal dano da poluição presente em terra, mar e ar. Nos vazamentos de óleo de dutos e petroleiros, morrem primeiro os peixes que nadam mais perto da superfície, como tainhas, sardinhas e paratis. Ao descer, o óleo vai-se misturando a outros resíduos e passa a matar peixes que vivem mais no fundo, como os bagres, sem, entretanto, atingir nenhum político graúdo responsável pela incúria, já que a espécie, conquanto tenha cabeça-de-bagre, vive bem acima do nível do mar. O funeral apenas começou, porque dali por diante morrem asfixiadas também as plantas aquáticas capazes de captar oxigênio do ar. Ao morrerem, matam de fome os crustáceos, já enfraquecidos pelo entupimento das brânquias e pelo aquecimento da camada de lama. E a área atingida transforma-se rapidamente de maternidade ecológica em cemitério marítimo. Não afetam, porém, os gabinetes com ar refrigerado, nem os restaurantes onde seus ocupantes almoçam e jantam.

Contestado: de contestar, do latim *contestare*, negar com testemunhas e provas. Mas este particípio é mais conhecido no Brasil por designar uma questão de limites geográficos que teve origens ainda em 1494 e somente foi resolvida em campanha militar já nos tempos republicanos, na década de 1910. A disputa, sangrenta, envolveu em sua fase final os Estados do Paraná e Santa Catarina. Vários limites foram contestados, mas o Contestado por excelência ficou sendo uma luta por demarcação de fronteiras no interior do Brasil, entre o Paraná e Santa Catarina. Curiosidade adicional: foi a primeira vez em que o avião foi usado para lançar bombas sobre tropas, em 1912, dois anos antes da Primeira Guerra Mundial.

Contra: do latim *contra*, contra, em oposição. Criou-se também a expressão "ser do contra", para indicar atitude de quem se opõe a qualquer ordem, por princípio. É o caso do célebre provérbio da língua espanhola: *Hay gobierno? Entonces soy contra.* (Há governo? Então sou contra.).

Contrabandista: de contrabando, do italiano *contrabbando*, mais sufixo *ista*, importação ou exportação de mercadorias sem pagar os impostos devidos. Nos eufemismos dos politicamente corretos, contrabandista é pejorativo. Melhor chamar o sujeito de agente informal de fronteiras ou funcionário voluntário de alfândega privada.

Contrafé: de fé, do latim *fide*, antecedido do prefixo *contra*, que indica oposição, o outro lado. Veio daí o significado de cópia autêntica de citação judicial. Integra o mandado. A contrafé deverá ser entregue pelo oficial de justiça ao réu; ao oficial incumbe certificar no original do mandado se o réu recebeu ou recusou a contrafé.

Contubérnio: do latim *contubernium*, casamento entre escravos, instituído nos primórdios da República, em Roma, quando o escravo passou a ter alguns direitos. Um deles, o de unir-se nesse tipo de matrimônio: licença do Estado para constituírem família sob o mesmo teto. Reservava-se o matrimônio a casais de melhor estirpe; marido e mulher denominavam-se cônjuges. Em latim *taberna* é choupana, construção rústica, sentido que depois se consolidou para designar a casa do soldado romano e o estabelecimento onde eram vendidas bebidas e petiscos. Sendo frequentada por pessoas de má índole, que ali tramavam crimes, contubérnio tornou-se palavra pejorativa.

Convivência: de conviver, do latim *convivere*, viver com alguém. A convivência, no lar ou na sociedade, pressupõe acordos e contratos. Os desentendimentos entre pessoas que se amam levou o poeta latino Virgílio a resumir o impasse nestes versos de sua obra *Remedia Amoris* (Os Remédios do Amor): *"nec sine te, nec tecum vivere possum"*(*nem contigo, nem sem ti posso viver)*. Também Marcial escreveu coisa parecida: *"nec tecum possum vivere, nec sine te"*(*não posso viver contigo, nem sem ti)*. Uma lenda encontrada nas narrativas do Veda, que em sânscrito tem o significado de conhecimento, dá conta de que Deus criou a mulher a pedido do homem, que se queixou de solidão e a devolveu porque a companheira o importunava muito. Depois sentiu saudades e pediu ao Criador que a trouxesse para perto dele novamente. Voltou a devolvê-la tempos depois, sob o pretexto de que seu temperamento alegre e divertido, contrastava com o dele, rude e austero. Por fim, depois de tantas devoluções, Deus se cansa de tanta hesitação e prescreve: "*Agora chega, meu filho! Fica com ela, que sem ela não sabes viver. Procura entendê-la e perdoar-lhe os defeitos, para que os dois, na compreensão mútua, possam percorrer juntos, em perfeita harmonia e felicidade, o caminho da existência*".

Convocar: do latim *convocare*, chamar para que venham juntos, convocar. Senadores e deputados são convocados para sessões extraordinárias, com o fim de fazer horas extras, proibidas a funcionários federais, que ainda assim as fazem para completar o serviço. Os parlamentares, entretanto, ainda não concluíram as reformas e por isso às vezes trabalham nas férias. Mas, bem remunerados, o que os tornará menos duros, mais robustos e muitos até mais gordinhos. Engordam de tanto reformarem. Não as estradas. Segundo pesquisa da Confederação Nacional do Transporte (CNT), 77,5 por cento delas estão em estado deficiente e péssimo. Já foi pior. Este índice já foi em certa época de de 92,3%. Isso fazia com que no Brasil houvesse perda de 20% da safra e o transporte rodoviário fosse 30% mais caro do que em países onde o governo cuidava das estradas.

Copyright: do inglês *copy*, cópia, e *right*, direito. Aparece por extenso ou abreviado nos créditos de direitos autorais em livros, revistas etc. É normal que escritores, jornalistas e outros profissionais da palavra sejam pagos para escrever. Mas o inglês John Cleland recebeu da censura de seu país uma pensão anual de cem libras esterlinas sob juramento de nunca mais escrever nada como *Fanny Hill or memoirs of a woman of pleasure*, clássico erótico do século XVIII, publicado no Brasil apenas em 1990, por iniciativa do editor Jiro Takahashi. Em 2002, o presidente Fernando Henrique Cardoso vetou projeto de lei que obrigava editoras e gravadoras a numerarem livros e CDs.

Cordial: do latim *cordiale*, cordial, relativo ao coração. Hoje este adjetivo é mais de uso conotativo, como na expressão "cordiais saudações", posta no começo e no final das cartas, e na célebre definição do brasileiro, feita por Sérgio Buarque de Holanda, dando conta de que seríamos um povo cordial. Mas antigamente foi usada em sentido denotativo, como na ocasião em que o escritor português Almeida Garrett sentiu-se mal e foi levado a uma certa 'farmácia das necessidades', onde lhe deram 'cordiais' para reanimá-lo. No caso, não ficaram ao redor dele saudando-o, mas sim administrando-lhe remédios. Quanto à frase de Sérgio Buarque de Holanda, trata-se de erro de leitura e de interpretação de texto.

Corifeu: do latim *coryphaeu*, vindo do grego *koryphaios*, ambos significando o que está no alto. Muito utilizado na linguagem rebuscada de alguns jornalistas para designar pessoas bem postas no poder, que não se cansam de elogiar as autoridades mais vulneráveis a seus pleitos. Corifeu é um eufemismo culto e elegante para o nosso popular puxa-saco, mas originalmente designou o líder, uma vez que cabia ao corifeu conduzir o coro nas tragédias gregas.

Corja: do malaiala *kórchchu*, conjunto de vinte coisas da mesma natureza. Passou ao português com o significado de multidão de pessoas desqualificadas, súcia, canalha. Mas originalmente teve o sentido de vintena de outras coisas: pedras preciosas, pratos, tecidos, jogos de porcelana etc.

Corno: do latim *cornu*, corno, chifre. Os sinônimos são aspa, guampa, chifre, galho, haste, chavelho, binga. Mas do boi se aproveita até o berro, já que seu chifre é utilizado para fazer o berrante, instrumento que semelha uma buzina, soprado por boiadeiros para tanger o gado. O corno serve ainda para fazer copo, vasilha, amuleto. Nas fazendas do interior do Brasil, especialmente no Nordeste, foi costume fixar par de cornos à entrada, nas porteiras, indicando prosperidade. Nasceu aí a expressão "quebrar os cornos", que une duas ofensas: bater no rosto do inimigo é uma delas; a outra é prejudicá-lo. Designando marido traído, está registrado no século XIV: em Lisboa, o rei Dom Fernando rouba Dona Leonor Teles do marido João Lourenço da Cunha, que foge para a Espanha. No século XVIII, à vista de muitos exageros ofensivos com palavras e gestos que atribuíam cornos a desafetos, o rei dom José, de Portugal, estabelece punição a quem fixar cornos nas portas de casas onde morem pessoas casadas. As origens do corno, vinculado à sexualidade, são ainda mais antigas: no período neolítico, entre 7000 e 4000 a.C., há registros em pedra de que os chifres do touro eram símbolos de fertilidade e potência masculina. Mas por que insulto, então? Para indicar a falta. Michelângelo pôs cornos no seu *Moisés* porque leu a bíblia em latim e São Jerônimo confundiu *keren*, raios de luz, com *karan*, chifres. O Vaticano corrigiu a reedição da Vulgata.

Corpo: do latim *corpus*, corpo. A palavra chegou ao português no alvorecer do segundo milênio, já designando a estrutura física do organismo vivo e já coberta de um significado específico que a opunha à alma. Mas logo migrou para outros significados, designando conjunto de soldados (corpo de bombeiros), textos etc. No original *corpus*, repertório do que foi usado para pesquisa, por exemplo.

Correio: do provençal *corrieu*, alteração provável de vocábulo do antigo francês *corlieu*, composto de *corir*, correr, e *lieu*, lugar. O correio brasileiro é uma das instituições mais confiáveis, segundo pesquisas periódicas de opinião, e sua agência mais antiga, inaugurada em 1877, localiza-se à rua Primeiro de Março, no centro do Rio, e ainda está em funcionamento.

Corretor: do latim *correctore*, aquele que corrige. O vocábulo é usado para designar instrumentos de correções diversas, mas aparece nos noticiários com frequência designando o agente comercial que atua como intermediário em transações entre o vendedor e o comprador, em negócios imobiliários e também nas bolsas de valores.

Corromper: do latim *corrumpere,* corromper, romper, destruir. Já a etimologia da palavra sugere cumplicidade, ato ilícito praticado em parceria. Cobrindo vários significados, indica desde a ferrugem que corrompe o ferro até o bandido que de dentro da cadeia paradoxalmente corrompe funcionários dos poderes encarregados de vigiá-lo. Na linguagem popular, é utilizada a expressão "comer bola" para designar a ação de coleta do beneficiário do corruptor. Provavelmente por indicar que o funcionário corrompido recebia bem mais do que precisava, os antigos romanos já tinham cunhado a expressão *bovem habet in lingua* (ter o boi na língua), designando o guloso, empanturrado com as benesses ilícitas. A bola, no caso, entrou pela forma com que vinha originalmente a corrupção, embrulhada de forma arredondada, parecendo bola ou disfarçada de bola. Também a boca cheia demais dá forma de bola ao rosto do guloso, em geral ainda mais arredondado do que já é o rosto por acúmulo de gordura.

Corrupção: do latim *corruptione*, apodrecimento, decomposição. Foi inicialmente aplicado ao fim que todos teremos após a morte. Ou quase todos, uma vez que estão excluídos desse triste fim, além de alguns santos da Igreja, os embalsamados e os cremados, sem contar aqueles bêbados homéricos, que tiveram suas carnes conservadas em vista da grande quantidade de álcool ingerida durante o breve intervalo que precede a mais longa das noites, conforme alusão que vários escritores fizeram à morte. O maior problema para eles é que na mais longa das noites não se encontrará um único bar aberto. O vocábulo designa também atos ilícitos, praticados sobretudo por políticos, os corrompidos, e empresários, os corruptores. É tradição brasileira a impunidade de uns e outros, com uma ou outra exceção.

Corte: (pronunciado com o "o" fechado) do latim *cohorte*, que evoluiu para *curte*, fazenda, residência rural de nobres, incluindo seus familiares e oficiais. Os antigos reis bárbaros e seus auxiliares diretos eram muito rudes e, por isso, havia pouca diferença entre os usos e costumes de poderosos latifundiários e dos próprios reis, rainhas, príncipes, princesas e seus acompanhantes. Suas moradias eram também muito semelhantes e o vocábulo passou a designar os dois locais. Mais tarde, passou a indicar apenas os palácios e o ambiente que os circundava, transformando-se corte em estado de privilégio que ia muito além de morar nas redondezas. Nos tempos monárquicos, eram chamadas cortes as reuniões de moradores com a nobreza e o clero para apresentar sugestões ao soberano. Foi com este sentido que migrou para o Judiciário. (pronunciado com o "o" aberto, derivar do verbo cortar, do latim *curtare*, cortare, tornar *curtus*, curto).

Cortesã: do italiano *cortigiana*, de corte, do latim *cors*, pátio, aquele que vive na corte. A avó das garotas de programa, que descendem das lobas romanas que viviam nos lupanares. De alta qualificação, quanto mais descendem na hierarquia que lhes é própria, mais acachapantes tornam-se os epítetos: meretriz, lacraia, vagabunda etc. É um dos vocábulos com maior número de sinônimos em nossa língua.

Cova: do latim vulgar *cova*, buraco. O vocábulo é usualmente associado às cerimônias da morte porque muito antes da existência dos túmulos, os defuntos eram simplesmente enterrados, donde a citação costumeira dos ritos cristãos. Mesmo depois da invenção dos túmulos, muitas pessoas ainda os dispensam, preferindo a volta direta ao pó ou a cremação. Mas cova lembra também começos, já que são nessas aberturas na terra que se plantam flores e sementes de muitos vegetais essenciais à vida.

Crase: do grego *krâsis*, mistura, temperamento. Pode referir a constituição do caráter de uma pessoa ou ainda o equilíbrio de certos líquidos orgânicos. Porém o vocábulo é mais conhecido para designar a fusão habitual de duas vogais, como no título de um célebre romance do escritor francês, de ascendência judaica, Marcel Proust, *À sombra das raparigas em flor*, ou em frases mais prosaicas, como "Vamos à cidade". Nos dois casos foi posta a crase para que a vogal não fosse repetida. A crase é um dos mais temidos terrores de quem tem dúvidas de gramática.

Credência: do italiano *credenza*, confiança, crença. Não foram poucos os poderosos que no decorrer da História foram envenenados por subalternos, quase sempre a mando de seus rivais que queriam arrebatar-lhes das mãos o poder. Visando proteção contra bebidas e comidas envenenadas, os governantes determinavam que as iguarias fossem antes degustadas por seus criados. Somente depois de certificados de que os servos não tinham morrido ou passado mal ao provarem a bebida e a comida destinadas a seus patrões é que eles as ingeriam. O ato de experimentar os alimentos passou a designar também o móvel em que se sentavam os criados para fazer a estranha refeição. Com significado semelhante, o francês tem *crédence*.

Credibilidade: do latim escolástico *credibilitate*, credibilidade, qualidade daquilo que pode ter crédito, em que se pode confiar. O latim escolástico, isto é, aquele praticado nas escolas, utilizava vários critérios para atestar a veracidade de alguém ou de alguma coisa. A autoridade era um dos mais importantes, daí a expressão *magister dixit* (o professor disse). Quando, depois da invenção da imprensa, além de dizer, a autoridade passou a escrever, as afirmações ganharam foro de verdade consolidada. Democratizada a palavra escrita com a invenção da imprensa, consolidou-se ela como quarto poder.

Crendice: do latim *credere*, crer, em formação irregular, constituiu-se este vocábulo que designa exageros de fé, frequentemente assemelhados a superstições, entre as quais, está a de que o mês de agosto é agourento, esta última reforçada entre o povo brasileiro depois que o presidente Getúlio Vargas suicidou-se num 24 de agosto. Mas a fama precedera a tragédia: o massacre da noite de São Bartolomeu deu-se em 24 de agosto de 1572, com o número de vítimas variando de 7 a 30 mil mortos.

Criança: do latim *creantia*, bebê, criança. Em português, apesar de designar menino ou menina, é substantivo feminino. Em alemão, criança é *Kind*, substantivo neutro, mas essa é língua curiosa quanto a gêneros, o que levou o americano Mark Twain a escrever: "Em alemão, moça não tem sexo, mas nabo tem".

Crime: do latim *crimen*, crime, delito, mas originalmente designando apenas acusação, com raiz no grego *kríno*, separar. Separado o acusado, era submetido ao *krites*, juiz, para o *krima*, julgamento. Karl Marx, em irônica passagem de *O capital*, dá a entender que o crime minora o desemprego, mantendo ocupados, além dos criminosos, policiais, promotores, advogados, juízes, desembargadores, carcereiros, professores de direito, legisladores, sem contar engenheiros e trabalhadores que constroem prisões.

Criptografia: do latim *cryptographia*, formado de *cript(o),* oculto, secreto, obscuro, ininteligível, e *grafia*, escrita. A origem remota, entretanto, são as palavras gregas *kryptós* e *graphía*. O imperador Caio Júlio César, ao escrever para amigos mais íntimos, já utilizava recursos que hoje são usuais na linguagem da internet, criptografando seu nome ao trocar cada letra por outra que estivesse três posições à frente no alfabeto. Assim, ainda hoje, qualquer código que utiliza como padrão uma distância fixa entre a letra correta e a letra cifrada tem o nome de código de César. Tais codificações podem ser decifradas rapidamente porque as 26 letras do alfabeto ensejam apenas 26 permutações possíveis de serem investigadas. O advento dos computadores permitiu que os códigos fossem muito mais complexos, mas ao mesmo tempo não impediu que fossem aperfeiçoados também os sistemas de decifração com igual velocidade.

Crise: do grego *krisis,* pelo latim *crisis,* formas originais que levaram ao português *crise*. O *Dicionário etimológico* de Antenor Nascentes dá também os significados de momento decisivo, separação e julgamento. Há consenso entre diversos outros pesquisadores de que a crise leva à ruptura com o estado anterior. O novo rumo tomado pode ser de melhora ou piora, tanto em medicina como em sociologia, onde o vocábulo é muito usado. A julgar por nossos cientistas sociais e economistas, o Brasil está em crise desde o descobrimento. Ou, de acordo com os mais pernósticos, desde os tempos em que não podia contar com suas altas consultorias, planos e estudos. O cantor e compositor Tom Jobim advertiu os que não nos entendem com uma frase de grande sabedoria: "o Brasil não é para principiantes". A crise que mais nos afeta hoje é a econômica, desdobrada em várias outras, uma das quais leva até ao aumento da caspa, segundo os cabeleireiros, e também da unha encravada, de acordo com as manicures e pedicures.

Crítico: do grego *kritikós,* pelo latim *criticus,* aquele que examina, estuda e avalia obras artísticas e literárias. Com o tempo, passou a designar também o ofício do comentarista nos mais diversos domínios da imprensa, a ponto de existir há décadas o também o crítico de restaurantes, que avalia a qualidade do que servem. O movimento modernista de 1922 foi constituído por intelectuais e artistas que tiveram relações perigosas com os críticos, não apenas por apresentarem modos revolucionários de praticar a literatura e as outras artes, mas também por serem eles mesmos muito críticos com os que deles discordavam. Defendiam a antropofagia cultural, assim contextualizada no número um da *Revista de Antropofagia* pelo escritor Antônio de Alcântara Machado, no artigo inicial, intitulado muito a propósito *Abre-alas*: "nós éramos xipófagos. Quase chegamos a ser deródimos. Hoje somos antropófagos. E foi assim que chegamos à perfeição. A experiência moderna acabou despertando em cada conviva o apetite de meter o garfo no vizinho". E o poeta Manuel Bandeira, em *Convite aos Antropófagos,* artigo escrito em forma de carta ao colega, propôs que um crítico musical do *Jornal do Brasil* fosse deglutido: "verdade que a carne é dura. Mas pode-se entregar o pior pedaço ao empresário Felício Mastrangelo, que tem bons dentes, ar feroz e excelente estômago".

Crivo: do latim *cribrum,* crivo, peneira. Em latim *cribrare* tem o sentido de furar e peneirar. No português, peneira é mais frequente do que crivo. E é palavra de origem controversa. Pode ter vindo do latim *panaria,* plural de *panarium*, cesta de pão. Neste caso, sua origem mais remota é *panis,* pão. A hipótese que segue é mais provável e encontra amparo numa língua irmã do português, o espanhol, onde o étimo de *peñera* pode resultar da mistura de *vañera,* crivo, peneira – em latim, *vannare* tem o significado de separar, joeirar – com *pellera* ou *pelleña,* peneira, derivadas do latim *pellis,* pele. No latim tardio havia a forma *pellinaria*, indicando objeto feito de pele. Corrobora essa interpretação o fato de que no levantamento de usos e costumes é possível rastrear que as primeiras peneiras foram feitas de pele, cheia de furos, de algum animal. Atribui-se ao filósofo Sócrates breve narrativa. Um rapaz o procurou dizendo que precisava confidenciar-lhe um segredo. Desconfiado diante do presumível fofoqueiro, o sábio grego perguntou: *"o que você vai me contar já passou pelas três peneiras?" "Três peneiras?" "Sim. A primeira peneira é a verdade. O que você quer contar dos outros é um fato? Caso tenha ouvido contar, a coisa deve morrer por aí mesmo. Suponhamos então que seja verdade. Deve então passar pela segunda peneira: a bondade.*

O que você vai contar é coisa boa? Ajuda a construir ou destruir o caminho, a fama do próximo? Se o que você quer contar é verdade e é coisa boa, deverá passar ainda pela terceira peneira: necessidade. Convém contar? Resolve alguma coisa? Ajuda a comunidade? Pode melhorar o mundo?" E arremata Sócrates: *"se passar pelas três peneiras, conte! Todos serão beneficiados por seu relato. Caso contrário, esqueça e enterre tudo. Será uma fofoca a menos para envenenar o ambiente e levar discórdia aos outros. Devemos ser sempre a estação terminal de qualquer comentário infeliz."*

Crônico: do latim *chronicu,* vindo do grego *chronikós,* relativo ao tempo, que permanece. É muito usado em medicina para caracterizar o estado de moléstias de cura difícil, em oposição às agudas, que surgem de repente. Na recente volta às aulas, foram referidos os problemas crônicos da educação, como professores mal pagos, aulas com 40 alunos ou mais por sala, bibliotecas com acervos reduzidos e falta de laboratórios.

Cronograma: do grego *chrónos*, tempo, e *gramma*, letra. Agrupadas, certas letras indicavam uma data, expressa em algarismos romanos. O vocábulo é, porém, mais utilizado para designar a representação gráfica das várias fases e prazos da execução de um trabalho. Dependendo do fluxo dos financiamentos, certas obras públicas grandiosas obedecem, não a cronogramas, mas a 'cronogranas'.

Crueldade: do latim *crudelitate*, declinação de *crudelitas*, crueldade, desumanidade, por influência de *crudescere*, fazer correr sangue, ser violento. Exemplo de crueldade foi a que praticou Maria I, de Portugal, cognominada a rainha louca, que mandou enforcar Tiradentes, reverenciado como líder da Inconfidência Mineira e mártir de nossa independência. A soberana, além de mandar matar o prisioneiro político, determinou seu esquartejamento póstumo e exibição dos membros em vias públicas, previamente salgados para mais durar a execração.

Cruz Vermelha: de cruz, o latim *cruce,* declinação de *crux*, cruz, e vermelha, de vermelho, do latim *vermiculus*, pequeno verme. A forma *crucis*, do caso genitivo, aparece na palavra composta via-crúcis, designando em sentido figurado o caminho da cruz, adaptada do latim *via crucis,* sequência das catorze estações da via-sacra que lembram os momentos decisivos que antecederam a crucificação de Jesus. O filantropo suíço Henri Dunant inspirou-se no maior símbolo de sofrimento de todos os tempos para fundar, em 1863, a Cruz Vermelha Internacional, organização encarregada de proteger vítimas de guerra, adotada oficialmente um ano depois pela Convenção de Genebra, que em 1949 passou a aceitar também a similar muçulmana, Crescente Vermelho. Dunant recebeu o Prêmio Nobel da Paz em 1901.

Cruzada: de cruz, do latim *cruce,* declinação de *crux,* mais o sufixo "ada", denomina exercício e entretenimento que consiste em descobrir palavras cujo número exato de letras preencha os espaços. Mas o vocábulo é mais conhecido por designar oito expedições militares e religiosas, conduzidas por líderes clericais e autoridades da nobreza, na Idade Média, entre os anos de 1095 a 1270, combatendo os muçulmanos, com vistas a reconquistar Jerusalém e o túmulo de Cristo. O assalto a Jerusalém pelos cruzados resultou, no dia 15 de julho de 1099, em 40.000 mortos judeus e muçulmanos, que ali habitavam pacificamente. Em vez de lamentar o terrível morticínio, ele foi celebrado por diversos escritores, que compensaram a decepção dos chefes com exageros retóricos.

Culpado: do latim *culpatu*, culpado, delinquente. O escritor George Orwell manifestou surpreendente juízo a respeito dos santos: "os santos deveriam ser sempre considerados culpados, até prova em contrário". O comentário foi lembrado recentemente pelo economista do *Massachusetts Institute of Technology* (MIT), Paul Krugman, muito conhecido no Brasil, em artigo publicado no jornal *New York Times*, a propósito das novas ideias do famoso advogado Ralph Nader, que se notabilizou por defender os consumidores: "radicais da moda pregavam a revolução; ele exigia carros mais seguros". E conclui: "a hostilidade de Nader em relação às corporações passa dos limites; ele é outro homem". Nader agora fustiga a globalização, dizendo que as grandes corporações vão arrasar as economias locais.

Cúmplice: do latim tardio *complice*, cúmplice, coautor de algum delito ou crime. O cúmplice costuma estar envolvido em maracutaias. Na cosmética moderna, não se sabe bem por quais razões, são comercializadas essências com nomes cujas etimologias lembram azar, veneno, delito. E cúmplice é também denominação de conhecido perfume.

Cumprimento: do português arcaico *comprimento*, de *comprir*, depois cumprir, do latim *complere*, completar, concluir. uma conversa, por exemplo.

Da mesma raiz é *salvare*, salvar, do latim tardio. Os antigos romanos utilizavam três tipos de saudações no cotidiano. Pela manhã, cumprimentavam-se com um *salve*, salve, em intenção de *Salus*, a deusa da saúde, que era filha de *Aesculapius*, Esculápio, deus da medicina, vindo do grego *Asklepiós*, Asclépio, citado na Ilíada, não como deus, mas como hábil médico. Esculápio era filho de Apolo e da deusa Coronis. À tarde, depois da hora sexta, o cumprimento mudava para *Ave*, ave, dito até o fim da tarde e começo da noite. Da hora nona em diante, vinham as despedidas para o recolhimento, formalizadas com a última saudação do dia, que era *vale*, adeus. Depois da vitória de Constantino sobre Maxêncio, na célebre batalha em que ele disse aos soldados ter visto uma cruz no céu na qual estava escrito *in hoc signo vinces* (com este sinal vencerás), vários cultos e símbolos pagãos foram cristianizados, a começar pela própria cruz, já existente nos estandartes romanos, mas sem a figura do crucificado, pois a crucifixão era execução humilhante, não aplicada a cidadãos romanos.

Cuneiforme: do latim *cuneus*, cunha, e *forma*, que tem forma de cunha, como é o caso da escrita utilizada na redação do código de Hamurabi, rei da Babilônia e criador do famoso império. O *Código*, gravado num monólito, foi descoberto em 1901 e está no Museu do Louvre, em Paris. Carlos Drummond de Andrade, em *Cadeira de Balanço*, refere com verve um outro tipo de escrita cuneiforme, encontrada e ainda preservada no ministério da Fazenda: *"considerando o formulário para declaração do imposto de renda algo assimilável aos caracteres cuneiformes, sempre me abstive religiosamente de preenchê-lo"*. Além do *Código*, o soberano babilônico escreveu 153 cartas, nas quais o rei ordena até providências triviais. Na primeira, ocupa-se de garantir emprego a um cozinheiro. Na última, ordena a um chefe de importante região que se junte a trabalhadores *"para proceder à tosquia das ovelhas da província inferior"*.

Cunhado: do latim *cognatu*, cunhado, irmão de um cônjuge em relação ao outro. Em latim culto o nome era *levir*, daí a existência do *levirato*, designando antiga instituição matrimonial que obrigava o irmão do defunto a casar-se com a viúva, com o fim de impedir o desaparecimento do nome masculino naquela família. A Bíblia registrou a norma: "seu cunhado a tomará e a receberá por mulher e exercerá com ela a obrigação de cunhado". Prevendo que a viúva pudesse ser desprezada pelo irmão do defunto, a mesma lei prescreveu que, caso isso acontecesse, a rejeitada deveria chamar os anciãos de Israel para, diante deles, tirar a sandália do cunhado e cuspir-lhe no rosto. Dali por diante aquela casa era conhecida como a casa do descalçado.

Custear: do latim *constare*, verbo de vários significados, sendo um deles o de ser posto à venda por determinado preço, formou-se este vocábulo para designar os custos que tem certo empreendimento. Quando do descobrimento do Brasil, a Coroa portuguesa, não podendo custear sozinha a colonização da nova terra, dividiu-a em 15 capitanias hereditárias. Tais divisões administrativas originaram os Estados de hoje.

Czar: do russo *tsar*, que em polonês e francês foi grafado *czar*, de onde chegou ao português. Era o título que se dava ao imperador da Rússia pré-revolucionária e aos soberanos sérvios e búlgaros. Veio do latim *Caesar*, título dos imperadores romanos, falado com som inicial de 'k'. Em alguns monumentos arqueólogos encontraram a grafia *Kaesar*, mostrando que provavelmente era assim pronunciada originalmente, isto é, tendo som de "k" em "Caesar" naquelas regiões e "c" em outras. Foi depois da queda de Constantinopla que a Rússia adotou czar e a Alemanha Kaiser por se considerarem herdeiras do império romano, que designava seus soberanos por *Caesar*, César, por acusa de Caio Júlio César.

D

Débâcle: do francês *débâcle*, livrar uma embarcação do que a impede de navegar, como o gelo, redução de *débâcler*, remover embarcações para que outras tomem o seu lugar. Passou, por metáfora, a designar desastre, ruína, falência, colapso, sobretudo em sentido empresarial, financeiro ou militar.

Débito: do latim *debitu*, aquilo que é devido, que se contratou para pagar, de acordo com os prazos estabelecidos por quem concedeu o crédito, como os cartões de crédito. No plebiscito, perguntou-se monarquia ou república? Mas no comércio a pergunta é outra: débito ou crédito?

Decair: do latim vulgar *decadere,* decair, que se mesclou ao português arcaico *caer,* baseado no latim *cadere,* cair. Decair tem também o significado de perder a pose. Decair veio a mesclar os sentidos de entrar em decadência, sejam empresas ou pessoas.

Decálogo: do grego *dekálogo*, série de dez; veio de *déka*, dez. O mais famoso dos decálogos são os Dez Mandamentos que, segundo a tradição judaica e cristã, foram entregues por Deus, sem usar intermediário algum, a Moisés, no monte Sinai. Enquanto o grande líder subiu para receber aquela que seria 'a Lei', seu povo, na planície, começou a adorar um bezerro de ouro. Diversos escritores fizeram humor a propósito do evento, sendo mais comum a brincadeira que supõe terem sido em maior número os mandamentos originais, mas Moisés, como bom judeu, fez uma pechincha, descendo com dez. Pechinchas com Deus não são impossíveis na Bíblia. Abraão negociou a destruição de Sodoma e Gomorra, usando como referencial o número de justos que ali habitariam. Começa com cinquenta, chega a dez, mas assim mesmo Jeová destrói as duas cidades. Ele era mesmo durão.

Decapitar: do latim *decapitare*, tirar a *capita*, cabeça, cortá-la por cima, separando-a do corpo. A degola consiste em cortar apenas a garganta. No francês é *décapiter* e foi o modo de execução predileto da Revolução Francesa, quando muitos perderam a cabeça na guilhotina, inclusive o rei Luís XVI, executado a 21 de janeiro de 1793.

Decênio: do latim *decennium, decem* (dez) e *annus* (ano), período de dez anos. Um decênio equivale a dois lustros. Lustro, do latim *lustrum*, é sinônimo de quinquênio, porque na antiga Roma os prédios públicos eram purificados de cinco em cinco anos. E nessas cerimônias os censores aproveitavam a aglomeração popular para fazer os censos. Mais tarde a palavra censor mudou de significado porque os sacerdotes e magistrados passaram a reprovar certos usos e costumes que registravam, aplicando punições. *Lustrum* veio de *lustrare*, percorrer o zodíaco repleto de astros brilhantes. Por isso, as celebrações eram associadas à limpeza e ao brilho. Decênio e lustro passaram depois a ser vinculados a outras comemorações.

Declaração: do latim *declaratione*, ação de declarar, informar, por vezes publicamente, como é o caso dos manifestos e dos diversos tipos de declaração que no Direito têm o fim de tornar pública a vontade de alguém, a ausência, os direitos, a falência, a renda etc. E temos ainda as declarações iniciais, no começo dos processos, e as finais, que podem retificar as anteriores.

Decoro: do latim *decoru*, decência. Palavras correlatas indicam que os latinos consideravam o decoro no exercício de um cargo público vinculado a uma estética do comportamento. A etimologia do vocábulo leva a palavras como bonito, formoso, elegante, conveniente. A falta de decoro, que tem levado à punição de homens públicos, pelos mais diversos motivos, indo da falta de compostura no vestir-se à malversação do erário, é medida de acordo com os costumes vigentes. Um deputado perdeu o mandato por deixar-se fotografar de cuecas, mas o último presidente do ciclo militar, João Figueiredo, distribuiu fotos em que aparecia de sunga.

Decúbito: do latim *decumbere*, jazer. Uma linguagem jornalística anacrônica, encontrável sobretudo na crônica policial, insiste na substituição de termos mais simples por vocábulos de uso mais raro. Assim, mãe é genitora, hospital é nosocômio, e a vítima de acidente ou morte é encontrada em decúbito, e não deitada. Se estava de bruços, escrevem que estava em

MIL E UMA PALAVRAS DE DIREITO

decúbito ventral; se estava deitada de lado, dizem que foi encontrada em decúbito lateral. Alguns, mais excêntricos, encontrando a suposta vítima em pé, dizem que a encontraram em posição ortostática. Uma das razões desta prática é o fato de historicamente o analfabetismo ser a maior reserva brasileira e o domínio da escrita servir não para esclarecer o público, mas para ostentar saber e confundir os leitores, em nome de uma suposta precisão de linguagem.

Dedo: do latim *digitus*, dedo. Mas – sutilezas do português – dedal não é o mesmo que digital. Dedal, substantivo, utensílio característico de quem costura, é posto no dedo para empurrar a agulha, protegendo-o, tornando-o semelhante ao casco dos animais que não têm dedos, como o cavalo. E digital é o adjetivo que mais aparece hoje na eletrônica. Quem inventou o sistema de identificação foi o croata Juan Vucetich, que emigrou para a Argentina aos 24 anos. A primeira condenação com base nas impressões digitais ocorreu em 1891. A ré chamava-se Francisca Rojas de Caraballo e tinha degolado os dois filhos, Ponciano, seis anos, e Felisa, quatro anos. Simulou ter sido atacada por um compadre. Mas eram dela as impressões digitais encontras na arma do crime, uma faca.

Defenestrar: do francês *défenestrer*, verbo formado a partir do latim *fenestra*, janela, significando tirar as janelas de um edifício e também jogar algo ou alguém pela janela. É uma espécie de eufemismo maldoso que se utiliza para indicar a demissão de um alto funcionário. Ainda que o ocupante do cargo ilustre saia pela porta, em geral a da frente, diz-se que foi defenestrado. O vocábulo começou a ser usado neste sentido em 1616. Defenestrar com o sentido de livrar-se de desafetos remonta ao dia 21 de maio de 1618, quando três membros católicos do conselho nacional da Boemia, em Praga, foram atirados da janela de um castelo por adversários protestantes, depois de ácidas discussões. O episódio deu origem à Guerra dos Trinta Anos, de cunho religioso e político, que se propagou por toda a Europa. Interrompida várias vezes, foi retomada pela Dinamarca, em 1625, pela Suécia, em 1630 e pela França, em 1635. E somente teve um fim com a assinatura dos Tratados de Vestefália, em 1648.

Defensor: do latim *defensor*, defensor, aquele que faz a *defensa*, defesa, que desvia, seja goleiro ou advogado. O mais conhecido na linguagem jurídica é o defensor público, em cargo análogo ao do promotor, com a diferença de que, em vez de acusar, defende. Na Roma antiga as duas funções estiveram reunidas nos primórdios do Direito nas figuras dos *defensores civitatis*, defensores da cidade, órgão criado durante os reinados dos imperadores associados Valente e Valentiniano com o fim de defender os cidadãos da injustiça de poderosos. Foi o embrião do Ministério Público. A lei atual concebe no Brasil o defensor público como aquele que, pago pelo Estado, presta orientação jurídica e defesa, em todos os graus, aos pobres ou desprovidos de recursos.

Déficit: da forma verbal latina *deficit*, do verbo *deficere*, faltar, falhar. É usada para indicar despesa maior do que a receita. Quando o governo gasta mais do que arrecada, tem déficit. Muitos economistas acham que o déficit das contas públicas e a sonegação de impostos são as maiores causas da inflação.

Deflorar: do latim *deflorare*, literalmente tirar a flor. Foi assim chamada desde tempos remotos a arte de tirar a virgindade feminina, antigamente ocorrida na noite de núpcias. Na Idade Média, a defloração era prerrogativa do senhor feudal no célebre costume, capitulado em lei, chamado *jus primae noctis* (direito da primeira noite). Mas deflorar é também sinônimo de violar, estuprar, mais coerente com a violência presente em tão antiga perversidade.

Defunto: do latim *defunctus*, acabado, pronto; forma verbal de *defungi*, cumprir, acabar. Foi a Igreja, sempre cerimoniosa com as exéquias, quem criou este eufemismo para o morto. Outras figuras de linguagem, irreverentes e mais populares, falam do morto como alguém que "bateu as botas", "esticou as canelas", "partiu desta para melhor" etc.

Degolar: do latim *decollare*, cortar o *collum*, pescoço, degolar. Outro verbo com o mesmo sentido é decapitar. Enquanto a decapitação esteve presente em numerosos atos de guerras e revoluções em todos os tempos e no mundo inteiro, a degola constituiu-se em prática frequente em várias revoltas brasileiras, especialmente aquelas ocorridas no Brasil meridional, tendo sido aplicada a prisioneiros desarmados, execução agravada pela falta de julgamento.

Degredo: de origem controversa, provavelmente de associação de degredo, do latim *decretus*, decreto, desterro, banimento, com a redução de degredar, alteração de degradar, verbo calcado também no latim *gradus*, passo, de acordo com o sentido que já tinha na linguagem militar, designando também lugar a que se chegou. O degredado, retirado das fileiras dos quartéis ou do convívio dos justos, recebia pena de exclusão, formalizada por decreto, daí a mescla dos dois sentidos. Esse tipo de pena era aplicado desde o século XIII, quando as vítimas eram confinadas em lugares ermos, ainda piores do que a prisão, mas, a partir do século XVI, as novas terras descobertas ensejaram exílio e desterro ainda mais distantes.

Delação: do latim *delatione*, ato de entregar, formado a partir de *delatum*, supino do verbo *deferre*, forma original de *deferere*, deferir, conceder, despachar favoravelmente. Passou depois a significar denúncia. Há célebres delatores na História do Brasil, como o militar Domingos Fernandes Calabar que, lutando a princípio ao lado dos portugueses contra os holandeses, passou depois para o outro lado e, graças ao conhecimento que tinha do terreno, mudou o rumo da guerra. Foi, porém, aprisionado e enforcado.

Delegado: do latim *delegatus,* enviado a cumprir missão, incumbido, encarregado de executar ordens. Apesar de ter-se consolidado como designação de autoridade policial, seu sentido é mais abrangente, pois deriva de *legatus,* que na antiga Roma designava comissário do senado encarregado de fiscalizar a administração das províncias. Daí o sinônimo de comissário de polícia para delegado. Mas existem os cargos de delegados de educação, de trabalho etc.

Delito: do latim *delictum*, culpa, falta, de *delinquere*, delinquir, de *linquere*, abandonar. Plínio usa o verbo para designar eclipse do sol. Em textos antigos, nos albores do Direito, quando as normas tinham base religiosa, os delitos eram purgados com penas impostas por sacerdotes, que diziam cumprir ordens divinas. Na Antiguidade, poderosos cônscios de delitos cometidos, tornaram autoaplicáveis algumas penas, como fez o pai de Salomão, o rei Davi. Apaixonado por Betsabeia, esposa de Urias, um de seus generais, mandou o subordinado para a frente da batalha com o fim de livrar-se do marido da mulher por quem estava apaixonado.

Demitir: do latim *demittere*, deixar cair, fazer descer, ir para a planície. Consolidou-se com o sentido de tirar cargo, função, trabalho, emprego.

É do mesmo étimo de meter (introduzir), admitir (trazer para dentro) e omitir (deixar de falar ou de fazer).

Democracia: do grego *demokratía*, palavra composta de *dêmos*, povo, e *kratía*, poder, força, do mesmo étimo do verbo *kratéo*, ser forte. Na Grécia antiga, *dêmos* não tinha, entretanto, o significado que tomou, equivalente ao latim *populus*, origem do português povo. *Dêmos* designava departamento, distrito, cantão. Povo, coletivo de pessoas com a mesma língua, ocupando o mesmo espaço geográfico, era *laos, etnos* ou *oklos*. Na ágora (assembleia), os delegados não representavam mais do que 10% da população, não o povo, pois eram excluídas as mulheres, os escravos, os trabalhadores avulsos, os estrangeiros etc. O professor José Hildebrando Dacanal, da UFGRGS, lembra que foi esta minoria, manipulada por demagogos, que condenou à morte o filósofo Sócrates, acusado de corromper a juventude com uma pedagogia estranha àquela *polis*, cidade. Entre os séculos XIV e XVII, o significado de governo do povo pelo povo consolidou-se no francês *démocratie*, já com a influência do latim tardio *democratia*, e depois no inglês *democracy*, que se tornou a maior do mundo, depois de instaurada nos EUA na Revolução de 1776.

Denúncia: do latim *denunciatio*, advertência, ação de revelar ou proclamar coisa nova, mas adversa, em oposição a *novae*, novas, notícias, como em *denunciatio belli*, declaração de guerra.

Depois: do latim *post*, com significado semelhante ao que temos hoje. Parece o advérbio símbolo de nossa pátria, onde quase tudo é postergado. Menos os impostos, talvez.

Deportar: do latim *deportare*, levar para longe, para fora das portas da cidade. O vocábulo, além de sua óbvia ligação com porta, do latim *porta*, tem vínculos também com porto, do latim *portus*. Antes das lides náuticas, o porto era seco e já designava lugar de passagem, de entrada ou de saída. Deportar passou, então, de expulsar para fora das portas da cidade a expulsar para fora do país, levando o condenado ao porto, onde era embarcado para o degredo ou para outro país que o aceitasse, mediante consulta.

Depósito: do latim *depositum*, posto no chão, adormecido, enterrado, morto. No trato com a moeda designa quantia posta em banco de onde pode depois ser sacada. Depósitos judiciais são quantias cujos valores, prazos e beneficiários são determinados pela Justiça, tal como pode ocorrer com a pensão alimentícia devida aos filhos sob guarda da ex-mulher, cujo descumprimento pode levar à prisão o negligente, como acontece ao depositário infiel de bens penhorados à Justiça. Apenas esses dois motivos causam prisão por dívidas no Brasil: descumprimento de pensão alimentícia e venda de bens penhorados pela Justiça.

Deprecar: do latim *deprecare,* suplicar, pedir com insistência. Certa vez o presidente Jânio Quadros utilizou "deprequei" num manifesto. O escritor Otto Lara Resende descobriu que apenas cinco membros da Academia Brasileira de Letras sabiam o significado da palavra, entre os quais o próprio pesquisador e os autores dos dicionários *Aurélio* e *Houaiss*. Antes de sua notável carreira política, que o levou de vereador a presidente da República, Jânio Quadros tinha sido professor de português. Seus escritos e falas sempre foram marcados não apenas por palavras de uso raro, como por sintaxe peculiar, como nesse diálogo que teve com o então ministro da Educação, a propósito de certas reformas que determinara: *"Presidente, permita-me dizer-lhe que discordo desta solução. A meu ver, é um mau ato. Fê-lo por quê?" "Fi-lo por algumas razões que me parecem relevantes. Primeiro, fi-lo porque estou convencido de que é a melhor solução. Segundo, fi-lo porque esta Nação tem pressa e não pode ficar a vida inteira esperando que os infindáveis debates cheguem um dia ao fim. Terceiro, fi-lo porque sou o presidente. Por fim, senhor ministro, fi-lo porque qui-lo".*

Derrama: de origem controversa, é provável que com o significado de imposto, sua origem remota seja o latim *ramus*, ramo, pela vinculação entre o ato de podar e o de cobrar impostos, com o significado de que as duas ações buscam o crescimento do atingido, seja a árvore, seja o contribuinte. A mais célebre derrama brasileira deu-se em finais do século XVIII e foi o estopim da Inconfidência Mineira. A violência das cruéis punições tem sido atribuída, em parte, à demência da rainha Maria I, a louca, mãe de Dom João VI. A derrama consistia em dois quintos, em vez do tradicional um quinto de impostos (20%), tendo alcançado, então, a marca de 40%, a pretexto de cobrança de impostos atrasados.

Derrubar: do latim vulgar *disrrupare*, palavra formada a partir de *rupes*, rochedo, tendo o significado original de deixar cair ou empurrar rochedo abaixo. Pode ter havido hipercorreção na pronúncia portuguesa inicial, quando nossa língua ainda estava presa ao latim, daí a frequente variante falada que a norma culta não aceita, "dirrubar". A autonomia do português foi um longo processo que, iniciado no primeiro século do segundo milênio, somente veio a consolidar-se definitivamente, na escrita, com Luís de Camões. Ainda assim, o grande poeta escreveu muitas poesias em espanhol. Quando o homem não voava, derrubá-lo tinha o significado de jogar ao chão. Mas depois que ele resolveu imitar os pássaros, derrubar ampliou o sentido, ganhando, na realidade, o que em sonhos e mitos já tinha, como no caso de Ícaro, derrubado porque, utilizando asas de cera, aproximou-se muito do Sol, contrariando as recomendações de seu pai, Dédalo, que fizera aquelas asas para ambos fugirem do labirinto de Creta.

Desafiar: do latim vulgar *fidare*, alteração de *fidere*, fiar, confiar, formou-se no português com o prefixo *des* uma nova palavra, indicando o seu contrário. Primeiramente significou desconfiar, passando depois a designar o ato de propor combate, que resultou em lendários duelos. Migrou depois para a retórica, terreno em que todos podem desafiar a todos sem sofrer os perigos de uma briga com espadas ou armas de fogo, embora, às vezes, à falta de argumentos, alguns desafiantes tenham misturado as armas.

Desaforamento: ação de mudar de foro, do latim *forum*, foro, praça pública onde estavam sediados os tribunais, o comércio etc. O prefixo *des* indica negação. Significa mudança de instância ou de procedimento judicial, como aconteceu no julgamento do líder do Movimento dos Sem Terra (MST), José Rainha Júnior, transferido por razões de segurança da cidade de Pedro Canário para a de Vitória, ambas no Espírito Santo, e por fim absolvido pelo STF.

Desaforo: do latim *forum*, praça pública, lugar onde se tratavam assuntos de interesse público ou particular e ao redor do qual ficavam os templos e tribunais. Conflitos podiam ser resolvidos ali, antes ainda de serem formalizados os processos, mas, quando o ato era muito violento, seu praticante ficava privado de foro, daí o *des*, que em português indica negação.

Desavença: de avença, antecedido do prefixo "des", que indica negação, vinda do latim *advenientia*, aveniência no português culto, significando acordo entre litigantes, mas avença no português coloquial. As desavenças começam na família, de que são exemplos os desacordos conjugais celebrados nas queixas do compositor Herivelto Martins, depois de desfeito o casamento com a cantora Dalva de Oliveira. *Atiraste uma pedra* ("Atiraste uma pedra com as mãos que essa boca/ tantas vezes beijou"), *Cabelos Brancos* ("Não falem desta mulher perto de mim/ Respeitem ao menos meus cabelos brancos") e *Segredo* ("Teu mal é comentar o passado/ Ninguém precisa saber o que houve entre nós dois/ O peixe é pro fundo das redes, segredo é pra quatro paredes") exemplificam as brigas do casal. A estrela, entretanto, queria paz, como em *Bandeira Branca*: "Bandeira Branca, Amor,/ Não posso mais,/ Pela saudade,/ Que me invade,/ Eu peço paz".

Desbaratar: do espanhol antigo *desbaratar*, desfazer, destruir. Foi formado a partir de barato, que em linguagem comercial indica o produto de baixo preço. É provável que o sentido conotativo tenha se formado a partir de práticas de mercado, indicando liquidação. Posteriormente teria migrado para outras significações, consolidando-se como sinônimo de desfazimento. O vocábulo aparece com frequência na linguagem policial para classificar ações de agentes encarregados de vigilância

Descalabro: do espanhol *descalabro*, desgraça, perda, ruína. Pode ter sido formada a partir de *calavera*, caveira, crânio, com base na expressão latina *calvariae locus*, lugar da caveira, tradução do aramaico *golgota,* designando colina nos arredores de Jerusalém onde Jesus foi crucificado, ao lado de Dimas e Gestas, os dois ladrões cuja execução deu-se no mesmo dia. Na península ibérica recebeu o significado de golpe na cabeça, onde qualquer ferimento pode ser muito prejudicial e até levar à morte. Originou-se aí o significado de ato extremamente danoso.

Descoberta: feminino de descoberto, substantivo e também particípio de cobrir, do latim *cooperire*, cobrir, proteger, tendo também o sentido de ocultar, cuja negação foi feita com o prefixo "des". Para nós, brasileiros, a descoberta guarda nas origens um grande mistério. Se Cristóvão Colombo descobriu a América, que inclui o Brasil, como não lhe é creditado o descobrimento de nosso país? Colombo partiu do porto da aldeia de Palos, no sudoeste da Espanha, em agosto de 1492. Seu destino era Catai, na China, e Cipango, nome que o célebre viajante veneziano Marco Polo dera ao Japão. O navegador, ao chegar às Bahamas, pensou ter aportado no Japão. Antes de retornar à Europa, descobriu Cuba e Haiti. As descobertas de Colombo, graças ao Tratado de Tordesilhas, que definiu a posse do Brasil a Portugal, foi obra do papa Alexandre, ironicamente de nacionalidade espanhola, nascido Rodrigo Borja, sobrenome depois italianizado para Bórgia.

Desembargador: de embargar, do latim vulgar *imbarricare*, pôr barra, estorvar. O prefixo "des" indica negação. Designa o cargo de juiz de tribunal de alçada ou de apelação, cujo ofício consiste justamente em desembaraçar processos, levando-os a uma solução. Nem sempre, porém, os embargos podem ser resolvidos por juízes, como os "Embargos de terceiro", no capítulo 113 do célebre romance de Machado de Assis, *Dom Casmurro*, em que o marido, ao voltar do teatro, surpreende a esposa com o seu melhor amigo e este lhe diz que veio para tratar de uns embargos.

Desertor: do latim *deserere*, abandonar; por isso, desertor é traidor. No latim, antes de designar o soldado que abandonava o exército, indicava quem desfazia o namoro. Nem todos os desertores foram vilões. São João Maria Vianney, cuja festa é comemorada a 4 de agosto, desertou do exército napoleônico, então em marcha para invadir a Espanha, apenas porque não conseguia acertar o passo com o seu batalhão. Não percebeu a gravidade de seu gesto e depois teve que viver escondido. Ordenado padre, foi designado vigário em Ars, vilarejo com apenas 230 habitantes, no interior da França. Lá se transformou num dos maiores confessores da Igreja, tornando sua paróquia centro de peregrinação.

Desgosto: de gosto, do latim *gustu,* antecedido de "des", indicador de negação. É a marca popular do mês de agosto, sintetizado no bordão popular "agosto, mês de desgosto". No Brasil, há sobejas razões para que agosto seja visto como anunciador de desgraças, algumas delas já consolidadas, ainda que tenhamos recebido tal herança da colonização portuguesa e de outras influências europeias. O fato que mais deve ter marcado este mês como agourento remonta à Batalha de Alcácer Quibir, na África, onde desapareceu para sempre o rei Dom Sebastião, levando Portugal, por não deixar herdeiros para a Coroa, a passar a domínio espanhol. Em agosto de 1955, o famoso humorista gaúcho Aparício Torelly, Barão de Itararé, registrou em seu *Almanhaque: "este mês, em dia que não conseguimos confirmar, no ano 453 a.C., verificou-se terrível encontro entre os aguerridos exércitos da Beócia e de Creta. Segundo relatam as crônicas, venceram os cretinos, que até agora se encontram no governo".*

MIL E UMA PALAVRAS DE DIREITO

Designar: do latim *designare*, pela junção de "de" e "signare", pôr signo, sinal, marca. Consolidou-se como verbo que indica, nomeia, fixa e determina a palavra e o significado que tem. Designar é uma das funções primordiais da imprensa. *Diretas Já* e *Collorgate* são dois exemplos, mas a segunda é de matar porque incorpora a designação que repórteres dos EUA deram aos eventos que levaram à renúncia do presidente norte-americano Richard Nixon há trinta anos, forçando a vinculação com *Watergate*, nome do prédio onde funcionava o comitê do candidato democrata George McGovern. E a imprensa brasileira continuou designando outras arapongagens políticas em que a palavra inglesa *gate* é embutida na denominação. Os leitores, sobretudo os mais jovens, sabem que a designação indica ato ilícito quando *gate* está associado ao nome de alguém, principalmente se o assunto é política.

Desincompatibilizar: de compatível, do latim *compatibile*, acrescido dos prefixos *des* e *in*, que indica negação, e do sufixo *ar*, designando verbo. Esse estranho vocábulo tem o significado redundante de ação que visa impedir a possibilidade de coexistência harmoniosa. Nas eleições, até muito recentemente, compreendia o afastamento temporário do titular de algum cargo enquanto estivesse em campanha por reeleição.

Deslize: de deslizar, provavelmente da origem onomatopaica *liz* comum a várias línguas, que indica ruído do ato correspondente. Por metáfora, o vocábulo passou a ser aplicado a várias incorreções, incluindo as de linguagem. São frequentes os deslizes de língua portuguesa no exercício das profissões, mas poucos são tão rigorosos consigo mesmos como os advogados. Ainda que diplomado em centros de excelência, nenhum deles pode exercer a profissão, se não for aprovado em exames nacionais aplicados pela Ordem dos Advogados do Brasil (OAB). Como já é proverbial o folclore judiciário das besteiras que ainda assim aparecem em petições e defesas, algumas publicações, dirigidas por advogados, tentam corrigir a situação, como é o caso da revista *Redação Jurídica*, publicada em Niterói com apoio da OAB. No número treze, traz curioso artigo de Davi da Silva Sá, que reúne, sob o título *Folclore Jurídico,* trechos extraídos do mundo judiciário. Eis alguns exemplos: *"Xingavam a todos com palavras de baixo escalão". "Encontramos a vítima caída ao solo, aparentando ter cometido um homicídio contra si mesmo".*

Desmantelar: do latim *mantele*, mantel, muralha que protegia as fortificações. Os afixos *des* e *ar* alteram o significado para ação de retirar tal abrigo. A consequência do afastamento dessa muralha era a destruição dos prédios que resguardava. Hoje o vocábulo é muito usado por políticos que prometem moralizar os serviços públicos, começando pelo desmantelamento de instituições e práticas que dizem combater.

Despachante: de despachar, verbo vindo do francês antigo *despeechier*, passando pelo provençal *despachar*, de onde chegou ao português, conservando o sentido de desembaraçar. Inicialmente designava profissional encarregado de cuidar de papéis referentes ao comércio internacional e mais tarde funcionário que intermedia negócios entre o cidadão e as repartições públicas, especialmente nos licenciamentos de veículos e obtenção de carteiras nacionais de habilitação.

Despautério: do francês *despautère*, radicado no sobrenome afrancesado do gramático de origem flamenga Jean Van Pauteren, famoso pela confusa gramática latina que elaborou, cheia de regras absurdas. Por isso, o nome do autor virou sinônimo de asneira grave. A gramática latina é de estrutura complexa, mas até mesmo as regras mais simples viraram um cipoal indevassável nos comentários do autor. Sua obra foi publicada também em latim, que o transformou em *Dispauterius*.

Desterro: de *des*, e terra, do latim *terra*, de raiz protoindo-europeia *ters*, seco; tirar alguém de sua terra, submetendo-o ao desterro, ao degredo ou ao confinamento. A Terra é a mais antiga das deusas, segundo Ovídio. Algumas localidades do Brasil e da África foram tão utilizadas para a remessa de indesejáveis dos poderosos, que algumas delas foram conhecidas com apodo característico, de que é exemplo Florianópolis, capital de Santa Catarina, cujo nome, até fins do século XIX, foi Ilha do Desterro. Por ocasião da Inconfidência, vários réus receberam a pena do degredo. O Brasil já era então um lugar preferencial para os degredados portugueses, mas, como os condenados vivessem em Minas Gerais, foram degredados para a África, como foi o caso de Tomás Antonio Gonzaga.

Destrambelhar: de trambelho, do latim *trabeculum,* diminutivo de *trabs,* barrote, trave, suporte. Quando retirado ou movido sem cuidado o trambelho, o que ele suportava vinha abaixo, fosse barco ou casa em construção.

O prefixo *des,* indicando ação contrária, e o sufixo *ar,* anexado para formar o verbo, com exclusão de *o,* completaram o significado. E posteriormente o vocábulo passou a ser utilizado em sentido conotativo para designar ações heréticas, discrepantes da norma geral, surpreendentes ou reprováveis.

Desvio: de desviar, do latim *deviare,* desviar, deixar a via, caminho, estrada. Observam-se desvios nas rodovias, indicando opção temporária no trajeto, em virtude de recuperação do trecho do caminho principal; no entanto, ocorrem também em etimologia, com o sentido de afastamento do caminho correto para a pesquisa. O cearense José Lemos Monteiro reúne vários e divertidos exemplos em *Etimologias Fantasiosas.* O latido do cachorro é uma das mais curiosas. Dá conta de que Abel possuía um cachorro de estimação. Quando Abel foi assassinado pelo irmão, Caim, o animal saiu pelo mundo denunciando o matador: *"Caim, Caim, Caim".*

Detector: latim *detectum,* forma verbal de *detegere,* antônimo de *tegere,* cobrir, vestir. *Detegere,* descobrir, tem também o significado de ocultar. O detector de mentiras é um aparelho para detectar ou revelar falsidades pelo exame de alterações na pressão sanguínea, na intensidade dos batimentos do pulso ou dos movimentos respiratórios.

Detetive: do inglês *to detect,* descobrir, pôr em evidência. Daí resultou, também no inglês, *detective,* detetive; profissional especializado em investigações criminais; agente policial, encarregado de esclarecer crimes, descobrindo os culpados. Pode ter vindo remotamente do latim *detectum,* isto é, descoberto, sem teto. O detetive seria aquele que encontra quem está escondido no teto. Antes dos modernos edifícios, era comum os ladrões entrarem pelos telhados das residências. Os modernos detetives estão trocando as ruas pelos escritórios, onde instrumentos como o telefone, o fax e o computador podem lhes fornecer mais pistas, indícios e rastros daqueles que produzem os grandes crimes, não tanto com armas, mas com um talão de cheques e cartões magnéticos. Na Literatura, a primeira história em que a ação decisiva era detectar, tarefa do detetive Auguste Dupin, foi obra do precursor do gênero policial nas Letras, o escritor norte-americano Edgar Allan Poe. A história, depois tornada um clássico, intitula-se *Os assassinos da rua Morgue.*

Detonar: do latim *detonare,* roncar como o trovão, explodir. Está entrando para o português – já estava na linguagem coloquial, sempre mais dinâmica, de onde foi recolhido para os dicionários – com o significado de mudar radicalmente uma situação, seja o rumo de uma conversa, festa ou trabalho.

Devagar: de origem controversa, provavelmente da forma latina *vacare*, vagar, demorar-se, antecedida da preposição *de*. Para quem estranha que no Brasil alguns objetivos deveriam ser cumpridos com maior velocidade, lembremos que há alguns indícios marcantes de que não temos pressa, de que é exemplo o famoso verso do hino nacional proclamando, com orgulho, que o Brasil está "deitado eternamente em berço esplêndido, ao som do mar e à luz do céu profundo". Esta falta de pressa, porém, precedeu o nosso hino em quatro séculos. Com efeito, as treze naus comandadas por Pedro Álvares Cabral partiram de Lisboa a 9 de março, segunda-feira, e chegaram ao Brasil dia 22 de abril, quarta-feira. Houve grande festa na partida, marcada para domingo, dia 8, mas o mau tempo impediu que zarpassem na data planejada. Foi a primeira demonstração que devagar se vai ao longe, mas a recomendação já estava presente numa das frases preferidas do imperador Augusto: *"festina lente"*, apressa-te devagar. Entretanto, na forma como se consolidou popularmente no Brasil, veio do italiano *"piano, piano, se và lontano"*.

Devassa: do latim *fassum*, particípio de *fateor*, confessar. *Fassum* tem o significado de confessado. Antecedido da preposição *de*, sofreu depois junção e passou a indicar quem confessa suas torpezas. Com o tempo, como o plural do neutro *defassum* é *defassa*, ocorreu a mais recente alteração, a troca de "efe" por "vê", consolidando-se em devassa. Mudou, porém, o significado: de confissão espontânea passou a confissão forçada, frequentemente sob maus tratos e tortura, como ocorreu aos inconfidentes por ocasião da devassa ordenada pela rainha Maria I, a Louca. Se a Inconfidência Mineira tivesse sido vitoriosa, a capital do Brasil seria São João del Rey. A devassa teve o propósito de desvendar o segredo, afinal revelado pelo traidor: proclamar a república.

Devolutivo: de devoluto, do latim *devolutus,* que rola de cima, que faz cair. Com este sentido aparece nas *Ordenações Afonsinas*, no século XV. Em Direito diz-se do efeito de um recurso, principalmente de apelação, que, embora não suspenda a execução da sentença, torna possível nova apreciação da matéria por tribunal superior. No Brasil, terras devolutas designam regiões que foram dadas pelo governo português a donatários com a obrigação de torná-las habitadas e, como não cumpriram o trato, tiveram que devolvê-las.

Difamar: do latim *diffamare*, negar a fama, vez que o prefixo "di" indica negação. A deusa romana Fama serviu de étimo à formação desta palavra, que até o século XIII significava no português tudo o que se dizia de alguém, fosse favorável ou desfavorável. Assim, tanto um santo como um bandido podiam ser igualmente famosos. Mas a partir do século XV, entra na língua o verbo difamar, passando a designar ações que têm o fim de contrapor as versões sobre a vida de algum personagem conhecido. Fama, divindade a quem gregos e romanos do período clássico ergueram templos, era para os latinos a mensageira de Júpiter. Tinha cem bocas, cem ouvidos e longas asas cobertas de olhos.

Difícil: do latim *difficile*, difícil. O radical é *facere*, fazer, o prefixo "di" indica negação. Em entrevistas e depoimentos, ainda que guardando o sigilo dos confidentes, líderes religiosos organizaram um *ranking* das cinco coisas mais difíceis desta vida: pagar todas as contas, ter onde morar, ser rico e humilde ao mesmo tempo, não ser enganado pela propaganda e eleger políticos eficientes e honestos.

Digno: do latim *dignus*, justo, honesto. É adjetivo derivado da forma verbal *decet*, de *decere*, convir. Daí vêm também os significados para decente, de que é sinônimo, assim como os seus contrários, indecente, indigno.

Digressão: do latim *digretione*, em que tem o mesmo sentido que em português. Consiste em deixar o tema principal para fazer inserção de assunto irrelevante, na fala ou na escrita. Exímios contadores de casos e escritores de talento já deram provas, entretanto, de quão saborosa pode ser uma digressão.

Dilapidar: do latim *dilapidare*, espalhar as pedras de um edifício. No sentido figurado, mais usado hoje em dia, significa esbanjar bens e haveres, como usualmente se diz das ações de quem gerencia mal os cofres públicos.

Diligência: do latim *diligentia*, cuidado, aplicação, presteza. Designa investigação, tendo também o sentido de prudência que deve cercar os atos jurídicos. Com o sentido de carruagem veio do francês *diligence*, designando, antes do trem e do automóvel, uma carruagem de molas, confortável, puxada por cavalos, que servia de transporte coletivo. A primeira diligência apareceu em Paris, em 1405. No século XVIII, as molas foram aperfeiçoadas, passando a ter a forma da letra "ce" deitada, e no século XIX as diligências melhoraram ainda mais seu conforto com a introdução das molas elípticas, obra de um construtor de carruagens de Londres. A diligência mais famosa do mundo é a de *No tempo das diligências*, um dos melhores filmes de todos os tempos que, dirigido por John Ford, inspirou muitos outros faroestes.

Dinastia: do grego *dýnasteia*, é do mesmo étimo de dinamite, em grego *dýnamis*, força, poder. Aparece no subtítulo do livro *Dona Veridiana, a trajetória de uma dinastia paulista*, de Luiz Felipe d'Avila, história de uma senhora que muito influenciou São Paulo com um salão cultural onde recebia a elite paulistana e brasileira. Ela e seus filhos são nomes de ruas em São Paulo: Veridiana, Antonio Prado e Martinico Prado. Outro filho seu, o escritor Eduardo da Silva Prado era tão amigo de Eça de Queiroz, que sob o nome de Jacinto é protagonista de *A cidade e as serras*.

Dinheiro: do latim *denarius*, dinheiro, designando moeda de prata, também conhecida pelo nome latino *drachma*, como os romanos pronunciavam palavra grega *drakhmé*, unidade de peso e moeda em Atenas. Na segunda meta do século XIII, portanto em período ainda de formação da língua portuguesa, filha do latim, a forma do latim culto *denarius* já era pronunciada na Península Ibérica *dinarius* e *dinariu*, de onde veio o espanhol *dinero*, anasalado no português dinheiro. Um denário, moeda de prata como a dracma grega, valia dez asses. O asse era de cobre. Sua provável origem é que já deveria ser moeda na Asséssia, cidade da Dalmácia, região onde estão a Bósnia e a Croácia, na costa do mar Adriático. Mas o *denarius* veio a substituir o sal no *salarium*, quando os trabalhadores passaram a receber em moeda a remuneração por seu trabalho e não mais em sal, ainda que o pagamento tenha continuado com o mesmo nome: *salarium*, que deu salário em português.

Diploma: do grego *diploma*, documento oficial expedido em duplicata. No latim conservou a mesma forma, daí vindo para o português. Originalmente era uma peça oficial gravada em placa dupla de bronze, formando um díptico, segundo ensina Antenor Nascentes. Foi no Renascimento que os eruditos passaram a usar o vocábulo para designar os atos mais solenes das autoridades. Atualmente são documentos que comprovam a obtenção de um título. É nesse sentido que recebem diplomas tanto os formandos de um curso superior como os eleitos para cargos políticos.

Diplomata: do francês *diplomate*, diplomata, aquele que estuda diplomas, documentos. A origem remota é o grego *diploma*, papel dobrado em duas partes, já metáfora, pois originalmente designou vaso duplo, com dois recipientes, um para aquecer em banho-maria. O verbo grego para dobrar é *diplóo*. O célebre político e orador romano Cícero foi um dos primeiros a registrar a palavra latina *diploma* para indicar passaporte, salvo-conduto. Prevaleceu a forma do papel dobrado para instituir o significado. Napoleão Bonaparte expressou curioso conceito de diplomacia, anotado por Honoré de Balzac, que pretendia escrever um romance sobre o poder e a forma como o corso o conquistou: *"uma mulher da velha aristocracia entregará seu corpo a um plebeu e não lhe revelará os segredos da aristocracia; assim, os tipos elegantes são os únicos embaixadores capazes"*. Entre outros juízos sobre diplomacia, exarou também estes: *"os tratados se executam enquanto os interesses estão de acordo; impor condições muito duras é dispensar de cumpri-las; nas questões do mundo, não é a fé que salva, é a desconfiança; um congresso é uma convenção fingida entre os diplomatas, é a pena de Maquiavel unida ao sabre de Maomé"*.

Direito: do latim *directus*, direito, reto, certo, que segue a lei. Entre inúmeros significados, designa o sistema de regras jurídicas observadas pelos povos civilizados, herdeiros do direito romano, institucionalizados na antiga Roma, entre os séculos VIII a.C. e VI d.C. Daí a presença de palavras e frases que os especialistas preferem citar em latim, a língua original em que foram escritos, com o fim de recuperar o sentido exato, indispensável na aplicação da justiça. Vírgulas e pontos podem resultar em condenação ou absolvição na letra fria da lei.

Discórdia: do latim *discordia*, discórdia, desavença, luta. A deusa Discórdia, entre os romanos, era uma divindade do mal, filha da Noite. Foi expulsa do céu pelo todo-poderoso Júpiter porque aprontava as maiores dissenções entre os outros deuses. Era odiada, mas temida. Nas representações, é uma mulher com os olhos esbugalhados e inflamados, trazendo numa das mãos uma tocha ardente e na outra um punhal e uma víbora.

Discriminação: do latim *discriminatione*, separação. Os romanos utilizavam este vocábulo no sentido de classificação, com vistas a um melhor discernimento das coisas. Mas o termo logo recebeu conotação pejorativa quando passou a designar certas discriminações reprováveis como as de natureza social, racial, sexual, nas quais o objetivo da segregação se dá justamente por falta de discernimento e com o fim claro de consolidar exclusões motivadas pela cor da pele, preferências sexuais ou poder aquisitivo.

Disfarce: de disfarçar, verbo de origem controversa, mas provavelmente do latim *farcire*, engordar os animais vivos fora de casa ou, já mortos, na cozinha, mediante recheios apropriados, fazendo parecer, na culinária, o que não eram. O disfarce nem sempre tem fins ilícitos. Ao contrário, pode ser feito com boas intenções. No Brasil, o ato de disfarçar está resumido na expressão "dar uma de João-sem-braço".

Disputa: de disputar, do latim *disputare*, de *putus*, puro, sem mistura, e o prefixo "dis", indicando negação. Disputar é misturar e lutar para obter algo, seja a vitória numa argumentação ou na busca de um cargo. A ideia de competição está presente nas origens do vocábulo. Times disputam o campeonato de futebol, pilotos de automóveis disputam as primeiras colocações e candidatos disputam os votos que os conduzirão a seus postos.

Dissenso: do latim *dissensus*, dissentimento, discordância. Seu contrário é consenso, acordo. Em seu *Dicionário das batalhas brasileiras: dos conflitos com indígenas às guerrilhas políticas urbanas e rurais,* Hernani Donato documenta exatamente o contrário do proclamado mito da cordialidade brasileira. Antes de completar 500 anos, o Brasil já travou mais de duas mil batalhas em terra, mar e ar. "Deus é brasileiro", mas em *Grande sertão: veredas,* de Guimarães Rosa, um jagunço letrado diz que, pelo menos no sertão, quando Deus vier, "que venha armado". Recentemente, o jornalista Elio Gaspari lembrou que pode haver dissenso no consenso, isto é, acordos políticos no atacado podem oferecer discrepâncias no varejo.

Dissidente: do latim *dissidente*, aquele que se senta à parte. É fácil entender por que razão passou a indicar o discordante. Nas assembleias e reuniões, aqueles que discordavam, sendo minorias, procuravam sentar-se distante das maiorias concordantes. Sábia precaução, dados costumes nem tão antigos assim: seria como um torcedor do Flamengo sentar-se entre a torcida do Vasco ou vice-versa.

Distribuir: do latim *distribuere*, distribuir, vale dizer, fazer chegar às várias tribos. *Tribus* designava divisão do povo romano. E em latim *tribuere* tem o significado de atender à tribo. A raiz etimológica está presente em várias palavras como tribuno, juiz da tribo. Também o agente encarregado do tesouro era chamado *tribunus aerarii* (tribuno do erário) e alguns chefes militares recebiam a designação de *tribunus militaris*.

Distrito: do latim *districtus*, particípio do verbo *distringere*, estender, abrir, ocupar. Os antigos romanos assim denominavam o território contíguo e dela dependente. Passou a designar, no caso do Brasil, acrescido do adjetivo federal, o território maior onde está sediada a capital. O Rio de Janeiro já foi Distrito Federal, mas hoje é em Brasília que ele tem sua circunscrição.

Distúrbio: do latim medieval *disturbium*, perturbação da ordem, radicado em *turba*, turba, a multidão, raiz presente nos verbos perturbar, conturbar e demais. Os distúrbios ocorridos na França em 2005 foram marcados pela atuação de jovens das periferias que incendiaram milhares de carros. Foi uma das primeiras vezes em que a tecnologia ajudou os jovens a coordenar suas ações de protesto por meio de mensagens na Internet, blogs e torpedos em celulares.

Ditadura: do latim *dictadura*, forma de governo em que todos os poderes são arrebatados por um único indivíduo ou grupo de indivíduos, ou ainda por uma determinada classe social. Assim, um dos pilares do comunismo era a ditadura do proletariado. No Brasil pós-1964, vivemos uma ditadura militar, que começou com a deposição do presidente constitucional João Belchior Marques Goulart, no dia 31 de março de 1964, e culminou com a saída do último presidente militar, João Figueiredo, no dia 15 de março de 1985. De um João a outro foram 19 anos. Mas eleições para presidente sempre, houve, só que indiretas.

Dívida: do latim *debita*, devida, subentendendo-se quantia. Foi originalmente palavra paroxítona, tal como aparece nos testamentos dos reis portugueses dos primeiros séculos do milênio passado. Mas talvez por influência da pronúncia latina, tornou-se proparoxítona.

Divisa: do francês *devise*, divisa, emblema, de *deviser*, partilhar, do latim vulgar *divisare*, distribuir em partes, alteração do latim clássico *dividere*, dividir. Passou a sinônimo de lema ou emblema depois que palavras ou sentenças foram incrustadas em brasões e bandeiras, servindo de legendas a símbolos ou figuras. Com o surgimento das repúblicas, as bandeiras receberam divisas que buscavam resumir a filosofia de vida. A do Brasil traz as palavras *Ordem e Progresso*. A divisa dos franceses tem, em vez de duas, três palavras: *Liberté, Égalité, Fraternité* (Liberdade, Igualdade, Fraternidade), aprovadas no dia 20 de maio de 1791 para aparecerem escritas numa plaqueta a ser posta ao lado do coração no uniforme do exército. Mas duas delas – *Égalité, Fraternité* – apareceram sem a companhia de *Liberté* nas moedas de cinco e de três soldos, em 1792, formando, em vez do clássico trinômio, um binômio.

Divórcio: do latim *divortiu*, declinação de *divortium*, separação, bifurcação. Inicialmente aplicado a caminhos que se bifurcam e a rios cujas águas se dividem para correr por outros leitos, passou depois a designar juridicamente a dissolução dos vínculos matrimoniais. Outro leito, o chamado tálamo conjugal, popularmente conhecido por cama, a principal mobília de um casamento, também é redividido para novas parcerias.

Dixe: do latim *diptycha*, este vocábulo passou ao espanhol *dije*, de onde veio ao português, designando uma tabuinha com o retrato de uma autoridade, civil ou religiosa. Os joalheiros souberam transformar o dixe num fetiche, aperfeiçoando sua forma e providenciando aconchego para a foto da pessoa amada. Ao contrário, porém, das medalhas, os dixes não são carregados ao pescoço, mas convenientemente postos sobre algum móvel. Entre as razões do gesto, provavelmente está a do peso da honraria. Mais prático depois da queda da nobreza, o comércio providenciou a substituição dos dixes por objetos de madeira onde podem ser colocadas as fotos de namorados ou namoradas.

Dízimo: do latim *decimu*, a décima parte. Designou o imposto eclesiástico, depois tornado simbólico, que a Igreja cobrava de seus fiéis, consistindo da décima parte de seus rendimentos. Foi primeiramente costume exclusivo das sinagogas hebraicas, depois absorvido pelos cristãos. Até o século VI o dízimo era dado de livre vontade, mas uma encíclica extraída do sínodo de 567 exortou oficialmente o povo católico a pagar o dízimo. Antes dessa taxa de 10 por cento, vigoravam as oblações: cada um dava quanto queria ou podia. A partir do século IX, os dízimos, que eram pagos em frutos, animais e cereais, puderam ser satisfeitos em dinheiro, e no século XVI já havia uma tabela estipulando 20 reais por um pato; 7,5 reais por um frango; 25 reais por um leitão. Com a separação dos poderes civil e religioso, o dízimo voltou a ser dado de acordo com a vontade dos fiéis de cada freguesia.

Diz que diz que: do latim *dicere*, dizer, e *quid*, que. Na conjugação portuguesa, o verbo, seguido da conjunção e repetido, passou a designar a fofoca, porque os comentários sobre a vida alheia começam habitualmente pela expressão "diz que", modo sutil de disfarçar a autoria que, às vezes, é balão de ensaio jogado sobre o interlocutor com o fim de avaliar a receptividade da informação ou do boato.

Doador: do latim *donatore*, doador, aquele que dá alguma coisa a alguém. É da mesma palavra latina a origem de donatário, indicando aquele que recebeu doação.

Docente: do latim *docente,* docente, aquele que ensina. Seu significado primitivo é ensinar a aprender, o que parece uma tautologia. Os primeiros docentes atuaram em adestramento militar, preparando os soldados para a guerra. Depois é que o vocábulo migrou para a sala de aula, antes, porém, passando por outras significações de domínio conexo, de onde vieram palavras como dócil e docilidade, designando quem aprende com facilidade e dando-lhe a respectiva qualidade. O dicionário Aurélio dá como origem de docente o alemão *dozente*. De todo modo, também os alemães radicaram o vocábulo no latim.

Doge: do italiano *doge*, chefe, guia, título dos soberanos de cidades italianas na Idade Média – na verdade Estados autônomos, como Veneza e Gênova. Sua origem é a palavra latina *duce*, que conduz, o líder. Por isso, no século passado, o fundador do partido fascista, Benito Mussolini, que governou a Itália antes e durante a Segunda Guerra Mundial, intitulou--se *Il Duce*, almejando ser reconhecido como chefe do povo italiano. Seu trágico fim teve lugar na Piazzale Loreto, em Milão, a 29 de abril de 1945. A violência de populares sobre os corpos de Benito e da amante, Claretta Petacci, depois de fuzilados, deixou perplexos os comandantes militares.

Os exageros foram explicados pela lembrança de que 15 italianos haviam sido executados pelos nazifascistas naquele mesmo lugar.

Dólar: do inglês *dollar*, vindo do alemão *Thaler*, que no baixo alemão era grafado *Daler* e já designava uma moeda. Pode ter sua origem remota no latim *dolare*, verbo que indica o ato de lavrar ou cunhar madeira, pedra ou metal. Assim como a língua inglesa tornou-se o latim do império americano, o dólar transformou-se em moeda universal, ainda que não seja a de maior valor nominal, perdendo para a libra esterlina. Há várias frases em latim na cédula do dólar americano, como *E pluribus unum* (de todos, um), *Annuit coeptis* (Ele aprovou nosso projeto), além do olho maçônico da vigilância e da expressão em inglês *In God we trust* (em Deus confiamos).

Dolo: do grego *dólos*, pelo latim *dolus*, ato consciente, feito com o propósito de prejudicar alguém. Na Península Ibérica designava antigo punhal. Todavia a origem grega é controversa, uma vez que os antigos romanos já usavam dolus, engano, fraude, bem antes da conquista da Grécia.

Dominar: do latim *dominare*, mandar, ter poder ou autoridade. Tem a mesma raiz de *domus*, casa. Domina quem manda na casa, o senhor, *dominus*, e a senhora, *domina*, origem do português dona. Seus sentidos figurados são diversos. O grande poeta português Fernando Pessoa escreveu que sua segunda adolescência foi dominada por poetas românticos ingleses, que para ele eram sombras dos dois maiores: John Milton e William Shakespeare.

Dona: do latim *domina*, a mulher casada, responsável pela *domus*, a casa, o domicílio. No português, é sinônimo de senhora. Na tradição brasileira, estabeleceu-se curiosa diferença de pronúncia para destacar a mulher nobre, fechando-se a vogal 'o' em senhora.

Donzela: do latim vulgar *domnicilla*, moça da casa. É de origem controvertida. Em latim há algumas palavras correlatas indicando possível origem: *ancilla* significa serva, criada, e *domi*, declinação de *domus,* significa em casa; já *dominus* e *domina* significam respectivamente senhor e senhora. No catalão existe a forma *donzell*, senhorzinho. No português atual, donzela é moça virgem. Redomas de vidro ou de cristal que protegem os castiçais são também chamadas de donzelas. Portanto, as donzelas estão sempre protegendo alguma coisa: a luz, a casa, a honra.

MIL E UMA PALAVRAS DE DIREITO

Dossiê: do francês *dossier*, com origem remota no latim *dorso,* dorso, costas, lugar alto, cume, pico. *Dossier* passou a ter tal significado no francês porque originalmente designou a identificação de pastas com documentos referentes a um indivíduo, assunto, processo etc. Ultimamente tem sido utilizado também como arma, sobretudo entre parlamentares e membros da administração pública.

Dote: do latim *dote*, declinação de *dos*, do verbo *dare*, dar. Dote designa o bem ou bens que a noiva ou o noivo traz para a vida em comum iniciada com o casamento. No casamento do Direito romano *cum manu,* o dote era incorporado ao patrimônio do marido; no *sine manu* continuava livre das mãos do marido, integrando a parafernália, palavra formada a partir do grego *para* (junto, com) e *pherne*, dote. O enxoval era bem parafernal, palavra que no português significa roupas e objetos pessoais da noiva. Parafernália mudou de sentido: é pertences, tralha. Enxoval veio árabe *ax-xavar.*

Doutor: do latim *doctor,* doutor, cujo ofício principal é *docere,* ensinar. Como título de profissional com curso superior foi primeiramente aplicado a teólogos (doutores na interpretação de textos bíblicos) e professores (doutores na matéria que ensinavam), e depois a advogados (doutores em leis) e médicos (doutores em saber e ensinar-nos como cuidar da saúde). Nos albores das universidades – a de Bolonha, na Itália, foi a primeira a ser fundada, na passagem do primeiro para o segundo milênio – não havia o título de doutor como hoje conhecemos na vida acadêmica. O primeiro título foi o de doutor em leis, conferido em Bolonha, e o segundo, doutor em teologia, em Paris, ambos conferidos pelas respectivas universidades no século XII. Somente no século XIX é que surgiu o doutor em medicina. Na linguagem coloquial, doutor é sinônimo de saber, mas curiosamente o técnico de futebol é chamado de professor e jamais de doutor. Doutor é o dirigente, o cartola.

Draconiano: do francês *draconien*, a partir do nome do legislador ateniense Drácon (séc. VII a.C.), famoso pelo rigor das punições previstas em seu código. Entre outras providências, acabou com a solidariedade familiar, tornou obrigatório o recurso aos tribunais para dirimir conflitos entre clãs, manteve os privilégios e discriminações de nascimento e previu pena de morte para quase tudo, ao contrário de Sólon, que dotou os atenienses de uma Constituição democrática que instaurou a igualdade civil, aboliu privilégio e discriminações de berço, definiu direitos e deveres dos cidadãos, tendo também suprimido a escravidão por dívidas, ainda que tenha previsto a supressão de direitos civis e direitos políticos. Sua principal diferença com Drácon, no tocante às penas, foi que estabeleceu correspondência entre a gravidade do delito e a punição. Mas a democracia ateniense só se completaria com Clístenes e Péricles, de quem foi avô.

Droga: do neerlandês *droogen*, seco, designando mercadoria enxuta, uma das partes dos conhecidos "secos e molhados", presentes na linguagem comercial portuguesa. Outros atribuem a origem do vocábulo ao persa *daru*, medicina, o que explicaria a migração para o francês *drogue* e o italiano *droga*. Tendo-se espalhado por diversos domínios, o vocábulo identifica substâncias usadas na farmacologia e compõe palavras como drogaria, sinônimo de farmácia e estabelecimentos similares que vendem remédios e cosméticos. Droga, além de designar coisa sem préstimo, é também sinônimo de tóxico. Em Zurique, na Suíça, existia um território livre para este tipo de droga, a estação ferroviária de Letten, mas as autoridades locais resolveram pôr fim à experiência.

Dúbio: do latim *dubius*, dúbio, vacilante. É provável que sua origem remota seja a forma latina *duos*, dois, dado que dubiedade indica indecisão entre duas alternativas, pelo menos. Aparece em citações latinas, declinado em *dúbio*, em expressões correntes, de que são exemplos *in dubio pro reo* (em dúvida, em favor do réu), prescrevendo que, à falta de provas, o juiz deve decidir em favor do acusado; *in dubio contra fiscum* (na dúvida, contra o fisco), determinando que nas contendas entre o Estado e o contribuinte, não existindo certeza sobre o débito, a sentença será favorável ao contribuinte; *in dubio pro libertate* (na dúvida, em favor da liberdade), base do direito romano clássico com o fim de proteger o indivíduo; *in dubio pro misero* (na dúvida, em favor do mais fraco), lema dos conflitos na legislação do trabalho, para compensar juridicamente a inferioridade econômica do trabalhador.

Ducado: do latim *ducatus*, comando militar, de *dux*, *ducis*, aquele que vai à frente, o pastor, depois designando o comandante. A região dominada por tal comandante foi chamada ducado, derivado da forma de pronunciar a palavra latina: em vez de *dux*, duque, por influência do francês antigo *duc*.

A palavra ducado já existia no primeiro milênio, mas sua incorporação à língua espanhola designando conjunto de terras pertencentes a um duque e depois também moeda, de onde chegou ao português, deu-se no século XIV. O ducado de ouro pesava 3,5 g e foi originalmente criado em Veneza pelo doge, sinônimo de duque, Giovanni Dandolo. Tinha num dos lados a imagem de São Marcos e no outro a de Jesus. Conquanto o ducado ainda fosse aceito na primeira metade do século XX, já fazia séculos que na Espanha ele tinha sido substituído por outras moedas, principalmente maravedis e escudos. Machado de Assis, comentando a abolição da escravatura em textos intitulados "7 de maio" e "13 de maio", refere erro do poeta alemão Heinrich Heine que, em certos versos, diz ter um capitão de navio negreiro deixado trezentos negros no Rio de Janeiro, onde a casa "Gonzalez Perreirro" lhe pagara duzentos ducados por peça. Era tudo verdade, menos que negociássemos com tal moeda, sem contar que o nome do comprador era Gonçalves Pereira: "*foi a rima ou a má pronúncia que o levou a isso. Também não temos ducados, mas aí foi o vendedor que trocou na sua língua o dinheiro do comprador*". Foi alto o preço de cada escravo; o papa Leão X, que vendeu inumeráveis indulgências para a construção da Basílica de São Pedro, havia pago 147 ducados por um manuscrito de Tito Lívio.

Duelo: do latim antigo *dubellum*, guerra de dois, cuja forma consolidou-se em *duellum*, duelo, combate, luta. Durante muito tempo o duelo foi recurso para dirimir controvérsias, tendo resultado várias vezes na morte de um dos oponentes. Os escritores portugueses José Duarte Ramalho Ortigão e Antero de Quental duelaram por uma questão literária, usando espadas. Nenhum dos dois morreu no ato, mas o segundo suicidou-se alguns anos mais tarde. Era tão ruim de pontaria que precisou de dois tiros de revólver para dar cabo de si mesmo. Já o célebre escritor Aleksandr Púchkin, considerado o fundador da literatura russa moderna, faleceu em trágico duelo de arma de fogo, travado com um oficial do exército francês que namorava sua mulher.

E

Ébrio: do latim *ebrius*, bêbado. É provável que os latinos tenham criado o vocábulo a partir de *bria*, nome dado a um recipiente em forma de vaso, destinado a guardar o vinho. Por analogia, seu antônimo é sóbrio. Dada a popularidade da cachaça, a bebida mais vendida no Brasil, o sinônimo mais comum para ébrio é cachaceiro, mas há outros como bêbado ou bêbedo, biriteiro, bebum, beberrão, beberraz, temulento, xilado.

Edito: do latim *editu*, publicado, designando lei. Afinal, para que possa ser cumprida, deve ser do conhecimento de todos e por isso é publicada. Um dos mais famosos editos é o de Milão, baixado pelo imperador romano Constantino Magno, que deu liberdade de culto a seitas que contrariavam preceitos do mundo pagão. A mais beneficiada foi o cristianismo, que passou a ser tolerada e até se tornou religião oficial do império.

Educação: do latim *educatione*, nome que os romanos davam aos cuidados de alimentar e nutrir as crianças. Os verbos correspondentes eram *educare*, educar, *docere*, ensinar (donde docente para designar o professor que ensina ao *alumnus*, aquele que está sendo alimentado e educado) e *ducere*, conduzir, processos de desenvolvimento físico, intelectual e moral do ser humano, realizado em escolas e dirigido por mestres, os principais responsáveis pela formação integral dos alunos. A educação está entre os principais problemas brasileiros e tem sido fator decisivo em nações que cuidaram melhor do assunto e deram grande salto desenvolvimentista.

Efeméride: do latim *ephemeridis,* genitivo de *ephemeris*, diário, memorial, registro do que passa. Originalmente veio do grego *ephemeris*, efêmero, designando inicialmente a tabela que previa a posição dos astros no firmamento.

Veio depois a indicar também outros acontecimentos previsíveis e as obras que relatavam a vida de figuras ilustres.

Eira: do latim *area*, área, pedaço de terra. Passou a designar território nas proximidades das casas, em terra batida, plataforma lajeada ou cimentada, onde eram malhados cereais e legumes em um tempo em que a agricultura não era mecanizada. Casar com alguém sem eira, ou sem beira, ou, pior ainda, sem as duas, era para toda moça um sério problema.

Emenda: derivado de emendar, do latim *emendare*, radicado em *menta*, plural de *mentum*, defeito físico, depois aplicado a erro de escrita. A emenda pode sair pior do que o soneto, mas nas Constituições as emendas às vezes são mais importantes do que o texto em si, de que são exemplos as 27 emendas da Constituição dos EUA, das quais a nona protege direitos não enumerados na Carta Magna. O número 13 está na emenda que aboliu a escravidão nos EUA. A Lei Seca, baixada pela 18ª, foi revogada pela 21ª. A de número 22 impede mais do que dois mandatos ao presidente, a 26ª prescreve 18 anos como a idade mínima para votar e a 27ª adia para a legislatura seguinte o aumento do salário dos deputados do país mais rico do mundo, que ganham menos dos que os colegas brasileiros.

Emigrar: do latim *emigrare,* pela formação "e", para fora, e "migrare", mudar, radicado originalmente no indo-europeu "mei", mudar, trocar. A raiz aparece em outras palavras de domínio conexo, como imigrar, "in", para dentro, e "migrar", mudar. Está presente também em remigrar, pouco usado, que significa voltar para o lugar de onde saiu, e transmigração, com significado de exílio, desterro, cujo sinônimo em certa doutrina é metempsicose, crença segundo a qual quem emigra e imigra são as almas, que deixam corpos que animaram e podem reencarnar-se até mesmo em seres de outra espécie ou em vegetais. O brasileiro que muda para o exterior é emigrante para nós e imigrante para o país onde chega.

Emprestar: do acréscimo do prefixo *em* a prestar, do latim *praestare*, pôr à disposição, fornecer, garantir, verbo formado a partir do advérbio *praesto*, à mão, disponível, em presença. Tomou o significado de ceder o uso de alguma coisa a alguém – originalmente emprestar o cavalo, a vaca, outros animais, escravos, mantimentos, e, em algumas culturas, a própria mulher – mas sua consolidação como verbo deu-se nos finais da Idade

Média para designar o ato de ceder certa quantia em dinheiro a outro, que o devolveria com juros no prazo combinado. O escritor francês Victor Hugo ensejou a difusão do ditado *Qui donne aux pauveres, prête a Dieu* (quem dá aos pobres, empresta a Deus) ao colocar a expressão como epígrafe da poesia *Pour les pauvres* (Pelos pobres), constante do livro *Feuilles d'autonne* (Folhas de outono), adaptando o provérbio latino *Foeneratur Domino qui miseretur pauperis* (Empresta a Deus quem se compadece dos pobres), que foi como São Jerônimo e outros tradutores cristãos da Bíblia trouxeram do hebraico e do grego para o latim o provérbio bíblico. Emprestar a Deus é bom negócio. Segundo o Evangelho de São Mateus, receberá cem por um nesta vida e a imortalidade feliz na outra. Ainda que os pobres tenham mais dificuldades do que os ricos para pagarem as contas, são mais honestos no pagamento de dívidas e obrigações, segundo pesquisas. Todavia, muito antes de qualquer pesquisa, o escritor João Guimarães Rosa tinha escrito no *Grande Sertão: Veredas*, sua obra-prima: "*pobre tem de ter um triste amorà honestidade*". O pobre é honesto, entre outras razões, porque contra a ele as leis que lhe são desfavoráveis sempre funcionam! As cadeias estão repletas de ladrões de galinha, e as ruas cheias de ladrões de milhões.

Enaltecer: do espanhol *enaltecer,* calcado no verbo latino *altere*, aumentar, fazer crescer, tendo também o significado de elogiar, prática, aliás, adotada também por vendedores ao exagerarem na qualidade das mercadorias que querem empurrar aos clientes. Caso interessante o do nova-iorquino David McConnel, vendedor de livros de porta em porta. Poucos compravam os livros que ele queria vender e, para seduzi-los, oferecia um mimo a quem comprasse algum volume: um vidro de perfume. Os clientes, principalmente as mulheres, preferiam o perfume aos livros. E o vendedor trocou de ramo, alcançando grande sucesso não apenas nos EUA, mas em muitos outros países, inclusive no Brasil. Deu ao perfume o nome Avon, para homenagear a cidade em que ele e William Shakespeare nasceram, a cidadezinha de Strafford-on-Avon.

Encrespar: de crespo, do latim *crispus*, enrolado, retorcido (inicialmente aplicado ao cabelo). Acrescido do prefixo "en" e do sufixo "ar", formou o verbo que indica revoltar-se. A metáfora inspirou-se no cabelo cuja constituição original impede que seja alisado. Mas pode ter havido também a influência das lides marítimas que ensejaram a expressão "mar encrespado" para designar ondas revoltas.

Encriptar: do inglês *encrypt,* codificar, critografar, encriptar. Os modernos internautas, encarapitados em computadores, encriptam sem parar. A palavra foi formada a partir das palavras gregas *krypte,* cripta, palavra assemelhada com o verbo *krypto,* esconder. Antes de chegar ao português, a cripta grega (*krypte*) fez escala na cripta latina (*crypta*). Quando a palavra gerou encriptar, por influência do latim do império, o inglês *encrypt* virou sinônimo de criptografar, escrever em caracteres de significados conhecidos de poucos, vale dizer, esconder o significado nas galerias, nas grotas ou nas grutas das palavras, pois cripta, em português, é caverna, gruta, grota, galeria subterrânea, servindo para designar também porões de igrejas ou catedrais, onde, por tradição, foram sepultadas célebres personalidades. A linguagem encriptada pode permitir que o significado seja apenas imaginado, quando impossível de ser decifrado.

Endossar: do latim medieval *indorsare,* pela formação *in dorsum,* no dorso, nas costas. Mas antes fez escala no francês *endosser,* vestir, colocar nas costas, vergar, já presente nas *Viagens* de Carlos Magno, publicadas no século XII mas ocorridas nas diversas campanhas militares realizadas pelo rei dos francos, coroado soberano do Sacro Império Romano-Germânico pelo papa Leão III. No sentido figurado, designando, em linguagem comercial, ato de avalizar, abonar, dar crédito a documento de terceiro, surgiu no francês no século XVII, chegando ao português no século seguinte, tendo sido registrado pela primeira vez no *Dicionário da Língua Portuguesa,* de Antonio de Morais Silva, publicado originalmente em Lisboa, em 1789. O dicionarista, perseguido pela Inquisição, refugiou-se na Inglaterra e teve de abandonar os estudos jurídicos na Universidade de Coimbra. O endosso, como no caso de um cheque, é feito por assinatura do favorecido no verso do documento e está regido pelo Código Comercial.

Engajado: do vergo engajar, tomado do francês *engager,* empenhar, obrigar, contratar, inscrever, tendo também o sentido de inclinar. Expedições militares romanas encontraram o frâncico antigo *waddi,* penhor, caução, que foi latinizado para *wadium,* mantendo o significado. No sentido de escritor ou artista comprometido com ideias abraçadas também por credos políticos, o vocábulo aparece com frequência em resenhas, ensaios, entrevistas.

Engalfinhar: provavelmente de guelfo, do italiano *guelfo,* denominando os ferrenhos seguidores da poderosa família alemã *Welf,* radicada na Itália, defensores do poder dos papas contra os gibelinos. Gibelino proveio do italiano *ghibelino,* adaptação de *Weiblingen,* a família alemã rival da primeira, também sediada no norte da Itália, que almejava submeter o papado ao Império Alemão. Pode ter havido uma forma primitiva, *enguelfinhar,* que evoluiu para a grafia atual engalfinhar.

Enganar: do latim vulgar *ingannare,* debochar, arremedar, ironizar, ações vinculadas a *gannire,* ganir, latir, como os cães, ou regougar, como as raposas. Outros sinônimos: acarvalhar, aldrabar, atraiçoar, bigodear, bispar, blefar, boquejar, brocar, burlar, calotear, fraudar, defraudar, disfarçar, embaçar, embromar, embrulhar, embustear, empulhar, engabelar, engambelar, engrupir, enrascar, falsear, fingir, fintar, iludir, lograr, ludibriar, mamar, marombar, mentir, mistificar, pealar, tapear, trair.

Enjeitado: de enjeitar, do latim *ejectare,* ejetar, tirar, jogar fora, desprezar, repelir, condenar. Provérbio corrente no Brasil dá conta de que "quem não se enfeita por si se enjeita". Na Península Ibérica havia um aparelho, trazido para o Brasil, instalado à entrada de conventos e de outras instituições caridosas, destinado a recolher crianças abandonadas, em geral recém-nascidas. Consistia em uma peça giratória, de madeira, com uma parte voltada para a rua e outra para dentro do prédio onde estava instalada. Seu fim era recolher, sob o manto da noite, os filhos clandestinos de mães solteiras ou de esposas que tinham vivido amores proibidos que eventualmente resultavam em filhos indesejados. Monjas piedosas ou atendentes leigas recolhiam tais órfãos, providenciando sua adoção ou se encarregando de sua criação no próprio convento ou outra entidade. Machado de Assis alude ao costume no conto *Pai contra mãe.*

Ensejo: derivado de ensejar, do latim *insidiare,* insidiar, ensejar. Seu significado primitivo era o ato de armar ciladas, mas com o tempo passou a designar oportunidade, ocasião propícia, a ponto de ter-se cristalizado nas expressões "aproveitar o ensejo" e "colher o ensejo", utilizadas no fechamento de correspondências oficiais.

Entranha: do latim *interanea,* intestinos, vísceras, designando o que existe, mas deve permanecer oculto, não por configurar ato ilícito, mas porque é de sua natureza permanecer coberto, fazendo o organismo funcionar. "As entranhas do poder nunca são bonitas quando expostas", declarou certo secretário-geral da Presidência da República Federativa do Brasil.

Entregar: do latim *integrare*, entregar, restituir, devolver, delatar, tendo também o significado de passar algo à posse de alguém, como fez a lendária santa dos primeiros séculos Maria Egipcíaca em versos de *Estrela da vida inteira*, de Manuel Bandeira: "Santa Maria Egipcíaca despiu/ o manto, e entregou ao barqueiro a santidade da sua nudez". Na linguagem coloquial, entregar no sentido de deixar-se vencer está presente na expressão "entregar a rapadura", este último um vocábulo radicado em rapar, do germânico *hrapon*, arrebatar, tirar à força. É expressão nascida do ciclo da cana-de-açúcar. Para fazer a rapadura, raspa-se o melado do fundo do tacho. Entregá-la, porém, como sinônimo de derrota, pode ter vindo do fato de ser a rapadura, às vezes, o único alimento do nordestino pobre, vinculado à variante de outra expressão, "estranhar a capadura". Também esta última se bifurca em duas sinonímias: indica o estado do animal nos dias que seguem à castração e a estranheza que causava em antigos noviços a capa dura, uma veste grosseira e desconfortável que o abade distribuía para testar a paciência deles.

Envolver: de envolver, do latim *involvere*, cobrir. A ideia de ação ou movimento já estava presente na raiz indo-europeia *wel-/welw*, rolar, rodar, encontrável também no grego *héliks*, hélice, mas cujos indícios foram dissolvidos no latim, antes que chegassem ao português, de que é exemplo *élytron*, estojo, bainha (de espada), indícios presentes no latim *involucrum*, invólucro, revestimento, pacote, casca da fruta, couraça de animais (tartaruga, cágado) e insetos (caramujo, lesma, besouro), conceito depois aplicado também ao corpo humano, por metáfora, como invólucro da alma

Enxergar: de origem controversa, provavelmente de enxerga, do latim *serica*, veste de seda, utilizada para cobrir estofos em forma de almofadas ou colchões. Pode ter havido mistura com o árabe *sharraca*, carne sem gordura, que permite avaliar melhor a estrutura do animal, sem o atrapalho da gordura.

Epígrafe: do grego *epigraphé*, escrito em cima, inscrição. Uma das epígrafes mais famosas é formada pelas letras iniciais das palavras latinas *Iesus Nazarenus Rex Judaeorum* (Jesus Nazareno Rei dos Judeus), INRI. O governador romano achou indispensável explicar, com esta epígrafe

MIL E UMA PALAVRAS DE DIREITO

posta no alto da cruz, e escrita em hebraico, em grego e em latim, o motivo da crucificação do célebre condenado. A sigla INRI aparece no alto dos crucifixos e foi adotada como um dos prenomes – o outro é Cristo – por Iuri Thais Kniss, Inri Cristo, catarinense de Indaial, filho adotivo do casal Wilhelm e Magdalena Theiss. O escrivão, prestando atenção apenas à pronúncia do sobrenome alemão, cometeu erro no registro, transformando Theiss em Thais. Frequentador assíduo de programas de televisão, o brasileiro, que se diz reencarnação de Jesus Cristo, foi expulso da Inglaterra e extraditado da França. Mora atualmente em Curitiba (PR), onde fundou, em 1982, a *Suprema Ordem Universal da Santíssima Trindade* (SOUST).

Epitáfio: do latim *epitaphiu*, vindo do grego *ephitáphion*, inscrição tumular, lápide. Designa também um gênero de poesia satírica feita sobre um vivo como se se tratasse de alguém cuja morte é desejada ou conveniente. Sardanápalo, lendário rei da Assíria e último descendente de Semíramis, a fabulosa rainha que mandou construir os célebres jardins suspensos da Babilônia, mandou inscrever em seu túmulo: "aqui jaz Sardanápalo, que não recusou nada à sua sensualidade e viveu muito em pouco tempo. Caminhante, beba, coma e desfrute de tudo porque o resto é nada". Quando conquistava a Ásia, Alexandre tomou-se de perplexidade ao ler tal epitáfio.

Epíteto: do grego *ónoma epítheton*, nome acrescentado. O latim *epithetu* já fizera, como depois ocorreria no português, a ablação da primeira palavra. A expressão serve nas três línguas indicadas para qualificar ou desqualificar pessoas e coisas, como ocorre com os cognomes de pessoas célebres, de que é exemplo esta passagem de João Ribeiro em sua *História do Brasil*, referindo-se ao francês Villegagnon: "os calvinistas, atraídos ao seio da sua tirania na América, puseram-lhe o infame epíteto de Caim, para significar que assassinou os seus irmãos". Os franceses queriam incrustar no Brasil o epíteto de França Antártica, projeto que fracassou diante da feroz resistência dos portugueses, que receberam nessas lutas importantes contribuições indígenas. Não, porém, a de Cunhambebe, personagem do romance de Antônio Torres, *Meu querido canibal*. O herói adorava os portugueses. Como *gourmet*, porém, o que inspirava terror em nossos descobridores.

Equivalência: do latim *aequivalere*, ser igual em valor, peso ou força, resultou em português equivaler, de onde se formou equivalência, palavra muito utilizada atualmente para designar igualdade de tratamento em várias questões. Alude-se à equivalência salarial para trabalhos semelhantes e à reciprocidade entre as taxas de financiamento agrícola e os preços mínimos dos produtos, cuja discrepância foi objeto de impasse entre o governo e o Congresso.

Equívoco: do latim *aequivocus,* confuso, ambíguo, que tem mais de um significado. No latim, o radical *voc*, presente em *vocus*, está na raiz de *vocare*, chamar, e *vox*, voz; já *qu* e *qü* indicam equivalência, equivalência, igualdade. Equívoco, por conter esses dois ou mais sentidos, designa confusão, engano, ambiguidade. Está presente no título do livro de João Uchôa Cavalcanti Netto, *Contos Bandidos: o Equívoco* (Editora Rio, 166 páginas), capa e vinhetas de Millôr Fernandes. O equívoco começa na ilustração da capa: a figura do autor aparece atrás de grades, e também sugere que o único livre é o escritor – de fora da prisão contempla com olhar maroto os leitores. No capítulo 14, depois de comprovar diversos crimes num bordel disfarçado de hotel, um soldado é condenado a oitenta meses de prisão. Antes, manda fotografar o gerente ao lado de clientes, entre os quais um senador e um banqueiro. O soldado equivocou-se ao pensar que *"todos são iguais perante a lei, artigo cento e cinquenta, parágrafo primeiro, constituição federal"*, sem atentar para o que lhe dissera o sargento: *"Gente fina demais, soldado, hotel de luxo"*. Comentando o livro, escreveu Carlos Eduardo Novaes que o autor *"combinou suas experiências passadas como escrivão da Vara Criminal e juiz de Direito com sua sensibilidade de 'fotógrafo literário' para 'retratar com absoluto domínio das palavras um tenebroso mural do mundo e do submundo do judiciário, da polícia, dos causídicos, dos presídios"*. E diz que *"o juiz de Direito, no Ceará, que matou um vigilante, com um tiro na nuca, e foi aposentado com um salário de R$ 15 mil por mês, poderia fazer parte dos 32 contos que compõem O Equívoco"*. O primeiro registro de equívoco em nossa língua deu-se em 1599, em ata de serviços diplomáticos portugueses.

Era: do latim *aera*, época. Designa longos períodos marcados por fatos importantes. Assim, o tempo geológico de nosso planeta é dividido em quatro eras. Na primeira, que dura quatro bilhões de anos, aparecem os primeiros e tênues sinais de vida. Na segunda, que dura 380 milhões de anos, surgem animais com organização celular, porém rudimentar. A terceira é marcada sobretudo pelos dinossauros e dura 150 milhões de anos. Na quarta e última, de 71 milhões de anos, surge o homem, cuja idade é avaliada hoje entre 500 mil e 2 milhões de anos. Atualmente marcamos o tempo pela era

MIL E UMA PALAVRAS DE DIREITO

cristã, tomando o ano do nascimento de Jesus Cristo como referência. Mas de acordo com outros indicadores, o ano de 2020, por exemplo, assinala a passagem dos 7.527 anos da Era Alexandrina. E para os judeus estamos no ano de 5780. Outros marcos são os 2.773 anos da fundação de Roma, os 59 da primeira viagem ao cosmo e os 62 de nosso primeiro campeonato mundial de futebol, conquistado na Suécia.

Ergástulo: do latim *ergastulum*, prisão, vindo do grego *érgasterion*, trabalhar. Os primeiros campos de concentração surgiram há muito tempo e os antigos romanos denominavam de ergástulos essas prisões com trabalhos forçados. É sinônimo de calabouço, cárcere, masmorra. Na Segunda Guerra Mundial, o alto comando alemão propôs a Joseph Stalin a troca de prisioneiros. Apesar de seu próprio filho, Jacó, estar na lista dos alemães, Stalin recusou a proposta. Alguns historiadores dizem que ele não sabia da presença do filho nas negociações que, de todo modo, morreu em um ergástulo alemão.

Erro: provavelmente de errar, do latim *errare*, perder-se, sair do caminho. Alguns erros ficaram famosos entre filósofos e cientistas. Na história do Direito há célebres erros judiciários. No dia 6 de março de 1855, foi executado na forca o fazendeiro Manoel da Mota Coqueiro, acusado de ordenar a chacina de seu agregado Francisco Benedito da Silva, esposa e filhos, na Freguesia de Carapebus, em Macaé, na então Província do Rio de Janeiro. No testamento ditado ao tabelião Manoel Antonio Câmara Bittencourt de Oliveira, silenciou sobre o crime, nem protestou inocência. Anos depois, à beira da morte, o verdadeiro autor confessou o crime. Há outros erros famosos. Até hoje, por exemplo, o metro que usamos é fruto de erro de cálculo dos astrônomos franceses Pierre-François-André Méchain e Jean-Baptiste-Joseph Delambre. Encarregados de medir o meridiano da Terra, eles erraram o cálculo pelo quase irrisório 1 centímetro em 10 quilômetros.

Escândalo: do grego *skándalon*, pedra que faz tropeçar. Passou ao latim como *scandalu* e conservou o mesmo significado na versão latina da *Bíblia*, tal como aparece no livro do profeta Isaías 8, 14. Os grandes escândalos de nosso tempo privilegiam a política e a sexualidade, sendo tanto maiores quanto maior é a fama dos envolvidos. A Inglaterra produz tais escândalos com frequência, às vezes na própria casa real, outras vezes entre os súditos.

Escapada: de escapar, do latim *excappare*, deixar a capa, sair de situação embaraçosa: a capa, do latim *cappa*, veste masculina usual, que à noite tinha, além das funções veste e abrigo, a de ocultar identidade em atos ilícitos, atrapalhava na hora da fuga. Este sentido literal foi aproveitado no figurado, como aparece neste texto de Voltaire Schilling ao apresentar o livro *Como fazer a guerra: máximas e pensamentos de Napoleão* de Honoré de Balzac: *"Nas suas contumazes escapadas dos credores, Honoré de Balzac, um eterno endividado perseguido por letras vencidas, conseguiu alugar, em 1828, uma pequena e modesta vila na saída de Paris. Recorreu a um nome falso para assinar o contrato. Era um ponto estratégico situado entre o Observatório e um convento, o que permitiria a ele, em caso de extrema necessidade, saltar o muro dos fundos e ganhar o campo para desaparecer. Nessa nova moradia, uma das tantas em que viveu, condenado àquela vida de cigano fujão, colocou sobre a caixa que guardava os seus arquivos um busto de Napoleão".*

Escárnio: de origem controversa, provavelmente de escarnir, do germânico *skirnjan*, burlar, enganar, debochar, pelo latim vulgar *scarnire* ou *schernire*. As cantigas de escárnio e maldizer atestam que o significado satírico do vocábulo estava presente na língua já no século XIII. Cruz e Sousa tem um poema intitulado *Escárnio perfumado*: *"Quando no enleio/ De receber umas notícias tuas,/ Vou-me ao correio,/ Que é lá no fim da mais cruel das ruas,/ Vendo tão fartas,/ D'uma fartura que ninguém colige,/ As mãos dos outros, de jornais e cartas/ E as minhas, nuas – isso dói, me aflige.../ E em tom de mofa,/ Julgo que tudo me escarnece, apoda,/ Ri, me apostrofa,/ Pois fico só e cabisbaixo, inerme,/ A noite andar-me na cabeça, em roda,/ Mais humilhado que um mendigo, um verme...".*

Escorchante: do espanhol *escorchar*, tirar a pele ou o couro, formou-se escorchar, de que se formou escorchante. Tem sido utilizado para qualificar as taxas de juros vigentes no Brasil. Numa economia que estabilizou a moeda, ainda assim os consumidores estão pagando juros mensais 100% superiores às taxas anuais do sistema financeiro internacional. Antes, os que tomavam empréstimos bancários eram apenas tosquiados, mas agora são submetidos à ação descrita pelo vocábulo em sua origem espanhola.

Escrachar: do castelhano *escrachar*, revelar, mas também marcar, riscar e talvez tenha a ver com o ato de afixar um crachá no peito para tirar a foto

MIL E UMA PALAVRAS DE DIREITO

e fazer a ficha policial. Vocábulo formado na gíria policial. Escrachado era aquele que tinha retrato nas delegacias, passando depois a indicar indivíduo descuidado nos modos, no vestir ou no falar, desinteressado em ocultar o que quer que seja.

Escravo: veio do médio grego *sklábos*, eslavo, passando pelo latim medieval *sclavu*. Era comum os vencedores levarem os vencidos à escravidão, mas o termo escravo consolidou-se com tal denominação depois que o imperador Carlos Magno submeteu os povos eslavos, fazendo com que trabalhassem de graça. Na língua de tais etnias, estabelecidas no leste europeu, eslavo significa brilhante, ilustre. Até então, as palavras latinas para designar escravo eram *famulus, servus* e *mancipium.*

Escroque: do italiano *scrocco* ou *scroccone*, pelo francês *escroc*, aproveitador, caloteiro. Apesar de sentido idêntico, o vocábulo surgiu primeiramente no italiano, no século XVI. No francês, desde o século XVII, e no português, desde o século XX (seu primeiro registro apareceu na revista *Fon-Fon*, em 1914), tem servido para designar pessoa que subtrai o que é dos outros mediante fraudes.

Escrúpulo: do latim *scrupulu*, que designa uma pedrinha usada para aferir diferenças mínimas de peso. Com o passar do tempo, veio a significar a honestidade do comerciante preocupado em não causar o mínimo prejuízo ao freguês. Um dos signatários do famigerado Ato Institucional número 5 proferiu, na oportunidade, uma frase que até hoje incomoda sua biografia política: "às favas os escrúpulos".

Esculhambação: do latim vulgar *ex*, fora de, e *coleone*, testículo, colhão (daí o fonema *culhã*, depois *culham).* Acrescido de ação, do latim *actione,* formou-se esta palavra, chula na origem, mas aos poucos redimida pelo uso coloquial irrestrito, designando ato de rebaixamento, desordem e confusão.

Esgar: provavelmente do francês antigo *esgart*, escárnio, trejeito, deboche mímico. Pode ter derivado de *garder,* guardar, proteger, tendo também o sentido de abster-se, desconfiar. Um sorriso de esgar é um comentário feito com complexos movimentos dos lábios e da face com o fim de indicar réplica sem palavras a algum descontentamento. Os primeiros a estilizar tais manifestações do rosto, dando-lhes expressão popular, foram os truões e os bobos da corte, que assim divertiam os soberanos. Entretanto, mesmo tais figuras, pagas por paços reais ou residências nobres para divertir plateias selecionadas, não deixavam de destilar alguma crítica indireta aos seus mecenas, provavelmente mudando a expressão facial de acordo com a posição que ocupavam diante dos soberanos. Tais bufões apresentavam-se nas entremezes, como eram denominadas as peças de um só ato, de caráter jocoso e burlesco, surgidas no começo do segundo milênio e que terminavam com um número cantado.

Esguelha: do grego *skolios*, oblíquo. Olhar de esguelha é dar uma espiada com o rabo do olho, isto é, a atenção principal está em outra direção, mas algo acontece ao lado demandando rápida observação. É preciso certa manha para olhar de esguelha, uma vez que, se é pessoa o alvo do olhar, esta não pode perceber que está sendo olhada.

Esperar: do latim *sperare*, esperar, verbo formado a partir de *spes*, esperança. A esperança é a segunda das três virtudes teologais. A primeira é a fé e a última é a caridade, conforme doutrina cristã elaborada na Idade Média. O verbo esperar aparece como principal função da mulher em *A sexualidade feminina*, da psicanalista freudiana Maria Bonaparte: "o papel de tudo o que é feminino, do óvulo à bem-amada, é esperar. A vagina precisa esperar o advento do pênis, da mesma maneira passiva, latente e adormecida por que o óvulo aguarda o espermatozoide. Em verdade, o mito eternamente feminino da Bela Adormecida é nossa primeira reação biológica contada de novo".

Espólio: do latim *spolium,* espólio, designando originalmente lã, crina e couro de animal e depois os bens tomados ao inimigo, entendidos como despojos de guerra. Ou tomados de mortos em combate, como no caso dos gladiadores, que eram despojados e espoliados no *spolarium*, palavra que, entretanto, não veio para o português, provavelmente por terem sido interrompidas as lutas. Veio esbulho porque radicado em esbulhar, variante de espoliar.

Esposa: do latim *sponsa*, esposa. Seu sentido original é o de promessa e vincula-se a outros vocábulos de significados semelhantes que designam o que é feito por *sponte*, que em latim significa vontade. Antes da cerimônia do casamento, a mulher casadoura já era denominada esposa. Estava, pois, prometida ao homem com quem iria casar-se, nem sempre por vontade própria. Muitas vezes eram os pais quem a prometiam ao futuro marido. Com o tempo, o período de tal promessa foi dividido em noivado e casamento, e esposa passou a ser a denominação da noiva depois do casamento.

Esquerdo: do vasconço *ezker*, esquerdo, canhoto, provavelmente pela composição de *escu*, mão, e *oquer*, torto. O feminino, esquerda, é usado para identificação ideológica e política desde a Revolução Francesa, quando os membros mais radicais e contestadores da Assembleia sentavam-se à esquerda do presidente. No curso dos dois últimos séculos passou a designar os partidários do socialismo, em oposição à direita, defensora do *status quo* e do capitalismo. Esta clássica oposição perdeu muito em semântica depois da queda do muro de Berlim, em 1989.

Esquife: do lombardo *skif*, que no italiano antigo foi grafado *schifo* e no catalão *esquif*, sempre com o significado de barco pequeno. Provavelmente pela forma, o caixão de defunto passou a ser chamado de esquife, também com o significado simbólico de embarcação, que todos haveremos de tomar um dia. Nessa última viagem, como ensina a mitologia, há uma baldeação e por isso culturas antigas punham uma moeda na boca dos mortos para que eles pudessem pagar a continuação da viagem ao barqueiro Caronte. Pêro Vaz de Caminha, autor da certidão de nascimento do Brasil, a famosa *Carta de achamento*, mostra que o primeiro desembarque foi feito em esquifes: "então lançamos fora os batéis e esquifes".

Estado: do latim *statu*, estado, condição. No sentido de nação politicamente organizada, escreve-se sempre com inicial maiúscula. Houve, na Antiguidade, famosas cidades que funcionaram como Estados, como Atenas e Esparta, na Grécia.

Estrilar: de estrilo, do italiano *strillo*, grito irritado. Estrilar tem o significado de reclamar, vociferar, protestar, cricrilar. Aparece nestes versos de *Gosto, mas não é muito*, marchinha cantada no Carnaval de 1931: "esse negócio de amor não convém/ gosto de você/ mas não é muito... muito/ fica firme, não estrila/ traz o retrato e a estampilha/ que eu vou ver/ o que posso fazer por você". O retrato e a estampilha comparecem para deboche da burocracia das repartições públicas dos anos 30, baseada em cobrança de selos e no clientelismo. O cidadão não podia reclamar porque a concepção do servidor público era de que estava fazendo um favor, não prestando um serviço.

Etimologia: do grego *etymología* pelo latim *etymologia*, estudo das palavras, de suas mudanças de significado. No grego, *etymos,* verdadeiro, *logos*, estudo, tratado. Cícero tentou consolidar o vocábulo *veriloquium*: "*quam Graeci* etymologían *appelant, id est verbum ex verbo veriloquium*" (o que os gregos chamam etimologia, é a verdadeira origem da palavra). Há algumas décadas a etimologia foi abandonada nos circuitos escolares, por desnecessária, sendo poucos os que hoje a estudam, mas eis o que escreveu Jorge Luís Borges: "os implacáveis detratores da etimologia argumentam que a origem das palavras não ensina o que elas agora significam; os defensores podem replicar que ensina, sempre, o que elas agora não significam. Ensina, *verbi gratia*, que os pontífices não são construtores de pontes; que as miniaturas não estão pintadas com mínio; que a matéria do cristal não é o gelo; que o leopardo não é um mestiço de pantera e de leão; que um candidato pode não ter sido cândido; que os sarcófagos não são o contrário dos vegetarianos; que os aligatores não são lagartos; que as rubricas não são vermelhas como o rubor; que o descobridor da América não foi Américo Vespúcio e que os germanófilos não são devotos da Alemanha."

Evasiva: do latim *evasu*, que facilita a saída. O sufixo "iva" serviu para que o vocábulo denominasse as fugas de um determinado assunto entre interlocutores, quando um deles responde com subterfúgios que têm o fim de desviar o rumo da conversa. É recurso muito utilizado por entrevistados em coletivas de imprensa, nem sempre feito com as sutilezas das boas desculpas.

Exarar: do latim *exarare*, consignar por escrito, registrar, exarar. O romancista português Camilo Castelo Branco, um dos mestres da língua, autor de 262 livros, entre os quais a obra-prima *Amor de perdição*, utiliza o vocábulo neste trecho de *A filha do Regicida*: "estas circunstâncias certo é que não atenuavam o crime, nem convinha exará-lhas na sentença".

Exclamação: do latim *exclamatione*, declinação de *exclamatio*, ação de elevar a voz, gritar, fazer ruído para chamar a atenção. Em latim, chamar é "clamare". O ponto de exclamação, surgido na escrita por volta do século XVI, para indicar dor, admiração ou alegria no final das frases, tem a forma atual devido à interjeição latina *io*, que exprime tais significados. Na sequência, o "i", maiúsculo, passou a ser escrito em cima do "o", minúsculo. Com o tempo, este "o" transformou-se num ponto, que posto sob o "i" passou a indicar exclamação.

Exclusão: do latim *exclusione*, declinação de *exclusio*, formada a partir da raiz *clu*, que indica fechamento, isolamento, destaque, como o verbo *cludere*, fechar, cercar, murar, de que formou, com o prefixo "in", incluir, e com o prefixo "ex", excluir. Toda hierarquia pressupõe exclusões e a Igreja vacilou em excluir a mulher, mas quando os cargos foram criados, nenhum deles foi reservado às mulheres, que foram excluídas de todos, à semelhança dos leigos.

Execução: do latim *exsecutione*, declinação de *esxecutio*, conclusão, execução, fim. Na linguagem cotidiana os dois significados mais frequentes são tocar (um instrumento musical, uma obra) e matar, mas na linguagem jurídica, entre outros significados, estão os seguintes: mover ação em processo judicial objetivando efetivação de sanções, civis ou criminais, determinadas por sentenças condenatórias e o ajuizamento de dívida líquida e certa representada por documentos públicos ou particulares.

Extorsão: do latim medieval *extorisone*, ação de extorquir, de *extorquere*, tirar com violência, sob ameaça. "*Preposto do usurário,/ extorquia dos pobres/ os juros para os ricos*", escreveu o poeta piauiense, Hindemburgo Dobal Teixeira, no poema "O Candidato", extraído de *A Serra das Confusões*. Ele é autor de vários livros de poemas e crônicas, entre os quais *Dia sem presságios*, *A cidade Substituída* e *Ephemera*. A palavra extorsão entrou para a língua portuguesa na segunda metade do século XVI. Primeiramente designava ameaça feita a outrem para que fizesse ação ilícita, sentido que conservou até os dias de hoje. Ganhou também ao correr do tempo o significado de imposto excessivo, acrescido sob meios ilícitos. O escritor Rubem Fonseca teve um conto com o título de "A extorsão" transposto para o cinema.

Extraditar: do latim *extraditare,* extraditar. Em latim formou-se a partir de *extradere*, calcado em *tradere*, entregar. Passou a ter o significado de entregar a governo estrangeiro um refugiado que não foi punido em seu país de origem.

F

Facção: do latim *factione*, facção, maneira de fazer, poder de fazer. Passou a designar grupo separatista dentro de um mesmo conjunto, seja um partido político ou um bando sedicioso que acolha divergências devidamente agrupadas. As facções unem-se essencialmente ao resto dos aglomerados aos quais pertencem, mas têm divergências que as diferenciam no interior do grupo.

Facécia: do latim *facetia*, facécia, gracejo, dito picante. No latim era mais usado o plural *facetiae*, facécias. No latim, estava ligada a *facere*, fazer. Sendo verbo de muitos significados, aparecia em muitas expressões, especialmente em algumas, com o sentido de criar. *Facere verba,* falar bastante; *facere foedus*, celebrar um tratado, *facere medicinam*, exercer a medicina. Facécia resume a expressão 'fazer graça com as palavras'. Antes da popularização da imprensa, as facécias, tal como as anedotas, não eram publicadas, eram apenas ditas, como os provérbios, e iam passando pela tradição oral, assim como os contos de fada e demais contos populares, reunidos e publicados a partir da segunda metade do primeiro milênio.

Facultativo: do latim *facultatis*, genitivo de *facultas*, faculdade, capacidade de fazer alguma coisa. É sinônimo de permissivo, muito embora Flaubert ensinasse que não havia sinônimos, pois cada palavra quer dizer outra coisa, havendo sutis variações de significados. O ponto declarado facultativo nas repartições públicas é de um cinismo atroz: os funcionários podem escolher comparecer ou não ao trabalho nos dias em que está em vigor este tipo de permissividade. É claro que ninguém vai e o facultativo de ir torna-se obrigatório de não ir.

Falha: do latim *fallia*, pelo francês *faille*, falta, engano, falha, encontrável também em *falescere*, falecer, faltar. Desde o português medieval, tendo inicialmente designado falta, espalhou-se em diversos significados, como falha no terreno, na madeira, no rosto, por ser prática antiga cortar orelhas e decepar narizes dos inimigos, que passavam a ter falhas no rosto. Em sentido figurado, como o rosto é indicativo de caráter – de onde vem a expressão vergonha na cara –, passou a designar também a falta mora e, no Direito, omissão, lacuna.

Família: do latim *família*, designando originalmente criados e escravos que viviam sob o mesmo teto, diferenciando-se da *gens*, conjunto de pessoas que tinham o mesmo ancestral. Mais tarde passou a designar a casa em sua totalidade, que incluía o pai, a mãe, os filhos, os escravos, as terras, os animais. Com a introdução do cristianismo em Roma, o pai, a mãe e o Estado arrebataram funções divinas. Como o latim tem casos e declinações, foi o acusativo *patrem*, de *pater*, que nos deu "padre", "pae" e finalmente "pai". Mãe, igualmente, veio de *mater*, mas pela declinação *matrem* .Já irmão veio de *frater germanus*, irmão legítimo, cujas partes constitutivas estão presentes em fraternidade, fraterno, fraternal, e de outra parte em irmão, irmandade, irmanar.

Fâmulo: do latim *famulus*, escravo, criado, aquele que pertence a uma família, de provável origem na raiz osca *fame*. Os oscos eram um povo primitivo que habitava a região italiana de Campânia. A raiz está presente também na palavra família, do latim *familia*, conjunto de escravos e moradores de um mesmo *domus*, casa, em que o chefe era o *dominus*, e a dona, a *domina*. Mas o fâmulo era mais criado do que escravo. O latim medieval *sclavus* veio do grego bizantino *sklábos*, denominação genérica de numeroso povo trazido para cativeiro, conhecido como *slavus*, eslavo. O criado tinha outra origem: como a palavra indica, tinha sido *creatus*, criado, naquela *familia* onde todos moravam, origem remota de *domicilium*, local em que residiam, presente ainda hoje quando declaramos aos poderes do Estado que podemos residir onde queiramos, mas que nosso domicílio deve ser apenas um e é ali que seremos procurados para obrigações e impostos.

Farra: de origem controversa, provavelmente do lunfardo ou do espanhol ou do espanhol sul-americano *farra*, festa, algazarra, com raízes no árabe *fahre*, alegria. Mas uma outra hipótese: do latim *farreus,* antiga celebração do casamento entre os romanos, quando, já tarde da noite, era oferecido pão a Júpiter. Tendo começado como parte do enlace conjugal, o momento das dádivas ao principal deus latino descambou mais tarde para bebedeiras e comilanças, seguidas de verdadeiras orgias ao ar livre. Há normas também para a farra e por isso o Direito é invocado quando há exagero.

Fatura: do latim *factura*, palavra ligada a *facere*, fazer. Também utilizada como duplicata, sua origem remonta ao abecê, marca com que os escrivães autenticavam cópias de documentos, expressão surgida no século XIII. Em operações comerciais a prazo, a folha original, marcada com a letra A, ficava com o notário; as outras duas eram divididas entre o comprador e o vendedor. As três folhas das faturas eram impressas em papel ou pergaminho. O pergaminho, assim chamado porque a técnica foi aperfeiçoada no antigo reino de Pérgamo, nada mais era do que o couro do cabrito ou da ovelha tratado com alume, a pedra-ume, que o deixava pronto para ser utilizado na escrita ou na encadernação.

Favela: de origem controversa. Pode ter vindo do latim *favilla*, cinza quente, ou de *favu*, conjunto de alvéolos de uma colmeia, também denominado cortiço. Como habitação popular, de acordo com Antenor Nascentes, a origem está ligada à região de Canudos, no nordeste da Bahia. Em elevação conhecida como Morro da Favela, por ser abundante ali o arbusto que tem esse nome, acamparam os soldados da sangrenta expedição que arremeteu contra os seguidores de Antônio Vicente Mendes Maciel, o Antônio Conselheiro. Ao voltarem ao Rio, esses soldados pediram licença ao Ministério da Guerra para se estabelecerem com suas famílias no alto do morro da Providência, que passaram a referir por morro da Favela.

Favorecimento: de favor, do latim *favor*, presente no verbo favorecer, fazer favor. O processo de formação da palavra está presente em muitas outras, de que é exemplo esquecimento. Pode ter ocorrido processo semelhante, em que o sufixo "mento" é agregado, o "i" funcionando como ligação que entra no lugar de "er": esquecer, esquecimento; favorecer, favorecimento. O favorecimento era tarefa exclusiva dos deuses. Na antiga Roma, marcada por deuses pagãos, isto é, rurais – em latim *paganus* designa tudo o que é do campo, de onde se formou *pagus*, pago, pequeno povoado, ainda presente no português do Brasil meridional – os favores eram feitos pelas divindades que protegiam os rebanhos e as plantações. Com o advento do cristianismo, os favores passaram a ser dados pelos papas a partir do século IV, quando a nova religião tornou-se a oficial do Império Romano, em forma de bênçãos, indulgências etc., mas na Idade Média os papas e outros eclesiásticos, para burlar o voto de pobreza feito diante de Deus, agraciavam seus sobrinhos com favores terrenos, pois não tinham filhos, por força do celibato compulsório, aos quais enriqueciam, dando dinheiro ou propriedades, fazendo coisas de Satanás. Foi esta a origem do nepotismo. *Nepos*, em latim, é sobrinho. Os políticos que o praticam, substituindo os sobrinhos por filhos, irmãos, pais e muitos outros parentes, costumam disfarçar a prática com eufemismos, mas o deputado Severino Cavalcanti escancarou a porteira ao declarar, depois de garantir cobiçado emprego público a um dos filhos, que o nepotismo era dupla prova de competência: do pai e do filho. O escritor austríaco Karl Kraus lembrou em *Casos, Ideias*: *"Der Teufel ist optimist, wenn er glaubt, das er die Menchen schleter machen kann"* ("O diabo é otimista, ele acredita que pode piorar as pessoas"). Outros autores informam que o celibato de padres e freiras, embora recomendado, somente levou à proibição do casamento por volta do ano mil.

Feminino: do latim *femina*, fêmea, animal do sexo feminino, às vezes designando também, no gênero humano, a mulher. A questão dos gêneros em português – que não tem neutro, apenas masculino e feminino – é cheia de sutis complexidades. A fêmea do elefante é aliá, mas a força da fala popular impôs também elefanta. A do javali é gironda, mas os gramáticos tiveram que aceitar também javalina. O de zangão é abelha; o de cavaleiro, amazona; o de cavalheiro, dama; o de jabuti, jabota; o de vitu, saúva, sendo mais conhecida a fêmea, por analogia com formiga. Naturalmente, nenhuma dessas palavras sintetiza o "eterno feminino", expressão que indica a mulher como tema ou dominante e preferencial, que tem encantado escritores e artistas ao longo de milênios, ainda que para os animais, principalmente para os mamíferos, o eterno feminino esteja nas respectivas fêmeas.

Ferroviário: de ferrovia, palavra criada em fins do século XIX para designar a estrada de ferro, expressão pela qual é também conhecida. Sua origem remota é ferro, do latim *ferrum*. A mais famosa ferrovia nacional é a Estrada de Ferro Central do Brasil, reduzida para *Central do Brasil* apenas no título do filme de Walter Salles, estrelado entre outros por Fernanda Montenegro, Marília Pêra, Vinicius de Oliveira, Othon Bastos e Otávio Augusto. O argumento baseia-se em mulher (Fernanda Montenegro) que

MIL E UMA PALAVRAS DE DIREITO

escreve cartas para analfabetos na estação da Central do Brasil, no Rio de Janeiro, e ajuda um menino (Vinícius de Oliveira) a procurar o pai, que jamais conheceu, no interior do Nordeste. Ferrovias e trens estão presentes em várias obras da literatura brasileiras, algumas das quais transpostas para o cinema, como os romances *Doramundo*, de Geraldo Ferraz, e *Mad Maria*, de Márcio Souza, este último transformado em minissérie na televisão, cujo tema solar é a ferrovia Madeira-Mamoré.

Figura: do latim *figura,* imagem, representação, molde, de que é exemplo paradoxal a sociedade de uma só pessoa só, ainda assim pessoa física ou jurídica. Os antigos romanos realçaram as ligações entre direito e ficção. Povo prático, trouxe o termo *figura* do verbo *fingere*, fingir, fazer de conta, designando o trabalho do oleiro que fazia imagens de barro. O profissional ganhou este nome porque seu ofício principal era fazer a panela, *olla,* em latim panela de barro. Acusação e defesa fazem ficção nos júris, sem dispensar ornamentação da linguagem em suas narrações e perorações. Mas, sabendo conciliar a contribuição de povos que conquistaram, de cultura superior à deles, como os gregos, uniram à prática o refinamento intelectual. Na Grécia antiga, o pioneiro em metáforas e metonímias foi Górgias, natural de Leôncio, cidade a norte de Siracusa. Ele chegou a Atenas precedido pela fama de ter juntado a beleza da poesia à prosa, ao criar as figuras de linguagem. É dele também a divisão dos discursos em três categorias: deliberativo, judiciário e epidítico, palavra vinda do grego *epideiktikós*, demonstrativo. Com efeito, num julgamento, o discurso judiciário trata do passado dos réus, mas, no presente, delibera como será o futuro deles. Nos júris, prevalece o discurso epidítico, que teatraliza o presente.

Finório: do latim *finis*, fronteira, limite, mas também objetivo, meta, duplicado com o sentido de hábil, mais o sufixo *ório*, indicador de pertinência, lugar de ação, como em casório, confessório. Do latim medieval *finu,* perfeito, refinado, da raiz latina *fin*, presente em *finis*, fim, limite, fronteira. É adjetivo utilizado para qualificar a quem, aparentando ingenuidade, esconde as verdadeiras intenções. Aparece neste trecho de *Quando Alegre Partiste*, romance do paraibano Moacir Japiassu, aclamado por especialistas como um dos melhores livros de 2005: "*O pai da moça agiu como se o finório tivesse posto a reprimenda a bom recado e dispensou-o. O professor agradeceu a 'compreensão' do 'senhor presidente', garantiu que nada havia entre Vera e ele e prometeu, em nome da concórdia e do recato, refrear os* *arroubos d'alma'. Deixou a sala a repetir mentalmente: arroubos d'alma, expressão que denotava erudição e donaire próprios de um professor do Pedro II.".*

Firma: de firmar, do latim *firmare*, firmar, fortalecer, consolidar, fixar. Tornou-se sinônimo de assinatura e estabelecimento industrial ou comercial. A firma, antes de ser assinatura por extenso, abreviada ou rubrica, foi o sinete, que poderia ter a forma arredonda de um anel, um utensílio que trazia gravado em alto ou baixo-relevo um monograma ou um brasão marcados no lacre, tornando inviolável a folha ou folhas utilizadas em mensagens e documentos, atestando a legitimidade de onde fora enviada ou exarada. Nasceu aí o sentido de honrar a firma, isto é, cumprir a obrigação, ainda que depois pudesse ser discutida. O fio do bigode precedeu o lacre, a assinatura e a rubrica. Consistia em dar em garantia da palavra empenhada um fio da própria barba, retirada em geral do bigode. De origem controversa, bigode pode ter vindo da antiga expressão germânica pronunciada nos juramentos: *bi Gott*, por Deus.

Fome: do latim *fame*, declinação de *fames*. Nas línguas neolatinas o vocábulo chegou entre os fins do primeiro milênio e começos do segundo, de que é exemplo o espanhol *hambre*, mesclado ao guascão *hame* e ao sardo *fámine*. No francês, no século XII era registrado *faim*. Na língua portuguesa, no século XI, exatamente no ano de 1048, aparece *fame*, que depois evoluiu para fome, provavelmente por influência de *come*, do verbo comer, do latim *comedere*. A fome é tão antiga no mundo quanto o homem. Na *Carta sobre a felicidade*, o filósofo Epicuro escreve a seu amigo Meneceu – naquele contexto, o amigo era também às vezes o namorado – comentando a conquista da felicidade, que tem no ato de comer o requisito básico, ao lado de matar a sede: "pão e água produzem o prazer mais profundo quando ingeridos por quem deles necessita".

Foragido: da expressão latina *foras exitu*, saído fora, no sentido de fugir para escapar à Justiça, pelo provençal antigo forreissit, designando o que deixou o fórum, não o prédio onde funcionavam os tribunais, mas a jurisdição onde vivia e onde as leis o alcançavam. No sentido atual, designa o cidadão que vive escondido, às vezes em outro país, com leis diferentes do lugar onde nasceu, fugitivo da Justiça, nem sempre clandestino, mas ao contrário, como fazia o famoso ladrão inglês Ronald Biggs, que viveu no

MIL E UMA PALAVRAS DE DIREITO

Brasil de 1966 a 2002, à vista de todos, depois de fugir de uma prisão inglesa. Seu crime foi assaltar um trem pagador, em 1963, que levava 2,6 milhões de libras, algo como R$ 180 milhões, de Glasgow, na Escócia, a Londres, na Inglaterra. Foragido é também *"o indivíduo que foge da polícia por haver cometido um delito, ou que foge da prisão onde cumpria pena, escondendo-se em lugar incerto"*, de acordo com o dicionário *Houaiss*.

Fórum: do latim *forum*, trazido da raiz indo-europeia *dhwer*, porta de muro, saída. Primitivamente designou a parte da casa entre construção principal e o muro que protegia. Ali eram cultivados os cereais e enterrados os mortos, depois transformados em lares, pois os romanos acreditavam que protegiam a casa onde tinham morado, ajudando o deus Lar, protetor das residências. Lugar de orações aos Lares e também de comércio, ensejou o surgimento de conflitos, resolvidos juridicamente, tanto mais que para os romanos o *jus* (Direito) era coisa sagrada. Com a evolução das cidades, o sentido se ampliou para a praça do mercado, onde igualmente se situavam os principais edifícios públicos, inclusive aquele em que era administrada a justiça.

Franqueza: de franco, do frâncico *frank*, designando originalmente confederação de povos germânicos que invadiram a Gália, antigo território situado na França atual, conquistado pelos romanos em árduas batalhas, narradas pelo general Caio Júlio César na famosa obra *De Bello Gallico, A guerra gaulesa*. Ocorre que, no latim, *frank* tornou-se *francus* no caso nominativo, mas nas declinações o "c" muda o som de "k" para "s", fonema consolidado no português em vocábulos como França e francês. No primeiro caso designando pessoa, homem ou mulher, que, nas roupas e no comportamento, seguia a etiqueta da corte francesa, às vezes com certo exagero para marcar o estilo. No segundo caso, adjetivo de tudo o que se refere à França. Os francos estavam desobrigados de impostos e deram origem ao significado de livre, nas alfândegas e portos. Provavelmente o vocábulo passou a sinônimo de sincero, porque os francos, além de livres de impostos, caracterizavam-se por dizer abertamente o que pensavam, expondo-se sem subterfúgios em seus territórios.

Fraseologia: do latim *phraseologia*, tratado da frase, palavra surgida no Renascimento, pelo francês *phraséologie*, estudo da construção das frases e coleta de frases, com origem remota no grego *phrásis*, frase, e *logos*, estudo, tratado. No grego, o verbo *phrázó* significa pôr no espírito, fazer compreender, explicar, indicar por sinal ou por palavra, e o adjetivo *phrastikós* caracteriza explicação. O filólogo brasileiro Antenor Nascentes é autor do mais completo dicionário de frases, expressões e locuções da língua portuguesa, o *Tesouro da Fraseologia Brasileira*, que reúne exemplos de como a língua portuguesa aqui implantada pelos colonizadores manteve a estrutura original, mas procedeu a várias alterações em muitas frases e expressões. Algumas vieram da antiga Grécia até nossos dias, como "ter medo da própria sombra", que alude ao episódio da doma do cavalo Bucéfalo, que tinha medo da própria sombra, problema resolvido pelo famoso aluno de Aristóteles, Alexandre, o Grande, que nele montou, dirigindo-se com as rédeas na direção do sol, para evitar a sombra, evento revelador do poder de observação e inteligência do grande militar, que pode ser conferido na solução que dava a problemas estratégicos e táticos nas batalhas. Ou "acender uma vela a Deus e outra ao Diabo", que refere episódio em que Guilherme Robert de La Marck se fez retratar ajoelhado diante de Santa Margarida, representada com um dragão aos pés. A legenda diz: "*se Deus não me ajudar, que ao menos não me falte o diabo*". Santa Margarida é representada com um dragão aos pés porque teria sido engolida pelo demônio, que tomara a forma de um dragão, e saíra de seu ventre rompendo-o com um crucifixo.

Fraternidade: do latim *fraternitate*, fraternidade, declinação de *fraternitas*. O grego tem *phráter*, membro de uma mesma fratria, irmandade. O grego como o latim mantêm laços de parentesco com a raiz indo-europeia *bhrater*, irmão, que em inglês resultou em *brother*. O francês *frère*, irmão, manteve a raiz da língua-mãe, o latim *frater*, irmão, que em italiano, também língua neolatina, é *fratello*. Já espanhol *hermano* e o português irmão radicam-se em *germanus*, germano, da mesma raça, da mesma *gens*, gente. O primeiro dia do ano é dedicado à fraternidade universal.

Funeral: do latim *funeralis*, funeral, cerimônia de sepultamento, enterro, cremação do cadáver, que no caso de figuras célebres não dispensavam as pompas, ontem como hoje. Ligado a funeral e fúnebre, surgiu funesto, do latim *funestus*, funesto, mortal, fatal, derivado de *funus*, morto, cadáver. Funesto é tudo o que pressagia morte, desgraça, tristeza.

G

Gajo: provavelmente do caló ou do dialeto cigano *gachó*, indivíduo, tipo, sujeito, mas em sentido pejorativo. Os arabistas espanhóis transcreviam como "ch" a pronúncia da quinta letra do alfabeto árabe, pronunciada "dj" na Ásia e "j" nos países bárbaros. Outros dão como redução de gajão, que teria sido transcrito *gachón*, variante de *gachó* entre os ciganos, mas com o significado de tratamento cerimonioso dos ciganos para pessoas estranhas, equivalente a "meu senhor".

Ganância: do espanhol *ganancia*, lucro. É provável que a variante culta da língua portuguesa tenha preferido o vocábulo espanhol para designar o que primitivamente teria sido grafado como ganhança. Com o tempo, passou a indicar ambição por lucros abusivos, margens exageradas e condenáveis de lucro.

Gângster: do inglês, *gangster*, membro de uma *gang*, bando que pensa e age de forma cooperativa, visando fins criminosos. Mas o inglês *gang* designou originalmente apenas o conjunto de instrumentos que podem ser usados simultaneamente. Foi depois aplicado a pessoas que andavam juntas, pois *gang* mudou de significado, passando a designar a jornada. E gângster veio a ser o integrante do grupo que andava junto a *gang*, gangue em português, associação de malfeitores. No germânico antigo, *gang* designava caminho.

Garantia: do francês *garantie*, garantia, ato ou palavra com que é assegurado o cumprimento de obrigação, promessa, compromisso. Designa, na indústria moderna, documento que atesta ser bom o produto que o consumidor adquiriu e que o fabricante se responsabiliza por repará-lo ou substitui-lo em casa de defeito, mas apenas durante um certo período. Nos alimentos, a garantia indica o prazo de validade. Infelizmente, não há o mesmo recurso para políticos. O eleitor volta num candidato e ele muda de partido sem consultar os eleitores, ainda que o Partido não possa proceder do mesmo modo, trocando também os eleitos. E o eleitor só pode trocar de quatro em quatro anos, exceto no caso dos senadores, cujo mandado é de oito anos.

Garrote: do espanhol *garrote*, diminutivo popular de *garra,* garra. Designava originalmente pequena cangalha posta no pescoço das reses com o fim de impedir que rompessem ou pulassem as cercas dos gramados. Como estivesse preso ao pescoço, passou a ser usado para indicar o pau curto utilizado para apertar a corda com que se estrangulava os condenados pela Inquisição. Era modo humilhante de morrer, daí a expressão garrote vil, de uso corrente em Portugal.

Gastança: de gastar, do latim *vastare*, destruir, pilhar, tornar deserto, devastar; é neologismo criado por economistas e jornalistas especializados para designar o antônimo de poupança. O porco tornou-se símbolo de poupança depois que sua figura foi estilizada na forma de um recipiente de moedas economizadas, um insólito cofrinho, invenção do militar e engenheiro francês Sebastian Le Pestre. Depois de calcular que um porco apenas resultava em seis milhões de descendentes, decidiu que o animal poderia ser um bom símbolo para as crianças fazerem do simulacro uma caderneta de poupança.

Generalidade: do latim *generalitate*, declinação de *generalitas*, ligado a genus, linhagem, gênero, como em "gênero humano" e general, militar que manda em todos. Pico de la Mirandola, um dos filósofos mais encantadores e curiosos do Renascimento, deveria ser o patrono de certos jornalistas. O famoso humanista italiano jactava-se de poder discutir todo o conhecimento universal. Adotou a divisa latina *"De omni re scibili"* (De todas as coisas sabíveis). O irônico Voltaire, cujo nome completo é François-Marie Arouet de Voltaire, acrescentou como deboche: *"et quibusdam aliis"* (e mais algumas). Picolo tinha apenas 23 anos quando foi a Roma defender 900 teses tiradas de sábios greco-latinos, hebraicos e árabes que tratavam dos mais diversos temas. Sua tese de número 11 tem um título extenso, como então era de praxe: *"Ad omnis scibilis investigationem et intellectionem"* (Pesquisa e entendimento de tudo o que é sabível).

Gentalha: do italiano *gentaglia*, designando agrupamento de pessoas de má índole, dada a atos ilícitos de todos os tipos. Gentalha passou a sinônimo de quadrilha, do espanhol *cuadrilla*, quadrilha, palavra que indica ser antigamente o dividido em quatro partes o produto do assalto, roubo ou furto. Nasceu em tais circunstâncias o aportuguesamento da palavra espanhola para designar o coletivo de pessoas dadas a praticar pequenos delitos. Com o passar do tempo e devido à impunidade, também as classes médias e altas.

Gente: do latim *gente*, declinação de *gens*, grupamento familial de pessoas nascidas livres, com um antepassado comum, subordinadas ao *pater*, pai, que tinha sobre todos um tríplice direito: religioso, civil e militar, em oposição aos patrícios, a nobreza romana.

Gentil: do latim *gentilis*, da mesma *gens*, gente, mas depois passou a designar o bárbaro, o estrangeiro. Com a aculturação, os costumes nobres foram passados aos bárbaros. Na Bíblia, gentio, do mesmo étimo, designa quem não é judeu.

Gerente: do latim *gerente*, do verbo *gerere*, gerir, trazer em cima do corpo, tendo também o significado de criar. Com a infestação de neologismos diversos, sobretudo vindos do inglês, uma variante tem tomado conta dos domínios deste vocábulo, substituído por *manager*. Entretanto, também *manager* vem do latim *manus*, mão, indicando, pois, que designa pessoa que usa as mãos para fazer alguma coisa. A palavra inglesa está radica no verbo italiano *mannegiare*, manejar. Antes de gerir qualquer coisa, o *manager* inglês designava apenas o condutor de cavalos e burros, ofício depois evoluído para motorista, apesar de persistir a designação da força dos automóveis por critérios equinos, de que é exemplo a expressão HP, sigla de *horse power*, força cavalar, poder do cavalo. Modernamente, *manager* e gerente indicam profissional encarregado de tarefas executivas, para as quais tem autonomia que outros não têm.

Gestão: do latim *gestione*, declinação de *gestio*, designando ato de gerir, administrar. Os puristas consideram que veio do francês *gestion*, caracterizando-o como galicismo, modo de falar ou de escrever muito apegado ao francês. Inicialmente, era usual a gestão de recursos ou patrimônios não ser remunerada. Foi a profissionalização na esfera administrativa, nos setores privado e público, que a consolidou como serviço contratado mediante pagamento.

Glamorizar: do inglês *glamour*, encanto pessoal, alteração de *grammar*, gramática. Foram os escoceses os primeiros a alterar a palavra para *glamer*, no século XVII. Os que falavam de acordo com as regras gramaticais da língua culta tinham provavelmente vestes e modos mais afetados do que o povo, para quem a gramática escrita sempre ofereceu mistérios mais profundos do que os das ciências ocultas. O vocábulo viajou para diversas línguas e hoje indica encanto pessoal, charme, qualificação.

Glosa: do grego *glôssa*, ponta, língua, pelo latim clássico *glossa*, *glosa* no latim tardio, sinônimo de palavra desconhecida, de significado obscuro, demandando explicações. A palavra deu origem ao verbo glosar. Também se chama glosa a supressão total ou parcial de quantia averbada por escrito numa conta. Os primeiros glosadores fizeram glossários, do latim *glossarium*, reunião desses comentários e depois aplicado a qualquer rol de explicações, com dois "s" porque sua origem é o latim culto *glossa*.

Gorjeio: de gorjear, verbo formado de gorja, do francês *gorge*, garganta, e este do latim tardio *gurga*, garganta, por analogia com *gurges*, que no latim designava abismo, precipício, sorvedouro. Gorjear tornou-se sinônimo de trinar, verbo mais adequado do que cantar para a maioria das vozes dos pássaros. "*As aves que aqui gorjeiam,/ Não gorjeiam como lá*", escreveu o poeta romântico Gonçalves Dias, então exilado na Europa, num poema apropriadamente intitulado *Canção do Exílio*. Quem fez da língua grega um verdadeiro gorjeio foi Górgias, natural de Leôncio, cidade a norte de Siracusa. Ele chegou a Atenas precedido pela fama de ter juntado a beleza da poesia à prosa, ao criar as figuras de linguagem. É dele também a divisão dos discursos em três categorias: deliberativo, judiciário e epidítico, palavra vinda do grego *epideiktikós*, demonstrativo. "Enquanto o discurso judiciário examina o passado e o deliberativo incita a ação futura, o discurso epidítico teatraliza o presente", diz o romancista e professor catarinense Donaldo Schüller em *Origens do Discurso Democrático*, (editora LPM).

Governador: do latim *gubernatore*, declinação de *gubernator*, piloto, timoneiro, o que dirige o leme. Como se vê, a palavra que veio a designar o administrador procede das lides náuticas. No latim, o feminino de *gubernator* é *gubernatrix,* palavra que indica não serem os cargos de direção nos navios, mesmo na antiguidade, privativos de homens. Em terra, oprimidas. Mas no mar, não. Mulheres saíram a navegar e a dirigir as naus, do contrário a língua não designaria o ofício. Mas, na política, a Roma antiga não teve governadoras, como Pilatos foi da Judeia e designado como procurador. Outros tempos.

Grã-fino: de origem controversa, provavelmente da junção de grã, do latim *grana,* grão, semente, e fino, do latim *finis,* fim, limite, ponto de chegada, bem-acabado, perfeito. O indivíduo chique recebeu tal designação por ser costume de aristocratas e outros frequentadores da corte francesa aplicarem no rosto um tipo de cosmético feito com poções de pó obtido pela moagem do grão-fino, semente especial para esse fim. Com o tempo, o português adotou como variantes as formas granfo e granfa.

Gramática: do latim *grammatica,* arte e técnica de escrever. Os romanos trouxeram o vocábulo do grego *grammatiké.* O grego *grammatos,* caso genitivo de *gramma,* designa caractere, inscrição, letra, escrópulo (pedrinha utilizada como antiga medida de peso, equivalente a 1,125 grama, de onde surgiu o latim *scrupulum,* designando cuidado, precisão, zelo excessivo, remorso). Sendo nossa língua filha dileta do latim – e não a "última flor do Lácio", como disse Olavo Bilac em célebre poema, pois ela foi uma das primeiras –, alguns gramáticos exageram nos cuidados de proteção ao idioma, de que são exemplos as propostas de antigo filólogo de substituir abajur por lucivelo; anúncio por preconício; cachecol por castelete; claque por venaplauso; massagem por premagem; turista por ludâmbulo; repórter por alvissareiro e futebol por ludopédio.

Grampo: do alemão *krampe,* grampo, gancho. Vocábulo de muitos significados, designa adereço que as mulheres usam para prender os cabelos ou parte deles, em arranjos estéticos admiráveis pela transformação súbita do visual, nascida de um pequeno gesto como o de descobrir mais o rosto. O grampo que está na ordem do dia é, porém, outro e muito feio. O das escutas telefônicas ilegais que os arapongas fizeram para chantagear os bisbilhotados. Nossas leis garantem o sigilo das conversas ao telefone.

Grifo: do latim *gryphus,* mas como sinônimo do sobrenome do ourives e tipógrafo italiano Francesco Griffo, também chamado Francesco da

Bologna, por ser antigo costume acrescentar ao nome das personalidades de relevo o nome da cidade com a qual estavam mais ligadas, como o filósofo Erasmo de Roterdã. O novo tipo, mais fino, que dá mais espaço no interior das letras, foi denominado itálico, do latim *italicu*, da Itália, no alvorecer do século XVI, provavelmente por influências de outros inventores e empresários, também italianos, como os calígrafos e impressores Aldus Manutius e Ludovico Legli Arrighi, que aperfeiçoaram a letra, inclinada para a direita, mais fina do que as outras, para destacar certas palavras ou trechos. Franceses e alemães, entretanto, atribuem a invenção do grifo ou itálico a Sébastien Gryphe, impressor alemão que se estabeleceu na França, depois de aprender seu ofício na Itália. Em Lion, fundou um atelier, cujo distintivo, que lembrava seu sobrenome, era um grifo, animal fabuloso, de cabeça de águia e garras de leão.

Guilhotina: do francês *guilltoin*, do nome do médico Joseph Ignace Guillotin, que defendeu o uso desse instrumento de execução da pena máxima para todos os condenados, nobres ou plebeus, tendo também sido submetido a esse tipo de morte. Daí alguns livros darem-no como autor do invento, na verdade obra de outro médico, também francês, chamado Louis. Na França, *louisette* é sinônimo de guilhotina. Quando engenho semelhante foi utilizado para cortar papel nas gráficas, recebeu o mesmo nome.

H

Habeas corpus: da expressão latina que significa "que tenhas o corpo", cuja origem remota é a Magna Carta inglesa de 1215, mas que, embora tenha vigorado durante a Idade Média, é datado oficialmente de 1679. Designa "garantia constitucional outorgada em favor de quem sofre ou está na iminência de sofrer coação ou violência na sua liberdade de locomoção por ilegalidade ou abuso de poder". O *Habeas Corpus Act*, sancionado por Carlos II (1630-1685), então rei da Inglaterra, Escócia e Irlanda, está incorporado aos sistemas jurídicos de quase todos os países. Seu significado é que tenhas teu corpo. O objetivo deste preceito é garantir ao acusado o direito de aguardar o julgamento em liberdade, sob fiança. Quando não havia *habeas corpus*, o suspeito ou preso sofria maus-tratos antes de qualquer investigação.

Hediondo: do castelhano antigo *hediente*, depois *hediondo*, alteração de *fediondo*, repugnante, com origem remota no latim *foetibundus*, fedido. No latim a palavra foi formada a partir do verbo *foetere*, feder, cheirar mal, e o sufixo *bundus*, indicador de excesso, como em moribundo (muito próximo da morte), meditabundo (medita muito), tremebundo (treme muito) e furibundo (muito furioso). Os olhos (veem o feio), o nariz (sente o mau cheiro) e os ouvidos (ouvem a estridência) percebem o mundo, selecionando e classificando o visto, o cheirado e o ouvido a partir de sensações. Como determinados crimes mexem muito com sentimentos, foram designados como hediondos na lei, por força da rejeição e da condenação sociais mais fortes quando comparados a outros que não causam reações de monta. Mas o conceito é equivocado, pois todo crime é feio, repugnante, abominável, não sendo possível existir o crime bonito, agradável, aceito. Tipificar como hediondos alguns delitos equivale a sancionar outros. O STF, ao garantir que também os autores de crimes hediondos têm direito a vantagens obtidas por outros criminosos, nada mais fez do que garantir a igualdade de todos perante a lei. E a lei garante a todos os encarcerados o direito à "progressão da pena", de que estavam privados os autores de crimes classificados como hediondos. Pressionados por desajustes sociais, os legisladores caíram em algumas emboscadas antidemocráticas.

Herança: do latim *haerentia,* designando os bens deixados aos vivos pelos mortos por meio de testamento, quando eles podem prever a hora da partida, ou outros documentos. Por vezes, nem bem são enxugadas as lágrimas derramadas no velório, já começam a esguichar outras, não mais de compaixão, mas de raiva deflagrada nos conflitos nascidos entre os candidatos à distribuição das riquezas. Talvez tenha sido por isso que algumas culturas antigas enterraram seus mortos com tudo o que lhes pertencia.

Hermenêutica: do grego *herméneutikê*, arte de interpretar. A palavra é formada a partir de *tékhne*, arte ou técnica, e de *Hermés*, Hermes, mensageiro dos deuses. Os antigos gregos colocavam o busto ou a cabeça deste deus sobre colunas, em ginásios, estradas e encruzilhadas, indicando lugares e direções. Há erros de interpretação de textos que já duram milênios. Uma das principais vítimas de interpretações bíblicas é Maria Madalena, dada como companheira de Jesus pelo romancista Dan Brown em *O Código Da Vinci*, por ter substituído "face" ou "bochecha" por "boca", ao explicar um beijo. Disse o autor, baseando-se num texto apócrifo de apóstolo Felipe: "Como qualquer estudioso de aramaico poderá explicar, a palavra companheira, naquela época, significava esposa". Ora, o texto do apóstolo chegou em copta e não em aramaico! Em sermão feito na páscoa de 591, o papa Gregório, o Grande, confundiu a prostituta, de que Lucas fala no capítulo 7, com Maria Madalena, no capítulo 8. Nasceu aí a ideia de que Maria de Magdala (aldeia onde ela morava) fosse prostituta. Foi engano de leitura.

Hierarquia: do grego *hierarchia*, que designava dignidade, ordem e subordinação entre sacerdotes, anjos e poderes, em escalas perfeitamente delimitadas. Na economia, as autoridades cumprem funções de acordo com os postos que detêm, submetendo-se todas ao ministro da Fazenda e este ao presidente da República. É também muito usada no meio a expressão "hierarquia de necessidades", criada pela teoria motivacional, consistindo de necessidades fisiológicas, de segurança, de participação, de estima e de autorrealização.

Hipoteca: do grego *hypotheke*, base, segurança, garantia, chegando ao latim com o mesmo sentido e outra grafia, *hypotheca*, conservando-se assim no português até a reforma que eliminou o 'th' e substituiu o 'y' pelo 'i' para simplificar o vocábulo, de largo uso em economia e finanças. Originalmente, *hypotheke*, na Grécia antiga, era um marco de pedra ou madeira, posto pelo credor em propriedades de seus devedores, sobretudo em períodos de guerra ou de seca.

Homicida: do latim tardio *homicida*, homicida, formado a partir de *hominis excidium*, destruição do homem por outro homem, segundo o famoso jurista Nélson Hungria, que também ensinou ser tal definição pleonástica, "pois o sujeito ativo do crime é sempre o homem e todo crime tem por pressuposto a injustiça". O latim clássico não conhecia o vocábulo. Nelson Rodrigues, sempre hiperbólico, utiliza este adjetivo com frequência em suas crônicas sobre futebol para caracterizar comportamentos dentro do campo, mas nem sempre em tom pejorativo.

Homiziar: do português arcaico *homizio*, equivalente a homicídio, formou-se este verbo, devido ao costume do homicida sertanejo esconder--se em algum lugar ignoto, que às vezes era a fazenda de quem, ao sabor de sua conveniência, o transforma de força de trabalho em braço armado. Homiziar adquiriu, então, o significado de esconder-se depois da prática de um crime, com o fim de evitar a ação da lei.

Homologar: do grego *homológeo*, de *homo*, semelhante, igual e *logos*, linguagem, juízo, conceito, ideia. Em português, homologar é aprovar, concordar, exarar o mesmo juízo constante no documento recebido de outra instância, a ser ratificado em instância superior ou mais abrangente. É difícil encontrar abonamentos de homologar e homologação em textos literários, pela marca excessivamente burocrática que tais vocábulos adquiriram ao longo do tempo.

Honorário: do latim *honorarium*, honorário, reconhecimento em forma de homenagem, distinção, diploma etc., mas que desde a época imperial evoluiu, ainda no latim, para remuneração monetária por serviços altamente qualificados, que não poderiam ser pagos com o *salarium*, inicialmente porção de sal e posteriormente dinheiro para comprá-lo. Nos tempos modernos, com a consolidação das profissões liberais, como a advocacia e a medicina, a remuneração dessas especializações é identificada como honorários.

Hora: do grego *hóra*, pelo latim *hora*, divisão de tempo. As Horas eram divindades, filhas de Júpiter e Têmis. Presidiam às estações do ano e eram guardas das portas do Céu. Na Idade Média, sugiram as divisões minuto e segundo, do latim *primus minutus*, primeira pequena parte da hora, e *secundus minutus*, segunda pequena parte da hora. Mais tarde, por economia, que é a regra básica da elegância, houve elipses de *primus* e *minutus*. Elipse vem do grego *élleipsis*, falta, omissão. Já as denominações *Hora H* e *Dia D* procedem do inglês e estão vinculadas à linguagem militar. Na fase de preparação dos combates, antepõem-se números de horas e de dias, antes da eclosão do evento. Quando chega o dia e a hora, o primeiro é chamado *Dia D*. E a segunda, *Hora H*. A duração da hora romana variava muito. É dos árabes o padrão de 60 minutos.

Horda: do tártaro *urdu* e do turco *ordu*, significando acampamento, passando pelo francês *horde*, já com o sentido de agrupamento anárquico, bando, gente que vive em anomia quase completa.

Horror: do latim *horrore*, medo, pavor. O horror pode ser santo, quando mesclado ao temor de forças divinas. Mas em seu sentido mais comum designa situações desagradáveis da realidade que nos cerca e que inspiram medo.

Idem: do latim *item*, significando igualmente, do mesmo modo. Em caso de repetição sequencial, usa-se ibidem, muito usado em citações bibliográficas. No Rio Grande do Sul, achou-se este primor de tabela num açougue: "Carne sem osso; idem, com osso; ibidem, sem idem; idem, sem ibidem". E o preço ia diminuindo, sendo o último item gratuito.

Identidade: do latim escolástico *identitate*, declinação de *identitas*, identidade. No latim, a palavra foi formada a partir de *idem,* o mesmo, a mesma, e *entitate,* declinação de *entitas,* entidade, ser. A identidade, conjunto de marcas singularíssimas de uma pessoa, faz com que a existência dos sósias seja um fenômeno raro, explorado pelos meios de comunicação social. O sujeito parece-se com alguém, podendo ser ou não ser quem se imagina, dúvida que as impressões digitais ou o exame da arcada dentária podem dirimir.

Identificação: a partir do latim escolástico *identicu,* perfeitamente igual, formaram-se no português idêntico, identificar e identificação. Os indivíduos passaram a ser identificados em nome da proteção da sociedade e deles mesmos, mas hoje já estão mais claros outros propósitos, como os de controle e censura. A técnica mais antiga de identificação era a tatuagem, já utilizada pelos romanos para marcar os mercenários de suas tropas. A partir do século XIX a fotografia, a medição antropométrica e a datiloscopia passaram a ser fundamentais no trabalho de identificação das pessoas. No Brasil, a cédula de identidade, mais conhecida sob as iniciais RG (Registro Geral), traz o nome do portador, o de seus pais, o da cidade e o do Estado em que nasceu, o dia, mês e ano em que veio ao mundo, uma foto, a impressão digital do polegar direito, a cidade, o estado, a data, o número de matrícula do funcionário responsável, sua assinatura e o emblema da polícia civil, entre outras informações. Daí o olhar de espanto e desconfiança presente em todas as fotos das carteiras de identidade, como também são chamadas. Com tantos controles, qualquer um pode ter quantas identidades quiser, bastando para isso solicitá-las em quantos Estados desejar. Tem, porém, utilidade insólita e não prevista: quando uma pessoa sente-se em crise de identidade, é só sacá-la do bolso – seu uso é obrigatório – e conferir que ela é ela mesma, a própria, filha de sua mãe e de seu pai.

Idiota: do grego *idiotes,* homem do povo, em oposição à classe mais culta, os aristocratas. Como se tratava de gente inculta e iletrada, passou a ser pejorativo. Mas nem sempre e nem em todos os lugares. Vários são os autores portugueses que se referem a juízes idiotas, isto é, juízes de paz, ou de ofício semelhante aos exercidos hoje nos juizados de pequenas causas, sem que a denominação significasse ofensa, como depois ficou praxe.

Idos: do latim *idus*, que era como os romanos chamavam o tempo completado até o dia 13 dos meses de janeiro, fevereiro, abril, junho, agosto, setembro, novembro e dezembro. Os idos dos outros meses do ano era o dia 15. O imperador Caio Júlio César foi assassinado nos idos de março, em conspiração liderada por seu filho adotivo, Marco Júnio Bruto, que suicidou--se dois anos depois. O evento tem sido tema de numerosos livros, peças de teatro, quadros, filmes etc. Uma canção de Raul Seixas, antigo parceiro de composições do escritor Paulo Coelho, em letras como *Eu sou a mosca que pousou na sua sopa*, tem o seguinte verso: "ei, Júlio César, pensa, não vai ao senado/ já sabem de teu plano para controlar o Estado".

Idoso: do latim *aetate*, idade, mais o sufixo *oso*, muito comum na formação de palavras em nossa língua. Formou-se por haplologia, isto é, por eliminação. Idoso é sinônimo de velho, mas é usado como eufemismo. Assim, diz-se que os idosos, e não os velhos, têm passe livre nos coletivos, o mesmo ocorrendo quando eles referem-se a si mesmos em denominações de clubes e associações. Além do mais, o conceito tem variado através dos séculos. Uma velhinha medieval seria hoje, no máximo, uma coroa.

Ilegítimo: do latim *illegitimus,* contra a lei, fora da lei, proibido. Diz-se, por exemplo, do filho fora do casamento, também denominado bastardo. Muitas personalidades tiveram filhos ilegítimos, inclusive papas, como foi o

MIL E UMA PALAVRAS DE DIREITO

caso do papa Santo Hormidas, pai do papa São Silvério. Apesar de hoje soar escandaloso um papa ter filho, no início da Idade Média alguns pontífices eram casados e já no fim do mesmo período, embora não casassem mais, alguns continuaram a ter amantes. Ilegítimos também foram os sobrinhos de alguns papas, nomeados para altas funções pelo único mérito de ser parentes do papa, o que gerou o nepotismo, depois aplicado não apenas ao sobrinho – *nepos, nepotis*, é sobrinho em latim – mas a qualquer parente ou pessoa que tenha algum tipo de relação com a autoridade que os nomeia, como cônjuges e cunhados.

Ilusão: do latim *illusione*, declinação de *illusio*, radicado em *ludus*, jogo, brinquedo, alterado para *ludius*, comediante. Provavelmente *ilusio* foi formado a partir da forma verbal *illusum*, de *illudere*, enganar em *ludus*, brincadeira, jogo. O vocábulo foi registrado pela primeira vez na língua portuguesa no século XIII, tendo sido escrito *ilusiom* na *Crônica da Ordem dos Frades Menores* (1209-1285): "começou Frey Amtonio a torçer a boca e a cara avoreçiuelmente por ilusiom diabólica", trecho que transcrito hoje ficaria assim: "começou Frei Antônio a torcer a boca e a cara aborrecidamente, por ilusão diabólica". Nos anos de aprendizagem do português, as crianças brasileiras, semelhando girinos da língua, retomam antigas formas medievais de escrever. Atores, atrizes e produtores de telenovelas podem fazer como Balzac e dar adeus às ilusões perdidas: com a televisão digital, muitos disfarces, até então despercebidos pelo telespectador, ficarão nítidos e ridículos, com paredes de tijolos feitas de papel pintado, maquiagem carregada demais para encobrir imperfeições no rosto etc.

Impasse: do francês *impasse*, sendo *im* o prefixo que indica a negação de *passe*, canal, passagem, mas ainda nas vias marítimas e fluviais. Em terra, o *impasse* tinha a denominação chula *cul-de-sac*, beco. Foi no francês que a palavra ganhou sentido conotativo, primeiramente com François Marie Arquet, mais conhecido como Voltaire e mais tarde com Denis Diderot, os grandes iluministas e autores de obras literárias que até hoje são referências indispensáveis. Das navegações, *impasse* veio para o jogo de cartas, designando lance que impedia a passagem de cartas ao jogador. Voltaire reprovou o chulo *cul-de-sac* na boca e na pena de homens cultos, propondo a variante *impasse*. Mas foi Diderot o primeiro a empregar a palavra como sinônimo de situação em que não há saída ou que ela é quase impossível, a menos que sejam feitas concessões mútuas, isto é, que alguém deixe o adversário passar.

Impeachment: do francês medieval *empechement*, daí ao inglês *impeachment*. Alguns líderes do primeiro *impeachment* da América Latina, o de Fernando Collor de Mello, em 1992, foram cassados posteriormente e condenados a diversas penas, inclusive à prisão, por delitos semelhantes àqueles imputados ao então presidente. Outras mudaram de opinião em 2016 e foram contra o *impeachment*, de Dilma Rousseff. Os juristas Hélio Bicudo, Modesto Carvalhosa e Miguel Reali Júnior, entretanto, defenderam o *impeachment* , tanto em 1992 quanto em 2016. E a presidente foi enfim deposta.

Impetrar: do latim *impetrare*, obter, alcançar, variação de *patrare*, executar como pai. O próprio verbo traz implícito *pater*, raiz indo-europeia que foi acolhida no grego e no latim, conservando o significado de pai, não no sentido biológico, mas no religioso e no social. Por influência dos genitivos grego *patrós* e latim *patris*, nas duas línguas quer dizer *do pai*. A raiz está presente em palavras como pátria, padrinho, patriota, padroado, patrício, patrono e assemelhadas, indicando proteção. Ao entrar para a língua portuguesa, no século XV, o verbo veio a designar ação de requerer abrigo de instância ou lei. Tendo migrado para o vocabulário jurídico, o verbo conservou o significado religioso que lhe era próprio: pedido de perdão pelos pecados ou pedido de graça a ser alcançada, agora entendida como *habeas corpus*, por exemplo, com a diferença de que a súplica não é mais feita a Deus, mas ao juiz. Desse modo, a petição, instrumento inicial do processo jurídico, substituiu a prece. Pode-se impetrar *habeas corpus* em benefício de quem sofre ou está prestes a sofrer limitações ou perda da liberdade. Trata-se, portanto, de impetrar garantia constitucional com o fim de evitar abuso de poder, coação ou violência por parte de autoridade.

Impugnar: do latim *impugnare*, impugnar, contestar, combater, recusar. *Pugna*, em latim, é luta. Impugnar é entrar na luta, atacar, investir. E por que *pugna* designa a luta? Porque *pugnus* é punho, radicado no panromânico *pumn,* punho. Pugilato, punhal, propugnar, repugnar, repugnante, rejeitar, projetar, eis outras palavras cuja origem tem a mesma procedência. Significam ato de afastar com os punhos, usá-los para defesa ou ataque. Modernamente, são a caneta e o computador que mais servem aos atos de impugnar, mas as segundas recusas, precedidas apenas de caretas e palavras, foram o soco e o empurrão. No Direito, a impugnação mantém a etimologia de luta presente no vocábulo, mas ela é feita em palavras, armas e ferramentas de quem refuta, contesta, impugna.

Imunidade: do latim *imunitas, imunitatis*. Tem imunidade aquele que é isento, que não pode ser atingido diante de alguma ameaça. Assim, goza de imunidade diante dos Poderes Executivo e Judiciário o membro do Legislativo, com o fim de atuar livremente no parlamento. Aquele que sofre de aids – sigla, em inglês, de Síndrome de Deficiência Imunológica Adquirida – perdeu sua imunidade diante das doenças.

Inadimplência: negação da adimplência, variação de adimplemento, do verbo adimplir, vindo do latim *adimplere*, cumprir um contrato. Consiste em descumprir, no todo ou em algumas cláusulas, o que foi combinado entre as partes.

Inativo: de ativo, do latim *ativus*, ativo, aquele que faz alguma coisa, antecedido do prefixo *in*, indicador de negação. Em economia, designa a totalidade dos bens de uma empresa ou pessoa, incluindo dinheiro, créditos, mercadorias, imóveis, investimentos, etc. Inativo é, pois, o que não faz nada, que está parado, paralisado, aplicando-se a vulcões, fábricas, máquinas etc. Na Previdência, designa o funcionário público, civil ou militar, que, por aposentadoria, reforma, doença ou outro motivo, recebe vencimentos sem exercer ativamente o trabalho. A designação é incorreta, pois os inativos trabalham muito, como a maioria dos aposentados.

Inclusão: do latim *inclusione*, declinação de *inclusio*, encerramento, prisão, fechamento, tendo se consolidado com o significado de aceitação, opondo-se a *exclusio*, exclusão, rejeição. Enquanto os três evangelistas e vários apóstolos que escreveram, esmeraram-se em excluir a mulher, houve um deles, quase feminista, que não somente a incluiu em seu evangelho, mas deu às mulheres importantes funções na vida de Jesus.

Incompatibilidade: de compatível, de *compatibile*, declinação do latim medieval *compatibilis*, cuja raiz está presente também em simpatia e antipatia.

Inconfidência: do latim *confidentia,* confiança, formou-se este vocábulo em português, com o prefixo que indica negação, designando ato de trair a discrição, revelar um segredo. A mais famosa das inconfidências na História do Brasil foi cometida por um dos integrantes da conjuração, resultando em diversas penas para todos, sendo a mais cruel imposta àquele que assumiu a responsabilidade maior, Tiradentes, que foi enforcado no Rio de Janeiro em 21 de abril de 1792. Seu corpo foi esquartejado e os membros pendurados em postes para maior execração de sua memória. E assim o patrono da nação brasileira ficou sendo um enforcado. A cabeleira e a biografia de revolucionário são invenções da República. Tiradentes era glabro de vida repleta de controvérsias.

Incontinência: do latim *incontinentia*, ato de não se conter, não dominar a própria vontade ou praticar atos involuntários. Fala-se, pois, em incontinência urinária, incontinência verbal etc.

Indenização: do latim *indemne*, indene, formaram-se vocábulos como este e outros de domínio conexo, dando conta de atos que objetivaram reparar danos causados por calúnia ou difamação.

Índex: do latim *index*, que deu, no português, índice. Relação dos livros proibidos pela Igreja católica, a partir do século XVI, através da Inquisição e do Santo Ofício. É abreviação de *index librorum proihibitorum* (catálogo de livros proibidos). Foi abolido apenas em 1966. A primeira edição é de 1559. A vigésima e última foi publicada em 1948.

Indício: do latim *indiciu*, sinal, vestígio, indicação, à luz do qual se pode, por evidência de raciocínios e de provas, chegar a circunstâncias ocultas. Os indícios são fundamentais na elucidação de crimes.

Indigitar: do latim *indigitare*, indigitar, designando literalmente ato de apontar com o dedo, em latim *digitus*. Na linguagem coloquial, porém, usa-se o particípio deste verbo como sinônimo de infeliz, de quem está em desgraça, de que são amostras estes versos de Manuel Bandeira, em *Estrela da vida inteira*: "O seu delírio manso agrupa/ Atrás dele os maus e os basbaques./ Este o indigita, este outro o apupa...".

Indulgência: do latim *indulgentia*, clemência, remissão, pagamento. Teólogos medievais elaboraram a ideia de que os pecados, mesmo depois de perdoados, deixavam um débito que podia ser cancelado por meio de penitências, como o jejum e as peregrinações. Para gente de mais posses, as indulgências eram também vendidas, dividindo-se em parciais e plenárias, podendo ser aplicadas a vivos e mortos, desde que os últimos estivessem no purgatório. Semelhantes aos modernos cartões de crédito, as parciais tinham crédito limitado e as outras eram ilimitadas. Ninguém saía de casa ou morria sem elas.

Infiel: do latim *infidele,* declinação de *infidelis,* infiel, concebido de início como antônimo de *fidel,* declinação de *fidelis.* Infiel foi aplicado apenas ao pagão ou a quem, depois de convertido, abandonou o cristianismo. Posteriormente passou a designar o praticante de outras infidelidades e consolidou-se como adjetivo do cônjuge que tem casos amorosos fora do casamento.

Infrator: do latim *infractore*, que infringe, transgride lei ou norma. Entre infratores contumazes no Brasil estão os menores, contra os quais a polícia pouco ou nada pode fazer, devido à legislação que os protege, nascida para evitar os maus tratos que sempre os vitimaram.

Ingênuo: do latim *ingenuus,* ingênuo, nascido livre, em oposição a *libertinus,* ex-escravo, tornado livre por graça de seu patrão ou conquista da alforria mediante pagamento. Dos albores da língua até há alguns séculos, ingênuo era qualidade, sinônimo de franco, sincero, honesto, probo, mas depois passou a designar o indivíduo que de tão puro chega a parecer bobo, incapaz de compreender as maldades da vida.

Inimigo: do latim *inimicus,* antônimo de *amicus,* amigo. Inimigo entrou primeiro na língua portuguesa, no século XII. Amigo, no século XIII. Todas as culturas definiram e se ocuparam de seus inimigos, poucas com tanta força como a civilização ocidental cristã, para quem o grande inimigo de Deus e do homem é o Diabo, do grego *Diabolos,* o que desune, passando pelo latim *Diabolus,* contrário ao *Synbolon,* que une. O *synbolon* grego foi originalmente um objeto partido em dois: cada hospedeiro conservava a sua metade, transmitida a seus filhos. Os dois pedaços, quando confrontados, serviam de sinal das relações de amizade contraída pelos ancestrais.

Inocente: do latim *innocente,* aquele que não faz mal, que é puro, passando depois a designar aquele que desconhece o mal, como é o caso da criança com menos de sete anos, a idade da razão, segundo a doutrina cristã. Quando nasceu Jesus, o rei Herodes, o Grande, temeroso de perder o poder, teria ordenado a matança de todos os meninos com menos de dois anos, nascidos em Belém, que nessa época tinha cerca de dois mil habitantes. Pesquisadores bíblicos calculam que foram assassinadas cerca de 40 crianças.

Inquérito: do latim *quaeritare*, andar sempre em busca, perguntar. Designa atos e diligências para descobrir a verdade a respeito de alguma acusação. Quando nos limites da empresa ou instituição, é administrativo. Sendo mais grave, torna-se judicial e frequentemente é precedido ou ocorre simultaneamente com o inquérito policial-militar.

Inscrição: do latim *inscriptione,* declinação de *inscriptio*, inscrição, ato de marcar. Ao solicitar sua inscrição em cursos universitários para os quais se habilitaram nos vestibulares, os calouros requerem matrícula, palavra derivada também do latim *matrix*, matriz, originalmente *mater nutrix*, mãe que nutre, amamenta, cria, desenvolve. O sentido é o de que o registro ensejará ligação semelhante à de mãe e filho, por meio de inscrição ou matrícula.

Instância: do latim *instantia*, solicitação, etapa de um processo, tal como se consolidou na linguagem jurídica. O termo é usado também para definir as divisões do psiquismo na teoria freudiana, como o id, o ego e o superego.

Insultar: do latim *insultare,* saltar sobre, machucar, maltratar, ofender. Passou depois a ter maior ocorrência no sentido conotativo, guardando o sentido de injuriar, embora tenha permanecido na medicina o significado de ataque, como na expressão "insulto cerebral", designando o derrame, que tantas vítimas tem feito.

Insulto: do latim medieval *insultus,* saltar sobre, pular, atacar, maltratar. A medicina tem o insulto cerebral, evidenciando tal sentido. Atacado o cérebro, a lesão provocada pelo derrame leva à privação de sentidos e movimentos. Mas o insulto mais comum é praticado na vida cotidiana e alguns animais são frequentemente invocados para maus tratos e maledicências. Entre nós, a mulher, o negro, o deficiente físico ou mental, o índio, a criança e os subalternos são os alvos preferidos dos insultos, mas uma extensa rede

MIL E UMA PALAVRAS DE DIREITO

acaba atingindo outros em linguagens politicamente incorretas. Assim, os animais invocados para ofender a mulher são na maioria domésticos: vaca, perua, galinha, cadela. Os insultos variam de acordo com as línguas. No árabe, desde o século VII o cão, por ter alertado os inimigos de Maomé, então escondido numa caverna, tornou-se animal preferido para ofender adversários, desafetos ou inimigos. Os mouros trouxeram o insulto para Portugal e dali ele chegou ao Brasil. Mas mães, mulheres, tias e filhas do cachorro foram agrupadas em cadela, ofensa desdobrada na prole, como em "filho de uma cadela". O francês invoca o camelo, a galinha, a égua e a vaca para desqualificar pessoas repugnantes. E o inglês serve-se do porco (*pig*), do gambá (*skunk*), do cachorro *(dog),* da cadela (*bitch),* da vaca (*cow*) do rato (*rat*) e do piolho (*louse*). O alemão junta porco (*Schweine*) e cachorro (*Hund*) para injuriar, acrescentando-lhe o adjetivo (*verdammter*) condenado: *verdammter Schweinehund.* O burro, a zebra, a hiena e o bode também comparecem, de que é exemplo o espanhol *cabrón* (bode) para designar o marido traído ou impotente. Animais com chifres estão presentes no adultério feminino, como o italiano *cornuto,* que os imigrantes trouxeram para o Brasil. A suprema ofensa em chinês é chamar alguém de tartaruga (*too-tze*), o que dificultou a entrada do automóvel naquele país, segundo nos informa Charles Frambach Berlitz em *As línguas do mundo.* Os japoneses são mais suaves nos insultos, mas ainda assim entre eles prevalece o preconceito do urbano sobre o rural: *kono ya ro* indica o trabalhador rural, o camponês. Em línguas europeias, incluindo o português, já se comprova isso com a palavra vilão (habitante da vila) designando individuo de mau comportamento. E ainda no japonês, *baka,* representado por caracteres que indicam o cavalo de o veado, aplica-se a quem não sabe distinguir um animal do outro. A mãe é ofendida é usada para ofender em muitas línguas. Há línguas que combinam xingamentos leves, funcionando como escape em momentos de dor ou raiva, como quando se bate o dedo com o martelo. No alemão: *Herrgottkreuzverdammterdonnerwetternochmal (sejam malditos a cruz do Senhor Deus e o tempo trovejante).* Em zulu, exclama-se, em situação semelhante: *dade wetu (por nossa irmã).* Um sinônimo chulo do pênis, trazido pelos espanhóis, consolidou-se no Brasil como expressão de insulto, hipérbole e muitos outros significados, que paradoxalmente funciona também como indicador de qualidade. É a palavra *carajo,* que designava originalmente o membro viril do touro e era utilizado como chicote para açoitar escravos, presos e marinheiros. Em *A disciplina do amor,* de Lygia Fagundes Telles, aparece personagem utilizando o vocábulo como indicador de irritação: " *paciência, tenho hora certa pra pegar o batente, viu? E como este trânsito, caralho!*" Como adjetivos favoráveis, em árabe a gazela indica uma mulher bonita. Garotas de programa anunciam-se no Brasil como potrancas. E em contradição inconsciente aludem ao esplendor de nosso passado agropecuário, quando a potranca era um animal de valor, superior ao potro, por gerar potrinhos, bastando apenas o cruzamento ou a inseminação artificial. Além dos animais, também os vegetais comparecem. No Brasil meridional, além do tubérculo que aparece na expressão depreciativa "alemão-batata", vinda de preferência ou compulsão culinária dos imigrantes, o chucrute (feito de repolho) e a polenta (feita de farinha de milho) aparecem em ofensas mútuas entre filhos de imigrantes alemães e italianos. Ainda hoje, entre as depreciações inglesas para os franceses está a de rãs (*frogs*). Um prato delicioso da célebre culinária francesa é feito de coxinhas de rãs (*cuisses de grenouille).*

Intelligentsia: do latim *intelligenttia* e daí ao russo *intelligentsyia*, inteligência no sentido de investigar para entender. Serve para designar os intelectuais como elite artística, social e política. É vocábulo de uso frequente em muitas línguas que, entretanto, mantêm a mesma grafia.

Internacional: do latim *inter* e *natio*, entre e nação, respectivamente, designando o que diz respeito às nações. Ao português, entretanto, chegou provavelmente do francês *international*, onde já existia no alvorecer do século XIX, ou do inglês *international*, em fins do século XVIII. O concerto das nações é tema recorrente na segunda metade do segundo milênio. Há uma canção muito famosa com o título de *A Internacional,* que sintetiza as lutas do socialismo. A música é de autoria controversa, mas acabou sendo atribuída a Pierre Degeyter. A letra é de Eugène Pottier. A versão em língua portuguesa é creditada ao anarquista Neno Vasco, que atuou em Portugal e no Brasil. Durante os primeiros congressos socialistas, houve certa vacilação. Alguns grupos cantavam *A Marselhesa*, outros, *A Internacional*, que acabou se tornando hegemônica na esquerda, depois transformadas em esquerdas, no plural, derrotado o inimigo comum, o nazismo.

Internetês: do inglês *Internet*, rede de computadores interligados, de alcance mundial. Alguns de seus usuários mais jovens, por pressa, começaram a abreviar palavras em mensagens de correios eletrônicos e conversas em *chats*, sistema que depois passou para os torpedos nos telefones celulares.

Assim, teclar, virou "tc", você, "vc", acoplados a outros ícones que identificam alegria, tristeza etc. A excessiva abreviação de palavras, por necessidade, comodidade ou preguiça, não é fenômeno novo no mundo e precedeu a Internet. Antes da invenção do papel, escrevendo em couros de animais, o escriba abreviava as palavras, principalmente em épocas de crises nos rebanhos, quando faltavam ovelhas e cabritos.

Interpelação: do latim *interpellatione*, declinação de *interpellatio*, pela formação do prefixo "*inter*", "entre", anteposto ao radical do verbo *pellare*, bater, tocar, tendo também o sentido de agitar, mexer, comover, seguido do sufixo "*atio*", variante de "*actio*", ação, do verbo *agere*, fazer. O verbo *pellere*, bater, veio para o latim de *pel*, raiz indo-europeia, que tem o sentido de agitar e está presente também no grego.

Intérprete: do latim *interprete*, intérprete, intermediário comercial, corretor. Formou-se a partir de *inter*, entre, e *pretium*, preço. Primeiramente designou apenas aquele que explicava o preço e as condições de pagamento, chamado a explicar ao vendedor e comprador, falantes de línguas diferentes, o que cada um deles queria. Passou depois a indicar profissionais, como os sacerdotes, que interpretavam o que os deuses queriam dizer nos textos sagrados. Aproveitando as duas procedências, veio para o Direito para designar o tradutor juramentado, isto é, o que traduz fielmente, porque fez juramento.

Interrogação: do latim *interrogatione*, declinação de *interrogatio*, ação de perguntar, pedir, solicitar, dirigir-se a alguém. A raiz "rog" está presente no verbo rogar, que tem também o sentido de rezar, presente na ave-maria – "rogai por nós, agora e na hora de nossa morte" – na expressão "a rogo", indicando pedido ou substituição, como é o caso das assinaturas de analfabetos em documentos públicos, feitas por outras pessoas, modalidade contumaz nos cartórios. Já o ponto de interrogação surgiu no século XVI, na Inglaterra. O sinal foi baseado na palavra latina "quaestio", questão, pergunta, cuja letra inicial, posta sobre a letra "o", minúscula, indicava que a frase não afirmava, mas questionava. Nas escritas antigas, como a egípcia e a hebraica, não havia ponto nenhum. Quem lia os textos pela primeira vez eram os próprios autores e eles o faziam em voz alta, fazendo as marcações na fala, sem que houvesse os respectivos sinais de pausa, interrogação ou ênfase na escrita. Vários textos já eram conhecidos da comunidade à qual se destinavam, como é o caso dos relatos bíblicos, antes de serem escritos.

Foi um bibliotecário de Alexandria o primeiro a fixar sinais gráficos nos textos, definindo um ritmo para a leitura, por volta do ano 200 a.C.

Intimação: do latim *intimatione*, declinação de *intimatio*, intimação, de *intimare*, intimar, ordenar. A raiz está presente em íntimo, isto é, profundamente, pessoalmente. A intimação é ato pela qual as partes ou seu procuradores são instados a que façam ou deixem de fazer alguma coisa. Apesar de seu caráter de intimidade, é feita também por edital, prevalecendo neste caso a intenção de não prejudicar o direito de quem o pleiteia quando a parte contrária está em lugar de difícil acesso ou não se saiba onde está. O propósito é evitar que a demora da intimação pessoal não lese direitos. A intimidação, nascida do verbo intimidar, de *intimidare*, provocar medo, pavor, tem o fim de assustar aquele a quem é dirigida.

Intimidade: de íntimo, do latim *intimus,* dentro, profundo, mais além, e o sufixo "idade". Antes de indicar foro particular, realidades que o indivíduo guarda apenas para si, intimidade designava o lugar de residências e palácios reservados ao sono, ao descanso e aos atos amorosos. Mas a noção de privacidade era mais ampla. Tanto em tempos primitivos como no apogeu da aristocracia as pessoas faziam reunidas o que hoje fazem reclusas, como o amor, por exemplo: os primeiros reis e rainhas dormiam em aposentos partilhados com fidalgos e damas.

Intolerância: do latim *intolerantia*, intolerância, natureza ou qualidade do que é insuportável, insolência. A humanidade praticou muitas intolerâncias ao longo da História, notadamente étnicas, religiosas, filosóficas, sexuais. O mais paradoxal é que muitas das vítimas das diversas intolerâncias pagaram muitas vezes com a vida os preconceitos que as vitimaram, como ocorreu ao matemático inglês Alan Mathison Turing. Homossexual assumido, é considerado um dos pais dos modernos computadores e integrou a equipe que decifrou a sofisticada rede de códigos utilizada pelos nazistas na Segunda Guerra Mundial. Em 1952, foi condenado a tomar injeções para diminuir a libido. Sentindo-se ofendido e humilhado, suicidou-se comendo uma fruta que embebera com cianeto. Escolheu uma maçã que, tal como a do Paraíso, trouxe-lhe a morte, só que mais violenta e mais rápida.

Intromissão: de intrometer, do latim *intromittere*, literalmente meter-se dentro. Modernas tecnologias, a cada dia mais eficientes, transformaram

MIL E UMA PALAVRAS DE DIREITO

certas áreas da internet em campos de batalhas diuturnas, levando a intromissões, não apenas indelicadas, mas também terrivelmente prejudiciais, como ocorre com a disseminação de vírus de computador pela correspondência eletrônica. Walnice Nogueira Galvão, professora da USP e autora de ensaios relevantes sobre obras fundamentais da literatura brasileira, além de repudiar tal intromissão, recomendou boas maneiras que têm o fim de corrigir os abusos cometidos por tais meios, que transformam o prazer de ler em um tormento. Uma das principais deformidades consiste em adicionar às mensagens anexos prolixos, de difícil decifração pelos computadores pessoais, dadas as especificidades das ferramentas de trabalho.

Inverso: do latim *inversu*, em sentido contrário, oposto ao verso. No caso do palíndromo, a palavra e a frase têm o mesmo significado, lida na ordem habitual ou na ordem contrária. O escritor Osman Lins dá curioso exemplo no romance *Avalovara*. Trecho da narrativa envolve três personagens: Publius Ubonius, seu escravo Loreius e a cortesã Tyche. Publius desafia Loreius: dar-lhe-á a liberdade se o escravo inventar um verso palíndromo, que tenha o mesmo significado, mesmo se lido da direita para a esquerda e da esquerda para a direita. O escravo, depois de muito matutar, inventa o seguinte verso latino, que, mesmo lido pelo inverso, conserva o mesmo significado: *sator arepo tenet opera rotas*. Sua tradução é: o lavrador mantém cuidadosamente a charrua nos sulcos. Mas pode significar também: o Lavrador mantém cuidadosamente o mundo em sua órbita. Instado pelo senhor a revelar o que descobriu, o escravo diz que o maior prazer depois de conseguir a liberdade é poder prorrogá-la. Mas encontra a cortesã, a quem conta o seu segredo. Ela espalha a notícia e o verso começa a aparecer grafitado nas paredes. O escravo, desesperado, se suicida.

Investigar: do latim *investigare*, investigar, seguir o vestígio, procurar. Vestígio veio do latim *vestigium*, que designava originalmente a planta do pé, de homem ou de animal, evoluindo depois para indicar onde os pés estiveram, pelas pegadas, pelos rastros. Investigar tem, pois, o sentido original de seguir os passos dados pelo investigado. Modernamente, os passos ganharam outras conotações e os vestígios de onde andou o investigado podem ser procurados no uso do cartão de crédito, do telefone fixo, do telefone celular, da placa do carro, dos pedágios, das passagens aéreas, marítimas e terrestres, sem contar a movimentação bancária.

Invocado: de invocar, do latim *invocare*, chamar com a voz, *voce*. A raiz *voc* aparece em muitas outras palavras em que o ato de chamar, explícito ou embutido, está presente. Tal é o caso dos verbos evocar, convocar, provocar, revogar e vociferar, entre outros, e de substantivos como advogado, vocábulo e equívoco. Invocar passou a ter o sentido de solicitar proteção porque em momentos de apuro o homem recorreu a divindades ou a superiores hierárquicos em busca de ajuda.

Ira: do latim *ira*. Sinônimo de *rabies*, que o latim vulgar transformou em *rabia*, chegando ao português como raiva. A ira, ao contrário da raiva, entretanto, pode ter motivo justo e o frade franciscano Tommaso de Celano a celebrou na famosa obra *Dies Irae, o dia da ira*, em que profetiza como se darão os graves eventos do Juízo Final: "*dies irae, dies illae*" (dia de cólera, aquele dia). Fará um calor canicular. Não porque afetará os cães, mas porque será época do ano em que Sírio estará em conjunção com o Sol. A constelação era conhecida entre os romanos por *Canicula*, cadelinha. As estações foram sempre utilizadas como metáforas de alegrias e desgraças. Segundo alguns profetas do Apocalipse, o fim do mundo dar-se-á em um verão, que é quando as pessoas pecam mais. No inverno, com aquele frio danado, a falta de luxúria pode dever apenas a falta de opções de pecar, restando a virtude compulsória.

Irascível: do latim *irascibile*, irascível, irritado. Diz-se de um temperamento sem calma, de quem, ao menor motivo, perde a paciência, ainda que esta última já tenha sido elevada aos altares, de que é prova nossa última exclamação antes de sermos tomados pela ira: tenha a santa paciência!

Irregularidade: do latim *regula*, regra, medida, formou-se regular, aquilo que segue uma regra, e irregular, o seu contrário. Nos tribunais, onde as palavras ganham conotações técnicas muito específicas, as irregularidades nem sempre são delitos. O Congresso decidiu que o ex-presidente Fernando Collor cometeu vários delitos no exercício da Presidência da República e o depôs por corrupção. No Supremo Tribunal Federal, porém, os crimes viraram irregularidades, nenhuma delas provada, o que levou os ministros, por maioria de cinco votos a três, a absolvê-lo.

Isento: do latim *exemptu*, tirado, dispensado. O indivíduo pode estar isento de pecado, de imposto, de culpa etc.

J

Jabá: do tupi *yabá*, aquele que foge. Designa também carne-seca, semelhante ao charque, dado o costume de fugitivos levarem carne-seca como alimento em suas viagens. Migrou da gíria para os dicionários com o significado mais usual de gorjeta, sendo a forma sintética de jabaculê. Volta e meia surgem denúncias de que certos cantores devem seu sucesso a jabás pagos a programadores de músicas em emissoras de rádio e televisão.

Jacobino: do latim *jacobus*, pelo francês *jacobin*. Quando irrompeu a Revolução Francesa, um grupo de deputados, nacionalistas exaltados, instalou-se no convento dos monges jacobinos, situado à rua Saint-Jacques. Desde aquela época, jacobino se transformou em adjetivo para qualificar revolucionários extremistas.

Jazer: do latim *jacere*, estar deitado, imóvel, morto. Daí a expressão característica das inscrições em túmulos, aqui jaz fulano de tal, acompanhadas de informações sumárias sobre a vida do morto, dando conta de que foi 'pai abnegado', 'esposo extremoso' e incluindo moções de pesar de seus familiares, nem sempre sinceras, sobretudo quando o ente querido deixou uma boa herança.

Jetom: do francês *jeton*, derivado de *jeter*, lançar, jogar, presente na língua ainda no século X, do latim vulgar *jectare*, variação do latim culto *jactare*, lançar, arremessar, tendo também o significado de mostrar-se, envaidecer-se. A raiz latina está presente também em injeção, interjeição, rejeição. No século XIV, ainda no francês, *jeton* designava peça de metal utilizada para cálculos e por volta de três séculos mais tarde queria dizer ficha empregada para marcar presença em jogos. No século XIX, fichas semelhantes eram distribuídas aos membros de uma assembleia. Quando surgiu a remuneração por participação em trabalhos, a ficha passou a servir para controlar presença. Modernamente, já aportuguesado, jetom é o pagamento feito a membros de órgãos colegiados, de que são exemplos a Câmara e o Senado, que pagam jetons a deputados e senadores.

Jubileu: do latim *jubilaeu,* por sua vez vindo do grego *iobelaios.* Nas duas línguas tinham o significado de grito alegre. Sua origem remota é o hebraico *jobel,* trombeta de chifre de carneiro que anunciava a cada 50 anos o perdão das dívidas. Em 1300 o papa Bonifácio VIII, aquele que foi preso e torturado pelo rei francês Filipe IV, o Belo, instituiu o Jubileu ou Ano Santo, que deveria ocorrer uma vez a cada século. Os papas seguintes reduziram o prazo para 33 e depois para 25 anos. No Ano Santo do Jubileu, os peregrinos que vão a Roma e cumprem alguns outros requisitos recebem indulgências plenárias. Nos intervalos entre os jubileus, a Porta Santa, que dá entrada à basílica de São Pedro, fica emparedada. Já quanto ao verbo jubilar, que tem a mesma raiz, Antenor Nascentes informa-nos que a origem pode estar nas comemorações que faziam os antigos professores quando se aposentavam, satisfeitos por deixarem o pesado encargo, depois de longos anos de magistério.

Judas: do hebraico *Yehudad,* exaltação a Deus, pelo latim *Iudas,* nome de um dos apóstolos, que pode ter sido incluído tardiamente nos Evangelhos por antissemitismo. Falso, traidor. Interpretações modernas porém, documentais ou literárias e artísticas, resgatam outra imagem para o caixa da campanha de Jesus. Nessas versões, Judas não traiu, mas foi traído, como é o caso do romance *O evangelho de Judas*, do escritor brasileiro contemporâneo Sílvio Fiorani. Beijar é ato de amor, mas também de servidão, domínio, posse, conforme o caso. Descontando os anônimos, muitas figuras famosas foram traídas ou enganadas por beijos no decorrer da História, apesar de o exemplo mais clássico ser justamente o beijo dado por Judas em Jesus, no Jardim das Oliveiras, sobre o qual há tantas discordâncias.

Judeu: do latim *judaeu,* declinação de *judaeus,* judeu, e do grego *ioudaîos*m, ambos radicados no hebraico *Iehudi,* descendente de *Iehudá,* do nome do chefe de uma das tribos de Israel, que está nos albores do reino de Judá, mas que veio, por preconceito étnico e religioso, a ser sinônimo, em sentido pejorativo, de usurário, avarento. O primeiro registro em português ocorre no ano de 1018. Os hebreus passaram a ser chamados judeus após a libertação do cativeiro da Babilônia, quando Zorobabel, que pertencia à tribo de Judá, começou a reinar ao reconduzi-los a seu país, após o edito de Ciro II, o Grande, no século VI a. C. A diáspora – palavra vinda do grego *diasporá*, dispersão, do verbo *diaspeíro*, espalhar por todos os lados, – de que foram vítimas os judeus, durou vários séculos e a conquista de um território para sediar a nação de Israel somente veio a ocorrer no dia 14 de maio de 1948, quando David Ben Gurion proclamou a independência, ao fim do mandato inglês na Palestina. Os judeus espalhados pelo mundo inteiro foram sintetizados no mito de Ahasvero, personagem lendário que teria recebido ordem de Jesus para andar pelo mundo até que Ele voltasse. Trata-se do "judeu errante", presente num poema de Castro Alves intitulado *Ahasverus e o Gênio*: "*Sabes quem foi Ahasverus ?... o precito,/ O mísero Judeu, que tinha escrito/ Na fronte o selo atroz !/ Eterno viajor de eterna senda.../ Espantado a fugir de tenda em tenda,/ Fugindo embalde à vingadora voz! / Misérrimo! Correu o mundo inteiro,/ E no mundo tão grande... o forasteiro / Não teve onde... pousar. / Co'a mão vazia – viu a terra cheia./ O deserto negou-lhe – o grão de areia,/ A gota d'água – rejeitou-lhe o mar*".

Judiciário: do latim *judiciariu*, judiciário. Designa um dos três poderes em que se baseiam as sociedades modernas. Os outros dois são o Executivo e o Legislativo. O Judiciário recebeu esta designação porque é o poder encarregado de exarar sentenças e juízos amparados em leis. Para ser juiz não basta apenas a competência profissional, sendo exigida também absoluta idoneidade moral. William Shakespeare, em *Medida por medida*, faz com que o personagem Ângelo diga: "Teriam sido evitados muitos crimes se o primeiro a infringir a lei tivesse respondido por seus atos". É consenso de nossos juristas que o Brasil pune pouco e mal. Não seguimos a sugestão do dramaturgo inglês nem com aqueles que violaram nossas constituições.

Juiz: do latim vulgar *judice*, declinação de *judex*, *judicis*, juiz, aquele que tem por função primordial dizer, do latim *dicere*, o Direito, do latim *jus*. Ele atua em juizados, que podem ser cíveis, criminais, de menores, eleitoral, de paz, de trabalho etc. O juiz de fora foi cargo criado ainda no século XIV para evitar nefastos predomínios do poder local e aplicar fielmente as ordens da Coroa. O rei de Portugal – ao contrário dos reis europeus que reinavam mas nem sempre governavam – reinava e governava, centralizando todos os poderes, incluindo o Judiciário.

Juizado: designando instituição jurídica onde o juiz exerce suas funções, esta palavra formou-se pelo acréscimo do sufixo *ado* a juiz, do latim *judice*. Na formação do Estado português, a aplicação das leis sempre mereceu muitos cuidados, tendo o Brasil recebido tais influências, principalmente depois que a Coroa portuguesa para cá se transferiu, saindo de Portugal em 1807 e aqui chegando em 1808. Várias foram as categorias de juízes, de que são exemplos, além do de direito, o juiz de paz e o juiz de fora. Este último foi cargo criado ainda no século XIV para evitar nefastos predomínios do poder local, mas os pesquisadores mais sagazes apuraram que sob tal alegação estava encoberta a intenção do rei de zelar para que as ordens da Coroa fossem cumpridas fielmente. O rei de Portugal, ao contrário dos reis europeus que reinavam, mas nem sempre governavam, reinava e governava, centralizando todos os poderes.

Julgar: do latim *judicare*, julgar, decidir. Um dos mais célebres julgamentos, que condenou um inocentes, Jesus, e libertou um culpado, Barrabás, foi presidido por Pôncio Pilatos, que governou a Judeia entre os anos de 26 e 36. A expressão "entrou ali como Pilatos no Credo" deve-se a ser ele o único penetra, pois aparece apenas como referência do contexto histórico dos eventos narrados. Mas enquanto não acontece o que a famosa oração vaticina – "Jesus virá um dia julgar os vivos e os mortos" –, os homens vão emitindo sentenças em tribunais espalhados por diversas nações. Nos julgamentos de homicídios, muitos países ainda aplicam a pena de morte aos criminosos. Já houve erros clamorosos, que evidentemente jamais puderam ser reparados.

Júri: assim como *habeas corpus*, que foi do latim para o inglês antes de chegar ao português, também júri foi do latim *juri* para o inglês *jury*, de onde veio para o português designando o colegiado composto por juiz togado e certo número de cidadãos escolhidos por sorteio. Presidido pelo juiz, julgam se o réu é inocente, do latim *innocente*, que não fez o mal, não prejudicou ninguém (em latim *nocere* é fazer o mal, causar dano) ou culpado, do latim *culpatus*, de *culpare*, cortar, talhar, do grego *glupho*.

Justiça: do latim *justitia*. Pronuncia-se "iustícia" ou "justícia", pois o "j" inicial em latim pode ter som de "i". A palavra nasceu nos templos da antiga Roma, inventada por sacerdotes que buscavam edificar um sistema que definisse regras de convivência. Deixando o ambiente religioso, foi acolhida no Direito, onde continuou como metáfora que designa a exatidão. A justiça demanda sempre a presença de um terceiro – o juiz – que dirima conflito entre duas pessoas. Originalmente, era o sacerdote. Com o nascimento das cidades, a justiça passou a ser aplicada por profissionais e o fórum veio a se constituir como um novo templo, o do Direito.

L

Lacônico: do latim *laconicu*, lacônico, breve, resumido, por sua vez vindo do grego *lakonikós*, onde tinha o mesmo significado. Isto porque os habitantes da Lacônia, região da Grécia, cuja capital era Esparta, ao contrário dos de Atenas, caracterizavam-se por seu desprezo à oratória, primando por extremados cuidados à forma física.

Lacre: do sânscrito *lakxa*, cem mil. Passou a designar a resina por causa da grande quantidade de insetos que, com suas picadas, fazem com que a árvore conhecida como *quercus coccifera* verta um líquido. A substância passou a ser usada para fechar envelopes, garantindo o sigilo de correspondências oficiais. Mais tarde, outros produtos que cumpriam funções semelhantes receberam a mesma denominação. Hoje, pode-se lacrar um estabelecimento com ordem judicial. O lacre virou metáfora de fechar.

Ladrão: do grego *látron* pelo latim *latron*, dai ao português ladrão. Em grego, "látron", do mesmo étimo do verbo "latréo", servir, designava o pagamento feito aos mercenários (soldados contratados) e aos empregados domésticos, isto é, que trabalhavam na "domus", casa, residência, palavra que nos deu também domicílio. Escrevemos ladrão, com til, porque a fonte portuguesa foi "latro" declinado em "latrone". Cada qual recebia o seu "latro", às vezes pago em sal, gerando a palavra "salarium" (quantia paga em sal, indispensável à conservação dos alimentos), salário, passados um mês, uma semana, quinze dias ou outro período fixado. À medida que o império romano foi entrando em decadência, sobrevieram fatos desagradáveis, entre os quais o atraso de pagamento a soldados, mercenários e servidores, que, descontentes, formavam bandos perigosos de salteadores à mão armada, roubando, pilhando e saqueando, sem misericórdia. Essa decadência dos costumes mudou o significado da palavra "latron", que deixou de designar os antes incorruptíveis soldados imperais.

Lançamento: de lançar, do latim *lanceare*, de *lancea*, lança, arma de ataque dotada de ferro na ponta da haste, que costuma ser de madeira, que, ao contrário da espada, pode ser arremessada no inimigo. Registros de créditos e débitos na conta corrente são denominados lançamentos. E o verbo lançar está presente em ordens judiciais que determinam registros diversos, como nesses trechos de sentenças, em que a caneta, a máquina de escrever ou o computador fizeram a vez da lança, para serem arremessadas palavras: "transitada em julgado, lancem-se os nomes dos acusados no rol dos culpados e expeçam-se Guias de Recolhimento/ Cartas de Sentença, adotando-se as providências previstas em provimento específico"; "Após trânsito em julgado, mantidas as condenações, lancem-se os nomes dos sentenciados no rol dos culpados e expeçam-se os documentos necessários para encaminhamento à Vara de Execução Penal, ressalvados os procedimentos para a execução provisória, nos termos de Provimento da Corregedoria, vigente. Façam-se as comunicações necessárias".

Lance: derivação regressiva de lançar, que veio do latim *lanceare*, atirar a lança. Passou a significar vários atos, como as jogadas de futebol, de vôlei, certas decisões políticas e acontecimentos diversos. Certas posições em campo, como os meias, eram chamadas de pontas-de-lança. Utilizado também em leilões, consórcios, arremates, etc., o vocábulo cristalizou-se no futebol, como sinônimo de jogada.

Lápide: da expressão latina *lapidariae litterae,* letras de pedra, designando pedra com inscrições comemorativas, em geral indicando túmulos, mais tarde ornados também de cuidadosos epitáfios constituídos de versos ou frases que buscavam homenagear os mortos ali sepultados. Em tempos primitivos, as inscrições eram feitas a lápis, originalmente pedaços de pedra utilizados para escrever, especialmente carvão ou grafita, de domínio conexo com o grego *graphein*, escrever. A expressão "fase lapidar" deriva do esmero com que muitas delas foram feitas, a mais famosa das quais é a latina *"requiescat in pace"* ("descanse em paz").

Lapso: do latim *lapsu*, lapso, espaço de tempo, erro involuntário, esquecimento. Seu sentido primitivo era o de escorregão, deslizamento, queda, designando também o voo da ave para baixo – donde seus cognatos, de sentido semelhante, como colapso e relapso, o primeiro indicando caída, parada, e o segundo, falta cometida em repetição. Todos os que têm o ato de escrever como ofício principal, entre os quais escritores e jornalistas, são pródigos em oferecer lapsos a seus leitores, alguns dos quais antológicos, como o ferimento do Dr. Watson, que passa dos ombros para as pernas, em surpreendente negligência de Arthur Conan Doyle, que fazia do detalhe a sua arma. Eugene O'Neill, famoso dramaturgo norte-americano, apresenta um personagem apoiado nos cotovelos, com a cabeça entre as mãos, depois de ter o braço direito amputado em trecho anterior. William Shakespeare faz soar o relógio nos tempos do imperador Caio Júlio César e recua a imprensa para alguns séculos antes de sua invenção. E o poeta norte-americano Carl Sandburg, em sua alentada biografia de Abraham Lincoln, apresenta a mãe de Lincoln cantando uma canção que só seria composta 22 anos depois do assassinato do filho, então presidente dos Estados Unidos.

Lar: do latim *lare*, lar, casa, habitação. A origem remota eram os Lares, espíritos protetores que velavam pela moradia onde tinham vivido. Uma vez mortos, os parentes eram enterrados no jardim. A designação de tais entidades estava relacionada com o latim *larua*, larva, indicando a metempsicose, doutrina que os romanos herdaram dos gregos, segundo a qual uma mesma alma pode animar sucessivamente corpos diversos, homens, animais ou vegetais.

Larápio: de origem controversa, provavelmente de *Larapius*, Larápio, da junção das iniciais do nome de um pretor romano muito corrupto que, em vez de julgar com isenção, como devem proceder os juízes, vendia sentenças favoráveis a quem melhor podia pagar. Ele se chamava Lucius Antonius Rufus Appius e assinava as mercadorias jurídicas abreviando o nome para L. A. R. Appius. A rubrica formava o neologismo *larapius*, que passou a designar ladrões e gatunos, tendo chegado ao português já com este novo sentido.

Lastimar: do latim vulgar *blastemare*, apoiado no latim culto *blasphemáre*, blasfemar, ofender, ultrajar, injuriar, por influência do grego *blasphéméó*, dizer palavras de mau agouro ou proibidas enquanto o sacerdote fazia seus sacrifícios aos deuses. No português ganhou o sentido de queixar-se.

Lastro: do holandês *last*, carga. Seu sentido primitivo era o de carga que o navio carregava como própria, necessária à estabilização. Posteriormente, em economia, passou a designar o equivalente em ouro que a moeda circulante deve ter no tesouro. O lastro evoluiu para reservas em moeda forte e por isso se fala em lastro em dólares. Quando as moedas eram cunhadas em ouro e prata, o lastro não era necessário, posto que levavam o lastro consigo.

Latifúndio: do latim *latifundium*, formado a partir de *latus*, largo, e *fundus*, fundo, designando a propriedade de grandes extensões na largura e no comprimento, um privilégio da aristocracia romana. No Brasil passou a denominar as gigantescas propriedades rurais, que abrigam grande proporção de terras não cultivadas e adotam técnicas rudimentares na lavoura e na pecuária. Os dois maiores latifundiários do mundo estão no Brasil. Um deles é o empreiteiro Cecílio do Rego de Almeida, dono de propriedades que somam 70 mil quilômetros quadrados. O outro é um fantasma. Tem nome e títulos de propriedade, mas jamais foi encontrado. Atende por Carlos Medeiros e é proprietário de uma área maior do que a de vários países. As revelações constam da publicação do Ministério da Política Fundiária e do Desenvolvimento Agrário *O livro branco da grilagem de terras no Brasil.*

Latim: das formas latinas *latine*, em latim; *latinus sermo*, língua latina. Do latim procedem o português, o espanhol, o francês, o romeno, o italiano, detectando-se ainda a sua presença no inglês, no alemão e em diversos outros idiomas. O latim surgiu por volta do século IV a.C., na região do Lácio, *Latium*, costa ocidental da Itália. *Latium* deriva do verbo *latere*, que significa esconder-se. Segundo a rica e complexa mitologia romana, o deus Saturno, ao ser expulso pelos outros deuses, escondeu-se naquela região. É polêmica a definição do latim como língua morta. Em latim, foram escritas as grandes obras científicas de Kepler, Newton, Galileu, Lineu, assim como de filósofos como Francis Bacon e Baruch Spinoza, além das obras literárias de Horácio, Virgílio, Lucrécio, Catulo. Não faz um bom curso de Direito quem não sabe ao menos rudimentos do latim, dado que vários argumentos se apoiam ou são ilustrados com expressões e provérbios latinos já clássicos.

Laudêmio: do italiano *laudemio*, por sua vez vindo do latim *laudemiu*, com o significado de laudêmio, quantia paga anualmente como prêmio ou pensão nas enfiteuses. Os pagamentos podem ser feitos em espécie, isto é, em dinheiro, ou em rendimentos auferidos pelo foreiro nas propriedades ocupadas. As origens remotas do vocábulo prendem-se ao verbo *laudare*, de onde vieram também laudo e louvado, dado que o juiz que pronunciava a sentença deveria ter costumes louváveis, merecendo louvores também a decisão que tomava, denominada laudo. Posteriormente, laudo passou a ter significado de perícia.

Lauto: do latim, *lautus*, alteração de *lavatus*, bem lavado, limpo, elegante, pronto para evento grandioso, de *lavare*, lavar. O particípio deste verbo tornou-se adjetivo com o significado de abundante, suntuoso, grande, magnífico, como em "lauto banquete", "lauta refeição". A ação de lavar está presente em outras palavras ligadas ao ato de comer, como em ablução, que significa lavar-se ou banhar-se antes das refeições, principalmente fazer a ablução das mãos, costume que começou nos ritos de purificação ou em sacrifícios oferecidos aos deuses e depois foi transformado em norma de higiene. Lauto banquete foi o que ofereceu o rei assírio Assurnasirpal II, para celebrar a reconstrução da cidade de Nimrud, quando ainda se chamava Kalah, no atual Iraque. Os comensais deglutiram quinhentos antílopes, mil bois, quinhentos vitelos, quinhentos carneiros, dez mil pombos, catorze mil cabritos. E beberam dez mil odres de vinho. Compareceram 69.574 convidados. Com tanta carne, como seria de esperar, compareceram também muitas moscas, como se depreende dos registros iconográficos do banquete que apresentam funcionários reais munidos de mata-moscas.

Legislador: do latim *legislatore*, aquele que apresenta e vota leis que devem ser observadas por todos. Por isso, não é ético que legisle em causa própria. Câmaras de Vereadores, Assembleias Estaduais, Câmara de Deputados e Senado, porém, nem sempre seguem o preceito e baixam leis e normas que favoreçem aqueles que as elaboraram, além de empregar parentes dos próprios legisladores, sob o pretexto de que são os mais confiáveis. Mas o divertido cineasta italiano Mario Monicelli já lembrou em filme famoso: parente é serpente.

Legista: do latim *legista*, de *lex*, lei, pelo francês *légiste*. O vocábulo é frequentemente utilizado para designar o profissional que se serve dos conhecimentos médicos para esclarecer questões jurídicas. Sua denominação original é médico-legista, já que para o exercício de sua profissão é indispensável o curso de medicina.

Lei: do latim *lege*, declinação de *lex*, lei. A raiz está presente em numerosas palavras de Direito, de que são exemplos alegação, delegado, delegação, legal, legítimo. Somos um país com muitas leis, nenhuma mais objetiva e clara do que a Lei Áurea, assim chamada por ter sido assinada com uma caneta de ouro pela princesa Isabel, a Redentora, no dia 13 de maio de 1888, depois de aprovada no Senado, com apenas um voto contra. Na Câmara, no dia anterior, passara com 9 votos contrários. É a lei mais concisa que o Brasil já teve: "art. 1º: É declarada extinta a escravidão no Brasil; art. 2º: Revogam-se as disposições em contrário". Nesses 132 anos que se seguiram ninguém mais fez uma lei tão boa, tão clara e tão fácil de entender.

Leilão: do árabe *al-ā'lām*, venda pública. Os primeiros leilões foram de escravos, ainda que não sob este nome. Mas o ato era semelhante às hastas públicas que hoje são feitas com bens penhorados pela Justiça, como objetos artísticos ou de valor histórico. Na Antiguidade, os exércitos vitoriosos traziam prisioneiros que seriam utilizados como mão de obra gratuita. Em Atenas, em tais leilões, o preço de um escravo instruído podia chegar a duas mil dracmas. As mulheres jovens e bonitas alcançavam valores mais elevados. A dracma foi a moeda oficial da Grécia até 2001, quando o país integrou-se à zona do euro.

Leito: do latim *lectu*, declinação de *lectus,* leito, cama. Com adjetivos apropriados designava também o esquife, como na expressão "leito fúnebre". A expressão latina *in lecto esse*, estar no leito, deu origem à palavra 'essa', que em português indica o estrado em que eram velados os mortos, no tempo em que os velórios eram caseiros. Uma outra expressão curiosa da língua latina era *foedera lecti*, utilizada para designar a união conjugal. *Foedere*, foder, tornou-se palavrão em português, mas em latim significava fazer aliança. Na mitologia grega é célebre o leito de Procusto, onde este famoso bandido estendia suas vítimas, cortando os pés de quem não cabia ali e esticando os que eram menores. Procusto foi morto por Teseu, que lhe aplicou o mesmo castigo.

Leitura: do latim *lectum*, ajuntado, recolhido, lido, particípio do verbo *legere*, ler, resultou *lectura*, leitura. A leitura de entretenimento ou de estudo é recomendada no período das férias. Para tanto, são necessários bons meios de transporte, dado que pesquisas entre leitores habituais comprovaram que se lê muito em viagens, sejam livros, revistas ou jornais. No Brasil, os editores de livros estão organizados na Câmara Brasileira do Livro, cuja sede fica em São Paulo. Houve influência de *Lectus,* que designava ainda um móvel de madeira ou pedra, que indicava diversos leitos: para dormir, descansar, apoiar-se à mesa ou para estudar. O ato de ler recebeu essa denominação porque os primeiros livros, muito pesados, eram apoiados sobre tal artefato. A leitura de jornais e revistas era mais frequente que a de livros. De acordo com o Instituto Verificador de Circulação (IVC) e a Distribuidora Nacional de Publicações (Dinap), as revistas vendiam cerca de 50 vezes mais que os jornais diários. Em nosso país, apenas nove jornais ultrapassavam a tiragem diária de 100 000 exemplares. Deles, sete estavam no eixo Rio-São Paulo e dois no Rio Grande do Sul. Com o fechamento de muitos periódicos impressos, faz-se necessário agora um levantamento da leitura digital.

Lema: do grego *lêmma*, que em latim passou a ser grafado *lemma*, ambos com o significado de proposição. Em geral é uma frase que sintetiza a doutrina de certos movimentos políticos, associações, corporações e estamentos, de caráter emblemático. O lema dos inconfidentes, *libertas quæ sera tamen,* escrito em latim, está hoje nas bandeiras dos Estados de Minas Gerais e do Acre. Sua tradução é "a liberdade, ainda que tarde", mas tem uma palavra a mais. A palavra *tamen* quer dizer porém, e deveria ter sido excluída.

Lesão: do latim *laesione*, ferimento, prejuízo, do verbo *laedere*, ferir, presente na raiz de aleijado, com variação de "s" para "j". Não há apenas lesão corporal no Direito, mas também outras modalidades decorrentes de negócios jurídicos.

Leso: do latim *laesum,* particípio de *laedere*, ferir, machucar, prejudicar, danificar. Apresenta leseira quem está muito cansado ou está com preguiça, moleza, indolência, falta de ânimo.

Letrado: do latim *litteratus,* letrado, sábio, douto, erudito. A palavra já tinha este sentido no século XIII, mas designava preferencialmente homens versados em leis, capazes de lidar com a complexa legislação portuguesa, presente em ordenações minuciosas. Esses intelectuais, em geral advogados, juízes e jurisconsultos, eram os únicos a rivalizar com clérigos no domínio de saberes a serviço da nobreza e das cortes, vinculadas por fortes laços à estrutura hierárquica da Igreja. Unidos, Igreja e Estado empregavam padres e letrados, pois atuavam em sintonia.

Licitação: do latim *licitatio*, venda em leilão, isto é, venda permitida, do verbo *licere*, autorizar. A palavra licença tem origem semelhante, do latim *licentia*, permissão, concessão. As primeiras licitações, organizadas em hasta pública, assim chamadas porque o preço e condições eram pendurados numa *hasta*, lança em latim, foram de escravos. Mas o ato era semelhante às hastas públicas que hoje são feitas com bens penhorados pela Justiça, como bens móveis e imóveis, objetos artísticos ou de valor histórico. Na Antiguidade, os exércitos vitoriosos traziam prisioneiros que seriam utilizados como mão de obra gratuita. Em Atenas, em tais leilões, o preço de um escravo instruído podia chegar a duas mil dracmas. As mulheres jovens e bonitas alcançavam valores mais elevados.

Líder: do inglês *leader*, radicado em *lead*, chumbo, provavelmente função nascida de etapa decisiva no processo civilizatório quando a descoberta do chumbo possibilitou a fabricação de armas que substituíram o pau e a pedra, possibilitando a formação de grupos que precisavam de alguém que, de arma na mão, organizava o ataque ao inimigo. Os comandantes que travavam outras guerras, a comercial, por exemplo, passaram a liderar com outras armas, mas o vocábulo permaneceu e passou a designar diversos outros tipos de líderes, como os religiosos os políticos. Também as armas foram substituídas: espadas e lanças cederam a palavras e togas.

Liquidar: do latim medieval *liquidare*, acertar contas, radicado em *liquidum, us, a*, líquido e corrente como a água, designando nas operações comerciais a transformação das mercadorias em coisa corrente, como as moedas. Tem também o sentido de destruir. Significado semelhante está presente no verbo liquidar quando as lojas anunciam liquidação de seus estoques, embora as mercadorias não sejam destruídas como um inimigo, mas transformadas em dinheiro para quem vende e em benefícios para quem compra.

Litígio: do latim *litigium*, litígio, questão judicial, demanda, de *lis, litis*, lide, processo. Designa conflito de interesses, de ordem jurídica, suscitado entre dois ou mais litigantes ou oponentes, que buscam resolvê-los no Judiciário.

Litor: do latim *lictor*, litor. Os litores eram funcionários que, tendo por emblema um feixe de varas e uma machadinha, abriam para os magistrados romanos entre a multidão, pedindo respeito à autoridade que acompanhavam. Os cônsules tinham direito a 12 litores; o imperador, a 24. No entanto, não se pode deduzir daí que um imperador valesse apenas dois cônsules. Ou que um cônsul fosse meio imperador. Os símbolos são mais complexos do que se pensa.

Livro: do latim *libru*, declinação de *liber*, película entre a madeira e a casca das árvores, utilizada para escrever, antes da invenção do papiro e do papel. Seu primeiro registro em português dá-se no ano de 1013, na expressão "livros eclesiásticos". O francês *libre*, o italiano *libro* e o espanhol *libro* conservaram o "b" latino. Segundo nos ensina em suas *Etimologias*, Santo Isidoro, arcebispo de Sevilha e doutor da Igreja, a humanidade primeiramente escreveu em folhas e cascas de árvores, advindo desse costume vocábulos como folha e livro. Sibila, por exemplo, escrevia suas profecias em folhas de papiro, *khártes* em grego, *charta* em latim, carta em português. O primeiro livro impresso foi a *Bíblia* de Gutenberg, mas a escrita existe desde 8500 a.C.

Lobista: do inglês *lobby*, sala de espera, corredor. Passou a designar profissional encarregado de influenciar decisões, especialmente no Executivo e no Legislativo, atuando na persuasão de autoridades nos dois poderes. Sua atividade, porém, não está restrita apenas a esses campos, estendendo-se também por empresas públicas e privadas. O inglês *lobby* radica-se remotamente no latim medieval *lobium*, que designava construção estreita, semelhante a um covil ou toca de lobos, anexada aos conventos, utilizado para alojar a quem não tinha entrada no convento, servindo também para a guarda de mantimentos.

Locupletar: do latim *locupletare*, locupletar, enriquecer. No latim antigo foi formado a partir de *locus,* lugar, terra, bens, e *pleo*, raiz de *replere*, encher, tal como aparece este último étimo nas palavras repleto e pleonasmo, a primeira significando cheio, e a segunda, indicando que existem palavras em demasia. No sentido de abusar da paciência do público e não raro do seu dinheiro para se enriquecer, aparece em *Estrada de Santiago*, de Aquilino Ribeiro: "povo do deserto, era nas cidades recatadas do interior que estabeleciam suas cortes os sarracenos e as locupletavam de mimos de arte e esplêndidas joias como as odaliscas". E o humorista Stanislaw Ponte Preta, pseudônimo do jornalista brasileiro Sérgio Porto, exclamou: "ou restaure-se a moralidade ou nos locupletemos todos".

Lote: do francês *lot*, lote, parte que toca a cada um numa partilha. É provável que tenha vindo do gótico *hlauts,* herança. Nos leilões judiciários designa quantidade de coisas de uma ou de diversa natureza submetida a um só lance. Seu sentido mais comum, porém, é o de unidade territorial do perímetro urbano onde estão assentadas as residências, constituído em obsessão de fiscais em busca de aumentar o famigerado Imposto Territorial Urbano, mais conhecido pela sigla IPTU. Lote designa também propriedade rural, reparte de gado, porção de alguma coisa.

Louco: de origem controversa, provavelmente resultado de influências do latim *alucu*, do árabe *lwaq,* da forma dialetal italiana *locco*, todos com significação de estúpido, privado de razão, mentecapto. Outros pesquisadores sustentam que houve também contribuição literária na formação do vocábulo. Na *Ilíada,* Glauco, chefe dos lícios, troca suas armas de ouro, no valor de cem bois, pelas de Diomedes, de bronze, que valiam apenas nove bois. O ato foi considerado uma insanidade e o nome do chefe teria incrementado o vocábulo. Em latim, *alucu* designa, entre outros seres, o boi mocho, privado de chifres, que por analogia foi atribuído a quem estava privado da razão. Pode também ter havido influência do verbo *ululare,* uivar, ganir, que é o que fazem cães e lobos em seus gritos de lamento.

Lupanar: do latim *lupanar,* bordel, prostíbulo. As prostitutas romanas eram chamadas de lobas. O lugar onde elas viviam, lupanar. Loba, entretanto, adquiriu conotação positiva em se tratando de referência à mulher. Há uma propaganda de meias femininas que utiliza esta imagem. Há várias hipóteses: gritavam de longe chamando os clientes, semelhando uivos de lobos; atendiam em templos onde estava a imagem da loba amamentando os gêmeos fundadores de Roma; atendiam em nichos semelhantes a tocas de lobo; etc.

Lustro: do latim *lustrum,* lustro. Lustro, sinônimo de quinquênio, designa medida de tempo porque na antiga Roma eram feitas cerimônias de purificação de prédios públicos de cinco em cinco anos. As aglomerações favoreciam o recenseamento. Originalmente, *lustrare* significava percorrer o zodíaco, cheio de astros brilhantes. Radicou-se aí o significado de fazer algo brilhar.

Lutar: do latim *luctare*, lutar, combater. Na língua portuguesa, o primeiro registro do verbo lutar aparece na Carta de Pero Vaz de Caminha, no alvorecer do século XVI. Até então, desde o século XIII, a forma preferida era combater, do latim *combattere*, do verbo *battere*, bater, golpear, dar pancadas.

Luto: do latim *luctu*, dor, tristeza provocada principalmente pela morte de pessoa querida. Com o mesmo significado o italiano tem *lutto*. No português arcaico existiram as formas *luito* e *loito*, ainda persistentes em algumas regiões brasileiras. Esta variação faz-se presente também em outros vocábulos, como em *luita*, luta, e *loiça*, louça. Os parentes do morto vestiam roupas pretas por certo período. Depois substituíam-nas por uma tira de pano, igualmente preta, presa ao braço.

Luxo: do latim *luxu*, luxo, excesso. Passou a designar modo de vida marcado por excessivo consumo de supérfluos, satisfação exagerada dos prazeres e gosto por ostentação. O carnavalesco Joãosinho Trinta, comentando o esplendor das escolas de samba, proferiu os célebres juízos: "pobre gosta de luxo; quem gosta de miséria é intelectual". Na antiga Roma, Faustitas era deusa da fecundidade dos rebanhos. E Faustulus era o nome do pastor que acolheu Rômulo e Remo, os fundadores da cidade. Na etimologia latina *faustus*, fausto, sinônimo de luxo, diz respeito à prosperidade, mais que aos gastos excessivos.

Luz: do latim *luce*, declinação de *lux*. A luz está presente nas origens do mundo, de acordo com a maioria das mitologias e lendas. *Fiat luz*, faça-se a luz, é frase-símbolo do Gênesis, o primeiro livro da *Bíblia*. Dar à luz é metáfora elegante para indicar o verbo parir. O nascimento equivale a deixar as trevas do útero. No passado de hebreus e judeus, o nascimento era cercado de magias que tinham o fim de proteger a parturiente das maldições de Lilith, a primeira mulher de Adão, substituída por Eva por recusar-se a obedecer ao marido. Transformada em demônia ao juntar-se a Lúcifer, outrora um anjo bom e cheio de luz, Lilith teria inveja da maternidade.

Mácula: do latim *macula*, mancha, nódoa. Ganhou o sentido de erro e defeito, passando a significar desonra a partir de conhecidas metáforas, como de que o branco indica pureza. Na antiga Roma os candidatos a algum cargo vestiam-se de branco, sem mancha alguma na roupa, para indicar que eram limpos também de alma. Se tivessem algum propósito escuso, este apareceria como a mancha na roupa. Em latim, *candidus* é branco.

Má-fé: de má, do latim *mala*, e fé, *fide*. A má-fé é sinônimo de perfídia, do latim *perfídia*, malversação da fé, intenção dolosa. Designa consciência da ilicitude na prática de um ato com finalidade de lesar direito de terceiro.

Máfia: do italiano *máfia*, vindo do dialeto siciliano *máfia*, audácia, provavelmente radicado no árabe *mahyah*, ufanismo. No filme *De Caso com a Máfia*, ocorre um estranho diálogo da senhora De Marco com o agente Dee Dee Friedman, do FBI: "*Meu Deus, vocês trabalham igual à máfia...não tem diferença!*", diz a mulher representada pela atriz Michelle Pfeiffer. E o funcionário federal: "*Sra. Demarco, a máfia rouba, mata, mente, trapaceia. Nós trabalhamos para o Presidente dos Estados Unidos*".

Magistrado: do latim *magistratu*, cujo prefixo, do latim *magis*, maior, indica superioridade. É o juiz togado vitalício, enquadrado regularmente na carreira judiciária. Juiz togado é magistrado profissional.

Mandado: do latim *mandatum*, mandado, de mandar com a mão, *manus* em latim. Originalmente, subjugação de um homem por outro com as mãos, armadas ou não. No Direito, ordem escrita do juiz ao oficial de justiça para notificar interessados em processos judiciais, litigantes ou não. É também usada a variante em inglês *writ*, do verbo *write*, escrever.

Marasmo: do grego *marasmos*, fraqueza extrema, melancolia profunda, cansaço, inatividade, paralisação, pelo francês *marasme*, apatia. Na medicina, designa atrofia progressiva dos órgãos e magreza excessiva, decorrentes de longa enfermidade, associadas a estado de apatia, abatimento moral, falta de coragem e prostração geral. Marasmo designa também período de inatividade, ausência de realizações ou de acontecimentos dignos de nota, estagnação, paralisação.

Marca: do latim tardio *marca*, limite, fronteira, com influência do latim clássico *margo,* margem, borda. Os suevos, antigo povo germânico, tinham a palavra *marka*, sinal, que deu o italiano *marcare*, de onde chegou ao português marcar. Marca ficou no feminino para identificar o gado, a ferro quente, mas no masculino, marco, para fixar limites de propriedades. As marcas são objeto de controvérsias que levam a situações insólitas, já que o critério de registro é cartorial. Assim, uma companhia alemã registrou, em 1993, a marca *Rapadura dos EUA*. Mas o Brasil ainda não entregou a rapadura, nem a cachaça, nem o cupuaçu, em poder de outras nações. E queixou-se à Organização Mundial do Comércio (OMC).

Marmelada: de marmelo, do grego *melímélon,* pela junção de *méli,* mel, e *mêlon*, maçã, maçã doce, que o latim vulgar também juntou em *meliméllum*, alterando *malu*, maçã, para *mellum*. Ainda nas origens da língua portuguesa, houve troca do "l" pelo "r", como ocorreu também em tantas outras palavras. O sufixo "ada" indica quantidade. Com efeito, para fazer uma marmelada são necessários muitos marmelos. Passou a designar trapaça e armação porque o freguês era enganado por doceiros desonestos que misturavam chuchu para fazer a marmelada, daí ter-se consolidado na língua o sinônimo de fraude.

Máxima: do latim *maxima sententia*, sentença máxima, com elipse de sentença. Designa provérbio ou preceito, em geral reduzido a apenas uma ou duas frases. O direito romano consolidou várias máximas baseadas nas XII Tábuas, algumas muito curiosas, como estas: "não será punido aquele que não souber adivinhar"; "o adultério consentido não é crime"; "deves pedir o dinheiro que dizes que tua mãe te deve"; "os acusadores caluniam,

MIL E UMA PALAVRAS DE DIREITO

prevaricam ou tergiversam"; "raptar meretriz e levá-la para casa não é roubo, é libidinagem"; "é proibida a astrologia".

Meandro: do grego *Maeandros,* com escala no latim *Maeandrus,* de onde chegou ao português com mudança de significado. No grego e no latim designa rio da Ásia Menor, marcado por curvas, rodeios e sinuosidades. O apóstolo São Paulo, numa de suas três célebres viagens, pregou em terras banhadas pelo rio Meandro, na Cária, depois de fazer trabalho semelhante na Bitínia e na Capadócia.

Medida: do feminino substantivado de medido, de medir, do latim *metire,* alteração de *metiri.* A raiz *mens* está presente nas formas de medir o tempo (mensal, bimensal, semestral) e também em palavras como incomensurável, o que não se pode medir; comedido, que sabe medir palavras, sentimentos reações, é prudente, moderado. No Direito, pode ser cautelar, disciplinar, liminar e provisória: neste caso, semelha os governos provisórios, contraditoriamente perenes.

Mediocridade: do latim *mediocritate,* declinação de *mediocritas,* mediocridade. Hoje a palavra tem sentido pejorativo, ao contrário do latim, língua em que designava moderação. A recomendação pelo meio-termo, pelo comedimento, pelo ecletismo, aparece em vários autores latinos, entre os quais Marcial, Cícero e Horácio. Este último propôs a "aurea mediocritas" – expressão hoje viciada pelos significados pejorativos que as palavras "mediocridade" e "medíocre" receberam no português – e exaltou a vida medíocre, que evitaria a humilhação da pobreza e a inveja causada pela ostentação da riqueza.

Medo: do latim *metu,* medo, causador de cuidados, vocábulo que está na raiz de palavras aparentemente dissociadas, como médico, remédio, remediar, irremediável. Até Saladino I, inimigo mortal do Velho da Montanha, recebeu como advertência um punhal e um bilhete ameaçador, postos sobre sua alcova. No Direito, é definido como sentimento de temor e inquietação infundido por ameaça de alguém.

Megarrebelião: do grego *mega,* nominativo neutro do adjetivo *mégas,* grande, e rebelião, do latim *rebellione,* declinação de *rebellio,* rebelião, revolta. Designa rebelião de proporções descomunais, como as deflagradas pelo crime organizado dentro dos presídios. A raiz latina 'bel', de *bellum*, guerra, está presente também em outras palavras da língua portuguesa, como prélio, bélico, beligerância e debelar.

Memorando: do latim *memorandum*, para ser lembrado, de *memorare*, lembrar, pôr na memória. No cotidiano administrativo, designa lembrete posto em papel, recordando a alguém o que deve ser levado em conta ou feito. Na diplomacia, tem o mesmo sentido, mas, em linguagem formal, marcada por delicados modos de lembrar acordos celebrados, por exemplo.

Mensagem: do português antigo *messagem*, do francês *message*, mensagem, recado, notícia, aviso, comunicação. A origem remota está nos vocábulos latinos vinculados ao verbo *mittere*, enviar, e *missio*, missão, tarefa, dever. A raiz latina está presente em outras palavras do português, como transmitir, emitir, prometer.

Mequetrefe: de origem controversa, pode ser palavra composta do português antigo *meco*, do latim *moechus*, homem adúltero, devasso, licencioso, e trefe, redução de trêfego, do castelhano *trefe*, irrequieto, astuto, mole, fraco; provavelmente do hebraico *terefa*, carne jogada fora, proibida. Outras hipóteses são o árabe *mogatref*, arrogante, petulante, e o inglês *make-trifles*, de *to make,* fazer, e *trifle,* ninharia, coisa sem importância, bagatela. No português atual, é sinônimo de indivíduo enxerido, borra-botas, inútil, insignificante, joão-ninguém, patife, biltre, pessoa que se mete onde não é chamada. Os insultos costumam trazer implícitos diversos preconceitos, aludindo a práticas sexuais condenáveis, a situações econômicas e religiosas desfavoráveis e a tipos físicos estranhos.

Mesmo: do latim *metipsimu*, superlativo de *metipse,* idêntico, igual, assemelhado. "Met" é partícula agregada a "ipse". No português, porém, mesmo e igual têm funcionamentos diferentes. O dia de hoje pode ser igual ao de ontem, mas jamais será o mesmo. O professor Sérgio Nogueira, autor de vários livros que ensinam língua portuguesa, sugere um teste simples para que seja percebida a diferença entre igual e mesmo: "primeiro, coma um pão igual ao de ontem e, depois, se possível, coma o mesmo pão de ontem. Aquele que já estiver duro é o mesmo".

MIL E UMA PALAVRAS DE DIREITO

Metáfora: do grego *metaphorá* pelo latim *metaphora*, transporte. Designa figura de linguagem que transporta o significado de um termo para outro, como chamar de raposa uma pessoa astuta, esperta, sagaz, por seus atos semelharem os do animal peludo, predador de aves. Outro exemplo com o mesmo mamífero é escarnecer de pessoa em quem não se pode confiar para exercer uma função: diz-se que nomearam a raposa para cuidar do galinheiro. Algumas estão muito desgastadas, como a de dizer de quem faz aniversário que colheu mais uma flor no jardim da existência, completou outra primavera etc. Na fala coloquial do brasileiro há abundantes metáforas com o futebol: capitão do time, para chefe de repartição; armar o time, para organizar a equipe; driblar a crise, indicando que certa dificuldade será vencida; tomar bola nas costas, indicando que foi vencido pelo concorrente; fazer gol, para atingir objetivo. Etc.

Metro: do grego *métron* pelo latim *metrum*, medida para sólidos e líquidos. Tal como o conhecemos, como medida de superfície, largura e profundidade, veio do francês *mètre*, medida elaborada pelos astrônomos franceses Jean-Baptiste Delambre e Pierre-François-André Méchain, encarregados de medir o meridiano terrestre. O metro deveria ser a décima milionésima parte da distância entre o pólo e o equador. Concluído o trabalho, no qual a dupla se empenhou por sete anos, de 1792 a 1799, foi feito o primeiro metro, que era de platina pura. Mas ele é 0,2 milímetro mais curto do que o previsto e descoberto no século XVIII, pois o comprimento do meridiano do pólo ao equador, medido com mais precisão por meio de satélites no século XX, é de 10.002.290 metros. Méchain já tinha descoberto esse erro, mas optou por ocultá-lo.

Miscelânea: do latim *miscellanea*, misturas, plural neutro de *miscellaneum*, misturado, designando originalmente a alimentação dos gladiadores romanos, composta de ingredientes diversos, sem preocupação com o sabor ou com a nutrição, já que quase todos morriam no circo onde se apresentavam, em geral o coliseu, cujas ruínas ainda hoje impressionam o turista. Por metáfora, passou a ser aplicado a outras reuniões, como a textos de diversas procedência, de um ou mais autores.

Misto: do latim *mixtus*, escrito também *mistus*, misturado, reunido, confundido, designando reunião de elementos diversos num conjunto. É da mesma família de palavras à que pertence *miscellanea*, os antigos mistos-frios e mistos-quentes do gladiadores. Modernamente, a gororoba disfarça-se em lanches feitos com pão, queijo e presunto. Os antigos romanos tinham o *mixti fori*, de foro misto, em que as jurisdições de Igreja e Estado se misturavam quando os delitos eram atribuídos a pessoas do clero. Os processos eram tão confusos que a refinada expressão jurídica tornou-se sinônimo de confusão na língua portuguesa, consolidando-se como mistifório.

Monocultura: de mono, do grego *mónos*, único, sozinho, solitário, e cultura, do latim *cultura*, ato de cultivar a terra, depois aplicado a outros cuidados, como os de ciência e arte. A raiz grega está presente também em palavras como monarca (rei, que governa sozinho) monastério (onde estão os que vivem sós) e monogâmico (de um só cônjuge). Monocultura foi palavra criada no século XX para designar a economia centrada num só produto, como era o caso do Brasil com o café desde o século anterior.

Monoglota: do grego *mónos*, um, único, solitário, e do grego ático *glôtta*, língua. O vocábulo nasceu tardiamente na língua portuguesa, em oposição a poliglota, designando aquele que fala ou que escreve em muitas línguas. Poliglota aplica-se também a aves capazes de produzir muitos sons e arremedar o canto de outras. O escritor francês François Voltaire, poeta e dramaturgo, defendia que os jornalistas dominassem várias línguas e não fossem monoglotas, ainda que em francês, o que é muito diferente de ser monoglota de outra língua. Escreveu em Conselhos a um Jornalista ser indispensável os jornalistas saberem grego, pois "sem este conhecimento o jornalista terá de muitas palavras francesas apenas uma ideia confusa". E propôs um teste simples. "Escolhe dois jovens, dos quais um saiba essa língua (a grega) e outro não; dos quais nem um nem outro tenha a menor noção de anatomia; que ouçam dizer que um homem está com diabetes, que outro deve sofrer uma paracentese, que outro ainda tem anquilose ou uma bubonocele: aquele que sabe grego entenderá imediatamente do que se trata, porque percebe como essas palavras são compostas; o outro não entenderá absolutamente nada".

Mora: do latim *mora*, mora, demora, palavras ligadas a *mores*, costumes, em oposição às *leges*, leis. Nos primórdios da aplicação de leis e de normas, em que o sagrado era invocado pelos sacerdotes para decisões rápidas, os juízos não demoravam a formar-se, ao contrário dos costumes. Morar, do latim *morare*, é etimologicamente parar num lugar, deixar de ser nômade, não ir adiante. A expressão "juros de mora" referem juros adicionais pela demora em saldar um compromisso. O papa Clemente V ordenou, nos albores do século XIV, que os processos fossem resolvidos sem mora ou demora: "*simpliciter e de plano ac sine strepitu et figura iudicii procedi mandamus*" (*mandamos que sejam simples, rápidos e sem barulho*), reduzindo prazos, evitando apelações desnecessárias e, para tanto, autorizava que os juízes trabalhassem também em domingos e feriados.

Morgue: do francês *morgue*, do verbo *morguer*, maltratar. A morgue era originalmente um tipo de prisão. Com tantos maus tratos, os prisioneiros morriam e seus cadáveres ficavam expostos à contemplação do público. Em 1923, a França passou a denominar morgue como *Institut Médico-légal*, Instituto Médico-legal, forma adotada também no Brasil.

Morrer: do latim vulgar *morere*, morrer. No português arcaico era *morer*, mas depois o "r" teria sido dobrado por influência de pronúncia do futuro "morerei", que teria soado "morrei". Quase uma ordem, por acidente, pois "morrei" é a atual forma do imperativo na segunda pessoa do plural. No latim culto eram mais comuns expressões para designar a morte, como *naturae satisfacere* (dar satisfações à natureza), *animam efflare* (exalar a alma), *extremum spiritum reddere* (devolver o último suspiro). São expressões que concebem a vida como presente a ser um dia devolvido.

Mote: do latim *mutum*, som, do verbo *muttire*, emitir sons inarticulados, onomatopaicos, quase mugir. Na Idade Média, o *mutum* latino passou a designar palavras e ditos debochados, lemas de cavaleiros e breve sentenças satíricas, quase sempre proferidos em versos ou com rimas no interior do próprio verso. No provençal e no francês tornou-se *mot*, palavra. Um dos primeiros motes, naturalmente, foi pronunciado em latim: *muttum facere*, fazer-se de mudo, fazer caretas denunciando isso, não abrir a boca. Em alguns documentos antigos é encontrada a variante *moto*, do português arcaico. Com o tempo, mote passou a sinônimo de lema, provérbio, de que é exemplo o da Revolução Francesa: Liberdade, Igualdade e Fraternidade. Estas palavras, em francês, já apareciam nas moedas de cinco e três soldos, cunhadas em 1792: *Liberté, Égalité, Fraternité*. O famoso *Club des Cordeliers* tinha deliberado, ainda em 20 de maio de 1791, que uma plaqueta com o trinômio deveria fazer parte do uniforme do exército nacional, à altura do coração. A alternativa derrotada tinha sido Saúde e

Fraternidade, já forma consagrada de saudação nas ruas: *Salut et Fraternité!* Na Itália, o mote foi escarmentado logo em seguida, ainda em 1799: "*è venuto lo Francese/ con uno mazzo de carte 'mano'/ Liberté, Égalité, Fraternité/ Tu rubbi a me, io rubbo a te*". *(Chegou o francês/ com um maço de cartas na mão/ Liberté, Égalité, Fraternité/ Tu roubas a mim, eu roubo a ti*".

Mudança: de mudar, do latim *mutare*, e o sufixo *ança*. Troca de lugar, de situação, reviravolta num processo, mudança de inocente para culpado e vice-versa. O Padre Antonio Vieira tratou do tema no *Sermão da Sexagésima*, no século XVII: "*Tantos pecadores convertidos, tanta mudança de vida, tanta reformação de costumes; os grandes desprezando as riquezas e vaidades do mundo; os reis renunciando os cetros e as coroas; as mocidades e as gentilezas metendo-se pelos desertos e pelas covas; e hoje? Nada disto!*". E o teólogo anglicano R. Hooker escreveu: "as mudanças nunca ocorrem sem inconvenientes, até mesmo do pior para o melhor".

Mula: do latim *mula*, mula, feminino de *mulus*, mulo, burro, também chamado *asinus*, burro. No português, mula e burro designam o muar que não se reproduz, por ser filho híbrido de cavalo com jumenta ou de jumento com égua. Mulas e burros têm passado glorioso no Brasil, já que foram o principal meio de transporte de pessoas e de mercadorias até a chegada do trem, de que é exemplo a contribuição dos tropeiros na criação de estradas e de cidades. Por causa da forma da cangalha, posta sobre o lombo da mula para acomodar as bruacas de couro recheadas de mercadorias, mula passou a designar nos fins do século XIX os montes de sal, que, terminando em dois cones, semelhavam a esse apetrecho dos muares. E, desde os anos oitenta do século passado, mula designa também a pessoa que o tráfico internacional utiliza para o transporte de drogas, principalmente de cocaína. Há dez mil mulheres presas no Brasil, cumprindo pena por terem sido mulas. Elas em geral são bonitas, jovens e pertencem à classe média. De cada dez mulas presas por terem sido flagradas em portos, aeroportos e fronteiras, oito são mulheres. As mulas submetem-se inclusive a cirurgias para implante de drogas nas pernas. Pegas, são condenadas a penas que variam que podem chegar a quinze anos. 94% delas estavam desempregadas quando foram aliciadas pelo tráfico.

Multa: do latim *multa*, condenação paga em dinheiro, mas originalmente com o próprio corpo, local preferencial de castigos. O verbo multar entrou no português, no século XVI, no texto *Arrais*, de Dom Frei Amador Arrais (arrais, comandante, veio do árabe *al rais*, a cabeça): "foi preso Tibério, e em prisão multado na cabeça, e depois arrastado por barrancos". Depois dos castigos físicos, veio o pagamento em litros de leite, cabeças de gado, ovelhas etc.

Murmurar: do latim *murmurare*, murmurar, sussurrar, falar em voz baixa, às vezes de forma truncada. A origem remota é uma raiz, *mu*, onomatopaica que exprime gemido, grunhido, exclamação de dor ou de prazer. O grego tinha *mû*, e o latim *mu*, presente em palavras que indicam o fechamento dos lábios também por mudez, sendo as palavras "mudo" e "mudez" exemplos de que tal onomatopeia está presente na formação de vocábulos de significado semelhante, variando às vezes a inicial, de "mu" para "su" ou "ru", como em sussurrar. Tal variação reflete a imitação – a onomatopeia é a criação de palavras cuja pronúncia imita o som da coisa significada, designando desde o barulhinho das águas do rio até o tique-taque do relógio ou o reco-reco, que, no caso, designa o ruído e o instrumento que o produz.

N

Necessidade: do latim *necessitate*, declinação de *necessitas*, necessidade, palavra ligada ao latim antigo *necesse*, designando o que é necessário, entendido não apenas como os atos naturais, mas também como obrigações inerentes à vida em família, em sociedade, de que é exemplo o sustento da primeira, obrigação essencialmente do chefe de família. Assim, o teto, a alimentação e a saúde, necessidades básicas, devem ser atendidas pela família ou pelo Estado. Mas uma curiosa necessidade foi suprida no quarto dia de uma das novelas de *Il Pecorone*, conjunto de narrativas medievais em que tantos escritores famosos se inspiraram, como William Shakespeare com *O mercador de Veneza*, extraído de uma dessas narrativas. O Capítulo Geral da Ordem dos Frades Menores, instância de poder dos padres franciscanos, solicita a Barnabó Visconte que sejam supridas as necessidades dos monges do convento. A resposta do frade mensageiro: *"o senhor Barnabó vos responde, dizendo que providenciará o atendimento de vossas necessidades, especialmente com relação às mulheres, das quais, ele sabe, vós tereis necessidade; porém, como gostais muito de variar, aquelas que tendes não serão suficientes"*. Ao saber do ocorrido, Barnabó manda prender o frade e enfiar-lhe um ferro em brasa que atravesse sua cabeça de um ouvido a outro. *"O frade viveu ainda alguns dias com muitas dificuldades, morrendo após desesperado pela dor"*, diz o relato. Os castigos físicos demoraram a ser considerados desnecessários, tanto em processos judiciais, como nas famílias. No Brasil voltou à baila a discussão sobre a necessidade de pequenos castigos físicos, como palmadas, para educar as crianças.

Necrotério: do grego *nekrós* e *térion*, indicativo de lugar. Este vocábulo foi criado pelo escritor Visconde de Taunay, em 1872, a pedido do presidente da

Câmara Municipal do Rio de Janeiro, para nomear o novo lugar em que os mortos faziam escala antes de chegarem aos cemitérios. Substituiu morgue.

Negociação: do latim *negotiatione*, ação de negociar. É a denominação que damos a um entendimento que visa a um acordo entre partes conflitantes. Sua formação *neg + otium*, significando negação do ócio, indica trabalho. Negociar designa preferencialmente tratos comerciais, aplicando-se também a concessões em litígios. Os romanos já aplicavam o *negotialis*, utilizado para dirimir controvérsias por meio de mútuas concessões, em oposição ao *iuridicialis*, determinado juridicamente com base em leis.

Neologismo: do grego *neos*, novo, e *logía*, tratado, estudo, designando palavras novas, inventadas ou importadas de outros idiomas. O sufixo "ismo" indica variante de "ia", processo detectado também em outras palavras, como psicologia e psicologismo. Ben Schott, cientista político e fotógrafo inglês que já vendeu tanto quanto Harry Potter de seus livros de curiosidades, como *A Miscelânea Original de Schott* (Editora Intrínseca, traduzida e adaptada por Claudio Figueiredo, 158 páginas), dá exemplos de neologismos em frases como estas, em que as palavras em itálico vieram de outras línguas: "Pode vestir o seu *sarongue* atrás daqueles *bambus*". "Nem os tiros de *pistola* fizeram o *robô* recuar". "O *guru* ficou repetindo o *mantra* na esperança de escapar de seu *carma*". As sete palavras assinaladas vieram respectivamente do malaio, na primeira frase; do tcheco na segunda e do sânscrito na terceira.

Neutralidade: do latim medieval *neutralitate*, de *neutrum*, formado de "ne", partícula negativa, e "uter", qual dos dois, um e outro, de onde tomou o significado de nem um, nem outro, nenhum dos dois, não para designar o que não é feminino nem masculino, como em algumas línguas, mas para indicar isenção. Ao contrário do que ocorre nos conflitos individuais, a neutralidade, no caso de beligerância entre Estados, deve ser informada às partes em conflito. Em português não há vocábulos neutros, apenas masculinos e femininos, às vezes de difícil assimilação de que são exemplos os casos que seguem. A fêmea do elefante é aliá, mas a força da fala popular impôs também elefanta. A do javali é gironda, mas os gramáticos tiveram que aceitar também javalina. O de zangão é abelha; o de cavaleiro, amazona; o de cavalheiro, dama; o de jabuti, jabota; o de vitu, saúva, sendo mais conhecida a fêmea, por analogia com formiga.

MIL E UMA PALAVRAS DE DIREITO

Nhenhenhém: do tupi *nheem*, dizer, falar. O vocábulo triplicado formou significado diverso, identificando conversa mole, lamurienta e repetitiva, sobre qualquer assunto. Diversas nações indígenas que os portugueses encontraram no Brasil eram muito loquazes, entre as quais a tupi e a guarani. Impacientes por não compreenderem o que tanto falavam diante deles, os colonizadores, ainda no século XVI, trouxeram o neologismo para nossa língua, designando conversa vazia e sem sentido.

Nobreza: de nobre, do latim *nobilis*, nobre, conhecido, radicado no verbo *noscere*, conhecer, donde o antônimo *ignobilis*, ignóbil, desconhecido. Nem sempre a palavra teve o sentido positivo com que se consagrou. No latim designava alguém ou algo muito conhecido, existindo a expressão *nobilissima inimicitia*, inimizade muito conhecida. Já a expressão "sangue azul" para designar a nobreza surgiu no reino de Castela, na Espanha, num contexto de preconceito étnico, religioso, cultural. Os nobres invocavam a cor clara da pele sob a qual destacavam-se veias azuis, quase invisíveis na pele de mouros e judeus, mais expostos ao Sol por muito trabalharem, enquanto os nobres ficavam na sombra dos palácios. Da Espanha, por força da aliança dos reis católicos com o Vaticano, a expressão ganhou o mundo. Primeiro, no vizinho Portugal, e daí ao Brasil. Entretanto, outras línguas têm registrado a expressão "sangue azul" e alguns dicionários, como o prestigioso *The Oxford Dictionary of Etymology*, assim explicam a expressão *blue blood* (sangue azul): "tradução do espanhol *sangre azul*, sangue, *blood* + azul, *blue*, provavelmente das veias visíveis na compleição dos aristocratas".

Noiva: do latim *nupta*, casada, feminino de *nuptus*, casado. A palavra noiva está registrada no português entre os finais do século XII e começos do século XIII, décadas antes de noivo. Provavelmente os antigos romanos, quando ocuparam Portugal, então denominado Lusitânia, falando um latim vulgar, misturaram *nupta*, mulher recém-casada, com nova, feminino de *novus*, novo. E a mulher prometida em casamento ou já casada passou a ser conhecida como noiva. Noivo veio de noiva.

Nome: do latim *nomen*, nome, denominação, identificação pela qual a pessoa é conhecida. No Brasil, até a República Velha, era aceito o nome de batismo, que valia também como registro civil, vez que a Igreja era mais organizada que o Estado. São curiosas as formas adotadas pelas diversas culturas para identificar as pessoas, sem contar que muitas são conhecidas por outros meios, às vezes insólitos, como a mulher de Caim. Abel era ainda solteiro quando foi assassinado por Caim. A *Bíblia* não diz com quem Caim se casou, embora informe que ele deu aos pais o primeiro neto, Henoc. O *Livro dos Jubileus*, entretanto, texto judaico escrito provavelmente no século II a.C., diz que Caim casou-se com Awan, sua irmã, claro. Outra filha de Eva, Azura, veio a casar-se com Set, o novo irmão de Caim, "posto no lugar de Abel".

Norma: do latim *norma*, esquadro, modelo, exemplo, norma. Não se pode alegar ignorância das normas que regem a vida social, e a língua culta também fixou as suas. A norma, como a lei, é passível de tantas interpretações que lembra um texto de Jorge Luís Borges sobre a classificação dos animais em certa enciclopédia chinesa: "a) pertencentes ao imperador; b) embalsamados; c) domesticados; d) leitões; e) sereias; f) fabulosos; g) cães em liberdade; h) incluídos na presente classificação; i) que se agitam como loucos; j) desenhados com um pincel muito fino de pelo de camelo; m) que acabam de quebrar a bilha; n) que de longe parecem moscas".

Notário: do latim tardio *notarius,* notário, escrivão, amanuense, escrevente, copista, secretário. A raiz remota é *notatum,* supino do verbo *notare,* notar, marcar, pôr um sinal. Supino, do latim *supinus*, alto, elevado, superior, deitado de costas, é uma forma nominal do verbo que não existe no português, só no latim. O costume de tudo anotar foi trazido pelo Império Romano para Portugal, onde escrivães, tabeliães e notários cumpriram papel importante na centralizada administração da Coroa, mas com uma grande vantagem para os historiadores. Se tudo foi anotado, tudo pode ser pesquisado. As instituições onde esses profissionais trabalhavam, de que são exemplo os cartórios, guardaram por séculos, graças à civilização do papel, detalhes de operações financeiras, registros de propriedades etc.

Número: do latim *numerus,* número, parte, quantidade. O número indica essencialmente exatidão, mas alguns deles estão revestidos de magias e superstições, como o três e o sete. O primeiro aparece explícita ou implicitamente em frases célebres. Montaigne escreveu que o estilo deve ter três virtudes: "clareza, clareza, clareza". Os Evangelhos também espelharam a magia do número três. Cumprindo o que Jesus predissera, antes de o galo cantar, São Pedro nega três vezes que o conhecia. E, morto, o mestre traído ressuscita ao terceiro dia. No Antigo Testamento, o sete aparece com frequência carregado de simbolismos desde o Gênesis, indicando o descanso do Criador, depois de criar o mundo em seis dias. E perguntado se o perdão deveria estender-se a sete vezes, Jesus responde: "setenta vezes sete". Tal expressão, de origem judaica, equivale ao advérbio "sempre".

Nuncupação: do latim *nuncupatione*, de *nomen*, nome, alterado para *num* e *cupare*, alteração de *capire*, chamar pelo nome. Do latim *nuncupatione*, designar pelo nome, em viva voz. A nuncupação tornou-se importante instrumento de transmissão de heranças, principalmente entre analfabetos ou pessoas impedidas de escrever. Na presença de testemunhas, no leito de morte, os que partiam desta para melhor proclamavam os nomes dos parentes aos quais destinavam os bens. Ainda hoje a nuncupação tem valor, mas são preferidas outras provas, como o testamento.

Ocasião: do latim *occasione*, declinação de o*ccasio*, ocasião, oportunidade. Dava nome a uma deusa alegórica que presidia ao momento mais favorável para se ter êxito em alguma empresa. Foi inspirada no deus grego *Kairós* e era representada sob a forma de uma mulher inteiramente despida, tendo calva a nuca, significando que, depois que tinha passado, não podia mais ser apanhada. E naqueles tempos a ocasião ainda não fazia o ladrão, nem a sorte podia ser agarrada pelos cabelos.

Ócio: do latim *otium*, ócio, descanso, repouso. Ganhou alguns significados de domínio conexo, como a palavra negócio, sua negação. Os antigos romanos proclamaram o direito de não fazer nada e cunharam a expressão *otium cum dignitate* (ócio com dignidade), tributo que o trabalho rende à preguiça, já que ninguém é de ferro. Há sutis variações na escala que vai do ócio à vadiagem. Ao contrário do ócio, a vadiagem não pode ser exercida com dignidade, constituindo-se em contravenção penal. Incorre em vadiagem quem se entrega habitualmente à ociosidade, sem contar com rendimentos que lhe assegurem a subsistência. Em resumo, o que é ócio para o rico, é vadiagem para o pobre.

Ocultação: do latim *occultatione*, declinação de *occultatio*, ocultação, como se faz com a semente, que é escondida sob a terra para germinar. Se não brota, acontece com ela algo semelhante à ocultação de cadáver, crime tipificado em lei, ainda que se trate de esconder corpo sem vida. Nem sempre a ocultação é crime: a Lua encobre alguns astros, não como faz o Sol, que com seu brilho intenso encobre o de outras estrelas, mas interpondo-se entre o observador e o astro que ele está contemplando. Cultuar, aculturar e inculto são palavras que têm a mesma raiz de ocultar.

Oculto: do latim *occultus*, retirado do cultivo, da lavoura, da roça, por isso não visível, escondido. Por contraste, observe-se a relação presente em culto e erudito, em que culto designa o indivíduo instruído, semelhando a terra beneficiada, que dá alimento, e erudito é formado a partir de ex rude, significado presente virtualmente no latim *eruditus*, *ex*, que não é mais, *rudis*, rude, bruto, grosseiro, em oposição a *politus*, polido, trabalhado, cultivado, e *peritus*, habilidoso, que desempenha com excelência o seu ofício. Oculto e secreto, ao lado de amigo, designam brincadeira em que pretenso amigo, nascido de operação aleatória, é qualificado como tal.

Ofensa: do latim *offensa*, de *offendere*, bater, esbarrar ao encontrar, passando depois ao sentido conotativo de proferir palavra que magoe. Paradoxalmente, palavras que em outros séculos eram elogios transformaram-se em ofensas, de que é exemplo este trecho de uma das mais antigas canções de amor, o *Cântico dos cânticos*, atribuído ao rei Salomão, que amou mil mulheres: "A uma das éguas do carro de faraó eu te comparo, amada minha", diz um dos versos do poema de Salomão, e a mulher deveria entender como elogio! Hoje, porém, égua, vaca, perua, cadela, galinha e outros bichos domésticos são utilizados para ofender a mulher.

Ômega: do grego *o méga*, o grande. Designa a última letra do alfabeto grego. No Brasil, o coloquial popular manteve, sem o saber, a pronúncia grega, onde é vocábulo paroxítono: *oméga*. Exilado na ilha de Patmos, São João escreveu ali o último livro da *Bíblia*, o "Apocalipse", definindo seu Mestre com estas palavras: "eu sou o Alfa e o Ômega, o primeiro e o último, o começo e o fim". A comunidade cristã acreditava que o fim dos tempos dar-se-ia no ano 100. Daí a beleza e o significado do versículo famoso.

Ônus: do latim *ônus*, peso, carga, fardo. No latim designava desde a criança que a mulher trazia no ventre ou a quem acabara de dar à luz, até a carga de navios e carros. Depois passou a designar coisa difícil, encargo, obrigação. Na expressão "quem acusa, tem o ônus da prova" está implícito que também o acusador tem obrigações, a principal das quais é provar o que diz.

Opinião: do latim *opinione*, declinação de *opinio*, opinião, fantasia, coisa imaginada, conjectura, crença, modo falso de pensar. Nas sociedades politeístas, a opinião estava ligada aos deuses, confundindo-se com falsa expectativa, julgamento equivocado, principalmente por deficiência de interpretação dos recados divinos. Os consulentes gregos iam aos oráculos perguntar sobre o futuro. O mais famoso era o de Delfos. Ali, no templo que lhe era dedicado, o deus Apolo ditava suas previsões à sacerdotisa pítia, também denominada pitonisa, encarregada de pronunciar seus oráculos. O ditado "a voz do povo é a voz de Deus" nasceu em sociedades em que os sacerdotes tinham grande prestígio e seu fim era desqualificar a opinião popular. Com o tempo, porém, passou a significar endosso ao que o povo diz. O primeiro registro está em Isaías 66,6: "*vox populi de civitate, vox de templo, vox Domini reddentis retributionem inimicis suis*" (Voz do povo da cidade, voz do templo, voz do Senhor que dá retribuição a seus inimigos). O erudito inglês Alcuíno, um dos mestres da escola de Aix-la-Chapelle (hoje, Aachen), instalada pelo imperador Carlos Magno no próprio palácio, adverte o imperador para a falsidade da opinião popular: "*Nec audiendi qui dolent dicere vox populi, vox Dei, cum tumultuositas vulgi semper insanias proxima sit*" (*Não devem ser ouvidos aqueles que costumam dizer 'voz do povo, voz de Deus', porque a confusão do vulgo sempre toca as raias da loucura*"). A tradição, porém, consagrou como verdadeira a voz do povo, de que são exemplos "onde há fumaça, há fogo" e "quando o povo fala ou é, ou foi, ou será". No Brasil há um instituto de pesquisas de opinião intitulado *Vox populi*. O humorista gaúcho Carlos Nobre advertiu: "*não confunda a força da opinião pública com a opinião da Força Pública*".

Oportunidade: do latim *opportunitate*, declinação de *opportunitas*, decorrência da atividade de ventos que empurram o barco em direção ao porto. Antigos romanos tinham um deus para os portos, *Portunus*, e outros para os mares, *Neptunus*. Importunar equivalia a impedir que naus e embarcações alcançassem o porto, mas depois o sentido foi aplicado por metáfora a quem atrapalhava qualquer atividade, não mais em alto mar, mas em terra. E oportunidade passou a designar ocasião favorável, semelhante àquela vivida pelos marinheiros e pilotos nas lides da navegação.

Orador: do latim *oratore*, declinação de *orator*, orador, intermediário, enviado, deputado, aquele que fala, vinculado *orare*, falar, pronunciar uma prece, daí o sentido religioso de rezar, muito embora tenha também o sentido de declarar, em "a cláusula tal reza que...". *Os*, *oris*, em latim é boca. Nas citações latinas, o maior exemplo de orador é Cícero.

Ordenação: do latim *ordinatione,* ordenação. No plural, designa também o conjunto de leis que notabilizou Portugal como a primeira nação moderna a possuir um código completo, as Ordenações Afonsinas, depois reformadas por Dom Manuel I. Como a Igreja exercia grande influência na sociedade portuguesa, pecados foram transformados em crimes, às vezes punidos com a morte, como foi o caso do adultério: "mandamos que o homem que dormir com mulher casada, morra por isso". Também a mulher adúltera era punida com morte. Maridos e mocinhas que fornicavam estavam isentos. As Ordenações eram tão minuciosas que até o mexerico era pecado e por isso, crime. Era considerado autor da fofoca, não apenas quem a iniciasse, mas também quem a transmitisse.

Ortografia: do grego *orthographía*, escrita correta, pela junção de *orthós*, reto, e *graph*, raiz de *grapho*, escrever, com o acréscimo do sufixo "*ía*". A ortografia da língua portuguesa tem sido fixada mediante vários acordos entre Brasil e Portugal, mas o de 1990, o mais recente, ainda é nosso pomo de discórdia, sobretudo por causa do hífen.

P

Papado: de *papa*, do latim *papa*, radicado no grego *páppas*, papai ou avô na linguagem infantil, acrescido do sufixo *ado,* usual em formação desse tipo de palavra. Entre os séculos III e V, passou a designar o bispo de Roma, o cargo mais importante da cristandade, quando a Igreja fez recuar o termo para aplicar uma linhagem que começou com São Pedro, o primeiro papa, e veio até o atual. Alguns referenciais dizem muito: Espanha e Portugal, dos reis católicos, deram cinco papas: três espanhóis e dois portugueses. A Inglaterra, mais protestante do que católica, deu apenas um, como a católica Polônia. Síria e Palestina deram oito papas. A França (ou regiões hoje a ela pertencentes) deu 17. A Itália deu 203, dos quais 99 eram de Roma. O número de papas varia de 260 a 266. Uma das obras mais confiáveis, o livro do francês Jacques Mercier, *Ving siècles d'histoire du Vatican: de Sant-Pierre a Jean-Paulo II* (Paris, Éditions Lavauzelle, 530 páginas) concorda com 260. Mas a *Enciclopédia Católica* (The Catholic Encyclopedia, Volume I, Robert Appleton Company, New York, 1999) deu João Paulo II com o de número 265. Assim, Bento XVI foi o 266º e Francisco será sucedido pelo 268º.

Parágrafo: do grego *paragraphos*, de para, ao lado, e *graphos*, escrita. Antecedido de sinal gráfico que imita um "s", abreviatura do latim *signum seccionis*, sinal de corte, de secção, separação, designa divisão de um texto escrito, indicada pela mudança de linha, com o fim de organizá-lo em feixes de ideias relacionadas entre si, de modo a garantir a coesão.

Partir: do latim *partire*, partir, dividir, separar. No francês, *partir* tomou o significado de viajar, deixar uma localidade, sentido que conservou no português. E a expressão "a partir de" passou a indicar data ou horário em que se inicia algum evento. Entretanto, sua aplicação é muitas vezes equivocada. Assim, um lançamento não pode ser a partir do dia tal, vez que não ocorrerá todos os dias. Ele ocorrerá apenas no dia indicado. Por analogia, também o horário de um lançamento só pode ser aquele que está determinado no convite ou na notícia. A partir da hora seguinte, o lançamento já ocorreu. E, no caso de uma sessão de autógrafos, por exemplo, na hora seguinte o autor está apenas dando prosseguimento ao ato, mas não lançando o livro de novo.

Parvo: do latim *parvus*, pequeno, fraco, insignificante, tendo passado a sinônimo de tolo, ignorante.

Patamar: provavelmente do malaio *pattamari*, estafeta, mensageiro ou lacaio que acompanhava os amos que iam a pé ou a cavalo, às vezes cuidando de, mesmo se molhando, protegê-los da chuva ou, no sol inclemente, cuidando de mantê-los à sombra. Desembarcados das carruagens ou liteiras, os patrões subiam as escadas, mas seus criados ficavam no primeiro degrau, que passou por isso a chamar-se também patamar. Tornou-se com o tempo medida de evolução de alguma coisa, sejam juros ou taxas de corrupção.

Pavilhão: do francês *pavillon*, pavilhão, paiol, abrigo, quiosque, cortina. Representa, em sentido figurado, algum símbolo de nacionalidade, de que é exemplo a penúltima estrofe do *Hino à Bandeira*, de Olavo Bilac: "*Sobre a imensa nação brasileira,/ Nos momentos de festa ou de dor,/ Paira sempre sagrada bandeira,/ Pavilhão da justiça e do amor!*". Do mesmo hino, o jornalista e escritor Paulo Francis tirou o título de um livro de memórias, *O Afeto que se Encerra*, aproveitando a ambiguidade do verbo encerrar, que significa guardar e concluir: "*Recebe o afeto que se encerra,/ Em nosso peito juvenil,/ Querido símbolo da terra,/ Da amada terra do Brasil!*".

Peão: do espanhol *peón*, derivado do latim medieval *pedonis*, caso genitivo de *pedo*, que tem pés grandes, vai a pé e não a cavalo. Como o cavalo fosse símbolo de qualificação social, andar a pé, descalço, era indicador de pobreza. É no ciclo do couro que o calçado e a montaria se consolidam como ícones de distinção social. Ter o pé grande era indicativo de quem não dava aos pés a disciplina de sapatos e botas, que interferiam em suas formas, de que é exemplo a deformação conhecida como pé chato. A evolução do vocábulo não nos permite supor um peão a pé. Peão e cavalo são tão associados que no Brasil meridional surgiu a expressão centauro dos

MIL E UMA PALAVRAS DE DIREITO

pampas, designando o gaúcho, com o aproveitamento do mito do monstro fabuloso, metade homem e metade cavalo, que os gregos denominaram *kentauros, centaurus* em latim.

Pecuniário: do latim *pecuniarius*, pecuniário, de dinheiro, de *pecunia*, originalmente riqueza em gado. Consolidou-se como sinônimo de dinheiro depois que Sérvio Túlio, o sexto rei de Roma, de origem etrusca, mandou gravar em moedas imagens de ovelhas e bois. No baixo latim, *pecunia* dava nome a certa moeda. A origem remota é o latim *pecus*, gado, que serviu de base a pecuária (lidar com gado), pecúlio (poupança) e peculato (desvio de dinheiro público), que o trouxe da raiz indo-europeia *peku*, gado. Apesar de os rebanhos estarem presentes em muitos roubos e atos ilícitos como pagamento de corrupção, o furto de animais tem designação própria: abige-ato, do latim *abigeatus,* em cuja raiz está o verbo *abigere*, conduzir, separar, formado pelo verbo *agere,* fazer, antecedido da preposição *ab*, que indica afastamento, como se vê em ablação, que em cirurgia designa remoção de parte do corpo.

Pendura: de pendurar, do latim *pendulare*, afixar no alto, pendurar, de *pendulus*, pendurado, suspenso. A troca do "l" pelo "r", tão presente nos depoimentos de interrogados nas CPIs, remonta ao primeiro milênio, pois há registro de *pendorare* no latim utilizado na Península Ibérica em terri-tórios depois transformados em condados, que ao se juntarem formaram Portugal. No latim, o primeiro registro está no futuro: alguém *pendorabit* (pendurará) não se sabe bem o quê, pois o texto está fragmentado e con-fuso. As primeiras coisas penduradas podem ter sido couros de animais abatidos pelos primeiros homens e depois suas roupas, feitas inicialmente de peles, antes que o homem aprendesse a cultivar o algodão e inserisse o bicho-da-seda na produção de tecido para o seu vestuário.

Penhora: derivado de penhorar, do latim medieval *pignorare*, dar em penhor, do latim *pinoris*, declinação de *pignus*, termo jurídico que desig-nava garantia dada pelo devedor. No latim clássico é *pignerare*. José Pedro Machado informa em seu *Dicionário Etimológico da Língua Portuguesa* que no ano de 1097 a palavra já estava no português escrito, indicando apreensão de bens, determinada por ordem judicial, para pagamento de dívida ou obrigação. O masculino "penhor", designando também garantia, presente na língua no século XII, aparece nestes versos do *Hino Nacional*:

"se o penhor dessa igualdade conseguimos conquistar com braço forte,/ em teu seio, ó liberdade, desafia o nosso peito a própria morte". No português rebuscado de Joaquim Osório Duque Estrada, tão característico do poema, o verbo conquistar tem o sentido de resgatar, dando a ideia de que, com a independência, libertamos a pátria penhorada. O dicionário *Aurélio*, ao abonar o verbete "penhor", troca equivocadamente Joaquim por Francisco, mas este é um dos prenomes do compositor da música do *Hino Naciona*l, Francisco Manuel da Silva.

Perceber: do latim *percipere*, perceber, vizinho de *incipere*, começar, dar princípio, da raiz latina "cap", presente também em *capere*, agarrar, pegar, cativar, tendo este último verbo consolidado o significado afetivo da dominação pela atração amorosa, mas cuja raiz está também em *captivus*, cativo, escravo, daí a declaração de amor "sou teu escravo", "sou tua escrava", como diz Maria ao anjo Gabriel, quando este lhe diz que está grávida, na Anunciação: "eis aqui a escrava do Senhor, faça-se em mim segundo a sua palavra". Ao saber da mesma coisa em sonhos, são José achou melhor ficar quieto, resignando-se ao destino ou, para os cristãos, à História da Salvação. Dom Duarte em *Leal Conselheiro* usa perceber com o significado de fortificar: *"e tanto que soube mandou perceber as portas da cidade"*. Perceber tem também o significado de receber, do latim *recipere*, outro verbo seu vizinho, como nos mostra Nelson de Faria em *Tiziu e outras histórias*: *"ganhava salário miserável, percebendo salário de dois mil réis por légua andada"*. No acórdão 679/03, do TRT de Porto Velho(RO), o juiz relator Carlos Augusto Gomes Lobo, decidindo a favor de recorrente em recurso, diz: *"compulsando os autos, verifico que na peça inaugural o reclamante/recorrente assevera que percebia salário de R$3,40 (três reais e quarenta centavos) por hora"*.

Percepção: do latim *perceptione*, declinação de *perceptio*, ação de perceber, de *percipere*, formado a partir de *per capere*, pegar. Nas línguas nota-se como a percepção é relativa.

Perder: do latim *perdere*, perder, gastar, destruir, joga fora. O que se perde nem sempre se encontra, embora existam seções de achados e perdidos em todo o mundo, sendo a mais curiosa a do metrô de Tóquio, que guarda até dinheiro vivo que, perdido, foi encontrado e levado à seção. A frase "perder o tempo e o latim" remonta à antiga Roma: um sapateiro, desanimado de ensinar um corvo a falar, disse: "não adianta, estou perdendo o meu tempo e o meu latim". O corvo repetiu as frases, como se fosse um papagaio.

Perfil: do provençal *perfil*, prega, dobra, bainha, passando pelo espanhol *perfil*, já com o sentido de contorno, de lado. Na palavra está presente o radical latino *filum*, fio. Por isso, perfil no português veio a designar o contorno do rosto de uma pessoa vista de lado, aplicando-se também à representação gráfica de objeto visto de um lado apenas. Os agrônomos fazem um perfil do solo quando, para traçar-lhe as características físicas e químicas, aplicam a determinado trecho de terra um corte vertical que vai da superfície à rocha que lhe serviu de base. Em sentido conotativo, também os jornalistas fazem perfis de personalidades.

Personalidade: do latim *personalitate*, declinação de *personalistas*, personalidade, palavra formada a partir de *persona*, pessoa, de origem etrusca, de onde procede também o adjetivo *personalis*, pessoal. No latim tardio, ao definirem as características que dão a cada indivíduo a sua personalidade, os romanos fixaram também a distinção entre pessoa física e pessoa jurídica, creditando personalidade também a empresas. *Persona* designou originalmente, não a pessoa, o indivíduo, mas o papel que ele cumpria no teatro, onde escondia a *facies*, face, atrás da *persona*, a máscara da figura que representava no palco. É do latim *persona* igualmente que procede o francês *personne*, que chega à Gália no século XII. O primeiro registro de pessoa, no português, ocorre no século XIII, e o de personalidade apenas no século XIX, acolhida no *Grande Diccionario Portuguez ou Thesouro da Lingua Portugueza (cinco volumes)*, de Frei Domingos Vieira. Quando surgiu o provérbio "cara de um, focinho de outro", a recusa de face e semblante para construir a expressão já trazia implícito o sentido pejorativo da aplicação.

Perturbar: do latim *perturbare*, perturbar, agitar, semelhar o que faz a multidão, turba, do latim *turba*. A ação desse verbo está associada à de interpelar, pois tem o sentido de mexer com a parte contrária, interrompê-la para advertência ou aviso. O sentido de perturbar para avisar, como é o caso, não é o mesmo de perturbar a ordem pública com arruaças e tumultos.

Pêsames: do latim *pensare*, presente do indicativo, terceira pessoa do singular, acrescida do pronome oblíquo me, perfazendo a expressão "pesa-me", depois levada a plural já sem o hífen. Quanto a pesar, veio do latim *pensare,* derivado de *pendere,* pendurar. O sentido conotativo indica que o sofrimento do outro está pendurado em nós e nos afeta. No Brasil colonial, havia exagero na prestação de pêsames por escrito. Um manual setecentista recomendava que a carta de pêsames fosse escrita em letras tremidas, borrifadas com pingos d'água para indicar que a pessoa chorara ao escrever. Eis exemplo de tal estilo na consolação de uma viúva: "enxugue Vossa Mercê as santas lágrimas, que esta morte foi triunfo; a bondade do Senhor acolherá em graça a alma santa do irmão defunto".

Petição: do latim *petitione,* declinação de *petitio,* petição. Inicialmente *petitio* indicava assalto, ataque, investida. Passou a significar reclamação em juízo e também pedido. Na língua portuguesa temos a expressão "em petição de miséria", significando que a pessoa em tal situação encontra-se em estado deplorável. Não requer a miséria; quer, antes, livrar-se dela.

Pistolão: do aumentativo de pistola, do tcheco *pistal,* arma de fogo semelhante ao revólver, pelo francês *pistole* e pelo alemão *pistole.* No francês, designa antiga moeda e quarto reservado numa prisão, o contrário da solitária, onde o prisioneiro recebia certos favorecimentos. Para ser ali alojado, trazia carta de recomendação, do latim *epistola,* cujo caso acusativo *epistolam,* pronunciado como oxítona, pode ter contribuído no português para a mudança em pistolão. Terá havido também influência de que o indivíduo protegido por segurança, com uma pistola grande na mão, obteria mais facilmente entrada em repartições públicas, donde a ampliação, por metáfora, do significado, quando a carta e a proteção de algum poderoso renderiam admissão em algum emprego ou função muito disputados.

Plebeu: do latim *plebeu,* declinação de *plebeius,* plebeu, pertencente à plebe, ao povo, formação social da Roma arcaica. O povo estava acima dos escravos e abaixo dos clientes, estes ligados à classe dominante, os patrícios. Vindos de outras regiões, plebeus residiam na periferia e eram agricultores, comerciantes e artesãos. Aos clientes, estrangeiros sob a proteção dos patrícios mas às vezes mais ricos, vedava-se a cidadania romana e o culto aos mesmos deuses, ainda que participassem das festas de famílias poderosas. A era arcaica vai da fundação de Roma, em 753 a.C., até 510 a.C., quando dois cônsules, Lucio Junio Bruto e Tarquínio Colatino, liderando um grupo de senadores, derrubaram o sétimo rei, Tarquínio, o Soberbo e inauguraram a República. Em português, o primeiro registro de plebeu, ainda escrito *plebeio*, dá-se em um texto jurídico, as *Ordenações Afonsinas*, no século XV. Entretanto, com sentido pejorativo, aparece no século seguinte em *Comédia Eufrosinal*, de Jorge Ferreira de Vasconcelos: "*E por afear muito o caso importa muito faze-lo plebeio.*"

Pregão: do latim *praecone*, declinação de *praeco*, pregação, anúncio, proclama, inicialmente feita em voz alta por porteiros de igrejas, de auditórios e mais tarde também por leiloeiros. Pode ter havido mescla com a palavra prego, pois, uma vez lidos, eram afixados em pregos em vestíbulos, pórticos e entradas, hoje substituídos por murais, às vezes protegidos por vidro, em caso de o pregão ter uma folha apenas, de que é exemplo o pregão de casamento, anunciando à comunidade que os noivos decidiram casar-se. Os pregões são feitos no religioso, nas igrejas, e no civil, nos cartórios. Designa também a oferta de ações nas bolsas de valores. O nome da família holandesa Van den Bursen ensejou mistura de conceitos de bolsa. O palácio dessa família, na cidade de Bruges, era enfeitado por três bolsas. Ali, no século XIV, se fazia o câmbio de moedas, estabelecido a partir de exportações como tecidos, cerveja, vinho, sal etc.

Prescrever: do latim *praescribere*, escrever antes, escrever na frente, pôr um título, ditar, ordenar. Tem vários sentidos, sendo os mais comuns aqueles aplicados em medicina (nas receitas o médico indica exames e remédios ao paciente), no ensino (o professor prescreve leituras, exercícios e provas) e no Direito (o juiz prescreve as penas ao réu). Mas prescrever, como verbo intransitivo, tem também o sentido de cair em desuso, perder a validade. Este significado terá nascido na prática judiciária: concluído o processo, a autoridade dá o despacho na última folha, fixando os prazos fatais que, não cumpridos, fazem com que a questão, abandonada pelas partes, seja encerrada. Com efeito, até para punir há prazos e a lei não permite que a pessoa fique com a espada de Dâmocles da justiça sobre a cabeça a vida inteira.

Previsão: do latim *praevisione*, pela formação *prae*, pré, antes, prefixo que indica anterioridade, e *visione*, declinação de *visio*, visão. Dentre os vários tipos de previsões, as orçamentárias não estão entre as que mais interessam à maioria que, ao contrário, quer saber é o que os astros lhe revelam. No Direito, o usual é que seja empregado como sinônimo de cautela e prevenção, do verbo prevenir, do latim *praeveniere*, não ver, mas vir antes.

Probo: do latim *probus*, honrado, íntegro, leal. Foi originalmente palavra formada do prefixo latino *pro*, somado a *bhos*, adaptação da raiz indo-europeia *bheu*, crescer. O mesmo étimo está presente em aprovar, comprovar, reprovar, desaprovar e em réprobo, antônimo de probo ímprobo e improbidade. No *Decálogo do Promotor de Justiça*, aprovado no II Congresso Interamericano do Ministério Público, em 1956, probo aparece no terceiro mandamento: "*Sê probo. Faze de tua consciência profissional um escudo invulnerável às paixões e aos interesses.*" O decálogo é de autoria de José Augusto César Salgado, membro da *Academia Paulista de Letras*, orador brilhante, agraciado também com o título de *Promotor das Américas,* autor de várias obras jurídicas, entre as quais *O caso Eichmann à luz da moral e do direito* e *O sistema penitenciário da Inglaterra.*

Processo: do latim *processum,* ato de proceder, seguir adiante. Em linguagem jurídica designa operações no fórum, mediante as quais são resolvidos os litígios. Normalmente, tanto processantes como processados são pessoas. Mas na Idade Média eram levados a juízo também alguns animais domésticos, alguns dos quais foram condenados à morte. E no Brasil, no começo do século XIX, santo Antônio, levado aos tribunais, foi condenado e perdeu todos os seus bens, que não eram poucos e incluíam latifúndios. Tudo porque um juiz entendeu que quem deveria responder pelo crime de um escravo era seu dono. Ora, o dono era santo Antônio, em nome do qual estava registrado o escravo da fazenda, do mesmo dono. Como o santo não atendeu à intimação judicial, foi arrancado do altar da igreja onde estava, no interior da Bahia, amarrado ao lombo de um burro e levado a julgamento sob vara. O juiz chamava-se José Dantas dos Reis.

Procissão: do latim *processione*, marcha para a frente, vinculada a *processum*, processo, do verbo *procedere*, adiantar, fazer, uma vez que *cedere* tem também o significado de caminhar, além do de ceder o lugar, ceder um direito, retirar ou retirar-se. As primeiras procissões foram realizadas por motivos religiosos, liderada por autoridades e acompanhada por fiéis carregando estátuas de homenageados, em geral de santos ou santas. A primeira procissão de *Corpus Christi* realizou-se em Portugal por ordens do rei católico Dom Dinis, cognominado "lavrador e poeta". Foi iniciativa da própria monarquia, então em estreita aliança com a Igreja.

MIL E UMA PALAVRAS DE DIREITO

Procrastinar: do latim *procastinare*, adiar, postergar, transferir para outro dia. No latim, *crastinus*, crástino, relativo ao dia de amanhã, é adjetivo ligado a *cras*, amanhã. O antônimo pode ser antecipar, precipitar, abreviar.

Procuração: do latim *procuratione*, ação de procurar, procuração. Designa o ato de cuidar de interesses de personalidades físicas ou jurídicas, como fazem os advogados, que para isso recebem procurações de seus clientes. A origem da palavra mescla-se à do verbo procurar, em latim *procurare*, em que *pro*, o prefixo, designa movimento pra frente, e *curare*, cuidar. O procurador, do latim *procuratore*, declinação de *procurator*, aquele que cuida dos negócios alheios, representa em juízo aquele ou aqueles que lhe delegaram tal representação. No Brasil temos o procurador-geral da República, importante cargo, pois chefia o Ministério Público da União, escolhido dentre integrantes da carreira, maiores de trinta e cinco anos, nomeado pelo presidente da República, depois de aprovado pelo Senado, para mandato de dois anos, permitida a recondução. Já procurador, do latim *procurator*, governador na Roma antiga, designava cargos como o de Pilatos.

Profano: do latim *profanum*, pela formação *pro*, por, para, em frente, e *fanum*, lugar sagrado, situado em frente ao templo, mas fora dele, daí o significado de contrário a sagrado, que recebeu ao correr do tempo, como adjetivo.

Professor: do latim *professor*, professor, aquele que, sabendo muito bem uma arte ou técnica, pode ensiná-las, declarando, isto é, professando este saber diante de uma autoridade, em geral um magistrado. Seu primeiro registro em português é de 1454 e alude a um certo *"Michael de Villaboa, sacerdos et professor et prior"*, isto é, sacerdote, professor e autoridade religiosa. O radical é *professum*, supino (forma verbal que não existe no português), de *profitere*, declarar abertamente, proclamar, assegurar, prometer. O verbo latino *docere*, já com o significado de ensinar, deu origem a docente, aplicado a professor universitário, a partir do século XIX. Na escola média predominou professor ou professora, reservando-se mestre e doutor para os cursos superiores. Tal denominação tem raízes cristãs. Os professores das primeiras escolas, nascidas como extensão das sacristias, professavam, isto é, declaravam publicamente, os três famosos votos: pobreza, obediência e castidade. No século XII, o filósofo e teólogo Pedro Abelardo, professor de Heloísa, por quem se apaixona, é castrado por ordem do rico e avarento cônego Fulbert, tio e tutor da moça, por transgredir o voto de castidade. Ele dava suas aulas na sacristia da catedral Notre Dame, em Paris.

Progresso: do latim *progressus*, progresso, radical de *progressum*, do verbo *progredire*, ir para a frente. A mesma raiz verbal está presente em egresso, que se afasta, sai. As duas palavras, ordem e progresso, que se encontram em nossa bandeira, chegaram à língua portuguesa em momentos diferentes: ordem, no século XIII; progresso, em 1674, quando o bispo do Porto, Dom Fernando Corrêa de Lacerda, fez o panegírico (elogio) de Dom Antônio Luís de Meneses, primeiro Marquês de Marialva.

Protesto: de protestar, do latim *protestare*, declarar em voz alta, para conhecimento de todos. Declaração formal a respeito de fatos, que se mostrem prejudiciais a direitos do declarante, trazidos a conhecimento público ou da autoridade judiciária em ressalva e conservação dos mesmos direitos e pedido de responsabilidade contra as pessoas que lhe deram ou possam dar causa.

Protocolo: do latim medieval *protocollum*, registro resumido de atos públicos, obtido originalmente em cartórios e depois prova de entrada de documentos e petições em repartições públicas. Chegou ao latim vindo do grego *protokollon*, primeira folha colada. Era assim chamada porque nessa folha constava o resumo do que estava escrito no rolo de papiro onde fora fixada. Na informática passou a designar conjunto de regras que detectam, logo no começo da comunicação entre computadores, se os programas de comunicação entre as máquinas são compatíveis entre si.

Publicidade: de público, do latim *publicus*, público, em oposição a *privatus,* de *privus,* individual, singular. Frei Luís de Sousa foi o primeiro a registrar a palavra em *Vida do Arcebispo de Braga, Dom Frei Bartolomeu dos Mártires*, em 1619. O sentido era já de informar ao público, revelar, anunciar. Não têm razão, portanto, os que dizem ter vindo do francês *publicité,* cujo primeiro registro escrito é de 1694, embora mais tarde tenha influenciado o português. Entretanto a palavra publicidade mudou de sentido, migrando da imprensa, onde significava tornar público um acontecimento ou ideia, para o terreno da propaganda. Um Departamento de Imprensa, criação do chanceler alemão Otto von Bismark, teve como objetivo criar uma *"vasta fábrica de opinião pública"*, esparramando filiais pelo mundo inteiro. Foram os primeiros passos de uma cultura da mentira, que pelo jeito teve grande futuro no Brasil. Rui Barbosa denunciou em várias conferências os administradores que roubam o Tesouro Público para comprar escritores, os quais deveriam embutir na opinião pública o contrário do que sentiam, traindo os leitores. Tornavam-se, assim, tão ou mais ladrões do que os compradores de suas consciências.

Punir: do latim *punire*, punir, castigar, aplicar a pena, em latim *poena*, radicado no verbo grego *poiné*, resgate pago aos parentes da vítima de homicídio. Não confundir com *penna*, a pluma das aves, utilizada para escrever, no português denominada igualmente pena. Ao estudar o sistema legal do povo hebraico, o filósofo G. W. Leibniz criou a palavra alemã *Theodicee*, logo traduzida como *théodicée* para o francês, de onde chegou ao português teodiceia, para designar um sistema jurídico baseado em preceitos divinos. A base foram as palavras gregas *theós*, deus, e *diké*, direito, justiça. Como nesse sistema, crime é pecado, as prescrições jurídicas, morais e religiosas aparecem misturadas. O primeiro pecado, denominado por isto mesmo original, foi identificado por respeitáveis teólogos como a soberba, porque a criatura não reconheceu o seu lugar e quis ser igual a Deus. Outros viram ali a condenação da ciência, pois o casal, tentado por Satanás, ousou provar do fruto da árvore do Bem e do Mal. Em tal sistema, Deus primeiramente legisla, em seguida identifica e denuncia a transgressão e por fim julga, aplicando a pena de expulsão do paraíso, acrescida de dores no parto e submissão ao marido, para Eva, e o ganho do sustento com o trabalho, para Adão, culminando com a morte dos dois e de seus descendentes, item que fora previsto na criação: "no dia em que comerdes do fruto proibido, nesse dia morrereis". São Jerônimo, ao trazer a Bíblia para o latim, pôs o diálogo na segunda pessoa do plural.

Quadrilha: do espanhol *cuadrilla,* designando bando de cavaleiros, depois aplicado a malfeitores. Feito o assalto, roubo ou furto, repartiam em quatro partes, tendo nascido aí o aportuguesamento da palavra espanhola para designar o coletivo de ladrões. Os sinônimos de quadrilha são súcia, malta, bando, corja e horda, entre outros. As seis designações são pejorativas. Mas quadrilha é também um tipo de estrofe em versos e modalidade de dança.

Quadrívio: do latim *quadrivium*, encruzilhada, quatro caminhos. Denominação vigente na escola latina que, na Idade Média, serviu para designar o conjunto de artes liberais ali ensinadas: aritmética, astronomia, geografia e música.

Quartel: do espanhol *cuartel,* que o trouxe do catalão *quarter*, ambos radicados remotamente na redução das formas latinas *quaterni* e *quaternorum*, designando as quatro partes de um escudo e também a quarta parte de uma legião, cujo número variou muito ao longo dos séculos chegando a 12 mil soldados, ditos legionários. A quarta parte deles – que chegou a ter 3 mil soldados – instalava-se nos arredores da cidade para guarnecê--la, dando-lhe segurança interna e impedindo a entrada de inimigos. O local onde ficavam assentados passou a ser conhecido como *quaternum*, o ancestral de nosso quartel.

Questor: do latim *quaestore*, antigo magistrado romano encarregado do Tesouro e de preparar os elementos para ações judiciais em defesa do bem comum. O questor podia questionar qualquer despesa dos governantes, funcionando também como procurador.

Quiproquó: do latim *qui pro quo*, uma coisa pela outra, expressão com que os médicos antigos indicavam nas receitas as variantes dos remédios. Isso ocorria do século XII ao XIV. Até hoje as receitas não são muito claras, dado que letra de médico significa grafia de difícil entendimento. A expressão latina surgiu nas sacristias, as primeiras escolas do Ocidente, embriões de futuras universidades. Dentre as disciplinas ali ensinadas, reinava absoluta a teologia, à qual todas as outras estavam subordinadas, a começar pela filosofia. Não havia preparação dos alunos, nem vestibular, alguns chegavam ali quase analfabetos, e a confusão era grande. Quando um calouro confundia os conceitos do mestre ou do colega, vinha a polêmica, todos querendo falar ao mesmo tempo. O mestre por fim esclarecia o aluno ignaro dizendo a todos que houvera um *qui prod quod*. Na Idade Média, os boticários, revestidos de autoridade médica, num tempo em que a medicina era exercida ainda pelos barbeiros, especializados nas sangrias, trocavam uma substância, eventualmente em falta, por outra, fazendo experiências no próprio cliente. Para não se perderem nas receitas, organizavam um caderno com tais anotações, ao qual davam o nome de *qui pro quo*, variante da expressão já sem as consoantes mudas finais, que em português resultou em quiproquó, com o sentido de desentendimento, confusão.

Quitar: do latim medieval *quitare*, silenciar, deixar quieto, alteração do latim clássico *quietare*, repousar, descansar, formado a partir de *quietis*, caso genitivo de *quies*, repouso. O repouso final é a morte, donde a expressão *requiescat in pacem*, descanse em paz. A palavra quitar ensejou os sentidos de arquivo morto, conta paga, obrigação já cumprida. Outras palavras, nascidas da mesma raiz, acrescida de prefixos, produziram significados diferentes, como é o caso de desquite e inquieto, desquitar e inquietar, todas passando a ideia de que nada repousou ainda, nada foi resolvido.

Quórum: do latim *quorum*, dos quais, caso genitivo dos pronomes *qui, quae, quod*, respectivamente *quem, qual, que*. Designa a quantidade mínima de membros de que uma assembleia precisa para deliberar. Já era símbolo de quantidade desde os primeiros séculos de Roma, mas foi a partir do século XIX, primeiramente na França e na Inglaterra, que passou a ter o sentido de conjunto de pessoas indispensável para que uma decisão seja tomada.

R

Rameira: de ramo, do latim *ramus*, e sufixo *eira*. Seguindo costume romano tardio, de colocar um ramo à porta indicando venda de corpos (*ramus ad ianuam appensus corpus vendibile signficat*), ramo pendurado à porta indica corpo à venda, rameira é sinônimo de prostituta, de mulher licenciosa presente em tabernas que tivessem ramo verde à porta. A rameira era a principal responsável por ramos mais crescidinhos, também chamados de galhos, com os quais ornavam as cabeças de outras belas senhoras, rainhas e princesas do lar, cujos desejados tálamos não enjeitavam, praticando com seus maridos e noivos o vituperado comércio carnal.

Rapapé: de rapar, do germânico *rapon*, e pé, do latim *pes*. No germânico, rapar tinha também o significado de desgastar. Assim, rapapé designou no português um cumprimento primitivo, que consistia em arrastar os pés para trás, depois das inclinações de adulação ou respeito. É fácil supor a origem do recuo: ao inclinar-se em demasia, para não bater com a cabeça na barriga do reverenciado, era necessário retroceder. No ímpeto, em meio à emoção, a distância entre as partes não poderia ser calculada por passos. O adulador ia se afastando aos poucos, ao tempo em que inclinava a cabeça e o corpo. Desse modo era inevitável que os pés se arrastassem até a distância conveniente. Migrando para o sentido conotativo, rapapé veio a designar elogio desnecessário, subserviência.

Ratear: do latim *ratu*, calculado, a língua portuguesa tirou a última vogal e acrescentou o sufixo "ear", muito usado em formações morfológicas semelhantes. Ratear é verbo que significa distribuir algum gasto por quotas entre várias pessoas, como num condomínio. É em geral utilizado em débitos. Dificilmente o vocábulo indica a operação de dividir os lucros.

DEONÍSIO DA SILVA

Receita: do latim *recepta*, coisas recebidas, plural de *receptum*, recebido. Houve elipse de "coisas", pois a palavra passou a designar tudo o que era recebido, de instruções médicas sobre como manipular remédios, como fazer determinados pratos, como registrar recebidos em contabilidade, na vida financeira de pessoas, instituições e países, etc. A partir do latim *culinaria*, de *culina*, cozinha, uma das primeiras compilações de receitas culinárias é o Livro de cozinha da Infanta D. Maria, conjunto de 67 receitas culinárias e seis receitas avulsas, de uso doméstico. O livro agrupa as receitas em quatro cadernos: 26 manjares de carne, 4 manjares de ovos, 7 manjares de leite e um "caderno das cousas de conserva".

Recurso: do latim *recursus*, recurso, percorrer novamente caminho idêntico. A palavra formou-se a partir de *currere*, correr, seguir um trajeto, aplicando-se aos bois no arado, aos astros no céu e às pessoas nas estradas, que muitas vezes retomam a mesma rota. Na linguagem jurídica, designa recorrer à instância inicial ou à superior, para obter modificação de decisão desfavorável. Mas o exagero de recursos, com objetivos protelatórios, isto é, para retardar a aplicação da pena, é conhecido como chicana, do francês *chicane*, derivado do verbo *chicaner*, inquietar, perturbar, passar em ziguezague num entrincheiramento. Em sentido mais estrito, impedir a livre circulação de um fluido ou de um sólido. É com tal significado que foi parar na linguagem dos advogados para indicar os constantes adiamentos de decisões.

Redação: do latim *redactione*, declinação de *redactio*, redação, ação de redigir, escrever. Devido à hegemonia da fala, principalmente entre os jovens, que mais falam do que escrevem, e mais ouvem do que leem, a redação é o grande fantasma de concursos e vestibulares. Absurdos vêm assolando a última flor do Lácio, como pré-requisito (se é requisito de algo, como será pré?), fazer uma colocação (o galináceo a fará melhor, certamente) e encarar de frente (como encarar de costas?).

Redentor: de redentor, do latim *redemptor*, que faz trabalhos públicos, cobranças, resgates. Entre os hebreus, designava aquele que antecipava a liberação de propriedades e pessoas, que ocorria no ano do jubileu, celebrado a cada intervalo de cinquenta anos, quando os escravos eram alforriados, as dívidas perdoadas e os encarcerados libertados. O cristianismo, que nasceu do judaísmo, aproveitou a designação para caracterizar Jesus como

MIL E UMA PALAVRAS DE DIREITO

Redentor, um de seus títulos e símbolos mais utilizados, de que é exemplo a estátua do Cristo Redentor, no Rio, de braços abertos acolhendo a cidade. Por ter libertado os escravos, a princesa Isabel foi cognominada a Redentora.

Redução: do latim *reductione*, declinação de *reductio*, redução, isto é, ação de trazer de novo, recuar, levar para trás. Seu sentido é o de diminuição, rebaixamento, como em "redução da pessoa à condição análoga à de escrava", como se escrava fosse, capitulada no Código Penal. Já como sinônimo de síntese, ocorre mito no português coloquial, principalmente na gíria, quando as alterações atingem o próprio léxico, em geral com a exclusão das últimas sílabas, de que são exemplos "moto" para motocicleta, "profe" para professor ou professora, "apê" para apartamento etc. Redução designa ainda um tipo de formação social que existiu nos séculos XVII e XVIII, em territórios hoje pertencentes ao Brasil, Paraguai e Argentina. Cerca de quarenta reduções jesuíticas constituíram a República Guarani, que chegou a reunir 300.000 índios, dirigida por cerca de duzentos padres, a maioria deles jesuítas. Foi destruída na segunda metade do século XVIII.

Regicídio: do latim medieval *regicidium*, assassinato do rei ou da rainha. Em latim, rei é *rex*, nome de cachorro no português e em outras línguas, e *occidio* é matança. O vocábulo foi criado por analogia com homicídio. O regicídio foi perpetrado muitas vezes, desde os primórdios da civilização romana, às vezes sob pretexto de outros delitos. Mas raramente assassinos ficavam impunes. O rei Tarquínio, cruel e soberbo, foi derrubado porque seu filho, Sexto, estuprou Lucrécia, filha de um patrício e casada com outro poderoso. A família real tinha antecedentes no crime: para chegar ao trono, o rei, estimulado pela esposa, matara o sogro, Sérvio Túlio. O primeiro rei de Roma, Rômulo, matara o irmão gêmeo, Remo. Eram filhos de Réia Sílvia, presa pelo tio, que arrebatara o trono do irmão, e não queria descendentes, mas a sobrinha foi engravidada pelo deus Marte. Os gêmeos sobreviveram ao afogamento da mãe pelo tio-avô e uma loba amamentou-os.

Rejeição: do latim *rejectione*, declinação de *rejectio*, rejeição, jogar de volta, para trás, recusar. A rejeição é tema de campanhas políticas. Ainda que bem votado em alguns segmentos, se o candidato ultrapassar certos limites das taxas de rejeição, não será eleito. Nem sempre os que rejeitam têm razão. Os hebreus reclamaram de Moisés, o líder que os conduziu do cativeiro do Egito para a Terra Prometida, que a opressão do faraó teria sido melhor do que a infindável travessia do deserto. Apenas 45 dias após a partida, se Ibope houvesse, a taxa de rejeição de Moisés seria muito alta: *"Oxalá tivéssemos morrido no Egito, onde comíamos carne e pão à saciedade. Mas vós nos trouxestes para este deserto para nos matar de fome".*

Relato: do latim *relatu*, do verbo *referre*, que tirou o supino, de onde veio o particípio de outra raiz, *latum,* para designar notícia, rol, descrição, informação, relatório. Poucos foram tão imaginosos num relato como Benjamim de Tudela, religioso espanhol, que registrou em diário de viagens à Terra Santa, Bagdá, Pérsia e Egito ter encontrado a Arca de Noé no monte Ararat, na atual Armênia, no Século XII. Ele ouviu também muitas outras histórias e lendas nas comunidades cristãs visitadas, tendo afirmado que na Palestina encontrara o crânio de um gigante. O religioso escreveu também ter visto a coluna de sal em que Deus transformou a mulher de Lot, punida por ter sido curiosa e, desobedecendo ao Senhor, ter olhado para trás quando, juntamente com a família, deixava Sodoma e Gomorra para escapar do bombardeio destrutivo perpetrado pela força aérea celeste, que reduziu tudo a pó.

Remissão: do latim *remissione*, declinação de *remissio*, entrega, restituição. No português mesclaram-se remissão e remição porque as duas palavras, conquanto radicadas em verbos diferentes – remissão tem origem em *remittere*, remitir, perdoar; e remição em *redimere*, redimir, resgatar – ganharam significados semelhantes, ainda que na linguagem jurídica alguns insistam em tomar remição com significado diferente de remissão, de que é exemplo este trecho de Pontes de Miranda: *"remição vem de remitir, que vem de remittere, e a remissio é que corresponde remissão. Não se remitem pecados, redimem-se, rimem-se, a despeito do milenário erro de latim. Redentor redime, rime; não remite".* O célebre jurista estava enganado. Não houve erro. Nem de latim nem de português. Escrever uma palavra com "ç" ou com "ss" procede de imposição de gramáticos, funcionando o "ç" às vezes como variante de "ss" ou mesmo de "s" apenas. E vice-versa. E no latim, *remittere* e *redimere* têm significados idênticos, de que são exemplos: (1) o *Credo*, decretado no ano 325 pelo Concílio de Nicéia, na Ásia Menor; ali a palavra *remissio*, declinada em *remissionem*, porque o verbo confessar exige o objeto direto, que no latim vai para o caso acusativo, diz-se: *"Confiteor unum baptisma in remissionem peccatorum"* (confesso um só batismo para remissão dos pecadores); (2) o salmista diz, no Salmo 30 (Salmo 31, em algumas edições da Bíblia) *"redimisti me, Domine, Deus veritatis"* (vós me redimistes, Senhor, Deus da verdade); (3) *"confide, filii, remittuntur peccata tua"* (confia, filho, teus pecados te são perdoados).

Reparar: do latim *reparare*, consertar, arrumar. Em latim *parare* tinha também o significado de igualar. Como nos trabalhos de conserto era fundamental a boa observação, reparar ganhou no português o sentido de olhar com muita atenção, fixando a vista. Mas reparar tem também o significado de indenizar e é verbo muito frequente em tempos de pós-guerra, quando se trata de exigir compensações pelos danos havidos, invariavelmente definidas pelos vencedores. Por isso, o general gaulês Breno pôs a própria espada num dos lados da balança, quando exigia ouro dos romanos, e diante das reclamações latinas berrou: *"vae victis"* (ai dos vencidos!).

Réplica: do latim *replicare*, de *plicare*, dirigir-se, aproximar-se, com o sentido de refutar, contestar, responder com argumentos contrários. Nos júris, acusação e defesa replicam alternadamente com vistas a atingir seus objetivos, em réplicas e tréplicas. Uma das figuras de linguagem muito utilizadas em tais ocasiões é a ironia, presente também na interpretação de textos religiosos. Assim, Juliano, o Apóstata, comentando a promessa dos Evangelhos de que todos ganhariam já neste mundo o cêntuplo de tudo quanto tivessem abandonado para seguir a Jesus, perguntou se quem tivesse deixado a esposa receberia também cem esposas em compensação.

Represália: do italiano *ripresaglia*, vingança, desforra, do latim medieval *reprensalia*, censura, repreensão, radicado no latim clássico *reprehensa*, particípio passado do verbo *reprehendere*, reter, segurar, prender, acusar. Modernamente designa ato praticado por vingança, em resposta a ataques ou ofensas e também com fins de indenização por danos sofridos.

Repristinar: do italiano *repristinare*, remeter ao estado primitivo, verbo que entrou para o português por via jurídica. A origem remota é o latim *pristinus*, antigo, primitivo, precedente, de outrora. Talvez a comparação com o seu uso em biologia ajude a entender: prístino é o ser que invade área desocupada e ali se reproduz. A partícula inicial *pris*, indicadora de estado anterior, caiu em desuso, mas está presente em *priscus, a,* muito antigo, sinônimo de *pristinus*. Daí a expressão "priscas eras", tempos antigos.

DEONÍSIO DA SILVA

República: do latim *respublica*, sendo *res*, coisa, e *publica*, pública, aquilo que diz respeito ao *publicus*, que é de todos, em oposição ao *privatus*, que é do indivíduo ou de poucos, uma vez que *publicus* pode ter resultado da redução de *populicus*, de *populus*, povo. Designa forma de governo em que o Estado deve atender a todos os cidadãos, sem privilégios a indivíduo algum, à base da igualdade de todos perante as leis. Dos três poderes, apenas o Executivo e Legislativo são preenchidos por eleições. No Judiciário, o ingresso é por concurso público, exceto nos tribunais superiores, de que é exemplo o STF, onde são nomeados por indicação do Executivo e submetidos a sabatinas no Legislativo. Nesses 131 anos, a república oscilou entre uma concessão dos militares aos civis ou de empresários ao povo. Isto porque os primeiros governos resultaram de Golpe de Estado perpetrado por tropas lideradas pelos marechais alagoanos Deodoro da Fonseca e Floriano Peixoto. Talvez essas marcas expliquem por que o Brasil teve catorze presidentes militares – só no ciclo pós-1964 foram oito em 20 anos –, sem contar aqueles que assim se intitularam e vestiram uniformes, como Getúlio Vargas, ao liderar a Revolução de 1930. Depois disso, seu caráter de concessão passou aos empresários, dado o alto custo financeiro das campanhas presidenciais e legislativas. Nossa república tem sido, pois, às vezes muito aristocrática, onde os mais ricos definem os rumos, e oligárquica, em que se destacam pessoas da mesma família em postos-chave, seja no Executivo, seja no Legislativo.

Repudiar: do latim *repudiare*, rejeitar, recusar, separar-se. Originalmente designou o ato com que o marido impunha o divórcio à esposa. O étimo proveio da forma verbal impessoal *pudet*, ter vergonha e pudor em face de quem não os tem, designado, por isso, *impudens*, impudente, sem-vergonha, descarado. Do mesmo étimo é pudibundo, que no português mais parece palavrão pela presença das duas sílabas finais, mas que designa a pessoa capaz de corar, isto é, ficar vermelha de vergonha, vindo daí a expressão "ter vergonha na cara". Também os órgãos sexuais, que não devem ser mostrados publicamente, pois a nudez pública é tabu, são designados partes pudendas. O pudor é uma qualidade da civilização, ligado à discrição e à honra, principalmente feminina. Alguns etimologistas afirmam que pudor tem a ver também *ped(i)*, étimo da palavra pé, *pes* em latim, porque originalmente a repudiada ficava prostrada aos pés do repudiador, com o fim de ser apedrejada até à morte, conforme o caso. Mas, em geral, repudiar era simplesmente divorciar-se. Vejamos como a palavra mudou de significado neste documento, publicado em 15 janeiro de 2016 na mídia e assinado por dezenas de advogados: *"Carta aberta em repúdio ao regime de supressão episódica de direitos e garantias individuais verificado na operação lava jato"*.

Reservatório: de reserva, do latim *reservare*, cujo étimo é *servare*, salvar, guardar, conservar. Este mesmo étimo está presente em observar, preservar. O sufixo "ório" aparece também em conservatório, observatório. O reservatório de que mais se tem falado e escrito na mídia é o das águas guardadas pelo sistema da Cantareira, em São Paulo, cujas reservas chegaram a menos de 10% há alguns anos, obrigando as autoridades a liberarem reservas adicionais, ditas mortas. O sistema da Cantareira inclui seis reservatórios: Paiva Castro, Águas Claras, Cachoeira, Atibainha, Jaguari e Jacareí.

Ressaca: do espanhol *resaca*, duplicação de *saca*, algo que foi tirado. O filólogo catalão Joan Corominas atesta que a ideia de desapossar alguém de alguma coisa já aparece em antigos textos jurídicos com o sentido de obtê-la judicialmente, semelhando perda do bem para quem originalmente estava de posse dele. É isto o que faz a ressaca: a onda vem e leva alguma coisa, às vezes uma coisa mal construída, como fez com a Ciclovia Tim Maia, no Rio, na Avenida Niemeyer, inaugurada em janeiro de 2016, que teve um trecho de cinquenta metros levado pelas águas no dia 21 de abril do mesmo ano. A origem remota de ressaca é o étimo *sakan*, do Gótico, com o significado de disputar, lutar e também tirar. Está presente ainda em sacada, parte da casa ou do prédio que parece retirada de dentro; em saca-rolha; em saque (no vôlei, no tênis etc.); em saque (retirada de dinheiro no caixa automático, por exemplo).

Restaurante: do francês *restaurant*. O étimo remoto é o latim *restaurant*, terceira pessoa do plural do presente do indicativo de *restaurare*, restaurar, recuperar. Passou a designar depois da Revolução Francesa estabelecimentos que serviam refeições feita por cozinheiros qualificados. Então desempregados pela queda do Antigo Regime, abriram casas de pasto, que logo se diversificaram e se especializaram. Pesquisadores franceses dão, por isso, outra origem à palavra bistrô, *bistrot* em francês, que teria vindo da forma francesa dialetal *bistraud*, comerciante de vinho ou seu ajudante. Outros dizem que provém de *bistre*, pigmento marrom que dá cor ao café.

Também as palavras francesas *bistouille*, local onde se fabrica e vende vinho inferior, e *bistrouiller*, misturar álcool, água e outras substâncias ao vinho.

Restelo: de rastelo, do latim *rastellus*, ferramenta agrícola e de jardinagem, parecida com uma enxada, com dentes de madeira ou de ferro. No latim é diminutivo de *rastrum*, que deu rasto, rastro, arrastar. Designa em Lisboa um local à beira da praia onde o rio Tejo se encontra com o Oceano Atlântico. Luís Vaz de Camões sediou ali um dos episódios de *Os Lusíadas, O Velho do Restelo*, no qual um ancião, muito pessimista, adverte os navegadores para as tragédias que os esperam no mar. Um de seus avisos: *"Buscas o incerto e incógnito perigo/ Por que a fama te exalte e te lisonge,/ Chamando-te senhor, com larga cópia,/ Da Índia, Pérsia, Arábia e de Etiópia?"*. Foi dali que partiu Pedro Álvares Cabral, então com 33 anos, partiu no dia 9 de março de 1500, uma segunda-feira, para a viagem do descobrimento do Brasil, comandando uma esquadra de 13 naus, onde estavam 1.200 pessoas, entre marinheiros, geógrafos, médicos, linguistas, militares etc. Fala-se em caravelas, mas Pero Vaz de Caminha não usa a palavra uma única vez na sua célebre Carta.

Restituição: do latim *restitutione*, ação de restituir, de *restituere*, restituir, isto é, pôr onde estava, pois a raiz remota é o verbo *stare*, estar. Restituir tem também o significado de devolver, do latim *devolvere*, cujo particípio passado, *devolutus*, devolvido, também está presente na expressão jurídica "terras devolutas", isto é, que foram devolvidas ao Estado por estarem sem habitantes, dando a ideia de mudar de posição, rodando na direção contrária. Voltando a fruta para dentro da casca ou o inseto para o interior da couraça, de onde saíra ou fora tirado, de todo modo indicando coisa extraordinária.

Réu: do latim *reus*, de *res*, coisa, bem. O réu é concebido etimologicamente como bem do Estado no Direito, contra quem é proposta a ação, na vara cível ou criminal, sendo-lhe atribuída autoria ou coautoria de delito ou crime.

Revezamento: de revezar, vocábulo cuja raiz é o latim *vice*, vez, acrescido dos afixos "re", indicando repetição, aqui funcionando como prefixo, e "ar", sufixo muito comum na formação de nossos verbos. Revezar significa literalmente repetir a vez. Designa substituição alternada de empregados nos serviços que exijam trabalho aos domingos, em escalas diurnas ou noturnas, com o fim de não sobrecarregar apenas alguns.

Rinha: do espanhol *riña*, combate, do verbo *reñir,* combater. A origem remota é o latim *ringere*, grunhir, mostrar os dentes. Designa qualquer briga de aves ou animais, como cães e canários, mas é mais aplicado ao combate entre galos de briga, denominados também galos de rinha, treinados por homens que os armam de esporas de aço. Aos que reclamam da atrocidade, os aficionados pelo esporte respondem que "para os galos, é preferível morrer na luta do que acabar na panela".

Rol: do latim medieval *rollus*, pergaminho enrolado, depois de utilizado para a escrita, antes de inventada a encadernação. No latim culto é *rotulus*, rolo, cilindro. Por trazer relação de coisas diversas – mercadorias, localidades, rios, mapas etc. – ganhou o significado de relação, lista. No caso do Direito, a expressão rol dos culpados é o registro nominal dos condenados ou pronunciados pelo juízo criminal. Um rol de testemunhas pode ter até 16 testemunhas, oito de defesa, oito de acusação.

Rota: de rota, do francês antigo *route*, caminho, da expressão latina *via rupta*, estrada aberta, que rompeu a mata, pois romper veio de *rumpere*, da mesma raiz de *rupta*. Aplicada originalmente a ações feitas em terra e mar, a palavra 'rota' significou originalmente o caminho que o barco abria nas águas e o arado na terra, ao fazer os sulcos, mas veio a consolidar-se como itinerário. Sendo indispensável descrever o trecho percorrido, no mar como em terra, surgiu na sequência a palavra 'roteiro' para designar a descrição minuciosa que permitia identificá-lo, como acidentes geográficos de regiões costeiras, ilhas, indicação de correntes, ventos, marés, aos quais foram acrescentadas depois as menções a faróis e cidades litorâneas, enfim tudo o que era necessário para realizar de novo a mesma viagem marítima. O processo repetiu-se nos caminhos terrestres, com indicação de rios, vales, montanhas, arvoredos etc. Por metáfora, roteiro designa texto que desenvolve o argumento de um filme, vídeo, novela, programa de rádio ou televisão, peça teatral etc., que é dividido em planos, sequências e cenas, com indicação de quem (personagem) faz o que (ação) onde (cenários), dizendo o que (diálogos) etc.

Rótulo: do latim *rotulus,* rolo, cilindro. Nas origens designava pedaço de madeira, couro, pergaminho ou papel, que acompanhava recipientes e embalagens, onde estavam inscritas as informações sobre o produto ali contido. Com o tempo, passou a ser colado em frascos, no caso dos remédios, ou nas garrafas, de que é exemplo a marca afixada. O rótulo de livros e processos para identificá-los, antigamente de madeira ou pergaminho, hoje são feitos de papel ou etiquetas autoadesivas.

Rubrica: do latim *rubrica,* assinatura resumida, autenticação. Veio de *rubra,* vermelha, porque essa era a cor da tinta utilizada para escrever os títulos e destaques dos livros, especialmente de direito civil ou canônico. A Igreja manteve o costume em seus missais, como são chamados os livros que contêm as orações das missas. A pronúncia equivocada, com acento na primeira sílaba, tornando-a proparoxítona, é motivada por hipercorreção nascida do desconhecimento da língua culta.

S

Safardana: de sefardim, do hebraico *sepharadim*. Ódios religiosos contra muçulmanos e judeus foram parar até em rezas católicas. Nas rezas litúrgicas da Sexta-feira Santa, antigamente se rezava: "oremos também pelos pérfidos judeus", tradução de *"oremus et pro perfidis judaeis"*. Pérfido é sinônimo de infiel, traidor, safardana. Foi o papa João XXIII quem mandou retirar a expressão, na década de 1960.

Salafrário: de origem obscura, talvez corruptela de palavra perdida utilizada para designar o muçulmano, que não fazia as orações cristãs habituais, mas a *çalat*, palavra árabe que significa oração, bênção. Sofreu influência de salacidade, do latim *salacitas*, lascívia, luxúria, libertinagem, devassidão. O sentido que conservou é o de indivíduo ordinário, patife, vagabundo, dado a ilícitos diversos.

Sanção: do latim *sanctione*, declinação de *sanctio*, ação de santificar, tornar sagrado determinado lugar, em geral parte de um templo, que passava a ser inviolável. No latim a palavra está ligada ao radical *sanctum*, supino do verbo *sancire*, sancionar, estipular o castigo para o caso de descumprimento da lei, depois transformado em pena ou multa, mas primitivamente a sanção era aplicada ao corpo do transgressor, como ocorre ainda em várias culturas e esteve presente na primeira coleção de leis, o Código de Hamurábi (século XVI a.C.), composto de 282 artigos, mas que tem o 13º em branco: já naquelas antiguidades, o número era sagrado ou de azar. Está gravado numa estela cilíndrica de diorito, descoberta apenas em 1901. Está hoje no Museu do Louvre, em Paris. Ao publicar seu Código, o rei babilônico Hamurábi diz-se sábio, orgulhando-se de ter "trazido prosperidade, garantido a segurança das pessoas em suas casas, pois os que perturbam a ordem não são permitidos". Quantos governantes, quase quatro milênios depois, podem dizer o mesmo? O rei legislador era de uma modéstia impressionante: "minhas palavras são tidas em alta conta; não há sabedoria que à minha se compare". Nem violência. Havia pena de morte para a maioria das transgressões.

Saudar: do latim *saudare*, saudar, ligado a salvar, mostrar que vai bem, que está com saúde. Tanto que a pergunta "como vai?" é forma de cumprimento equivalente a bom-dia, boa-tarde, boa-noite. Entre os militares, a saudação é mais formal e tem o nome de continência. Bater continência é cumprimentar o superior batendo a mão à altura da aba do quepe, encostando-a rente à coxa no movimento de volta. O gesto é feito com o peito ereto e os calcanhares unidos. Sua origem é a apresentação que guerreiros faziam ao soberano antes de partirem para as batalhas: usavam a ponta dos dedos para levantar a viseira do elmo e mostrar o rosto ao superior. Depois, o chapéu substituiu o elmo.

Senado: do latim *senatus*, senado, assembleia de velhos. Em latim, velho é *senex*. Na Roma antiga, a instituição política do senado foi objeto de grande admiração dos outros povos. Exemplo de tal estima é o episódio ocorrido após a primeira vitória de Pirro sobre o exército romano. Ele enviou como embaixador um orador grego de nome Cineas para celebrar a paz com os romanos vencidos, que tinham sido surpreendidos pelos elefantes, animais que desconheciam, utilizados pelo rei de Épiro. Os senadores já estavam aceitando os termos da rendição, quando foi trazido à assembleia um velho censor de nome Apius Claudius Ceacus (Ápio Cláudio, o Cego). O ancião estava tão enfraquecido que não conseguia caminhar sozinho. Era muito admirado pelos senadores por sua coragem e coerência. Começou dizendo que nenhuma paz seria possível enquanto um só prisioneiro romano estive em mãos do inimigo. Todos os senadores concordaram com ele e Cineas disse a Pirro que o senado romano era "uma assembleia de reis".

Sentença: do latim *sententia*, de *sentire*, sentir, designando modo de perceber, impressão, opinião, ideia. Chegou ao português no século XIII. A origem remota, de matriz indo-europeia, é *sinnan*, esforçar-se para chegar a algum lugar. A palavra traz embutido o conceito de que para chegar a uma sentença é necessário percorrer um caminho.

MIL E UMA PALAVRAS DE DIREITO

Sicário: do latim *sicarius*, aquele que usa a *sica*, punhal pontiagudo e de lâmina recurvada. Era a arma do exército da Trácia, mas em Roma designava a arma de salteadores e assassinos. Jesus foi condenado à morte pelo governo romano, na Judeia ocupada, acusado de crime de sedição, tendo sido crucificado entre dois sicários. Ao ser traduzida para o português – os Evangelhos foram escritos originalmente em grego – a palavra grega *lestai*, condenados, prisioneiros, virou o latim *sicarii*, salteadores, terroristas, malfeitores, como os romanos os chamavam. E no português, ladrões, simplesmente. A tradição cristã deu-lhes os nomes de Dimas, o bom ladrão, e Gestas, o mau ladrão. Como Jesus disse a Dimas "hoje mesmo estarás comigo no Paraíso", o Céu foi inaugurado por um ladrão!

Sicrano: de origem obscura, sua origem é atribuída à necessidade de completar o trio com fulano e beltrano. É provável que o vocábulo tenha sido formado a partir do latim *sicambra,* mulher avulsa, filha ou viúva dos sicambros, povos vencidos pelos romanos na conquista da Gália. A outra hipótese é aliteração do latim *Sicani*, povo ibérico que veio a estabelecer-se na Sicília. A inserção do "r" no interior da palavra, depois de mudada para *sicano* não seria exceção no português. Seguindo a trilha de fulano, do árabe *fulân,* mas já presente no hebraico *fuluni,* designando nas duas línguas pessoa não identificada, sicrano teria surgido quase ao mesmo tempo em que beltrano, esta uma denominação nascida de *Beltrán*, nome muito comum no espanhol. Fulano aparece na Bíblia no Livro de Rute. Booz convida o tal sem nome a comprar as posses de Noemi, mas ao saber que ao adquirir as terras e benfeitorias, terá que ficar também com sua nora Rute, o tal fulano recusa. E passa a bola para Booz, formalizando o trato com a entrega das sandálias, então um costume em Israel para selar um acordo comercial. Booz compra tudo e como entre as posses estava também a mulher, casa-se com a viúva Rute para conservar o nome do falecido marido, que se chamava Maalon. Como se vê, fulano ou beltrano acaba casando com sicrana.

Silepse: do grego *syllepse*, pelo latim *syllepsis,* silepse, palavra ligada, no grego, ao verbo *syllambano*, reunir, incluir, comprimir. Esta figura de linguagem, pela qual a concordância se faz pelo sentido e não pelas regras gramaticais, é recurso usual de escritores.

Simpósio: do grego *sympósion*, pelo latim *symposium*, banquete, pela formação *sym* (prefixo que indica simultaneidade, como em sincrônico, *sym*, ao mesmo tempo, junto, e *cronos,* tempo) e *potes* (cujo radical está presente em pote, potável etc.) para designar aquele que bebe junto com outros, o que acontecia na segunda parte dos banquetes, quando então, além de beber, filosofavam. Simpósio passou a ter o significado de reunião de colegas, mas os tradutores do grego para o português fixaram a palavra "banquete" para *Sympósion,* título de uma obra do filósofo Platão e de outra do historiador Xenofonte, contemporâneos na Grécia antiga.

Síndrome: do grego *syndromé,* reunião, concurso, pela formação *syn,* simultaneamente, e *dromé,* de *dromos,* raiz presente em hipódromo, aeródromo e kartódromos, entre outras palavras, sendo a raiz remota o verbo *syntréhko,* correr, pelo aoristo, tempo verbal que existe no grego, sendo ausente em português, *syndramein.* Literalmente, reunião tumultuosa. Um conjunto de sinais pode indicar doenças e patologias, seja em sentido denotativo, como em síndrome de imunodeficiência adquirida, conhecida pela sigla em inglês *aids*; como em síndrome de Down, também conhecida como mongolismo, consistindo de retardo mental e alteração na forma do rosto, dos pés e das mãos; e também em sentido conotativo, como em síndrome de Estocolmo, que designa simpatia do sequestrado pelos sequestradores, assim chamada porque surgiu na capital da Suécia quando um diplomata alemão foi sequestrado pelo grupo terrorista Baader-Meinhoff e fez declarações de simpatia ao bando quando foi libertado.

Sobrejuiz: de sobre, do latim *super,* superior, e juiz, do latim vulgar *judice,* designava antigamente o juiz a quem se recorria para reformar sentenças. Nas *Ordenações Manuelinas,* assim chamadas porque foram baixadas pelo rei Dom Manuel, o venturoso, eram seis os sobrejuízes, superiores aos outros juízes o reino. Eles despachavam na Casa Cível, tratando das apelações. Caso não fosse cabível o julgamento, as ações eram encaminhadas por agravo a dois desembargadores da mesma Casa ou a outros seis, estes alocados na Suplicação, casa distinta da anterior. Os sobrejuízes tinham voto no Conselho Real. A justiça brasileira ainda hoje apresenta resquícios desse complexo modo de julgar, o que faz com que algumas demandas demorem tanto que quando são resolvidas os litigantes já estão mortos. Em Portugal, na Idade Média, a Justiça era rápida, às vezes quase imediata.

MIL E UMA PALAVRAS DE DIREITO

Sobrenome: de sobre, do latim *super*, sobre, acima, e *nomen*, nome. O nome facilita o convívio na vida cotidiana, mas é o sobrenome que identifica a pessoa nos documentos. Sem contar que apelidos ausentes nos documentos, como Nhonhô, Ioiô, Nhô, Siô, Siozinho, sínteses de uso vasto e complexo nas ancestralidades nacionais, revelam intimidade impossível de ser registrada. Até presidentes foram conhecidos por prenomes, e não por sobrenomes, e às vezes por apelidos, como Gegê, JK e Jango.

Sociedade: do latim *societate,* declinação de *societas.* Pouco a pouco, com a modernização do comércio, que demandava associações de duas ou mais pessoas, sociedade passou a designar formas de associação comercial, hoje denominação comum em quase todos os municípios brasileiros.

Solecismo: do grego *soloikismós*, pelo latim *soloecismus*, relativo à cidade de Soles, na Silícia, que, separada da comunidade da Grécia antiga, ficou à margem da cultura helênica, perdendo a pureza da linguagem e corrompendo a língua grega. Quando um falante se exprimia em grego desjeitoso, os cultos habitantes de Atenas diziam dele que falava grego como um morador de Soles. O solecismo é um vício da linguagem, inclusive no português, que consiste em desrespeitar o espírito da língua portuguesa por meio de transgressões gramaticais de norma culta e atentados à fonética e à fonologia, que incluem a violação das regras da sintaxe.

Subversivo: do latim *subversus*, do verbo *subvertere*, aquele que pretende inverter, abolir, destruir ou substituir a ordem social, política ou econômica vigente. O vocábulo entrou para a língua portuguesa em 1836, mas só a partir de 1964 foi recuperado com o significado de subversor. Não se sabe bem por que subversivo tomou o lugar de subversor, forma mais coerente com o espírito da língua, mas provavelmente a consolidação fez-se por repetição, de tanto os militares a empregarem.

Suicídio: do francês *suicide,* por analogia com homicídio, do latim *homicidium*, pela formação *sui* e *cidium,* de *caedere,* matar a si mesmo. São muitos os apressados deste mundo que, inconformados com a demora do fim, buscam abreviá-lo, nem sempre com sucesso. Às vezes, é a cultura que sugere o suicídio como gesto que põe fim a problemas para os quais a solução é a morte, como foi o caso da Antiga Roma, repleta de suicidas, e o Japão, que ainda cultiva o suicídio como último gesto de dignidade possível frente a dificuldades tidas como resolvidas apenas com a morte autoimposta. Países que reprovam o suicídio, entretanto, abrigam suicidas em grande número, como é o caso da Suíça e da Hungria. A depressão costuma ser o componente decisivo dos suicidas, mas há alguns casos célebres em que estiveram em jogo outras questões, como foi o caso do duplo suicídio de Adolf Hitler e Eva Braun, em 30 de abril de 1945. O corpo do líder nazista, segundo ordens dadas a Otto Guensche, oficial da SS, foi consumido pelas chamas para não ser localizado pelas forças soviéticas que tinham tomado Berlim. Os soviéticos levaram os restos dos suicidas famosos para Moscou, mas deram sumiço nas macabras relíquias algum tempo antes de ruir o império soviético, na última década do século passado. Alguns suicídios são falsos, como se descobre depois.

Sujeito: do latim *subjectus*, sujeito, dominado, posto sob comando ou ordem. O vocábulo designou na Idade Média o indivíduo subordinado ao senhor feudal. Passou depois a indicar qualquer pessoa de identidade indeterminada. Houve um longo percurso na palavra para que largasse no caminho o sentido pejorativo, mas a raiz do vocábulo, no português e em outros idiomas neolatinos, aponta para significados de domínio conexo, que indicam sujeição, domínio. "Sujeito" também fez sua viagem repleta de sutis complexidades e resgatou a soberania para o vocábulo, passando a designar, em linguagem jurídica, pessoa detentora de direitos soberanos. A transformação do significado tem a ver com a valorização de feudos e condados, alguns depois unidos e transformados em reinos, como foi o caso de Portugal, quando a figura do vassalo adquiriu valor semântico positivo, a ponto de indicar honra o indivíduo apresentar-se como súdito ou vassalo de algum soberano.

Supremo: do latim *supremus*, supremo, grau superlativo do adjetivo *superus*, que está acima, da mesma raiz de *superior,* superior. Aparece na designação da mais alta corte de Justiça do país, instância além da qual não pode mais haver nenhum recurso, a menos que se recorra a Deus, que entretanto não costuma frequentar tribunais, a não ser por meio do Filho, simbolizado na figura do Crucificado, pois todo tribunal ostenta um crucifixo na parede, o que, segundo o juiz aposentado, escritor e fundador da Universidade Estácio de Sá, João Uchôa Cavalcanti Netto, indica que o simbolizado está ausente, pois a função do símbolo é de substituição. Aparece na designação do Supremo Tribunal Federal, que concedeu vários *habeas* *corpus* a investigados e réus, garantindo-lhes o direito de omitir e mentir, sem o risco de serem presos, pois ninguém é obrigado a autoincriminar-se.

Suspeita: de suspeito, do latim *suspectus*, ou forma regressiva do verbo suspeitar, *suspectar*. Para o latim veio da raiz indo-europeia *spek*, olhar com atenção, ligado a observar, do latim *observare*, cuidar, espiar. Os prefixos *sub* e *ob* indicam exame de coisas encobertas.

Sussurrar: do latim *sussurrare*, sussurrar, falar baixo, confidenciar. Sinônimo de murmurar, cujo sentido conotativo infestou a conversação familiar. Assim, a criança que, inconformada com alguma ordem dos mais velhos, não pode insubordinar-se, estando impedida sequer de externar em palavras claras a recusa de fazer alguma coisa, limita-se a murmurar, sussurrar, cochichar, dizer em voz baixa a outros ou apenas a si mesma que não está gostando da situação.

T

Tabelião: do latim *tabellione*, homem que escrevia em tabuinhas enceradas, fazendo registros indispensáveis, como nascimentos, óbitos, leis, escrituras de imóveis, fases da lua etc.

Tabu: de *ta 'bu*, vocábulo extraído de um idioma da Polinésia. Chegou ao português depois de uma baldeação no inglês: *taboo*. O audaz navegante inglês James Cook informou-nos o significado da palavra nos relatos de sua terceira e última viagem, antes de ser assassinado pelos nativos do Havaí: "eles me disseram que era tabu, uma coisa proibida".

Tábua: do latim *tabula*, tábua, peça plana de madeira, quadro, lousa. Não foram em papéis, mas em tábuas de pedra e de madeira que foram impressas as primeiras leis da humanidade. As mais antigas são os Dez Mandamentos, gravados em duas tábuas de pedra, depois quebradas por Moisés, irritado diante da infidelidade do povo, e a Lei das XII Tábuas, cuja primeira edição foi apresentada ao povo romano em tábuas de carvalho no ano 451 a.C. e depois gravadas em bronze "para perpétua lembrança". Queimadas num incêndio que devastou Roma no século IV, as XII Tábuas persistiram apenas em fragmentos. Por meio deles pode-se avaliar a severidade dos castigos, entre os quais a pena de morte para vários crimes, incluindo o de o cliente matar o advogado que o traiu, oferecendo-o "em sacrifício aos deuses infernais" e assegurando ao pai o direito de matar o filho que nascesse com alguma monstruosidade. Também o suborno e a corrupção de funcionários públicos eram punidos com morte, entretanto aplicada às duas partes e não apenas ao subornado.

Talmude: do hebraico *talmúd,* estudo, ensino, doutrina. O radical é *lamád,* aprender, estudar a Torá, do hebraico *Torá,* que designa o Pentateuco, os cinco livros iniciais da *Bíblia,* originalmente editados em rolos manuscritos, em couro ou pergaminho, cuja edição primeira era guardada na Arca que estava no Templo de Jerusalém. O Talmude reúne interpretações e comentários feitos por famosos rabinos no correr da História. Além do Talmude, lendas judaicas foram passando de geração em geração, consolidando-se na cultura ocidental, de que são exemplos inclusive superstições, como as de que o vermelho nas vestes, o sal no bolso e um amuleto pendurado no pescoço podem afastar o mau-olhado, para cujos perigos e insidiosa força o povo é alertado.

Tanatofilia: do grego *thánatos,* morte, e *philos,* amigo, querido, desejado, de que se formou o sufixo *filia* em português, presente em necrofilia – atração sexual mórbida por mortos. A tanatofilia, exemplo de morbidez, designa atração pela morte. Alguns exemplos falam por si: Joana de Castela, a Louca, a esposa do rei espanhol Felipe I, o Belo, continuou a dormir com o marido morto por três anos. A sexualidade é terreno fértil para a morbidez, mas poucos foram tão afetados como a rainha Elizabeth I, filha de Henrique VIII e Ana Bolena, que disse: *"Odeio a ideia de casamento por motivos que não divulgarei nem a uma alma gêmea".* Morreu solteira, aos 69 anos. Antes mandou matar sete amantes. Alguns rumaram diretamente da cama ao patíbulo.

Tapeação: de tapa, *do gótico tappa,* tampa, e ação, do latim *actione.* Pode ter havido mescla com o tupi *tapeyar,* pela formação *tape,* caminho, e *yar,* dono. Tapeação indica significado que logo se bifurca, aplicando-se tanto ao ato de enganar por meio de ardis que ocultam a realidade, quanto de conduzir por caminhos errados, pois só pode fazer isso de caso pensado quem conhecer o caminho verdadeiro. No Brasil meridional o tapeador tem o significado que é dado a estradeiro no Norte. Por ocasião da Revolução de 1930 os verbos tapear e despistar frequentaram diversos artigos na imprensa para caracterizar o comportamento político de Getúlio Vargas. O escritor Cornélio Pires usa como sinônimos em *Conversa ao pé do fogo:* "Estradeiro. Águia. Velhaco. Ligeiro de mão".

Tara: do árabe *taraha,* rejeitar, afastar, vocábulo mais usado no comércio para indicar mercadorias que não serão negociadas. Passou a designar depravação sexual que, à semelhança do que ocorre nas práticas comerciais, seria item dispensado numa transação. O tarado é originalmente alguém que, tendo uma deficiência, comete excessos.

Tarifa: provavelmente do italiano *tariffa* ou do francês *tarif*, ambos radicados na forma com que os argelinos pronunciavam o árabe *ta'rif*, notificação, do verbo *Harraf*, informar, notificar, dar a conhecer. Tarifa, originalmente lista de preços, designa o imposto de importação, cobrado em portos e aeroportos, e também os preços de serviços como fornecimento de energia elétrica, correio, transportes etc.

Teocracia: do grego *theokratía*, governo de deuses, pela formação *theós*, deus, e *krátos*, poder, força, autoridade, domínio, governo, supremacia. Foi um dos primeiros sistemas de governo e o poder era concebido como outorgado por deuses àqueles dirigentes e não a outros. Com o advento do monoteísmo, de que é exemplo-símbolo o estado hebreu, surgiu uma monarquia teocrática baseada em leis que teriam sido ditadas por Javé. Todavia o rei era fiscalizado pelas doze tribos, que observavam atentamente se ele seguia os livros sagrados, denominados Torá, a Lei. No séc. II a. C., a Torá recebeu o nome de Pentateuco, ao ser traduzida para o grego – *penta*, cinco; *teúchos*, livros – porque cinco livros formavam o conjunto: Gênesis, Êxodo, Levítico, Números, Deuteronômio.

Tergiversar: do latim *tergiversare*, tergiversar, dar as costas, esquivar--se. Em latim, *tergum* é sinônimo de *dorsum*, dorso. A raiz está presente também em detergente, em domínio conexo com o verbo *tergere*, esfregar, limpar, polir. Tergiversar, em sentido metafórico, é disfarçar por oferecer as costas, evitando olhar de frente o interlocutor. Para limpar o excesso de pelos no dorso da montaria, o cavaleiro põe-se ao lado do animal, nem à frente, porque a escova não alcançaria o lombo, nem atrás da garupa por correr risco de levar coices. Para montar, também. Tergiversa, pois, quem se põe de lado na conversação, evitando tocar no assunto claramente.

Terrorismo: de terror, do latim *terror*. A raiz é *terra*, como se depreende do verbo aterrar, que tem o sentido de espantar, causar pavor. Ao derrubar e vencer o oponente, o inimigo o põe por terra, subjugando-o antes de matá-lo, causando medo, pavor, espanto, terror. É verdade que ainda no Paraíso um irmão matou o outro por pura inveja. O terror no atacado remonta ao alvorecer do segundo milênio, quando o missionário ismaelita Hassan Sabbah fundou uma seita cujos seguidores, antes de fazer tudo o que ele lhes ordenava, inalavam o estupefaciente *hashishiyn*, haxixe, origem da palavra assassino.

Tese: do grego *thésis*, arranjo, conclusão, ordenamento de ideias, do verbo *tithémi*, dispor, instituir, pelo latim *thesis*, argumento. Nas universidades, a tese designa a obra escrita pelo candidato que com ela se submete a uma banca examinadora para defendê-la e assim obter o título de doutor. O mesmo ritual é feito para a obtenção do título de mestre, com a diferença de que a tese é designada dissertação.

Testemunha: de testemunhar, do latim *testimoniare*, testemunhar, mesclado ao baixo latim *testis,* de *tertius stare*, o terceiro numa disputa. Veja-se o domínio conexo com o latim *teste,* teste, prova. Suas origens remotas indicam uma casca de ostra e depois uma concha, denominada *testa*. Quem recebesse a casca de ostra, ia para o ostracismo. E num litígio, a testemunha declarava de viva voz ou colocava seu atestado em vasilha semelhante a uma concha.

Toga: do latim *toga*, veste comprida, manto, do latim *tegere*, cobrir, utilizada como veste normal na Roma antiga. Passou a designar a capa que os juízes utilizam e, por metáfora, o seu poder.

Tombar: de provável origem onomatopaica, o ruído de algo que cai, *tumb*. Por fenômeno conhecido como hipercorreção ou apoio na variante do barulho, *tomb*, a palavra serviu de raiz para o verbo que designa o ato de cair, mas também o de assentar em livro próprio coisa a ser preservada, como é o caso de prédios históricos, tombados, isto é, com a respectiva documentação regularizada, fixando com clareza que depois de ali registrado é intocável.

Tonsura: do latim *tonsura*, palavra da agropecuária, pois no latim designava o ato de tosquiar as ovelhas e ceifar o trigo, deixando peladas as ovelhas a roça. Veio de *tonsus*, particípio de *tondere*, cortar, ceifar, tosquiar. A tonsura é imposta pelo bispo ao seminarista quando este dá o primeiro passo para tornar-se clérigo e também ao coroinha, daí a designação do menino que ajuda o celebrante na missa. Hoje também a menina pode ser coroinha. Contudo os alopéticos (carecas), vulgarmente chamados carecas, eram dispensados de ir ao barbeiro providenciar o pequeno círculo sem cabelos no alto da cabeça, na parte de trás, indicando submissão, serviços à comunidade, semelhantes aos frutos da terra e à lã das ovelhas no plano espiritual. Os carecas, sem fins religiosos, usam solidéus, boinas ou bonés para atenuar os rigores do frio na alopecia involuntária. Esta teria sido também a origem remota da crendice popular de que os carecas são mais inteligentes.

Topônimo: do grego *tópos,* lugar, e *nymos,* nome, significando nome de lugar. Os índios davam curiosos nomes às localidades, que os jesuítas aceitaram, mas aos quais acrescentaram nomes de santos, como é o caso de São Paulo, a cidade brasileira que mais cresceu e veio a transformar--se numa das maiores megalópoles do mundo. Situada longe do mar para os padrões do século XVI, São Paulo foi fundada como Piratininga, do tupi *pira*, peixe, e *tininga,* secando. Os silvícolas deram tal denominação, segundos nos informa o padre José de Anchieta, não porque se dedicassem a algum primitivo e inusitado charque de peixe, mas porque, cessados os transbordamentos das enchentes dos rios, os peixes, tomados de surpresa, ficavam sem água e morriam em terra.

Trâmite: do latim *tramite*, declinação de *trames*, caminho, atalho, vereda, trecho. Por metáfora, passou a designar percurso que determinado documento faz nas repartições, passando de seção em seção, isto é, tramitando, percorrendo as várias etapas. Por exemplo, na admissão e demissão de funcionários, ocorrem em cada ocasião os trâmites legais, isto é, as várias providências que precisam ser cumpridas até o ato final que contrata ou demite.

Transitório: do latim *transitorius*, transitório, do verbo *transire*, passar. Trânsito, do latim *transitus*, é da mesma raiz, tendo igualmente a finalidade de signar o que está de passagem, como é o caso dos anos, ou que vale por pouco tempo até que venha algo definitivo.

Trapaça: de trapa, do latim *trappa*, armadilha, acrescido do sufixo "aça", indicador de aumentativo. Provavelmente os romanos trouxeram a palavra da língua dos francos, o frâncico. Os francos conquistaram parte da Gália e ligaram o étimo do nome a práticas livres no comércio, em contraste com a excessiva carga de impostos de Roma, obrigada a financiar tantas expedições militares para conquistar a terra dos outros. Há uma ordem religiosa denominada trapista. Seus fundadores estabeleceram-se nas cercanias de Notre-Dame de la Trappe, em Orne, na Normandia, França, cuja denominação se deve ao modo preferido utilizado pelos caçadores de preparar armadilhas em forma de covas. Em francês, *trappe* é armadilha, alçapão. A trapaça é o recurso usual do escroque.

Tratamento: de tratar, do latim *tractare*, de onde veio trato, de *tractum,* ambos os vocábulos com o sentido de trazer, conduzir, cuidar. Os pronomes de tratamento sofreram lenta evolução ao longo dos séculos. É possível que "você" venha a ser incorporado às normas gramaticais da língua culta como "ocê" e "cê", já presentes na forma coloquial, provavelmente da redução de Vossa Mercê, Vosmecê, você. As agências de viagens inventaram abreviações que qualificam os passageiros de outro modo. Antecedendo o nome, começando pelo sobrenome, aparecem "Mr", "Ms", "Mrs", "Chd" e "Inf", das palavras da língua inglesa *mister* (senhor); *miss* (senhora, sem especificar se é casada); *mistress* (mulher casada); *child* (criança de dois a 12 anos) e *infant* (criança de colo de zero a dois anos).

Tribuna: do latim *tribuna*, lugar de onde falava o tribuno, também chamado púlpito para defender os interesses do povo. Com o surgimento da imprensa, vários jornais adotaram o nome de tribuna em sua designação, com o fim de deixar claro que defendiam interesses populares e não de grupos hegemônicos.

Tribunal: do latim *tribunale*, declinação de *tribunal*, designando originariamente o estrado onde ficavam os juízes, protegido por barras de madeira que o separavam do recinto onde ficava o povo na antiga Roma. Veio daí a expressão "levar às barras do tribunal". Passou depois a indicar as cadeiras onde sentavam os magistrados e depois o prédio e a própria instância jurídica, formada por colegiados, sendo a sentença extraída por maioria. A origem remota é a palavra *tribus*, tribo, divisão do povo romano e também dos judeus. Os primeiros juízes do mundo a atuar em tribunais foram três. Eles representavam as três tribos primitivas da antiga Roma. O lugar onde atuavam veio a denominar-se tribunal porque ele se sentavam num estrado – *tribunal*, em latim – e distribuíam as despesas entre as tribos, originando também outras palavras, como tributo, tribuna, tribuno etc.

MIL E UMA PALAVRAS DE DIREITO

Tribuno: do latim *tribunus*, tribuno do povo, ligado a tribo, magistrado. Os tribunos atuavam aos gritos, diante dos juízes, defendendo os interesses do povo. Tal função foi elitizada com os aperfeiçoamentos do Senado Romano. E a principal qualidade de quem atuava nos tribunais ou no Senado passou a ser o desempenho retórico que tinha no lugar que lhe era destinado para falar, a tribuna.

Turco: do grego bizantino *toûrcos*, pelo latim *turcus*, que em turco significa forte. Embora os turcos nada tenham a ver com os árabes (nem com os europeus, aliás), turco veio a designar comerciante no Brasil, ainda que fossem árabes ou judeus. Em outras línguas, surgiram expressões curiosas inspiradas no turco, como no italiano: sentar-se à turca (com as pernas cruzadas), coisas turcas (extraordinárias, incríveis), fumar como um turco (muito), blasfemar como um turco (em excesso), pizza turca (com massa de pão, carne e outros ingredientes).

U

Ubiquidade: do latim *ubique,* em toda a parte. Estar ao mesmo tempo em dois ou mais lugares não é possível aos humanos. Apenas Deus é onipresente. Mas um dos milagres atribuídos a santo Antônio de Lisboa, que na Itália chama-se santo Antônio de Pádua, dá conta de que certa vez pregou ao mesmo tempo nas duas cidades. Ele nasceu em Portugal e foi enterrado na Itália. Tentou ser missionário em Marrocos, mas, não suportando o clima africano, voltou à Europa. Foi grande orador, tendo treinado muito para isso num eremitério em Forli, na Itália. Foi elevado aos altares apenas um ano após sua morte, uma das canonizações mais rápidas de toda a Igreja. E daí, sim, ele ganhou o dom da ubiquidade, pois está em quase todas as igrejas.

Ucasse: do russo *ukáz*, édito da Rússia imperial, decreto proclamado pelo czar. Passou a designar ato autoritário de qualquer governo que fira as garantias individuais.

Última instância: do latim *ultima*, última, a mais afastada, a mais remota, e *instantia*, pendurada, suspensa. Designa decisão irrecorrível, mas como o Direito não é uma ciência exata, uma decisão de última instância pode sofrer recurso ordinário ou recurso especial, junto ao Superior Tribunal de Justiça, (STJ).

Último: do latim *ultimum*, o mais afastado. O primeiro e o último servem para referências entre as duas extremidades. Assim, penúltimo e antepenúltimo equivalem a segundo e terceiro da outra ponta. Há controvérsias sobre qual é o último ano de uma década, século ou milênio. Se o zero ou o nove. Entre 1999 e 2000 foram travadas algumas polêmicas, tudo porque o zero é um número historicamente tardio, que foi trazido para o Ocidente pelo matemático italiano Leonardo Fibonacci, também conhecido como Leonardo de Pisa, onde morava seu pai, um negociante que teve o cuidado de enviar o filho para a África do Norte para aprender números com os árabes. Os indianos já trabalhavam com a noção de zero, depois adotada pelos árabes, por volta de 600 a.C. A denominação hindu para zero era o sânscrito *ûnya*.

Ultraje: do latim *ultraticu*, de *ultra*, excesso, ato que consiste em passar dos limites, sobretudo na linguagem, passando pelo francês *outrage*, que tem o mesmo significado. No Brasil, há um conjunto musical que se chama Ultraje a Rigor, fazendo referência à expressão "traje a rigor", que consiste num tipo de roupa elegante para ser usada em ocasiões especiais. Em Direito, temos a figura do ultraje ao pudor, equivalente a causar escândalo por ato obsceno ou ofensa moral aos bons costumes e à moral.

Ultrapassar: do latim *ultra*, além de, e *passare*, passar, significando transpor. Este verbo tem sua utilização mais frequente no trânsito, nas ruas e nas estradas, e nas corridas de automóvel e de moto, significando passar à frente. A ex-modelo, atriz e piloto Suzane Carvalho, campeã brasileira e sul-americana de Fórmula 3, circulava no Rio de Janeiro, onde morava, com o seguinte adesivo na tampa do porta-malas de seu carro: *Women are natural leaders. You're following one now* (Mulheres são líderes naturais. Você está seguindo uma agora). Em vez de reconhecer o óbvio, alguns machões tentavam ultrapassá-la para contrariar as frases que tinham acabado de ler.

Unânime: do latim *unanime*, de uma só alma. Concordância coletiva absoluta. Desconfiado destes juízos uniformes, o dramaturgo Nelson Rodrigues cunhou uma de suas frases mais memoráveis, "toda unanimidade é burra", valorizando a discordância numa sociedade democrática. Ironicamente, o dito foi obra de um escritor tido como reacionário quando vivo, confirmando que também sobre ele não havia unanimidade.

Uniforme: do latim *uniforme*, declinação de *uniformis*, de uma só forma. Pode ter havido influência francesa na adoção da palavra, vez que no francês também é *uniforme*, designando fardas, primeiramente militares ou eclesiásticas, tendo ocorrido elipse na expressão *habit uniforme*. Um dos primeiros a registrar o vocábulo com tal sentido foi o bispo de Lisieux, na França, Nicole D'Oresme, pregador e crítico das obras de Aristóteles e destacado nome do pré-renascimento nas ciências e nas humanidades. As ordens religiosas mantiveram *habit*, hábito, escolha ocorrida também no português. Assim, os frades usam hábito, e os militares, fardas, uniformes. Tem havido mistura de tais designações, pois a Companhia de Jesus, fundada por militar, refere farda e hábito como sinônimos, denominando os afiliados como soldados, dada a linguagem guerreira de que esteve impregnada desde sua fundação, o que é atestado por seus célebres exercícios espirituais. A camisa dos uniformes das seleções nos lembra a definição de São Jerônimo: *"solent militantes habere lineas quas camisias vocant"* (os combatentes têm linhos que chamam de camisas).

Unir: do latim *unire*, unir, ligar, radicado em *unus*, um. Tornar um só, ligar, juntar. Seu primeiro registro foi feito por António López Ferreiro, em 1439: "possa unyr hua iglesia aa outu". Nas cerimônias de casamento, os ritos religiosos, ao celebrarem a união dos cônjuges, aludem à frase "não separe o homem o que Deus uniu".

Urgente: do latim *urgentia*, urgência, aperto. Tanto pode designar atividade fisiológica inadiável – fazer xixi, por exemplo – como tarefas médicas, jurídicas, parlamentares. Os congressistas brasileiros, não satisfeitos com tantas hipérboles, criaram a expressão "urgência urgentíssima", redundante, pleonástica e vazia. Nem assim conseguem que os colegas compareçam para votar questões dadas como urgentes desde os começos dos parlamentos.

Urna: do latim *urna*, vaso de abertura estreita e bojo grande, que tinha diversas utilidades e equivalia à metade de uma ânfora, esta um vaso com asas. Polissêmico, o termo aplica-se também nas cerimônias da morte. Daí urna funerária. Mas o vocábulo já designava, ainda na antiga Roma, os objetos dentro dos quais eram colocados os votos dos senadores.

Usura: do latim *usura*, uso duma coisa. Passou depois a designar o lucro tirado de dinheiro emprestado, mas, dado o abuso das quantias excessivas impostas ao devedor, foi fixada a diferença entre juro, o que é realmente devido, e usura, o que é cobrado indevidamente. No século XIII, quando surgiu, era grafado também 'husura'. Na Idade Média, a Igreja condenava o lucro obtido na especulação financeira e não admitia sequer o juro. Mas com o nascimento do capitalismo, foi criado até mesmo o purgatório para livrar do fogo eterno os que viviam de juros, antes destinados ao inferno. Foi bom negócio para eles. Ameaçados pelas chamas eternas, receberam fogo brando e temporário.

Usurário: do latim *usurarius*, usurário, praticante de usura, do latim *usura*, juro excessivo, lucro exorbitante. O usurário é aquele que empresta a juros, cujo personagem emblemático é Shylock, da peça de William Shakespeare, *O mercador de Veneza,* cuja trama central pode ser assim resumida: O usurário Shylock emprestou três mil ducados a Bassânio, tendo Antônio, o mercador de Veneza, como avalista, de quem é requerido pelo credor que empenhe como garantia uma libra de carne do próprio corpo, escolhida da parte do corpo que o credor quiser. O mercador aceita, pois tem certeza de que seus navios mercantes voltarão dentro de sessenta dias e a letra só vencerá dali a três meses. Quando os navios naufragam, o devedor é salvo no tribunal pela noiva de Bassânio, na pele do jovem e douto advogado Baltasar, que defende a tese de que o credor tem de fato direito ao pedaço de carne do outro, mas a parte extraída não poderá ser maior ou menor do que a libra estipulada no contrato, nem pode haver derramamento de sangue para extraí-la. Shylock perde a causa e tem os bens confiscados por ter atentado aleivosamente contra a vida de um cidadão de Veneza.

Utilidade: do latim *utilitatis*, qualidade do que pode ser usado. Em gíria das prisões designa a mulher que vai visitar o marido na cela. O famoso cangaceiro Antonio Manuel Batista de Morais Silvino, que integrou o bando de Lampião e é personagem da obra de José Lins do Rego, chamava sua companheira de 'minha utilidade'.

Utopia: do grego *ou topos*, utopia, lugar inexistente. Dá título a um famoso livro do escritor inglês Thomas Morus, que descreve um país imaginário onde o governo, bem organizado, provê excelentes condições de vida ao povo, que ali vive feliz. Menos os escravos, pois o piedoso escritor cristão esqueceu-se de alforriá-los. Passou a designar projeto irrealizável. Outros escritores também construíram utopias, como o italiano Tomaso Campanella, em *A Cidade do Sol;* o inglês Francis Bacon, em *New Atlantis*; o norte-americano Edward Bellamy, em *Looking Backward.* As utopias dos ingleses George Orwell, *1984,* e de Aldous Huxley, *Admirável Mundo Novo,* são consideradas distopias, já que as sociedades ali apresentadas promovem todos os males. Também distopia vem do grego *dys*, mal, e *topos*, lugar, designando situação anormal de um organismo. Distopia é vocábulo mais usado em medicina.

V

Vã: de vão, do latim *vanus*, com o significado de oco, vazio, sem firmeza, sem importância. Talvez mais no feminino do que no masculino, aparece em vários provérbios, de que é exemplo a expressão "nossa vã filosofia", presente em reiteradas referências literárias, muitas delas radicadas na Bíblia e em textos do celebérrimo dramaturgo e poeta inglês Willian Shakespeare. É equivocada a afirmação de que Shakespeare e Miguel de Cervantes y Saavedra morreram com diferença de apenas um dia: na Espanha já estava em vigor o calendário gregoriano desde 1582, e na Inglaterra, não. O inglês e o espanhol influenciaram muito a cultura brasileira. Machado de Assis evoca Shakespeare em numerosas passagens, de que é exemplo esta no romance *Quincas Borba*: "... *mas era o caso de emendar outra vez com Hamlet: 'Há entre o céu e a terra, Horácio, muitas coisas mais do que sonha a vossa vã dialética'.*" E mais esta, entre muitas outras, no conto *A Cartomante*: "*Hamlet observa a Horácio que há mais cousas no céu e na terra do que sonha a nossa filosofia. Era a mesma explicação que dava a bela Rita ao moço Camilo, numa sexta-feira de novembro de 1869, quando este ria dela, por ter ido, na véspera, consultar uma cartomante; a diferença é que o fazia por outras palavras*".

Vacância: do latim *vacantia*, do mesmo étimo de *vacare*, vagar ou ficar vago, cujo étimo está no espanhol *vacaciones*, férias. Os conceitos dizem muito nas palavras que designam o tempo de descanso ao final de um período de trabalho. No português o étimo é do latim *feria*, festa; no espanhol é deixar vago o trabalho, desocupar-se.

Vaga: do antigo escandinavo *vâgr*, vaga, água em movimento. Provavelmente, onda, do latim *unda*, terá sofrido influência do grego *húdor*, água.

O étimo de *unda*, onda, água em grande quantidade, está também em abundância, abundante, inundação, redundância, redundante, ondear, ondeado, ondulação. Mas há outra hipótese: o sufixo *bundus* no latim passou a indicar excesso ou estados extremos, de que são exemplos moribundo, tremebundo, meditabundo e pudibundo, sendo este também o caso de vagabundo, que vaga demais, não se fixa em lugar algum. Pode ter havido mescla das duas influências.

Vagabundo: do latim *vagabundus*, provavelmente formado de *bacca bundus*, participante das festas em honra de Baco, o deus do vinho em Roma, equivalente a Dionisio, na Grécia. Nesses festejos, conhecidos por bacanais, certos foliões, por força de consumo exagerado de vinho, se perdiam na volta para casa e vagavam sem rumo, lembrando o movimento da *unda*, onda do mar.

Vagina: do latim *vagina*, originalmente designando bainha de uma espiga, de uma arma, especialmente da espada, invólucro, estojo. O étimo ainda permanece em vagem e bagem. O grego *búxys*, caixinha, designando o órgão sexual feminino, passou pelo latim e acabou por transformar-se em palavrão no século XX, daí mudar-se até a designação da vasilha de rapé e do mito de Pandora, e não mais o antigo nome. O latim *vagina*, bainha, onde se guarda a espada, ensejou espada para designar o heterossexual.

Valente: do latim *valente*, declinação de *valens*, forte, saudável, corajoso, antônimo de *imbecellis*, imbecil, fraco, e de *infirmus*, enfermo, doente, do mesmo étimo do verbo *valere,* ter saúde, ter valor, passar bem. Devido às complexas sutilezas de nossa língua, valentão é pejorativo, é o brigão, que vive em busca de conflitos. E imbecil ganhou o significado de tolo, medroso, ignorante. Valentim e Valentina, do mesmo étimo de valente, são nomes de pessoas. Há vários santos com esses nomes, sendo o mais conhecido São Valentim, padroeiro dos namorados, cujo dia nos EUA é conhecido como *(Saint) Valentine's Day*, celebrado a 14 de fevereiro, como em Portugal e em outras nações. No Brasil o dia dos namorados é festejado no dia 12 de junho. Ele foi escolhido padroeiro dos namorados ainda nos primeiros séculos, alguns anos depois de martirizado por desobedecer às proibições de casamento religioso, decretadas pelo Império Romano, alarmado porque os jovens casados se recusavam a alistar-se no exército para não abandonarem suas esposas.

Valido: de valido, particípio passado do verbo valer, do latim *valere*, ter força, crédito, saúde, cujo étimo está também em valente, designando homem que se coloca sob a proteção de algum poderoso. Um valido tornado famoso pelo pintor espanhol Diego Rodríguez de Silva y Velázquez no quadro *Retrato del Conde-Duque*, foi o político espanhol nascido na Itália, Gaspar de Guzmán y Pimentel Ribera y Velasco de Tovar, cujos detalhes são de uma precisão impressionante: a chave afixada ao cinto, indicando que ele tinha acesso privilegiado à alcova real; as esporas, indicando o dever de calçar o rei para caçadas e passeios a cavalo; o chicote à mão, para açoitar as montarias; a cruz da Ordem de Calatrava, reconhecida pelo papa desde o século XII. O protegido parece ter mais poder do que o protetor.

Valor: do latim tardio *valore*, declinação de *valor*, do verbo *valere*, ter saúde, ser forte e saudável. Mas ganhou com o tempo outros significados, alguns de ordem moral, e aparece em locuções contemporâneas como "valor agregado", "valor de mercado", "valor de referência", "valor de uso", "valor de troca" e outras. Às vezes é sinônimo de preço, do latim *pretium*, étimo presente em apreço, interpretar e menosprezo. O conde Robert Walpole, alta autoridade inglesa na época, cunhou a frase "todo homem tem seu preço", ao admitir que os parlamentares eram corruptos; e aqueles que não o fossem, também tinham seu preço. Desconfiava também da oratória deles, enfeitada de expressões em defesa da pátria, às quais contrapunha com cinismo e não sem verdade que por trás daquelas palavras elevadas estava a defesa deles mesmos, de seus interesses e de seus parentes. A frase foi pronunciada originalmente no plural: *"All those men have their price"* (todos os homens têm seu preço), de acordo com o registro feito pelo clérigo e historiador inglês William Coxe em *Memoirs os Sir Robert Walpole*.

Vantagem: do francês *avantage*, que no francês antigo era *avantagem*, qualidade de quem está na frente. Designa também quantia adicional, variável segundo o posto, função ou qualificações, pago aos componentes das forças armadas.

Vara: do latim *vara*, vara, ramo fino, flexível, galho de madeira. Passou a designar instância judicial por analogia com o cetro, indicando poder de aplicar castigos, sendo os primitivos uma surra de vara, depois substituída pelo açoite, em que o couro e em seguida o arame foram amarrados à ponta de uma vara para aplicação das sentenças. Os magistrados romanos usavam a vara como insígnia nas vestes. A Inquisição instalou seus tribunais na Península Ibérica ostentando as sentenças em varais semelhantes àqueles em que as lavadeiras estendiam as roupas para secar.

Vasculhar: de vasculho, do latim *vasculum*, diminutivo de *vas*, vaso, designando vassoura pequena, entretanto de cabo comprido, utilizada para varrer pequenas sujeiras acumuladas, daí a ideia de procurar com tal instrumento, resultando no verbo *vasculeare,* procurar algo por todos os lugares, examinar com atenção.

Vela: no sentido de vela de embarcação, veio do latim *vela*, plural de *velum*, pano para aproveitar a força dos ventos como energia, aplicada também a carrinhos de mão, já movidos por energia eólica no ano 200 a.C., na China. Com o significado de peça de cera, de sebo ou de outro material incandescente, procede do latim *velum,* de *velare*, cuidar, no sentido de *vigilare*, vigiar. Os *vigili* eram soldados da antiga Roma destinados a combater os incêndios, que tantos prejuízos davam à cidade eterna. No italiano atual, *vigili del fuoco*, vigias do fogo, designa o corpo de bombeiros. Já acender uma vela para Deus e outra para o Diabo é tentar agradar a partes contrárias, que têm interesses conflitantes, sendo, pois, impossível conciliar as duas ações.

Velado: do latim *velatu,* coberto com véu, oculto, como o rosto pelas mulheres muçulmanas. *Velum* é tela, cortina, pano, tendo dado origem também a vela e velame nas embarcações. Frequentemente utilizado em sentido metafórico no Direito para dizer de uma coisa que está encoberta de propósito.

Velho: do latim *veclu* ou *vetlu*, forma sincopada de *vetulu*, diminutivo de *vetus*, velho. Forma sincopada é aquela em que houve corte ou supressão de fonemas. Entre os antigos romanos, *vetus* indicava pessoas, animais ou coisas antigas, desgastadas pelo tempo, o contrário de *novus* (novo). Radica-se aí o termo veterano. No caso de pessoas, porém, utilizava-se mais *senex* (velho) em oposição a *iuvenis* (jovem). Lembre-se que senado em latim é *senatus*, assembleia dos velhos. Aplicando-se tal etimologia, os deputados seriam jovens menos experientes do que os senadores. Os tempos, porém, mudam os costumes, e nosso Senado conta hoje com homens e mulheres

MIL E UMA PALAVRAS DE DIREITO

jovens, em quem velhos e jovens confiaram ao elegê-los. E a câmara federal, as assembleias estaduais e as câmaras municipais têm entre os eleitos jovens e velhos. Também o conceito de velho foi alterado. Balzaquianas, coroas e cinquentões de hoje seriam anciães há alguns séculos.

Vencido: particípio passado de vencer, do latim *vincere*. Na linguagem comercial, qualifica título cujo prazo de pagamento expirou. No sentido de derrotado, aparece nessa passagem do escritor latino Quintiliano, comentando o massacre dos lacedemônios no desfiladeiro das Termópilas: "Não é permitido dizer que eles foram vencidos, pois nenhum deles aceitou fugir".

Vencimento: de vencer, do latim *vincere*, vencer, ganhar, levar vantagem, com alteração da vogal temática de "e" para "i", mais sufixo "mento". Houve um panromânico *invinge*, presente em todas as línguas românicas, que resultou no latim *vicnere*, no italiano *vincere*, no provençal *venser*, no francês *vaincre*, todos com o significado de vencer. Vencimento não é entretanto sinônimo de vitória, mas de prazo para pagamento de obrigação e fim de contrato, tendo ainda o significado de salário.

Veneziana: do Italiano *veneziana*, de Veneza, na Itália, onde surgiu este tipo de janela, depois cortina, para privar as mulheres de maridos ciumentos de serem vistas por quem passava, mas ao mesmo tempo permitir-lhes receber luz e ar pelas frestas das janelas.

Verbo: do latim *verbum*, palavra, de *were-*, raiz indo-europeia cujo significado é falar. No coloquial diz-se "soltou o verbo", isto é, falou muito. Do plural neutro do latim *verba*, que designava originalmente no latim vulgar cada uma das cláusulas dos contratos, significado que conservou no português, consolidou-se o sentido de dinheiro por força das quantias garantidas em documentos (contratos, projetos, decretos etc.) para realização de obras, pagamentos, emolumentos, subsídios etc. Do mesmo étimo temos *ipsis verbis*, com as mesmas palavras, *vana verba*, palavras inúteis; *ipsissima verba*, com as mesmíssimas palavras; e a menos usada *verbatim, litteratim et punctatim*, palavra por palavra, letra por letra e ponto por ponto.

Verborragia: de verbo, do latim *verbum*, palavra, e do grego *rragía*, do verbo *rhegnwnai*, romper, fazer esguichar, borbulhar, como se vê em hemorragia, derramamento de sangue. Nas lides militares, ordens lacônicas evitam a verborragia, mas não o sangue abundantemente espalhado pelos campos de batalha. Se poucas palavras facilitam o entendimento, pela objetividade, nos funerais o que mais se ouve são a profusão de sentenças laudatórias aos mortos, que já não podem auferir nenhum benefício de toda a verborragia póstuma. Guilherme I de Nassau, o Taciturno, filho de um rei tagarela e tio-avô de Maurício de Nassau, governador das possessões holandesas no Recife, reduziu ao mínimo o ato de conversar, daí o cognome que o celebrizou. Manter-se em tanto silêncio não evitou que fosse assassinado. A verborragia é recriminada, principalmente nas mulheres. William Shakespeare, ao que tudo indica, casado com uma megera, na cena I do ato II de *Coriolano,* elogiou o sossego e a calma de Virgínia, esposa do protagonista, com a frase "my gracious silence" (meu gracioso silêncio). O escritor italiano Dino Segre, mais conhecido como Pitigrilli, conta em *O Umbigo de Adão,* que um silencioso garçom foi por anos testemunha de dois assíduos bebedores de cerveja em Munique que por muitos anos dividiram a mesma mesa apenas para beber e ler jornais, sem trocar palavra alguma. E não eram mudos. Certo dia um deles não veio. "Morreu", disse o garçom. "Que pena", respondeu o sobrevivente, "era o meu melhor amigo".

Verdade: do latim *veritate*, declinação de *veritas*, verdade. Esta palavra aparece em momentos dramáticos da vida humana, quando é essencial descobri-la – caso dos processos judiciais, das pesquisas científicas, dos conflitos amorosos. Entre as verdades inesquecíveis, há uma estátua com este nome, feita em mármore pelo famoso pintor, escultor e arquiteto italiano Gian Lorenzo Bernini, que teve, entretanto, recusados seus projetos para a fachada do Louvre. Parece fácil saber quem perdeu mais. Pôncio Pilatos, o procurador romano que estava no governo da Judeia, ao interrogar Jesus perguntou-lhe o que era a verdade. Dizem os Evangelhos que o prisioneiro calou-se. Mesmo declarado inocente, foi torturado e sentenciado à morte. São da escritora brasileira Cecília Meireles, descendente de portugueses da Ilha São Miguel, nos Açores, estes versos: "sobre a mentira e a verdade/ desabam as mesmas penas/ apodrecem nas masmorras/ juntas, a culpa e a inocência".

Verdugo: do latim *viriducu*, derivado de *viride*, verde. O verdugo era apenas a vara verde com que se surrava alguém. Depois passou a instrumento de tortura e por fim designou aquele que aplicava os castigos.

Veredicto: do latim *veredictum*, do latim *vere*, verdadeiramente, e *dictum*, dito, particípio de *dicere*, dizer. No inglês, onde existe desde o século é *verdict*, com o mesmo significado. Decisão proferida pelo júri, ou por outro qualquer tribunal judiciário, em causa submetida a seu julgamento; sentença.

Vergonha: do latim *verecundia*, pudor, dito *vergonça* no português arcaico. No plural, designa as partes íntimas, atentamente observadas por Pero Vaz de Caminha na famosa *Carta*: *"Ali andavam entre eles três ou quatro moças, bem moças e bem gentis, com cabelos muito pretos, compridos pelas espáduas, e suas vergonhas tão altas, tão cerradinhas e tão limpas das cabeleiras que, de as muito bem olharmos, não tínhamos nenhuma vergonha"*. Quer dizer, eles também perderam a vergonha. Desde então, nas praias, palcos sensuais de nossos compridos verões e primaveras, o pudor, que já era pouco, diminuiu ainda mais, e predominou a moda chamada fio dental em tangas, maiôs e biquínis. No sentido conotativo, vergonha passou a ser aplicada em muitos contextos, de que é emblemática a recomendação de um de nossos primeiros historiadores, o cearense Capistrano de Abreu, para quem a Constituição brasileira deveria ter um único artigo: *"todo brasileiro é obrigado a ter vergonha na cara"*. Com um único parágrafo também: *"revogam-se as disposições em contrário"*.

Verme: do latim *verme*, declinação de *vermis*, larva de inseto, coisa que rói ou corrói por dentro, e também pessoa desprezível. Aparece no título curioso de um livro do historiador italiano Carlos Ginzburg, *O queijo e os vermes*, em que o dono de um moleiro chamado Domenico Scandella, depois queimado numa das fogueiras da Inquisição, defende a ideia de que os anjos e os homens surgiram espontaneamente na terra, como os vermes aparecem no queijo podre. A palavra vermelho derivou de verme porque uma tinta de cor púrpura era extraída de um verme ou inseto chamado cochonilha. Isto fez com que esta cor fosse privativa de poderosos epocais: a cochonilha demanda recursos para pegá-la em grande quantidade. Autoridades religiosas, militares e políticas passaram a vestir-se de púrpura e andar sobre tapetes desta cor.

Vermelha: de vermelho, do latim *vermiculus*, inseto pequeno, porque era dele que se extraía a substância para produzir essa cor para tingir, assim como púrpura veio do latim *purpura*, molusco do qual se fazia o tingimento para vestes da realeza, da nobreza e dos sacerdotes. Está no nome de uma das principais organizações de socorro no mundo, a Cruz Vermelha Internacional, entidade fundada pelo suíço Henry Dunant, ao ver os corpos de soldados, mortos e feridos, sendo saqueados no campo de batalha, em Solferino, na Itália, em junho de 1859. Três anos depois ele publicava o livro *Uma Recordação de Solferino*, que mexeu com o mundo inteiro, ao relatar as cenas dramáticas que presenciara.

Vermute: do inglês *wormwood*, nome pelo qual o absinto era conhecido, com influências do alemão *Wermut* e do francês *vermout*. Ao lado do gim, é um dos dois ingredientes do martíni. Mas o lendário personagem *James Bond*, criado por Ian Fleming, adiciona Kina Lillet a seu martíni, no filme *Casino Royale*. Outros acrescentam vodca. A referência a minhoca no étimo da palavra deve-se a Hemingway, que num de seus porres se referiu à bebida, o absinto, como *wormwood*.

Vernáculo: do latim *vernaculus*, qualificando o escravo nascido no domicílio do seu amo. Passou a designar a língua falada e escrita corretamente. Um dicionário de latim, em uso no Vaticano há séculos, vem recebendo palavras e expressões como televisão (*imaginum transmissio per electricas undas*), bomba atômica (*pyrobolus atomicus*), aquecimento central (*calefacientis aquae ductus*), escova de dentes (*peniculus dentarius*), pneu furado (*gummi terebrata)* e *cellula scansoria* (elevador), entre outras. Há alguns anos um deputado italiano fez um discurso em latim no Parlamento. Criou-se uma polêmica danada, mas como não era proibido, nada se pôde fazer contra ele, ainda que a última vez que a classe política tenha falado latim no parlamento tinha sido no tempo do senado romano, na mesma Roma eterna *"dos césares, dos mártires e dos santos"*, com diz uma célebre canção.

Versão: do latim medieval *versione*, versão, tradução, mudança. Tem também o sentido de boato, do latim *boatu*, mugido do boi. Passando a significar grito, alvoroço, notícia falsa, boato e versão tornaram-se sinônimos, a ponto de o político mineiro José Maria Alkmin afirmar que mais importante que o fato é a sua versão.

Véu da noiva: de véu, do latim *velum*, e noiva, do latim *nupta*, do mesmo étimo de núpcias, formou-se esta expressão para designar, no futebol, a rede

MIL E UMA PALAVRAS DE DIREITO

posta nas traves, daí ser o goleiro chamado também guarda-rede. A regra 10 do futebol, que trata do gol, prescreve: "*Se terá marcado um gol quando a bola tenha ultrapassado totalmente a linha de meta entre os postes e por baixo do travessão, sempre que a equipe a favor da qual se marcou o gol não tenha cometido previamente alguma irregularidade às Regras do jogo.*" Mas o véu da noiva, como nos casamentos, parece optativo na Regra 1: "*Poderão ser colocadas redes fixadas nas metas e no solo atrás da meta, com a condição de que estejam presas de forma conveniente e não atrapalhem o goleiro.*" Há um quê de erótico no gol quando a bola vai para o fundo da rede.

Veste: do latim *vestis*. Veste talar, de *talaris*, roupa comprida, que bate no *talus*, calcanhar, tem este nome por causa disso. Vai até ao calcanhar. É a veste solene de magistrados, procuradores e advogados em cerimônias judiciais. Semelha a toga dos juízes, a beca de professores e advogados e a batina dos padres.

Vestibular: de vestíbulo, do latim *vestibulum*, espaço entre a rua e a entrada das casas e prédios, por onde se passa aos outros cômodos. Nos átrios ou portais das casas romanas havia pequenos altares dedicados à deusa Vesta, cujo nome serviu de origem remota ao vocábulo, onde eram recebidos os visitantes. O vestibular para a universidade tem o mesmo significado: fica na posição intermediária entre a conclusão do ensino médio e o início do curso superior, no caso de aprovação nos exames.

Veto: do latim *vetare*, vetar, suspender, proibir, cortar. É mais conhecido, nos tempos democráticos, por designar ato do chefe do poder executivo pelo qual nega, total ou parcialmente, uma lei votada por parlamentares. O veto pode, entretanto, ser derrubado por maioria absoluta de deputados e senadores, conforme previsto no art. 66, parágrafo 4. Os primeiros vetos foram baixados por tribunais que se negavam a cumprir decretos dos senadores na antiga Roma. Designou originalmente termo ritual, vindo da raiz panromânica *ved*, provavelmente indicando ato de fechar, baixar os véus, cobrir, vedar, impedir de ser visto ou ouvido, tendo depois ganhado então o sentido de proibição.

Vexame: do latim *vexamen*, tremor, do verbo *vexare*, tremer, inquietar--se, agitar. Nos finais do século XVI, ganhou no português o sentido de vergonha, pudor.

Vínculo: do latim *vinculum*, ligação, do mesmo étimo de *vincire*, ligar, prender, cognato de *vincere*, vencer. Uma palavra é cognata de outra quando partilha a mesma raiz, ainda que apresente variações de significado. Aparece no título do livro de Marcia Esteves Agostinho *Vínculos: sexo e amor na evolução do casamento*, em que defende que nossa inextirpável natureza animal não prevalece sobre a cultura. Do contrário, semelharíamos aos chimpanzés, referidos na p. 26: "*é comum que os machos matem os filhotes que não reconheçam, fazendo com que as fêmeas procurem fazer sexo indiscriminadamente para proteger sua prole*".

Vintém: do português arcaico *vinteno*, radicado no latim *viginti*, vinte, designando antiga moeda portuguesa, de cobre ou de bronze, que valia vinte réis. Mais tarde o vintém foi cunhado também em prata. E deu nome à Guerra do Vintém, como passou à História a revolta popular de 28 de dezembro de 1879, no Rio, contra o imposto de um vintém no preço do transporte de bondes puxados por burros, o meio de transporte urbano na época, representando 10% do preço da passagem, que eram de duzentos réis. Cada bonde levava 30 passageiros, no máximo. O povo se reuniu no Largo do Paço, hoje Praça XV de Novembro, e dali foi ao Largo São Francisco, ponto final de vários bondes. Condutores foram espancados, bondes foram virados e mulas foram esfaqueadas ao longo da Rua Uruguaiana.

Virgem: do latim *virgine*, declinação de *virgo*, moça que ainda não foi deflorada, não teve contato sexual com homem, substantivo que São Jerônimo usou para traduzir para a *Vulgata* o grego *parthénos*, que designa a mulher solteira, não necessariamente virgem, palavra utilizada na versão grega dos evangelhos para falar de Maria, a mãe de Jesus. O étimo de Maria está presente em muitas palavras do português, explícita ou implicitamente. Sua origem remota é o egípcio *Myryam*, amada de Amon, o principal deus dos egípcios, palavras grafadas assim para poderem ser pronunciadas, pois os hieróglifos não têm vogais. Virou *Miriam*, no hebraico, *Maryam* no aramaico, e *Mariás*, no grego. Segundo a Tradição, Maria, chamada frequentemente Virgem Maria nos Evangelhos, nasceu quando seu pai já tinha sessenta anos, casou aos 12 com José, dando à luz Jesus no ano seguinte, aos 13. Foi, pois, uma mãe adolescente, como então era costume.

Víspora: da variação de víspere, do francês *disparais*, desapareça, ordem para que alguém saia. Passou a designar um jogo de azar constituído de cartelas com vários números, a serem preenchidas com pedrinhas a cada vez que é dito um número que porventura esteja entre aqueles inscritos na cartela. Quem primeiro marcar todos os números ganha o jogo. Na região sulina do Brasil, devido ao ambiente alegre do jogo, víspora pode ter recebido influência do italiano *vispo*, adjetivo que designa alguém de modos elegantes, brioso, vivaz, disposto, como nas expressões aplicadas aos velhos, rapazes e meninos: *vecchietto vispo , ragazzieto vispo, bambino vìspo*.

Vitalício: do latim *vitalicium*, para toda a vida. No Brasil, quase todos os cartórios são vitalícios, isto é, quem os recebeu do governo pode passá-los como herança aos parentes. Entretanto, faz-se frequente confusão entre vitalício e perpétuo, do latim *perpetuus*. Vitalício é para a vida inteira. Perpétuo é para sempre, isto é, vai além do prazo vitalício, de que é exemplo a memória.

Vitupério: do latim *vituperiu*, insulto, injúria, ato vergonhoso. Mas às vezes o vitupério, devido à falta de autocrítica, vem de onde menos se espera, como lembra o dito famoso, atribuído a Camões sem que se possa, entretanto, confirmar a autoria: "elogio em boca própria é vitupério".

Volume: do latim *volumen*, rolo ou coisa enrolada, substantivo ligado ao verbo *volvere*, virar, voltar. Em tempos idos, na Grécia, como em Roma e em Israel, os livros eram escritos em rolos de papiro ou couro. Quem lia um capítulo ou trecho, ia desenrolando o que estava lendo e o enrolando de novo para ler o próximo. A própria palavra capítulo vem do latim *capitulum*, diminutivo de *caput*, cabeça no latim clássico, que no latim vulgar era *capitia*. Nos artigos das leis, nas ordenações, nas determinações de orçamentos, caput veio a designar a parte principal do artigo ou da disposição e *capitulum* a subdivisão. Capítulo permanece ainda hoje como divisão de livro.

Voluntário: do latim *voluntarius*, que age por *voluntas*, vontade. No sentido pejorativo é voluntarioso, como se diz da criança desobediente, que só quer fazer o que tem vontade. No sentido geral, aplica-se a quem faz algum ofício ou trabalho por livre iniciativa e sem remuneração. O Brasil tem várias ruas e avenidas chamadas Voluntários da Pátria, como eram chamados aqueles que se alistavam no serviço militar de livre escolha, sem serem conscritos ou convocados. A expressão foi criada pelo imperador Dom Pedro II, com o fim de praticamente formar o Exército Brasileiro, até então apenas uma Guarda Nacional, por ocasião da Guerra do Paraguai. Ao contrário do pai, que nasceu e morreu em Queluz, em Portugal, o filho nasceu no Rio de Janeiro e morreu exilado em Paris, na França.

Voto: do latim *votum*, promessa, desejo. Mas em seu sentido político veio do inglês *vote*, língua que criou também muitas outras expressões correlatas, depois adotadas em outras culturas, às vezes através de simples tradução, como voto de censura, voto de confiança e outras.

Voz: do latim *voce*, declinação de *vox*, voz. O dito "a voz do povo é a voz de Deus" nasceu em sociedades em que os sacerdotes tinham grande prestígio e seu fim era desqualificar a opinião popular. Com o tempo, porém, passou a significar endosso ao que o povo diz. O primeiro registro está em Isaías 66,6: "*vox populi de civitate, vox de templo, vox Domini reddentis retributionem inimicis suis*" (Voz do povo da cidade, voz do templo, voz do Senhor que dá retribuição a seus inimigos). O erudito inglês Alcuíno, um dos mestres da escola de Aix-la-Chapelle (hoje, Aachen), instalada pelo imperador Carlos Magno no próprio palácio, adverte o imperador para a falsidade da opinião popular: "*Nec audiendi qui dolent dicere vox populi, vox Dei, cum tumultuositas vulgi semper insanias proxima sit*" (Não devem ser ouvidos aqueles que costumam dizer 'voz do povo, voz de Deus', porque a confusão do vulgo sempre toca as raias da loucura"). A tradição, porém, consagrou como verdadeira a voz do povo, de que são exemplos "onde há fumaça, há fogo" e "quando o povo fala ou é, ou foi, ou será". No Brasil há um instituto de pesquisas de opinião intitulado *Vox populi*.

Vulcão: do latim *Vulcanus*, deus do fogo na mitologia romana, equivalente a Hefesto na mitologia grega. Designa montanha, cuja abertura, chamada cratera, expele fogo, magma derretido, enxofre e muita fumaça, entre outros ingredientes. Vulcano era coxo e muito feio. Por isso, seu pai, Júpiter, lançou-o Olimpo abaixo. Tinha como esposa Vênus, a mais linda das deusas, equivalente à grega Afrodite, que, aliás, lhe era infiel. Para provar suas escapadas, Vulcano preparou-lhe uma armadilha, surpreendendo-a na cama com Marte. Mas ela foi perdoada por Júpiter. O Vesúvio, um dos

MIL E UMA PALAVRAS DE DIREITO

vulcões mais conhecidos do mundo, destruiu numa de suas erupções as cidades de Herculano e Pompeia, na Itália, quando Tito era imperador.

Vulgata: da expressão do latim *Vulgata Editio* (edição popular), designando a versão medieval mais conhecida da Bíblia para o latim, feita por São Jerônimo, base de tantas traduções para outras línguas. Conquanto meticulosa a tradução dos *Septuaginta*, algumas imprecisões escaparam. Por isso, em 1908 o papa Pio X determinou que a Ordem dos Beneditinos eliminasse os defeitos encontrados. Um exemplo: o hebraico *mem'ra* virou *lógos* em grego e *verbum* em latim, mas cada uma destas palavras tem sutis complexidades em cada uma das três línguas, sem que a tradução as abarque completamente.

Vulto: do latim *vultus*, rosto, semblante, fisionomia, imagem, aparência, a parte anterior da cabeça, a face. Sinônimo de busto, tem também o sentido de personagem a ser lembrado e cultuado, como é o caso dos heróis da Independência do Brasil, denominados vultos históricos. Na antiga Roma, no local da incineração dos cadáveres, quando se tratava de personagem referencial, para a família ou para o Estado, era construído um busto, em geral de pedra ou bronze, em cujo pedestal eram inscritas as informações mais relevantes. Curiosamente, o étimo da palavra "busto" está em combustão, uma vez que ali tinha sido incinerado o seu cadáver. Em nossas praças públicas, há vários vultos que tiveram participação decisiva em nossa independência política, a começar por Dom Pedro I, erroneamente indicado como imperador que a proclamou, título que ele recebeu mais de um mês depois, a 14 de outubro de 1822.

W

Web: do inglês *world wide web*, cujo significado literal é mundial (*world*) grande (*wide*) teia (*web*), teia grande mundial, mas que passou a ser conhecida como rede de alcance mundial, a rede mundial de computadores. A ideia inicial foi do engenheiro de computação polonês Paul Baran, cujo nome foi parar postumamente no Hall da Fama da Internet, em 2012. Em 1964 ele publicou um artigo propondo que as mensagens fossem enviadas a diversos destinatários simultaneamente e em pacotes e remontadas no destino. No início da década de 1970, com o fim de ameaça nuclear, a arpanet foi rebatizada de internet e como tal passou a ser conhecida mundialmente. Seu uso deixou de ser exclusividade militar e o acesso público foi garantido a todos, mediante um computador e uma linha de telefone caseiros. O engenheiro de computação americano Mitchell David Kapor, também bacharel em artes, estudou linguística e astronomia, sendo alta autoridade da Fundação Mozilla, nos EUA, expressou curiosa e esclarecedora ideia sobre a internet: "*Obter informação da internet é como beber um copo d´água de um hidrante*".

Xenofobia: do grego *xénos*, estranho, estrangeiro, e *phobía*, medo doentio, horror, designando sentimento de rejeição do estrangeiro e de tudo o que a ele esteja ligado. Esta palavra entrou para o português no século XX e é curioso que xenomania, que significa exatamente o contrário – aceitação e simpatia exageradas por pessoas e coisas estrangeiras – tenha sido registrada um século antes.

Xenoglossia: vocábulo formado a partir das formas gregas *xénos*, estranho, estrangeiro, e *glossa*, língua. O dicionário Aurélio ainda não registra esta palavra, muito utilizada nos livros espíritas para designar o ato de os médiuns falarem e escreverem em línguas estranhas que, quando fora de transe, ignoram.

Xerife: do inglês *sheriff*, oficial. No inglês antigo era escrito *scir gerefa*, isto é oficial (*gerefa*) de condado (*scir*). Na ocupação territorial dos Estados Unidos pelos colonos ingleses, o xerife tornou-se autoridade muito importante, cujas decisões podiam significar a morte de uma pessoa ou sua condenação sumária. Com o fortalecimento das representações democráticas, as leis foram se impondo no lugar desses homens fortes, ainda que em muitos casos os ocupantes da função às vezes se esqueçam disso.

Xingamento: de xingar, do quimbundo *xinga*, blasfemar, insultar, ofender, designando agressão verbal, em que frequentemente os animais são igualmente ofendidos quando invocados para ilustrar o que se quer criticar: anta, toupeira e burro, dirigidos a quem é falto de inteligência; gambá, para o bêbado; gato e rato, para ladrões; cobra, especialmente cascavéis e jararacas, para pessoas malévolas.

Xingar: do quimbundo *xinga*, insulta, ofender, dizer obscenidades, em domínio conexo com o quicongo *sinka*, rosnar. Xingar foi um progresso rumo à civilização, pois que seu sinônimo, insultar, do latim *insultare*, designou originalmente o ato de saltar sobre o outro para matá-lo ou machucá-lo. Também a lei do olho por olho, dente por dente, representou um avanço em relação ao homicídio. Entretanto, se for aplicada à risca, todos ficarão caolhos, cegos e desdentados.

Xodó: de provável origem africana, talvez formação expressiva, designando paixão, namoro, envolvimento amoroso ou simplesmente estima, afeto. Seu significado está muito claro nestes versos de *Eu só quero um xodó*, do cantor e compositor pernambucano Luiz do Nascimento Gonzaga, o *Rei do Baixão*, alfabetizado pelas filhas de um fazendeiro da região de Exu onde nasceu: "*Que falta eu sinto de um bem/ Que falta me faz um xodó/ Mas como eu não tenho ninguém/ Eu levo a vida assim tão só.../Eu só quero um amor/ Que acabe o meu sofrer/ Um xodó pra mim/ Do meu jeito assim/ Que alegre o meu viver*".

Y

Yos: este monossílabo védico deu origem à palavra latina *Jus*, Direito, no conceito de comando, enfeite, coisa solene, que na Idade Média passou a ser designado *Directum*, Direito. O védico, língua indo-europeia falada pelas populações arianas que se estabeleceram na Índia 1500 a.C., antecede o sânscrito, cujo significado é purificado, sagrado. Os Vedas incluem mitos, narrações históricas, poemas, hinos, prescrições rituais, fórmulas mágicas, tratados estéticos, científicos, jurídicos e militares, esboços de especulação filosófica etc., escritos do século XX a.C., ao século V a.C.

Z

Zaragata: do espanhol *zalagarda*, depois *zaragata*, gritaria, confusão, provável variação do francês antigo *eschirgaite*, variação de *eschargaite*, depois *eschargarde*, sentinela e também armadilha, cilada, vinda do frâncico *skarawahta*, pela formação *skara*, destacamento, e *wahta*, guarda, dando o asturiano *xirigaita*, provável origem do português sirigaita, mulher que faz meneios do corpo para seduzir, a nossa popular periguete, gerando bulício e certo desassossego ao redor dela. A palavra aparece neste trecho do discurso que José de Sousa Saramago pronunciou ao receber o Prêmio Nobel de Literatura em Estocolmo, em 7 de outubro de 1998: *"Enquanto o sono não chegava, a noite povoava-se com as histórias e os casos que o meu avô ia contando: lendas, aparições, assombros, episódios singulares, mortes antigas, zaragatas de pau e pedra, palavras de antepassados, um incansável rumor de memórias que me mantinha desperto, ao mesmo tempo que suavemente me acalentava".*

Zelote: do grego *zelotes*, de *zêlos*, ciúme, ardor, ciúme, designando integrante de movimento político deflagrado na Palestina ao tempo em que Jesus, havendo indícios em alguns dos 315 evangelhos apócrifos de que havia zelotes entre seus apóstolos, discípulos e seguidores. Zelotas ou não, todos os que se proclamavam messias eram executados, quase sempre por crucificação, mas no século I é identificado como *"Tiago, irmão de Jesus, o que eles chamam messias"* um judeu apedrejado pelos romanos. Há poucos anos, arqueólogos acharam sua urna funerária nos arredores de Jerusalém. Outros, que tiveram mortes semelhantes à de Jesus foram Teudas, Atronges, Ezequias, Judas Galileu e seu neto Menahem, Simão, filho de Giora, e Simão, filho de Kochba, e o *Samaritano*. Em comum, todos se proclamaram reis ou messias.

Zero: do italiano *zero*, contração de *zefiro*, do latim *zephirum*, também nome de um vento do Ocidente, mas usado por Leonardo Fibonacci, conhecido também como Leonardo de Pisa, sua cidade natal, o primeiro a usar a palavra em 1202 como equivalente do árabe *sifr*, vazio, que deu *cifra* no baixo latim, e cifra no português. Ele defendeu a superioridade dos números arábicos sobre os romanos. Seu pai, um negociante, teve o cuidado de enviar o filho de Pisa para a África do Norte para aprender números com os árabes. Os hindus já trabalhavam com a noção de zero, depois adotada pelos árabes, por volta de 600 a.C. Também os astecas já usavam a noção de zero. É atribuída ao inventor do zero a seguinte reflexão: a pessoa vale 1 se for boa e justa, e a cada qualidade adicional (inteligência, capacidade de exercer certo ofício etc.) vão sendo acrescentados zeros, podendo valer muito. Mas, se tirar o 1, não vale nada, os zeros sozinhos nada designam.

Zeugma: do grego *zeugma*, vínculo, ligação. A figura de linguagem provavelmente foi inspirada em instrumento musical da Grécia antiga, composto de duas flautas reunidas, denominado *Zeûgos*. No zeugma se diz mais com menos palavras, pela supressão de algumas, que expressas anteriormente, na mesma frase ou oração, não precisam ser repetidas. Um bom exemplo de zeugma está no *Sermão da Primeira Sexta-feira da Quaresma*, do padre Antonio Vieira, ao descrever o baldaquim no qual o rei Salomão desfilava pelas ruas de Jerusalém nos dias solenes: *"A matéria era dos lenhos mais preciosos e cheirosos do Líbano, as colunas de prata, o trono de ouro, as almofadas de púrpura, e no estrado onde punha os pés estava esculpida a caridade"*. Por economia, regra de elegância, mesmo num autor de estilo copioso como o dele, o verbo ser (era) foi omitido três vezes.

Zica: da redução do banto *ziquizira*, doença ou mal-estar que não se quer ou não se pode nomear, alteração de quizila do quimbundo *quizila*, designando proibição ritual, tabu alimentar. A hipótese é que tenha vindo para o quimbundo do quinguana *kijila*, outra língua africana, indicando também a castidade e o jejum. Uma heroína africana dos quimbundos, Temba Ndumba, chamou *kijila* a proibição imposta a seus súditos de comer carne de porco, de elefante e de serpente, alegando seguir ordens da rainha Nzinga Mbande Cakombe, aliada dos portugueses e por eles renomeada Ana de Sousa. Líder africana muito respeitada por todos, inclusive pelos europeus com os quais ela negociava, tornou-se popularmente conhecida também como Rainha Jinga, devemos a ela a inclusão de várias palavras de línguas e dialetos africanos no português. Zica ainda não está no *Vocabulário Ortográfico da Língua Portuguesa* (*VOLP*), e continua na gíria, indicando azar, problema, confusão, rolo, doença. Há milhares de palavras ainda ausentes do VOLP. E este é o caso do zica. A língua escrita demora a consolidar-se nos dicionários.

Zombar: provavelmente variação do espanhol *zumbar*, literalmente fazer *zum*, onomatopeia de ruído, quase sempre subjetivo, semelhando o rumor da abelha e de outros insetos. Passou a designar também o ruído de açoites, chicotes, chibatas e relhos, utilizados para domínio de animais, escravos e também homens livres, especialmente crianças, sob a desculpa de que o castigo, ainda que cruel, é recurso pedagógico. A condenação a determinado número de chibatadas, pena legal em muitas culturas, executada em público, acompanhada de manifestações ruidosas da multidão, em apoio ao carrasco, pode ter ensejado o sinônimo de escarnecer, maltratar com palavras, pois que o açoite não estava nas mãos dos que vociferavam, restando-lhe ofensas em palavras, gritos e gestos. Como Jesus foi açoitado, coroado de espinhos e flagelado antes de ser apresentado à multidão por Pôncio Pilatos, na célebre cena do julgamento, que passou à História com a expressão latina *Ecce Homo* (Eis o Homem), zombar deu origem a expressões como bancar o cristo (ser vítima) ou pegar alguém para Cristo (ser algoz, tratando o próximo como os romanos o trataram).

ÍNDICE REMISSIVO

A

Abaixo-assinado, 7
Abandono, 7
Abater, 7
Abdicar, 8
Abecê, 8
Abecedário, 8
Abelhudo, 9
Abigeato, 9
Abolicionista, 9
Abonar, 9
Aborígine, 9
Aborto, 10
Abracadabra, 10
Abraço, 10
Abstenção, 11
Absurdo, 11
Abundância, 11
Abusivo, 11
Acachapante, 11
Academia, 12

Ação, 12
Acatar, 13
Acender, 13
Acento, 13
Acervo, 14
Acessar, 14
Achincalhe, 14
Acidente, 14
Açoite, 15
Acolá, 15
Acórdão, 15
Acordar, 15
Acordo, 15
Açougue, 16
Acrônimo, 16
Acrópole, 16
Acusação, 17
Adaptar, 17
Adendo, 17
Adiar, 17
Adido, 17
Aditar, 17

Adivinha, 18
Adoção, 18
Adolescente, 19
Adornar, 19
Adrenalina, 20
Adultério, 20
Advérbio, 21
Adversário, 21
Advocacia Geral da União, 21
Advogado, 21
Afagar, 21
Aférese, 22
Afetar, 22
Affaire, 22
Afundar, 22
Ágio, 23
Aglomeração, 23
Agosto, 23
Agouro, 24
Ágrafo, 24
Agrolandense, 24

Água, 24
Aiatolá, 25
Ainda, 25
Aio, 25
Ajudar, 26
Ajuste, 26
Alamoa, 27
Alarme, 27
Alazão, 27
Albafar, 27
Alça, 28
Alcaguete, 28
Alcance, 28
Alcoólatra, 28
Alcorão, 29
Alcouce, 29
Alcova, 29
Alcunha, 29
Alfa, 30
Alfabeto, 30
Alface, 30
Alfaiate, 31
Alfândega, 31
Algarismo, 31
Algema, 31
Algoz, 32
Alho, 32
Alhures, 33
Aliança, 33
Aliás, 33
Alimento, 33
Alinhado, 33
Alinhamento, 34
Alíquota, 34
Almanaque, 34
Alma-penada, 34
Almeida, 34
Alostase, 35

Alótropo, 35
Alquimia, 35
Altura, 36
Aluguel, 36
Alunissagem, 36
Aluno, 36
Alvará, 37
Ama, 37
Amálgama, 37
Amante, 38
Amásia, 38
Amazônia Legal, 38
Ambiguidade, 39
Ameaça, 39
Amigo, 39
Amolar, 39
Amor, 40
Amostra, 40
Anábase, 40
Analfabetismo, 41
Analogia, 41
Anarquismo, 41
Anatomia, 41
Ancestral, 41
Andrógino, 42
Anedota, 43
Ângulo, 43
Anistia, 43
Ano, 44
Anônimo, 44
Anticorrupção, 45
Antonomásia, 45
Antropofagia, 45
Antropófago, 46
Antropologia, 46
Antropônimo, 46
Ântumo, 47
Anuidade, 47

Anúncio, 47
Apalpar, 47
Apanhar, 48
Apartamento, 48
Apelação, 48
Apelido, 48
Aperceber, 49
Aperreio, 49
Apertar, 50
Apitar, 50
Aplicar, 50
Aplicativo, 51
Apocalipse, 51
Apócrifo, 51
Apologia, 52
Aposentado, 52
Aposta, 52
Apóstata, 52
Apostila, 52
Apupar, 53
Apuração, 53
Aquiescência, 53
Arabesco, 53
Árbitro, 53
Arca, 53
Arcada, 54
Arcanjo, 55
Ar-condicionado, 55
Argúcia, 55
Arma, 56
Armação, 56
Armadilha, 56
Arquivo, 56
Arraial, 57
Arrecadar, 57
Arrepender, 57
Arriscar, 58
Arroba, 58

MIL E UMA PALAVRAS DE DIREITO

Artífice, 58
Artigo, 59
Artimanha, 59
Ascender, 59
Asno, 59
Áspide, 60
Aspone, 60
Assalto, 60
Assar, 60
Assassinato, 61
Assassino, 61
Assaz, 61
Assédio, 62
Assembleia, 62
Assento, 62
Assinante, 62
Assistir, 62
Associação, 63
Assunção, 63
Asterisco, 63
Ata, 63
Atacar, 64
Atiçar, 64
Ativista, 64
Atlântico, 65
Ato, 65
Atochar, 65
Atônito, 65
Atrabiliário, 66
Atribular, 66
Aturdir, 66
Audácia, 66
Audiência, 67
Augúrio, 67
Augusto, 67
Áulico, 67
Áurea, 68
Ausente, 68

Autarquia, 68
Autêntico, 68
Auto, 69
Autodidata, 69
Autógrafo, 69
Automação, 70
Autópsia, 70
Autor, 70
Aval, 70
Avareza, 71
Ave, 72
Aviador, 72
Avô, 72
Azar, 72
Ázimo, 73

B

Bacharel, 75
Bambambã, 75
Bancarrota, 76
Barafunda, 76
Barganhar, 76
Barraco, 76
Barril, 77
Bastardo, 77
Bater, 77
Baú, 78
Beca, 78
Benesse, 78
Birra, 78
Bis, 79
Bispo, 79
Bissexto, 79
Bitributação, 80
Blindagem, 80
Boda, 80

Boicote, 81
Boletim, 81
Bombástico, 82
Bonde, 82
Bônus, 82
Bordão, 82
Brado, 83
Breca, 83
Brecha, 83
Brocardo, 84
Bruxo, 84
Bufão, 85
Bufunfa, 85
Bula, 85
Burgo, 85
Burlar, 85
Burocracia, 86
Busca, 86
Busílis, 86

C

Cabala, 87
Cabeçada, 87
Cachê, 87
Caco, 88
Cacoete, 88
Cacófato, 88
Cadastro, 89
Cadáver, 89
Cadeia, 89
Cadela, 89
Cafetão, 89
Cáfila, 90
Caixa dois, 90
Calar, 91
Calendário, 91

Calendas, 91
Calhamaço, 91
Caligrafia, 92
Calote, 92
Calouro, 92
Câmara, 92
Camarilha, 93
Câmbio, 93
Camelô, 93
Camerlengo, 94
Campanha, 94
Canalha, 94
Candidato, 94
Cânone, 95
Cantada, 95
Capeta, 96
Capital, 96
Capitão, 96
Capivara, 96
Capricho, 97
Cara, 97
Caradura, 97
Caraminguá, 97
Carapuça, 98
Carestia, 98
Carimbo, 98
Caronte, 98
Carrasco, 99
Carta Magna, 99
Carta, 99
Cartão, 99
Cartel, 100
Casamento, 100
Casar, 101
Cassar, 101
Castelo, 101
Catástrofe, 101
Caução, 102

Caudilho, 102
Cédula, 102
Ceita, 102
Celebridade, 103
Celeuma, 103
Censura, 103
Centenário, 103
Centúria, 104
Certame, 104
Certidão, 104
Cesariana, 105
Chacina, 105
Chantagista, 105
Chapa, 106
Chefe, 106
Cheque, 106
Chiar, 106
Chibata, 106
Chinoca, 107
Chufa, 107
Chusma, 107
Cibernética, 108
Cicerone, 108
Cidadão, 108
Circulação, 109
Citação, 109
Civilidade, 109
Civilização, 110
Cláusula, 110
Cliente, 110
Cobrar, 110
Cobrir, 111
Cocainômano, 111
Código, 111
Cofres públicos, 112
Coibir, 112
Coitado, 112
Coleira, 113

Cólera, 113
Colisão, 113
Colônia, 113
Colusão, 113
Comadre, 114
Comarca, 114
Combater, 114
Comborço, 114
Comédia, 114
Comércio, 115
Comigo, 115
Comitiva, 115
Comparar, 115
Compensação, 116
Complexidade, 116
Compungir, 116
Comuna, 116
Comutar, 117
Conchavo, 117
Concordância, 117
Concorrer, 117
Concubina, 118
Concussão, 118
Condenar, 118
Condomínio, 119
Conferência, 119
Confirmar, 119
Confissão, 120
Conflito, 120
Confusão, 120
Conhecer, 121
Conhecimento, 121
Conivente, 121
Conselho, 121
Consenso, 122
Conservador, 122
Consignação, 122
Consistório, 123

MIL E UMA PALAVRAS DE DIREITO

Consolação, 123
Consórcio, 124
Conspirar, 124
Consultar, 124
Consultor, 124
Consumir, 124
Contaminar, 125
Contestado, 125
Contra, 125
Contrabandista, 126
Contrafé, 126
Contubérnio, 126
Convivência, 126
Convocar, 127
Copyright, 127
Cordial, 127
Corifeu, 128
Corja, 128
Corno, 128
Corpo, 128
Correio, 129
Corretor, 129
Corromper, 129
Corrupção, 129
Corte, 130
Cortesã, 130
Cova, 130
Crase, 130
Credência, 131
Credibilidade, 131
Crendice, 131
Criança, 131
Crime, 132
Criptografia, 132
Crise, 132
Crítico, 133
Crivo, 133
Crônico, 134

Cronograma, 134
Crueldade, 134
Cruz Vermelha, 134
Cruzada, 135
Culpado, 135
Cúmplice, 135
Cumprimento, 135
Cuneiforme, 136
Cunhado, 136
Custear, 137
Czar, 137

D

Débâcle, 139
Débito, 139
Decair, 139
Decálogo, 139
Decapitar, 140
Decênio, 140
Declaração, 140
Decoro, 140
Decúbito, 140
Dedo, 141
Defenestrar, 141
Defensor, 141
Déficit, 142
Deflorar, 142
Defunto, 142
Degolar, 142
Degredo, 142
Delação, 143
Delegado, 143
Delito, 143
Demitir, 143
Democracia, 144
Denúncia, 144

Depois, 144
Deportar, 144
Depósito, 144
Deprecar, 145
Derrama, 145
Derrubar, 145
Desafiar, 146
Desaforamento, 146
Desaforo, 146
Desavença, 146
Desbaratar, 147
Descalabro, 147
Descoberta, 147
Desembargador, 148
Desertor, 148
Desgosto, 148
Designar, 149
Desincompatibilizar, 149
Deslize, 149
Desmantelar, 150
Despachante, 150
Despautério, 150
Desterro, 150
Destrambelhar, 150
Desvio, 151
Detector, 151
Detetive, 151
Detonar, 151
Devagar, 152
Devassa, 152
Devolutivo, 152
Difamar, 153
Difícil, 153
Digno, 153
Digressão, 153
Dilapidar, 153
Diligência, 153
Dinastia, 154

Dinheiro, 154
Diploma, 154
Diplomata, 155
Direito, 155
Discórdia, 155
Discriminação, 156
Disfarce, 156
Disputa, 156
Dissenso, 156
Dissidente, 156
Distribuir, 157
Distrito, 157
Distúrbio, 157
Ditadura, 157
Dívida, 157
Divisa, 158
Divórcio, 158
Dixe, 158
Dízimo, 158
Diz que diz que, 159
Doador, 159
Docente, 159
Doge, 159
Dólar, 160
Dolo, 160
Dominar, 160
Dona, 160
Donzela, 160
Dossiê, 161
Dote, 161
Doutor, 161
Draconiano, 161
Droga, 162
Dúbio, 162
Ducado, 162
Duelo, 163

E

Ébrio, 165
Edito, 165
Educação, 165
Eféméride, 165
Eira, 166
Emenda, 166
Emigrar, 166
Emprestar, 166
Enaltecer, 167
Encrespar, 167
Encriptar, 168
Endossar, 168
Engajado, 168
Engalfinhar, 168
Enganar, 169
Enjeitado, 169
Ensejo, 169
Entranha, 169
Entregar, 170
Envolver, 170
Enxergar, 170
Epígrafe, 170
Epitáfio, 171
Epíteto, 171
Equivalência, 171
Equívoco, 172
Era, 172
Ergástulo, 173
Erro, 173
Escândalo, 173
Escapada, 174
Escárnio, 174
Escorchante, 174
Escrachar, 174
Escravo, 175
Escroque, 175

Escrúpulo, 175
Esculhambação, 175
Esgar, 175
Esguelha, 176
Esperar, 176
Espólio, 176
Esposa, 176
Esquerdo, 177
Esquife, 177
Estado, 177
Estrilar, 177
Etimologia, 178
Evasiva, 178
Exarar, 178
Exclamação, 178
Exclusão, 179
Execução, 179
Extorsão, 179
Extraditar, 179

F

Facção, 181
Facécia, 181
Facultativo, 181
Falha, 182
Família, 182
Fâmulo, 182
Farra, 182
Fatura, 183
Favela, 183
Favorecimento, 183
Feminino, 184
Ferroviário, 184
Figura, 185
Finório, 185
Firma, 186

MIL E UMA PALAVRAS DE DIREITO

Fome, 186
Foragido, 186
Fórum, 187
Franqueza, 187
Fraseologia, 187
Fraternidade, 188
Funeral, 188

G

Gajo, 189
Ganância, 189
Gângster, 189
Garantia, 189
Garrote, 190
Gastança, 190
Generalidade, 190
Gentalha, 191
Gente, 191
Gentil, 191
Gerente, 191
Gestão, 191
Glamorizar, 192
Glosa, 192
Gorjeio, 192
Governador, 192
Grã-fino, 193
Gramática, 193
Grampo, 193
Grifo, 193
Guilhotina, 194

H

Habeas corpus, 195
Hediondo, 195

Herança, 196
Hermenêutica, 196
Hierarquia, 196
Hipoteca, 197
Homicida, 197
Homiziar, 197
Homologar, 197
Honorário, 197
Hora, 198
Horda, 198
Horror, 198

I

Idem, 199
Identidade, 199
Identificação, 199
Idiota, 200
Idos, 200
Idoso, 200
Ilegítimo, 200
Ilusão, 201
Impasse, 201
Impeachment, 202
Impetrar, 202
Impugnar, 202
Imunidade, 203
Inadimplência, 203
Inativo, 203
Inclusão, 203
Incompatibilidade, 203
Inconfidência, 204
Incontinência, 204
Indenização, 204
Índex, 204
Indício, 204
Indigitar, 204

Indulgência, 204
Infiel, 205
Infrator, 205
Ingênuo, 205
Inimigo, 205
Inocente, 205
Inquérito, 206
Inscrição, 206
Instância, 206
Insultar, 206
Insulto, 206
Intelligentsia, 208
Internacional, 208
Internetês, 208
Interpelação, 209
Intérprete, 209
Interrogação, 209
Intimação, 210
Intimidade, 210
Intolerância, 210
Intromissão, 210
Inverso, 211
Investigar, 211
Invocado, 212
Ira, 212
Irascível, 212
Irregularidade, 212
Isento, 212

J

Jabá, 213
Jacobino, 213
Jazer, 213
Jetom, 213
Jubileu, 214
Judas, 214

Judeu, 214
Judiciário, 215
Juiz, 215
Juizado, 216
Julgar, 216
Júri, 216
Justiça, 216

L

Lacônico, 219
Lacre, 219
Ladrão, 219
Lançamento, 220
Lance, 220
Lápide, 220
Lapso, 220
Lar, 221
Larápio, 221
Lastimar, 221
Lastro, 222
Latifúndio, 222
latim, 222
Laudêmio, 222
Lauto, 223
Legislador, 223
Legista, 223
Lei, 224
Leilão, 224
Leito, 224
Leitura, 224
Lema, 225
Lesão, 225
Leso, 225
Letrado, 225
Licitação, 226
Líder, 226

Liquidar, 226
Litígio, 226
Litor, 227
Livro, 227
Lobista, 227
Locupletar, 227
Lote, 228
Louco, 228
Lupanar, 228
Lustro, 228
Lutar, 229
Luto, 229
Luxo, 229
Luz, 229

M

Mácula, 231
Má-fé, 231
Máfia, 231
Magistrado, 231
Mandado, 231
Marasmo, 232
Marca, 232
Marmelada, 232
Máxima, 232
Meandro, 233
Medida, 233
Mediocridade, 233
Medo, 233
Megarrebelião, 233
Memorando, 234
Mensagem, 234
Mequetrefe, 234
Mesmo, 234
Metáfora, 235
Metro, 235

Miscelânea, 235
Misto, 235
Monocultura, 236
Monoglota, 236
Mora, 236
Morgue, 237
Morrer, 237
Mote, 237
Mudança, 238
Mula, 238
Multa, 238
Murmurar, 239

N

Necessidade, 241
Necrotério, 241
Negociação, 242
Neologismo, 242
Neutralidade, 242
Nhenhenhém, 243
Nobreza, 243
Noiva, 243
Nome, 243
Norma, 244
Notário, 244
Número, 244
Nuncupação, 245

O

Ocasião, 247
Ócio, 247
Ocultação, 247
Oculto, 248
Ofensa, 248

MIL E UMA PALAVRAS DE DIREITO

Ômega, 248
Ônus, 248
Opinião, 248
Oportunidade, 249
Orador, 249
Ordenação, 250
Ortografia, 250

P

Papado, 251
Parágrafo, 251
Partir, 251
Parvo, 252
Patamar, 252
Pavilhão, 252
Peão, 252
Pecuniário, 253
Pendura, 253
Penhora, 253
Perceber, 254
Percepção, 254
Perder, 254
Perfil, 255
Personalidade, 255
Perturbar, 255
Pêsames, 255
Petição, 256
Pistolão, 256
Plebeu, 256
Pregão, 257
Prescrever, 257
Previsão, 257
Probo, 258
Processo, 258
Procissão, 258
Procrastinar, 259

Procuração, 259
Profano, 259
Professor, 259
Progresso, 260
Protesto, 260
Protocolo, 260
Publicidade, 260
Punir, 261

Q

Quadrilha, 263
Quadrívio, 263
Quartel, 263
Questor, 263
Quiproquó, 264
Quitar, 264
Quórum, 264

R

Rameira, 265
Rapapé, 265
Ratear, 265
Receita, 266
Recurso, 266
Redação, 266
Redentor, 266
Redução, 267
Regicídio, 267
Rejeição, 267
Relato, 268
Remissão, 268
Reparar, 269
Réplica, 269
Represália, 269

Repristinar, 269
República, 270
Repudiar, 270
Reservatório, 271
Ressaca, 271
Restaurante, 271
Restelo, 272
Restituição, 272
Réu, 272
Revezamento, 272
Rinha, 273
Rol, 273
Rota, 273
Rótulo, 274
Rubrica, 274

S

Safardana, 275
Salafrário, 275
Sanção, 275
Saudar, 276
Senado, 276
Sentença, 276
Sicário, 277
Sicrano, 277
Silepse, 277
Simpósio, 277
Síndrome, 278
Sobrejuiz, 278
Sobrenome, 279
Sociedade, 279
Solecismo, 279
Subversivo, 279
Suicídio, 279
Sujeito, 280
Supremo, 280

Suspeita, 281
Sussurrar, 281

T

Tabelião, 283
Tabu, 283
Tábua, 283
Talmude, 284
Tanatofilia, 284
Tapeação, 284
Tara, 284
Tarifa, 285
Teocracia, 285
Tergiversar, 285
Terrorismo, 285
Tese, 286
Testemunha, 286
Toga, 286
Tombar, 286
Tonsura, 286
Topônimo, 287
Trâmite, 287
Transitório, 287
Trapaça, 287
Tratamento, 288
Tribuna, 288
Tribunal, 288
Tribuno, 289
Turco, 289

U

Ubiquidade, 291
Ucasse, 291
Última instância, 291
Último, 291

Ultraje, 292
Ultrapassar, 292
Unânime, 292
Uniforme, 292
Unir, 293
Urgente, 293
Urna, 293
Usura, 293
Usurário, 294
Utilidade, 294
Utopia, 294

V

Vã, 297
Vacância, 297
Vaga, 297
Vagabundo, 298
Vagina, 298
Valente, 298
Valido, 299
Valor, 299
Vantagem, 299
Vara, 299
Vasculhar, 300
Vela, 300
Velado, 300
Velho, 300
Vencido, 301
Vencimento, 301
Veneziana, 301
Verbo, 301
Verborragia, 301
Verdade, 302
Verdugo, 302
Veredicto, 303
Vergonha, 303

Verme, 303
Vermelha, 303
Vermute, 304
Vernáculo, 304
Versão, 304
Véu da noiva, 304
Veste, 305
Vestibular, 305
Veto, 305
Vexame, 305
Vínculo, 306
Vintém, 306
Virgem, 306
Víspora, 307
Vitalício, 307
Vitupério, 307
Volume, 307
Voluntário, 307
Voto, 308
Voz, 308
Vulcão, 308
Vulgata, 309
Vulto, 309

W

Web, 311

X

Xenofobia, 313
Xenoglossia, 313
Xerife, 313
Xingamento, 313
Xingar, 314
Xodó, 314

Y

Yos, 315

Z

Zaragata, 317
Zelote, 317

Zero, 318
Zeugma, 318
Zica, 318
Zombar, 319